BASTEI LÜBBE

Über die Autorinnen:

Liza Freilicher lebt mit ihrem Mann David und ihrem Sohn Luc als Restaurantbesitzerin in New York.
Jennifer Scheu lebt mit ihrem Mann Stephen und ihren Kindern Dakota und Austin in Chicago.
Suzanne Wetanson, die Mutter von Liza Freilicher, lebt als Schriftstellerin und bildende Künstlerin in New York.

Liza Freilicher / Jennifer Scheu
unter Mitarbeit von Suzanne Wetanson

LUC, DAS KIND MIT DEN ZWEI MÜTTERN

Aus dem Amerikanischen von
Inga-Brita Thiele

BASTEI LÜBBE

BASTEI LÜBBE TASCHENBUCH
Band 61 458

1. Auflage: Oktober 2000

Bis auf die Namen von Familienmitgliedern sowie von Hilary Steele und Steven Donzinger wurden alle Personennamen geändert, um die Privatsphäre der Betroffenen zu schützen.

Vollständige Taschenbuchausgabe

Bastei Lübbe Taschenbücher ist ein Imprint der Verlagsgruppe Lübbe

Deutsche Erstveröffentlichung
Titel der amerikanischen Originalausgabe:
Conceiving Luc, A Family Story

Umschlaggestaltung: Manfred Peters
Titelfoto: Mauritius, Mittenwald
Fotos im Innenteil: Liza Wetanson Freilicher und Jennifer Scheu
Satz: hanseatenSatz-bremen, Bremen
Druck und Verarbeitung: Cox & Wyman, Ltd.
Printed in Great Britain
ISBN 3-404-61458-5

Sie finden uns im Internet unter
http://www.luebbe.de

Der Preis dieses Bandes versteht sich einschließlich
der gesetzlichen Mehrwertsteuer.

Für Laurie

1. Kapitel

Aus dem Schlafzimmerfenster meiner Wohnung im sechsten Stock sah ich nur die diesige Dunkelheit einer herbstlichen New Yorker Morgendämmerung. Die Gartenlaternen der *Tavern on the Green* waren erloschen, und wenn ich genau lauschte, konnte ich hören, wie die Stadt mit sanftem Grummeln aus dem Schlaf erwachte. In zwei Stunden würde ihr Lärm mich zwingen, das Fenster zu schließen, aber bis dahin wollte ich die Brise genießen, die über die Wiesen und Bäume des Central Park hereinstrich.

Ich entfloh meinem Bett, darauf bedacht, meinen Mann David, der einen leichten Schlaf hat, nicht aufzuwecken, schlich auf Zehenspitzen durchs Schlafzimmer ins Bad und drehte die Dusche auf. Während sich die Spiegel mit einem Dunstschleier überzogen, trat ich unter den heißen Wasserstrahl, zuckte zusammen, als ich sein Brennen auf der Haut spürte. Ich schrubbte meinen Körper und mein Haar, machte reinen Tisch für einen neuen Tag.

Hier unter der Dusche fand ich Frieden.

»Und, tut sich schon was?« Solche gutgemeinten, aber quälenden Fragen von Freunden und Familienmitgliedern verfolgten mich jeden Tag. Alle wollten wissen, ob es David und mir endlich gelungen war, schwanger zu werden. Mein Frauenarzt hatte mir wiederholt versichert, ich sei eine gesunde Frau mit funktionierendem Fortpflanzungsapparat. Es gebe keinen Grund, warum ich nicht schwanger werden sollte.

»Entspannen Sie sich und haben Sie Spaß, Liza, setzen Sie sich in der Liebe nicht unter Druck«, riet mir der Arzt. Aber ich bin von Natur aus zwanghaft, wenn es darum geht, etwas zu erreichen, das ich mir vorgenommen habe, und so benutzte ich seit sechs Monaten einen Ovulationstest, um die fruchtbarste Zeit meines Zyklus zu bestimmen. Unser Leben drehte sich nur noch um das Ergebnis des Ovulationstests. Das Schwangerwerden stand an erster Stelle, hatte Vorrang vor allen geschäftlichen und gesellschaftlichen Verpflichtungen, und diese Situation drückte allmählich unsere Stimmung.

Die Wärme und das Geräusch des Wassers wirkten entspannend auf Körper und Geist. Ich wußte, daß ich die Brause abdrehen, aus der Dusche steigen und dem Tag ins Auge sehen mußte. Ich hüllte mich rasch in ein Handtuch, aber nicht, bevor ich einen kurzen Blick auf mein Spiegelbild erhascht hatte.

Der Spiegel log. Er wollte mir weismachen, ich hätte jedes Recht der Welt, dieses Kleid in Größe 34 für Davids Geschäftsessen am Samstagabend zu kaufen. Er versuchte, mir einzureden, daß diese braune Lockenmähne, die triefend meinen Rücken hinabhing, zu einem schicken Chignon aufgesteckt sein würde und ich David bei dem Bankett alle Ehre machen würde. Der Spiegel log. Man hat mir schon einmal gesagt, ich sei eine Renaissanceschönheit. Wo haben diese Leute hingeguckt? Was ich sah, war fett und häßlich. Fünfunddreißig Jahre alt, fett und häßlich.

Der Lichtschein unter der Schlafzimmertür zeigte mir, daß David wach war. Er las wahrscheinlich wie üblich die Zeitung und wartete auf mich. Er wußte, daß die Gelegenheit wieder günstig war. Der verdammte Ovulationstest, den ich praktischerweise immer um den Hals trug, verriet ihm, wenn es soweit war. Durch die Tür fragte er mich danach, und ich sagte es ihm. Nachdem ich mich abgetrocknet hatte, ging ich zurück ins Schlafzimmer und schlüpfte zu meinem Mann ins Bett. Wir schliefen miteinander. Kein Vorspiel, keine romantische Musik, keine erotisches Geflüster. Wir machten nicht einmal das Licht aus. Ich grub mir die Fingernägel in die Handflächen, und nach einer Ewigkeit kam David endlich zum Ziel. Er lag erschöpft neben mir, während ich stumm die Minuten zählte, dann stand er auf und suchte seinerseits die einsame Zuflucht der Dusche auf. Ich lag still, hatte Angst, mich zu bewegen, außer um mir ein Kissen unters Becken zu schieben – in der Hoffnung, den kaulquappenähnlichen Spermien das Vorankommen zu erleichtern, während sie sich in mir tapfer vorwärts kämpften, ein Bild, wie es sich sicher viele Frauen ausmalen.

»Kaffee, Liza?« rief David auf dem Weg in die Küche.

»Ja, bitte.« Meine Stimme klang hohl. Er kam mit einer Kaffeetasse zurück, die er mir reichte. Es war die einzige Gewohnheit, die ich beibehalten hatte, während der Rest meines Lebens auf Eis lag. Ich nippte von dem starken, bitteren Gebräu und sah zu, wie David den einzigen Knopf an der locker gewirkten Jacke seines grauen Armani-Anzugs schloß. Er sah so geschäftsmäßig aus mit seinem makellosen, weißen Hemd und dem ordentlichen Knoten der dunkelroten Foulard-Krawatte, die ihm seine Mutter zu seinem letzten Geburtstag aus Florida geschickt hatte. An seinen Schläfen zeigten sich ein paar »vierzigertypische« graue Haare. David sah genau so aus, wie man sich einen dynamischen Werbemanager vorstellt. »In deiner Vorstellung mußt du ein wildes und lebhaftes Leben führen«, hätte ich gern zu ihm gesagt, denn dieser Akt, den wir gerade vollzogen hatten, konnte ihn unmöglich befriedigt haben. Aber wir sprachen niemals über den Sexualakt. Wir sprachen in letzter Zeit überhaupt sehr wenig miteinander und gingen uns eher aus dem Weg. Vielleicht war es das, was mich trauriger machte als alles andere – unser Mangel an Berührung, an Augenkontakt.

Und so ging David in seiner untadeligen Aufmachung in die Welt hinaus, zu seiner Arbeit, und ließ seine unvollkommene Frau im zerwühlten Bett zurück, in panischer Angst, aufzustehen und sich zu waschen, weil dabei ja ein befruchtetes Ei verlorengehen könnte.

Ich hatte David ein Kind versprochen, als wir vor vier Jahren heirateten, aber ich hätte nie gedacht, daß dieses Versprechen mir ein solches Gefühl der Verpflichtung auferlegen würde. Vielleicht war es die Anspannung oder mein Unwille, mich wirklich festzulegen, die eine Schwangerschaft verhinderten. Ich hatte von solchen Fällen gehört. Aber es konnte nicht nur an mir liegen. Warum hatte ich immer das Gefühl, *ich* sei diejenige, bei der etwas nicht stimmte? Ein Teil des Problems mußte doch auch bei David liegen. Ich haßte mich selbst, und ich haßte meinen Mann. Wofür? Für seinen Wunsch nach einem Kind – nach einer Reproduktion seiner selbst? Dafür, daß er mit meiner Angst vor dem Kinderkriegen und dem damit verbundenen Verlust meiner Würde unbeirrbar freundlich und mitfühlend umging? Dafür, daß er nicht alle Schuld auf sich nehmen konnte?

Mit jeder neuen Enttäuschung bröckelte unsere Ehe ein Stückchen mehr. Aus Selbstschutz versuchte ich, darüber hinwegzusehen. Aber in meinem Herzen wußte ich, daß diese Szene ein weiterer Schritt auf dem Weg zur Zerstörung einer Ehe war. Ich fragte mich, ob David das auch erkannte. Er sah so makellos aus. Wie könnte er sich vorstellen, daß sein Leben es nicht war?

Er küßte mich auf die Stirn. »Bis später. Ich komme nach dem Training nach Hause, so um neun.« Die Tür fiel hinter ihm zu.

Endlich war ich allein.

Der Mann, der aus meinem Bett gestiegen war und die Wohnung verlassen hatte, war mir fremd geworden. Beim Sex behandelte David meinen Körper wie einen leblosen Gegenstand. Da gab es keine Fluten gegenseitigen Begehrens, keine Lust; es war nur eine Aufgabe, die zu erledigen war. Ich vermißte den David, der mein Mann, mein Vertrauter, mein bester Freund gewesen war. Ich wühlte meinen Kopf ins Kissen, schloß die Augen und hoffte auf Schlaf; dann könnte ich von meiner Kindheit träumen und mich in eine Zeit zurückflüchten, als die Dinge einfacher waren und die Welt noch kleiner und wärmer schien.

Ich erinnerte mich an die Grundschule von Woodmere auf Long Island, an den Tag, an dem sich die großen Türen für die neuen Erstkläßler öffneten. Sechs Jahre alt, und ich konnte mich immer noch erinnern, wie winzig ich mich damals gefühlt hatte. Besonders gut erinnerte ich mich an jene ersten Weihnachtsferien. Die Straßen unseres Vororts waren tief verschneit. Ich hatte den ganzen Tag im gemütlichen Haus verbracht und mir die Nase an der gefrorenen Fensterscheibe plattgedrückt, während ich auf meine Cousine Jennifer wartete. Jennifer war für mich der wichtigste Mensch auf Erden – nach meiner Mutter.

»Da ist sie endlich!« Ich platzte in die Küche, wo meine Mutter das Mittagessen für Erica, meine pummelige, dreijährige Schwester, zubereitete. »Jennifer und Tante Laurie sind da«, rief ich. Mama und ich stürzten nach draußen, um sie zu begrüßen. Jennifer sprang aus dem Wagen, einem Avanti – wir waren eine Familie von Autonarren, wir alle, selbst damals schon –, kaum, daß Tante Laurie auf die Bremse getreten war. Sie und ich sausten ins Haus, ohne uns um meinen Cousin Jack, Jens zweijährigen Bruder, und all die Spielzeuglastwagen und -eisenbahnen, die er mitgeschleppt hatte, zu kümmern.

Tante Laurie war drei Jahre jünger als meine Mutter, wirkte aber immer wie die ältere Schwester, weil sie einen Kopf größer war und sich als Beschützerin ihrer »kleinen« Schwester fühlte. Da ihre Eltern beide ganztags gearbeitet hatten und abends getrennte Wege gegangen waren, wuchsen die beiden

Schwestern praktisch unbeaufsichtigt auf und hatten eine starke gegenseitige Abhängigkeit entwickelt. Laurie war ein Clown und preschte durchs Leben wie ein Stier, der alle Hindernisse niedertrampelt. Meine Mutter dagegen war sanft, konservativ und klug, aber von gleicher Entschlossenheit. Tante Laurie war groß und kräftig, alles an ihr war üppig – Lippen, Nase, Hüften –, während meine Mutter zierlicher gebaut war, eine puppenhafte Figur hatte. Manche Menschen fanden, daß der hohe Rücken ihrer geraden Nase ihr einen hochmütigen Gesichtsausdruck gab.

Ich war acht Monate älter als Jennifer, aber damals, mit sechs Jahren, war sie schon fast drei Zentimeter größer. Jennifer trug ihr Ballettröckchen unter dem Mantel. Auch ich hatte meines bereits angezogen – mit schwarzer Strumpfhose und rosa Ballettschühchen. Es war keine Zeit zu verlieren.

Jen und ich hatten einen Plan: Wir mußten eine phantastische Show für meine Mutter und Tante Laurie vorbereiten, damit sie unseren Bitten um ein gemeinsames Wochenende nachgaben. Wir waren sicher, sie würden so begeistert und stolz sein, daß sie uns das nicht verweigern könnten. »Wir werden sehen« war keine annehmbare Antwort. Ein ja war das einzige, was wir akzeptieren würden.

Wir zogen uns in meine Höhle zurück, um zu proben. Wir fühlten uns warm und sicher als Teil ihrer Welt. Es war wichtig, sich an diese Sicherheit zu erinnern. »Sicher« bedeutete für mich fern von größeren Gruppen, besonders von Fremden. Für Jennifer bedeutete es das Zusammensein mit ihrer Mutter. Jen und ich, »Prinzessin« und »Lollipop«, wir standen uns unsere ganze Kindheit hindurch sehr nah, wie Schwestern. Genau wie meine Mutter und Tante Laurie.

Als ich neun war, hatte mein Vater sein Ziel erreicht, es noch vor Vollendung seines dreißigsten Lebensjahrs zum Selfmade-Millionär zu bringen. Er hielt mit seinem Stolz und seinem Reichtum nicht hinterm Berg. Wir wohnten in einem echten Schloß, fünfzig Jahre zuvor aus der Normandie nach Hewlett Bay Park an der Südküste von Long Island versetzt. Es hatte seitdem dreimal den Besitzer gewechselt, dabei aber nichts von seiner Authentizität und Unverfälschtheit verloren – samt seinem Türmchen und einer alten Rüstung neben dem Kamin in der großen, steingepflasterten Eingangshalle. Den Treppenabsatz zierten ein Wandteppich mit eingearbeitetem Wappen und eine hohe Tiffany-Uhr.

Zu besonderen Anlässen ließ meine Mutter mich das Wochenende bei Tante Laurie verbringen. Es war anders dort oben in Munsey an der Nordküste von Long Island. Alle Familien gehörten der mittleren Einkommensklasse an und rümpften die Nase über jeden, der irgendwie anders war als sie. Ich hatte das Gefühl, daß mich dort niemand leiden konnte, aber sobald ich bei Tante Laurie und Jennifer war, fühlte ich mich glücklich und sicher und scherte mich nicht darum, was irgend jemand sonst dachte.

Wir gingen wandern. Wandern hieß, Bäche zu erkunden, von Stein zu Stein zu springen, Tante Laurie in einem Sarong, der all ihre üppigen Kurven zur Geltung brachte, Jennifer, bereits so groß wie ihre Mutter, mit ihrem hellblonden Haarschopf und ihren Storchenbeinen. Ich tappte hinterdrein und hatte Angst, auszurutschen oder auf ein irgendein Tier zu treten.

Oft sahen wir Tante Laurie beim Tanzen zu. Sie probte für die Hauptrolle der Ballett-Traumsequenz von *Oklahoma*! in der Aufführung der Gemeinde-Theatergruppe. Tante Laurie hatte einen einzigartigen interpretativen Tanzstil, der nicht nur das Publikum faszinierte, sondern in diesem Fall auch ihren Tanzpartner. Er fand sie bezaubernd, umwarb sie, legte eine zierliche Perlenkette um ihren Hals und überreichte ihr zum Schlußvorhang eine Rose. Das alles bewirkte, daß sie sich so schön und zart fühlte wie die kleinen Perlen. Laurie hatte man als Kind stets »groß und dick« genannt. Mit dreizehn hatte sie schon ihre Erwachsenengröße von 1,80 Meter erreicht und wog gute 80 Kilo, was sie zur Zielscheibe grausamer Scherze ihrer Altersgenossen machte – eine Kränkung, die sie niemals vergessen konnte, selbst nachdem sie das Übergewicht losgeworden war. Laurie liebte die Männer. Auch nach ihrer Heirat konnte sie nie genug Komplimente bekommen und prahlte vor ihrer Schwester mit ihren vielen Verehrern. Sie genoß die Macht, Männern ihr Vergnügen gewähren oder verweigern zu können. Wenn meine Tante einen Raum betrat, schien sie ihn ganz auszufüllen: Sie wirkte so groß und stolz, daß Männer wie Frauen nicht anders konnten, als sie anzustarren. Sie war sehr weiblich mit ihrer wilden, braunen Lockenmähne und ihrem provokativen Auftreten.

Natürlich war ihre Ehe mit Martin Luber zum Scheitern verurteilt. Sie ließen sich scheiden, als Jennifer zehn war. Laurie blieb mit den Kindern im gemeinsamen Haus wohnen; Martin zog nach Queens. Und obwohl Jennifer ihren Vater vermißte und regelmäßig besuchte, hatte sie nicht das Gefühl, ihr Leben sei durch die Scheidung durcheinandergeworfen worden. Tatsächlich fand sie es bereichert durch die gegenseitige Abhängigkeit, die sich zwischen ihrer Mutter und ihr entwickelte. Es gab ihr das Gefühl, etwas Besonderes zu sein, gebraucht zu werden.

Jennifer und ich verbrachten viele Abende in Tante Lauries viktorianisch eingerichtetem Schlafzimmer zwischen den flauschigen Kissen mit antiker Spitze und den von ihr angefertigten Petit-Point-Stickereien, auf die sie so stolz war. Wir sahen meiner Tante zu, wie sie vor dem Spiegel auf und ab schritt und sich auf ihre ausladenden Hüften à la Rubens klatschte, als könne sie sie durch schiere Willenskraft flachhämmern. Weil sie mit Sitz und Paßform jeder Art von Konfektionskleidung unzufrieden war, pflegte sie alte Kleider zu zerschneiden, zu drapieren und mit einem Gürtel zu fixieren, um diese Hüften – den Fluch ihres Daseins – zu kaschieren. Stoffreste, Fäden und Stecknadeln lagen überall auf dem mauvefarbenen Teppich verstreut. In der Ecke stand eine in moosgrünen Satin gehüllte Schaufensterpuppe. »Okay, Lollipop, wohin sollen wir heute zum Abendessen gehen?« fragte sie mich, während sie vor uns auf und ab stolzierte, damit wir ihre neueste Kreation begutachten konnten.

»Laßt uns Pizza essen gehen. Oder chinesisch.«

Meistens landeten wir schließlich in der Küche, wo wir alle zusammen ein köstliches Mahl aus dem kochten, was gerade zur Hand war.

So gern ich bei Jennifer und Tante Laurie war, meine beste Freundin war doch meine Mutter. Ich vertraute ihr alles an, und sie war diejenige, die mein Herz verstand. Wir unterhielten uns stundenlang. Wir sprachen über meine Gefühle Jungen gegenüber. Ich war schüchtern im Umgang mit dem anderen Geschlecht, fühlte mich wie auf dem Prüfstand und wußte nicht, wie ich mich verhalten sollte. Meine Freundinnen behandelten die Jungs einfach als Kumpel. Ich fragte meine Mutter, ob es daran läge, daß mein Vater mich nicht besonders beachtete, und sie schlug mir vor, es mit einer anderen Sichtweise zu versuchen und jeden Menschen zuerst einmal als Individuum und nicht als Teil einer Gruppe zu sehen. Diese Einstellung hat mir damals geholfen und hilft mir heute noch dabei, mich von Menschen nicht einschüchtern zu lassen. Durch einen warmen Blick oder eine sanfte Berührung konnte meine Mutter mich an die Stärken erinnern, die wir in uns selbst entdeckt hatten, und meine Unsicherheit verflog sofort. Meine Mutter war mein Zuhause, während meine Tante Laurie das Abenteuer war. Bei Laurie und Jen war ich ein freier Geist. Bei meiner Mutter war ich mehr in mich gekehrt. Als ich älter wurde, lagen diese beiden Seiten meines Wesens oft im Widerstreit miteinander und machten es mir manchmal schwer, Entscheidungen zu fällen.

Viele Nachmittage lang saßen meine Mutter und ich an meinem Schreibtisch und sahen meine Sammlung von Erinnerungsstücken durch. Ich war ein eifriger Hamsterer. Ich bewahrte Hausarbeiten mit den Anmerkungen der Lehrer auf und Kinokarten, auf denen ich den Namen der Freundin notiert hatte, mit der ich dort gewesen war. Wir redeten über all den Krimskrams, was er mir bedeutete und über das wunderbare Bild meines Lebens, das ich meinen Kindern eines Tages würde zeigen können. Meine Mutter sagte mir, wie stolz sie sei, daß sie und ich unsere innersten Gedanken miteinander teilten. Sie vertraute mir an, daß sie oft einsam war. Damals verstand ich das Gefühl der Einsamkeit nicht so, wie ich es heute tue. Jetzt, als Erwachsene, dachte ich an Jen, die mit ihrem Mann und zwei Kindern in Chicago wohnte. Und an meine Tante Laurie. Und ich fühlte mich so einsam, daß es weh tat. Wo war das Kind, von dem meine Mutter gesagt hatte, daß ich es einmal haben würde? Meine Mutter war damals zweiunddreißig gewesen, drei Jahre jünger als ich heute, und sie hatte drei Kinder.

Wo war mein Kind?

An einem Sommermorgen waren wir auf der Terrasse. Ich war zehn und begann gerade erst, die Bedeutung der Erwachsenengespräche zur Kenntnis zu nehmen. Ich begann zu begreifen, daß es im Leben mehr gab als meinen eigenen Kreis von Freuden und Ängsten, und daß das, was die mir nahestehenden Menschen – meine Mutter – betraf, auch mich betraf. So hörte ich zu, paßte auf und dachte über das nach, was ich hörte. Der Pool glitzerte in der Sonne, von einem Garten voller Rosen und Gänseblümchen umgeben. Meine Mutter brachte das Frühstück für Großmama Reese heraus. Wir saßen unter der grün-weiß gestreiften Markise. Ich malte Muster mit meinem Spirograph-Zeichengerät. Greg und Erica spielten auf dem Boden mit Knetgummi. Meine Großmutter sah uns an, das Haus und den Pool, und sagte: »Suzy, du bist das glücklichste Mädchen auf der Welt.«

Meine Mutter blieb wie angewurzelt stehen, und die Farbe wich ihr aus dem Gesicht. Ich wußte, daß sie unglücklich war – trotz dieser scheinbaren Segnungen: drei gesunde Kinder, ein Ehemann, der ihr ständig seine Liebe beteuerte, und ein luxuriöser Lebensstil. Sie sagte kein Wort und ging ins Haus.

Ich glaube, meine Mutter hatte an jenem Morgen inmitten ihres paradiesischen Lebens eine Vorahnung. Sie hatte Angst. Ich folgte ihr in die Küche und fragte sie, warum sie so seltsam reagiert hatte. Sie gab mir keine Erklärung und erwähnte nie, was passiert war, selbst in unseren Gesprächen unter vier Augen nicht. Sie behielt ihre Vorahnung für sich, aber ich weiß, daß sie die Worte meiner Großmutter von jenem Morgen nie vergaß, denn Jahre später erzählte sie mir von der Dunkelheit, die sie gesehen hatte.

2. Kapitel

Gegen Monatsende hätten meine Rückenschmerzen und Bauchkrämpfe mich vorwarnen sollen, doch als ich morgens das Blut auf dem Bettlaken sah, begann ich zu weinen. David war geschäftlich in Cincinnati. Ich war allein und innerlich leer: kein Baby, das in mir wuchs.

Ich riß die befleckten Laken vom Bett und ersetzte sie durch meine veilchenblau geblümten Lieblingslaken. Das Fenster war weit geöffnet und ließ frische, kühle Luft in den Raum.

Das Telefon klingelte. Ich wußte, als ich abhob, daß es Jennifer war; sie rief mich jeden Morgen um diese Zeit auf dem Weg zur Arbeit an.

»Was ist los?«, fragte sie, die den Ton meiner Stimme so gut zu deuten verstand.

»Blut auf dem Bettuch.« Es war die kürzeste und umfassendste Erklärung.

»Liza, das geht jetzt lange genug so. Meinst du nicht, daß du den Kopf in den Sand steckst und dir nicht klarmachen willst, daß dahinter ein echtes Problem steckt? Es ist langsam Zeit für eine gründliche ärztliche Untersuchung. Und auch eine gedankliche, könnte man meinen. Das sieht dir gar nicht ähnlich. Warum schaust du der Wahrheit nicht ins Gesicht, daß es einen Grund gibt, warum du nicht schwanger wirst? Wovor hast du Angst? Was auch immer es ist, man kann etwas dagegen tun.«

»Jen. Ich komme zu spät zur Arbeit«, sagte ich, um dieses unangenehme Gespräch zu beenden.

»Lollipop ...«, hielt sie mich zurück.

»Du hast recht, Jen. Ich werde heute einen Termin machen.

Danke. Tschüs.« Ich legte auf. Ich wußte, daß sie recht hatte, daß ich zum Arzt gehen müßte, daß meine Gefühle zwiespältig waren. Ich behauptete, ein Kind zu wollen, und bemühte mich pro forma um die Verwirklichung von Davids Traum, aber etwas in meinem Inneren hielt mich zurück.

Ich hatte das *Sambuca*, eine große Trattoria in Manhattan, eröffnet, weil ich einen Beruf brauchte. Es wurde meine Zuflucht vor allem, womit ich mich nicht auseinandersetzen wollte. Damals war ich zu beschäftigt, um an einen Ehemann oder Kinder zu denken. Das *Sambuca* war mein Leben, und ich steckte all meine Kraft und Kreativität in das Restaurant. Wenn ich nicht da war, lief alles schief, behauptete ich. Das blieb auch nach meiner Heirat so.

An jenem Morgen wurde mir innerhalb der ersten halben Stunde im Restaurant klar, daß die neue Kraft, die ich für Reservierungen und Gesellschaften eingestellt hatte, nicht so erfahren war, wie sie behauptet hatte. Trotz meines hypermodernen Computerprogramms fehlte unerklärlicherweise eine Kiste Wein. Als ich dann noch sah, wie der Barkeeper die Gläser unordentlich auf dem Bord arrangierte, erklärte ich ihm, das sähe ja schauderhaft aus, und schnappte mir sein Geschirrtuch, um sie selbst zu polieren und gerade zu rücken.

»Beruhige dich, Liza, willst du, daß er kündigt? Du sprichst doch sonst nicht in diesem Ton mit deinen Leuten. Sag es ihm freundlich; er möchte seinen Job doch gut machen.«

Ich hatte nicht bemerkt, daß mein Bruder Greg hereingekommen war. Er hatte ein Restaurant auf der anderen Straßenseite und schaute oft auf dem Weg zu einem seiner anderen fünf Betriebe bei mir herein.

Der Barkeeper war inzwischen dabei, am anderen Ende der Bar den Spirituosenbestand zu überprüfen. Ich gab ihm sein Geschirrtuch zurück und entschuldigte mich. Greg und ich gingen in mein Büro.

Was hast du denn? Irgendwas ist doch los.« Seine Stimme war immer sanft.

Mit seinen siebenundzwanzig war Greg kein Kind mehr. Obwohl jünger, war er in vieler Hinsicht robuster und weiser als ich. Er war glücklich verheiratet, hatte mit Stuart den wunderbarsten Sohn der Welt, seine Frau Maxine war erneut schwanger – Gregs Leben war in Ordnung. Alles schien ihm so leicht zu fallen. Wie konnte ich ihm meinen Schmerz und meine Enttäuschung über meinen Mann erklären? Ich sah einfach keine Möglichkeit, wie unser gemeinsames Leben irgendwohin führen sollte.

Mein Bruder setzte sich neben mich und nahm meine Hand. Ich konnte uns im Spiegel an der gegenüberliegenden Wand sehen. Das gleiche Gesicht, das gleiche üppige, braune Haar. Sein Gesichtsausdruck war entspannt, aber seine dunklen Augen waren voller Besorgnis; sein markantes Kinn sprang stolz vor. Mein Gesicht, ein einziges Stirnrunzeln mit unstetem Blick, erinnerte mich eher an eine Maus. Ich wickelte mein Haar um die Finger. Eine nervöse Angewohnheit.

»Liza, so habe ich dich noch nie erlebt, daß du die Leute so zusammenstauchst. Laß deine Haare in Ruhe und sag mir, was dir fehlt.«

»Ich habe heute morgen meine Tage gekriegt.«

»Manchmal dauert es eine Weile mit dem Schwangerwerden. Maxine und ich haben halt Glück gehabt.«

»David und ich versuchen es seit sechs Monaten. Ich messe meine Temperatur, berechne die Zeit meinen Eisprungs ...«

Das Telefon klingelte. Ich griff danach.

»Laß es klingeln.«

Ich hob trotzdem ab. »Nein, wir servieren keine koscheren Mahlzeiten!« sagte ich kurz angebunden und knallte den Hörer auf. »Alles regt mich auf. Ich kann mich nicht aufs Geschäft konzentrieren. Meine Angestellten tuscheln über mich. Sie denken, ich drehe durch. Ich weiß nicht, was ich machen soll. David und ich gehen miteinander um wie höfliche Wohnungsgenossen, außer wenn wir miteinander schlafen. Ist das nicht scheußlich, miteinander zu schlafen und dann zu warten und zu hoffen, ohne an irgend etwas anderes denken zu können?«

Greg nahm mir den Telefonhörer ab, den ich immer noch umklammert hielt. »Ich habe von dir immer nur gehört, wie häßlich schwangere Frauen sind und daß sie verrückt sein müssen, sich diese Schmerzen und die Entwürdigung anzutun. Willst du das wirklich für dich selbst? Willst du ein Baby?«

»Natürlich will ich ein Baby.«

»Nein. Nein. Nein. Willst du, Liza, ein Baby, oder spielst du hier nur um Davids willen die Märtyrerin? Will Liza wirklich Mutter werden?«

»Ja. Ja, das will ich.« Es klang selbst in meinen Ohren wenig überzeugend.

»Weißt du, was das heißt? Wenn du erst schwanger bist, geht den Rest deines Lebens dieses Kind immer vor. Es gibt Augenblicke, da wünsche ich, ich könnte mit Max allein sein. Du bist diejenige, die sagt, Kinder wären eine Plage. Selbst Stuart.«

»Das ist es nicht. Ich liebe Stuart. Du weißt, wie gerne ich mit ihm zusammen bin.« Ich machte eine Pause und gab dann zu: »Ich habe Angst vor der Geburt, vor den Schmerzen, und wenn man erst einmal schwanger ist, hat man keine Wahl mehr. Man kann es sich nicht mehr anders überlegen. Und ...«

»Und? Was noch?« fragte Greg. »Das ist zu simpel.«

Greg war klar, daß ich mich nicht nur darüber aufregte, am Morgen meine Tage bekommen zu haben. Er wußte, besser als irgendwer sonst, daß hinter meinem Unbehagen noch mehr steckte.

»Und schau dir Mama an, was sie mit Erica durchgemacht hat. Wie kann ich das Risiko eingehen, daß so etwas meinem

Kind und mir passieren könnte?« Wieder klingelte das Telefon. »Einen Tisch für sechs Personen um sechs Uhr. Ja, wir haben Kinderstühle. Sie brauchen zwei Kinderstühle. Ja, Buggys sind in Ordnung – kein Problem.« Ich knirschte mit den Zähnen. »Bitte sorgen Sie dafür, daß Ihre Gruppe zusammen und pünktlich kommt. Danke.« Nur weil Greg dabei war, behielt ich die Fassung, bis ich aufgelegt hatte. Dann explodierte ich. »Zwei Pärchen mit zwei Kleinkindern und zwei Babys im Buggy. Zur besten Abendessenzeit. Sie bestellen nichts, und die Gören lassen die Hälfte ihres Essens auf den Boden fallen. Würden sie ihr eigenes Zuhause so versauen? Nein! Sie bestellen keine Getränke. Ich verliere Geld – kann den Tisch nicht neu besetzen, und die kleinen Monster im Kinderwagen brüllen die ganze Zeit. Die Eltern sind gestreßt, geben dem Kellner kein ordentliches Trinkgeld und denken hinterher, es sei meine Schuld, daß sie einen scheußlichen Abend hatten. Wie kommen Leute überhaupt auf die Idee, sie müßten Kinder haben? Ich weiß nicht, warum um alles in der Welt irgend jemand sie haben will.« Ich merkte nicht einmal, daß ich weinte.

Greg wandte sich mir zu, so daß er mich direkt ansah. »Ich werde dir sagen, warum«, erwiderte er. »Weil wir ohne Kinder eine hoffnungslose Spezies ohne Daseinszweck wären. Wir würden uns gegenseitig umbringen und aussterben.« Die Wahrheit war komisch. Wir mußten beide lachen. »Liza ...« Seine Stimme wurde tief und bedächtig. »Alle Eltern fürchten sich davor, daß ihr Kind krank wird. Aber das Leben geht weiter. Du kannst nicht vor lauter Angst dein Leben anhalten. Ericas Krankheit hat unsere Familie in Kummer und Chaos gestürzt, aber laß es irgendwann ein Ende haben. Ich kann dir nicht erklären, welch große Freude Stuart mir bereitet. Ich kann mir mein Leben nicht mehr ohne ihn vorstellen. Er ist mein ein und alles, und ich weiß, daß es mit dem neuen Kind genauso sein wird. Ich bin der beste, liebevollste, aufgeklärteste Vater, der ich sein kann, und das ist alles, wonach ich oder irgend jemand sonst streben kann. Ich hoffe, daß meine Kinder glückliche und ausgeglichene Menschen werden. Erinnerst du dich, was Mama immer sagt? Du mußt etwas geben, um etwas zu bekommen.«

»Was soll ich also tun? Was kann ich geben?«

»Du kannst deinen vollen Einsatz geben. Entscheide dich und dann handele danach. Und zwischenzeitlich solltest du herausfinden, warum du noch nicht schwanger geworden bist.«

Ich gab ihm einen Kuß und nahm das Papiertaschentuch, das er mir reichte, um mir die Nase zu putzen.

»Danke. Was ist nur mit mir los?«

»Im Augenblick ist es noch ein Rätsel. Du bist ein neugieriges Mädchen. Löse es.« Er lächelte sein Greg-Lächeln; niemand anders verzieht den Mund beim Lächeln zu einem vollkommenen Quadrat.

Abends kam David zum Essen ins *Sambuca*.

»Wir müssen uns um dieses Problem kümmern«, sagte ich zu ihm.

Er atmete tief ein, froh, unseren Schwierigkeiten endlich ins Auge zu sehen. »Ich wollte es nicht von mir aus ansprechen. Keiner von uns wollte ein Problem sehen.«

»Wir dürfen keine Zeit mehr verschwenden, David. Du bist einundvierzig. Ich bin dreiunddreißig. Es ist an der Zeit, eine Familie zu gründen. Vielleicht ist irgend etwas nicht in Ordnung, aber sicher kann man etwas dagegen tun. Seit wir verheiratet sind, erzählt der Arzt mir alle sechs Monate dasselbe. Mein Fortpflanzungsapparat sei intakt; ich sollte in der Lage sein, schwanger zu werden und ein Kind zu bekommen. Er schiebt es auf den Streß und sagt, das komme bei berufstätigen Frauen meines Alters mit Interessenskonflikten häufig vor. Aber, David, ich bin ich, kein Mitglied irgendeiner Gruppe. Diesmal muß er mir erklären, warum Liza Freilicher nicht schwanger wird.«

Ich wartete ungeduldig vor den Untersuchungszimmern der Arztpraxis. Ich war mir nicht sicher, gesund zu sein. Ich war die einzige Frau dort, die noch eine Taille hatte. Sie waren alle schwanger, lehnten sich in die bequemen Armlehnstühle zurück, die nicht zu tief waren, um ein problemloses Aufstehen zu ermöglichen. Ich war so nervös. Ich konnte das Blut in meinen Ohren hämmern hören.

Ich erinnerte mich daran, wie Erica krank wurde. Ich war neun. Ihre Schreie weckten mich. »Mama, mein Kopf. Mein Kopf tut so weh, Mama.«

Meine Mutter war in unserem Schlafzimmer, bevor ich aufstehen konnte. Sie wiegte Erica hin und her und legte kalte Handtücher auf ihre Stirn. »Es ist nur ein schlechter Traum – schhh, schhh.« Dann übergab sich Erica heftig; das Erbrochene spritzte durchs Zimmer. Danach ging es ihr besser. Meine Mutter säuberte sie und lullte sie mit leisem Summen und ihrem vertrauten Brahms-Wiegenlied in den Schlaf.

Am Morgen fühlte sich Erica gut und ging fröhlich in den Kindergarten. »Ein schlechter Traum.« Aber in der nächsten Nacht passierte es wieder, und die Nacht darauf, bis meine Mutter sie schließlich zu unserem Kinderarzt, Dr. Brenner, brachte. Nach einer Woche voller schlafloser Nächte, Schreie und Erbrechen ging meine Mutter mit Erica ins jüdische Hospital von Long Island.

Hier wurde sie von Dr. Epson, einem Neurochirurgen, untersucht. Er sah sie an, schaute ihr mit einem Ophthalmoskop in die Augen und forderte sie dann auf, sich mit geschlossenen Augen hinzustellen und ihre Arme seitlich auszustrecken. »Und jetzt, Erica, berühre mit dem Zeigefinger deine Nasenspitze, erst mit der einen Hand und dann mit der anderen.«

Es gelang ihr nicht. Sie berührte mit der einen Hand ihr Ohr, mit der anderen verfehlte sie das Gesicht gänzlich.

»Sie hat einen Hirntumor.« So schnell hatte er das Problem diagnostiziert. »Wir müssen noch viele Tests machen, um die Diagnose zu bestätigen, aber sie hat einen Hirntumor.«

Das war der Tag, an dem unsere Familie und mein glückliches, unbeschwertes Leben auseinanderzufallen begannen. Mutter blieb Tag und Nacht im Krankenhaus. Unser Leben war leer ohne sie. Greg weinte täglich und kam nachts zu mir ins Bett gekrochen. Er war noch ein Kleinkind, erst zwei Jahre alt, und plötzlich war seine Mutter nicht mehr da. Schließlich brachte mein Vater uns zu ihr ins Krankenhaus, wo sie uns drückte und küßte und uns versprach, bald nach Hause zu kommen. Meine Mutter sah müde und wie versteinert aus; das war der Gesichtsausdruck, den ich an jenem heißen Sommertag Jahre zuvor an ihr gesehen hatte. Die Worte von damals hallten in meinem Kopf wider.

Suzy, du bist das glücklichste Mädchen auf der Welt.

Ich wußte, daß meine Kindheit vorbei war. Diese wundervolle Szene einer gesunden, sorglosen Familie, für die alles ein Spiel war, wurde ausgelöscht, und an ihre Stelle trat die Dunkelheit, die meine Mutter vorausgesehen hatte. Mir wurde klar, daß ich, selbst mit Vorwarnung, den plötzlichen, lautlosen Veränderungen des Lebens nicht entgehen konnte. Die Unschuld der Kindheit wich der Verantwortung des Erwachsenendaseins.

Eine CT-Untersuchung von Ericas Kopf ergab einen Tumor am Stammhirn von der Größe einer Apfelsine. Er saß in einem Bereich, den die meisten Ärzte als inoperabel einstuften. Meine Mutter erzählte mir, wie sie und mein Vater mit zahlreichen Ärzten und Anästhesisten um einen großen Konferenztisch saßen, um zu entscheiden, ob operiert werden sollte. Man diskutierte die Erfolgsaussichten. Die Mehrheit war dagegen, aber Dr. Epson sagte, er glaube fest daran, den Tumor entfernen zu können, wenn auch das Risiko hoch sei. Der Tumor wuchs rasch und würde Erica früher oder später töten. Die Entscheidung lag letztlich bei meinen Eltern. Mein Vater wandte sich meiner Mutter zu, wie er es immer tat, wenn es um uns Kinder ging. Sie stand auf und sah Dr. Epson direkt in die Augen. »Operieren Sie«, sagte sie leise, aber bestimmt.

Erica lag einen Monat auf der Intensivstation, den Kopf in Verbände gewickelt; ihre Temperatur stieg zeitweise bis auf 41° C und fiel dann bis weit unter die Normaltemperatur. Mutter war immer da. Eine andere Mutter wartete ebenfalls darauf, ob ihre kleine Tochter überleben würde. Ich beobachtete die beiden im Wartezimmer. Meine Mutter sah aus dem Fenster, stellte sich vor, sie säße auf der Bank unter einem großen Baum auf dem Rasen da draußen. Die andere Frau saß da, ließ ihren Rosenkranz durch die Finger gleiten und murmelte stumme Gebete vor sich hin. Eines Tages war die Frau nicht mehr da, und das Kinderbettchen auf der Intensivstation war leer. Meine Mutter erzählte mir, sie habe danach nie mehr zu Gott gebetet. Sie lernte, nicht auf Kraft oder Wunder von außen zu warten; sie mußten aus dem eigenen Inneren kommen. »Du mußt die Wunder selbst geschehen machen.«

Mutter pflegte Erica drei Monate lang im Krankenhaus. Sie assistierte Dr. Epson bei schmerzhaften Rückenmarkspunktionen. Sie wickelte Ericas zerbrechlichen Körper in feuchte Handtücher, um ihr Fieber zu senken. Schließlich erholte sich Erica – bis auf eine große Schwellung voller nicht resorbierter Rückenmarksflüssigkeit am Hinterkopf. Dr. Epson setzte einen Operationstermin an, um die Flüssigkeit durch einen Katheter ins Herz abzuleiten. Mutter ließ ihn den Termin absagen, weil sie ihre kleine Tochter keinem weiteren Risiko aussetzen wollte, und holte Erica aus der Klinik nach Hause. Zu Hause ließ sie Erica zweimal täglich im geheizten Pool schwimmen. Und eines Morgens war die bedrohliche Beule verschwunden. Restlos. Der Neurochirurg konnte es nicht glauben. Das war das Wunder meiner Mutter. Und es lehrte mich, daß der Mensch die Fähigkeit hat, sich gegen alle Widrigkeiten zu behaupten und Dinge geschehen zu machen. Diese Lektion sollte mir immer in Erinnerung bleiben.

Als Erica wieder gesund war und zur Schule ging, stürzte sich meine Mutter in die Welt hinaus wie ein wildes Tier, das man aus dem Käfig herausgelassen hat. Sie entdeckte ihre Kindheitsbegeisterung für das Reiten wieder, jetzt aber um den zusätzlichen Adrenalinstoß bereichert, den ihr das Springreiten gab. Ihr Leben war fast erstickt zwischen Krankenhäusern und Entscheidungen auf Leben und Tod. Das Springen, das Überwinden von Hürden war wie eine Befreiung für sie.

Oft kam sie, während ich mich morgens für die Schule anzog, in kompletter Montur mit Chaparejos und Reitstiefeln in mein Zimmer gestürmt, zerrte meine Reitsachen aus dem Schrank und bestand darauf, daß ich mich umzog und mitkam.

»Das ist Schuleschwänzen«, sagte ich, besorgt, etwas Verbotenes zu tun.

»Nicht, wenn du bei deiner Mutter bist«, erwiderte sie. »Außerdem«, fuhr sie fort, als sie mein Zögern spürte, »bist du meine Tochter, und ich möchte mit dir zusammen sein. Dafür habe ich dich bekommen. Okay?«

»Okay«, sagte ich voller Überzeugung.

Ich ritt Pal-O-Mine, das größte Pferd im Stall. Er war sanftmütig, und ich übte mich gemeinsam mit meiner Mutter im Springreiten. Hinterher aßen wir zu Mittag und waren rechtzeitig wieder zu Hause, um vor dem Fernseher Tee zu trinken und mit Greg und Erica *Dark Shadows* anzusehen, unsere Lieblings-Vampirserie.

Tante Laurie kam mindestens zweimal die Woche zu Besuch, um Erica zu sehen. Sie konnte Jennifer nicht immer mitbringen, weil sie Schule hatte und außerdem jemand zu Hause auf ihren kleinen Bruder Jack aufpassen mußte. Eines Tages schenkte Tante Laurie meiner Mutter zwei Röcke, die sie für sie geschneidert hatte. Der »Bauchrock«, wie Laurie ihn nannte, war schräg geschnitten, umschmeichelte die Hüften und fiel darunter in sanfte Falten. Er ließ meine Mutter größer wirken als ihre 1,62 Meter, worüber sie entzückt war. Der »Zigeunerrock« bauschte sich in drei extravaganten Lagen unter einer tief angesetzten Taille. Tante Laurie hatte ein geniales Händchen für Auswahl und Verarbeitung von Stoffen; sie entdeckte den Sarong lange vor Donna Karan. Mutter trug den Zigeunerrock, wann immer sie ausging. Wenn sie mit meinem Vater tanzen ging, trug sie den roten »Bauchrock«, dessen Bund deutlich unter dem Bauchnabel saß und dessen geschlitzte Vorderseite beim Tanzen ihre nackten Beine sehen ließ, dazu ein paillettenbesetztes Top. Ich nannte sie die »rote Hexe«. Alle Männer bewunderten diese Aufmachung, erzählte sie mir, und ich wußte, daß es sie amüsierte. Aber nichts war aufregender, als wenn sie frühmorgens auf ihrem Pferd Blacky über die Zäune setzte. Das verdiente Bewunderung.

Viele andere Frauen wollten auch solche Röcke haben, und bald nähte meine Tante Laurie für die wohlhabenden jungen Damen der mondänsten Orte von Long Island. Das Geld war eine äußerst willkommene Ergänzung des armseligen Kindesunterhalts, von dem sie und ihre beiden Kinder lebten.

»LIZA FREILICHER.«

Ich schreckte aus meinen Träumereien hoch.

»Sie können jetzt zum Doktor.«

Ich sah aus dem Fenster. Da waren keine Bäume, nur der trübe Himmel von New York. Ich folgte der Arzthelferin.

Dr. Silver untersuchte mich gründlich und stellte eine günstige Prognose für meinen Kinderwunsch.

»Liza, ich weiß, daß Sie versuchen, schwanger zu werden. Ich könnte Ihnen erzählen, daß es an Ihrem Alter liegt, und Sie an einen Fertilitätsspezialisten überweisen, aber vorher wäre es sinnvoll, das Sperma Ihres Mannes untersuchen zu lassen, denke ich.« Er schüttelte mir die Hand. »Machen Sie sich keine Sorgen. Es kommt alles in Ordnung.«

»In Ordnung?« Es war mir nie in den Sinn gekommen, daß das Problem bei David liegen könnte. Es war eine archaische Denkweise, aber für mich waren Schwangerschaft und Babys ausschließlich Frauensache.

3. Kapitel

Ich stand in der Küche und bereitete Davids Lieblingsgericht – Brathähnchen – zum Abendessen zu. Nachdem er sich umgezogen hatte, entspannt war und jeder von uns ein Glas Wein getrunken hatte, bat ich ihn, den Tisch im Eßzimmer zu dekken.

»David, hast du je eine Frau geschwängert?« rief ich ihm ins Eßzimmer nach. Ich hatte gewartet, bis er im anderen Zimmer war, um die Kränkung auf seinem verletzlichen Gesicht nicht sehen zu müssen, wenn ich ihn fragte.

»Liza? Was für eine Frage! Warum willst du das wissen?«

»Dr. Silver schlug vor, du solltest eine Spermauntersuchung machen lassen.«

Ich hörte das Geschirr klappern, als David es auf den Tisch stellte. Ich konnte hören, wie er die Messer und Gabeln einzeln hinlegte. »Eine Spermauntersuchung? Dann glaubt er, ich könnte ...«

»Nein. Er hat keinerlei Vermutungen angestellt. Er möchte nur alle Möglichkeiten ausschließen.«

»Nun ja, er hat recht. Es gehören zwei dazu, um ein Baby zu zeugen. Ich habe bloß nie darüber nachgedacht ... Ich werde einen Termin machen.«

Er kam in die Küche und stand in der Mitte des Raums, die Arme lose herabhängend. »Wo?« fragte er.

»Im Mount-Sinai-Krankenhaus.«

Drei Tage später, an einem Donnerstagmorgen, ging David zur Spermauntersuchung in die Mount-Sinai-Klinik. Man brachte ihn zu einer schrankgroßen Kabine mit einem Liegesessel, Pornoheften und -videos. Man hätte sich im Rotlichtbezirk wähnen können, nur daß es etwas sauberer war. »Ich habe mir so schnell wie möglich einen runtergeholt, nur um da rasch wieder rauszukommen«, erzählte David hinterher. Es war ihm zu peinlich und unangenehm, um das Ganze mit Humor zu nehmen.

Wir warteten nervös auf die Untersuchungsergebnisse, die wir abends bekommen sollten. Bis dahin hielten wir uns wortlos umschlungen. Es war merkwürdig, ich fühlte mich David jetzt näher als in letzter Zeit, wenn wir miteinander geschlafen hatten. Es war eine Intimität, die daraus entstand, daß wir einander brauchten und uns umeinander sorgten, und aus dem Wissen, daß wir miteinander litten. Es war ein neues Gefühl, und es stärkte das Band zwischen uns. Wir hatten uns in unsere eigene kleine Welt eingeschlossen, um das abzuwarten, was uns wie ein Urteilsspruch erschien.

Als der Anruf kam, hob David ab. Der Klinikarzt sagte: »Ihr Ejakulat enthält kein Sperma.«

Für uns bedeutete das, daß David zeugungsunfähig war. Wir standen in der Küche und hielten uns hemmungslos schluchzend umarmt. Das hieß, daß wir niemals ein Kind bekommen konnten.

Ich erinnere mich nicht mehr, wie wir an jenem Abend ins Bett gekommen sind. Ich war wie betäubt, und als die Tränen versiegten, zogen wir uns jeder auf seine eigene Bettseite zurück. In der Nacht hörte ich David wimmern. Ich konnte den Schmerz in seinen Augen sehen.

Als der Morgen kam, waren David und ich überzeugt, daß wir, um ein Kind zu bekommen, entweder eines adoptieren oder uns für eine Samenspende entscheiden müßten – eine gute Wahl, die Freunde von uns getroffen hatten. David zweifelte nicht an seiner Männlichkeit, als er erfuhr, daß er möglicherweise zeugungsunfähig sei; es war eher so, daß er sich betrogen fühlte. Er wollte ein leibliches Kind. Er fand, er hätte ein Recht darauf. Die meisten Menschen können auf natürlichem Wege ein Kind bekommen, eine Verlängerung ihrer selbst. Warum nicht auch wir? Für David hieß Heiraten, eine Familie zu gründen und sein eigenes Kind großzuziehen.

Der Gedanke an einen Samenspender beängstigte mich. Wie bei einer Adoption hieß das, eine Tür ins Unbekannte zu öffnen. Welchen genetischen Hintergrund hatte der Spender? Wie groß waren die Risiken von Krankheit oder negativen Charakterzügen? Wir würden unser Kind nie ansehen und sagen können: »Er sieht aus wie du.«

Nachdem sich die Ergebnisse der Spermauntersuchung bestätigt hatten, verwies uns Davids Urologe von der Mount-Sinai-Klinik an eine Infertilitätspsychologin.

Er versicherte David, sie sei sehr gut informiert und könne uns über die verschiedenen Alternativen aufklären, ein Kind zu bekommen.

Wir suchten Patricia Greene in ihrer Innenstadtpraxis auf. Sie war Ende vierzig und hatte eine ansteckend positive Lebenseinstellung. Sie sprach offen mit uns, ohne etwas zu beschönigen. Bei unserem ersten Termin war sie zwanglos in einen dunkelblauen, halblangen Rock und einen elfenbeinfarbenen Pullover gekleidet. Frische Margeriten schmückten ihre Praxis. Es standen keine Familienfotos auf ihrem Schreibtisch, und die Gemälde an den Wänden waren abstrakt und unpersönlich. Ich habe nie etwas über Patricias Privatleben erfahren. Sie schien persönliche Fragen jeder Art zu meiden. Vielleicht hatte ich gehofft, in der Psychologin eine Freundin oder große Schwester zu finden, aber mir wurde klar, daß das nicht möglich war, wenn sie objektiv bleiben sollte. Nachdem ich das strikt professionelle Wesen unserer Beziehung verstanden hatte, wurde Patricia mein Resonanzkasten, die Person, bei der ich meinen Zorn zeigen und seine Wurzeln erforschen konnte. Ich hatte in meiner Phantasiewelt ein Bild von meiner Beziehung zu David erschaffen, das nicht ganz der

Realität entsprach. Patricia bewertete nicht, sondern hörte zu und gab uns erst Informationen und Ratschläge, nachdem sie uns als Individuen und als Paar richtig einschätzen konnte. David und ich vertrauten darauf, daß Patricia uns als unabhängige Einzelwesen sah und uns nicht in eine vorbestimmte Kategorie steckte, wie es, so fürchtete ich, die Angewohnheit vieler Psychologen war.

Es tröstete David und mich etwas, zu erfahren, daß 18 bis 20 Prozent aller Paare an ungewollter Kinderlosigkeit leiden. Nur zu oft wird Unfruchtbarkeit als etwas Beschämendes empfunden, nicht als ein Umstand, mit dem man sich auseinandersetzen kann. Patricia machte uns klar, daß, wenn David zeugungsunfähig war, uns nur die Alternativen einer Samenspende oder einer Adoption blieben. Beide Alternativen bedrückten uns, aber sie half uns zu erkennen, daß es für uns die einzigen Möglichkeiten waren, ein Kind zu bekommen.

Nach Beratung mit Patricia entschieden wir uns für die Samenspende. Das Kind würde wenigstens aus meinem Körper kommen. Ich bestand darauf. Ich wollte kein Kind großziehen, das keinerlei biologische Beziehung zu mir oder meinem Mann hatte. Ich wollte ein Baby aus meiner Eizelle, mit meinen Genen aus meinem Körper.

Sie erklärte uns auch, falls wir das Kind nicht wissen lassen wollten, daß David nicht sein leiblicher Vater war, wir dieses Geheimnis nie jemandem verraten dürften. Nicht einmal meiner Mutter.

Das war für mich sehr bedrückend. Ich halte nichts von Geheimnissen. Ich habe nie Geheimnisse vor meiner Mutter, Greg oder Jennifer gehabt. Wie konnte ich die Herkunft meines Kindes vor ihnen geheimhalten? Wie konnte ich das ganze Leben eines Kindes auf eine Lüge gründen?

»Liza«, sagte David, als wir Patricias Praxis verließen, »laß uns im Augenblick niemandem davon erzählen. Wir können uns das Recht vorbehalten, das später zu entscheiden.«

Ich willigte ein, um ihm nicht noch mehr Schmerz zu bereiten. Ich wußte, sollte ich mich für eine Samenspende entscheiden und schwanger werden, würde ich darauf bestehen, daß wir unserem Kind die Wahrheit sagten, und ihm klarmachen, daß Genetik nichts mit Liebe zu tun hat.

Der nächste Schritt bestand darin, sich über die zahlreichen Samenbanken zu informieren. Wir bekamen stapelweise Spenderprofile zugeschickt. Es schien unmöglich, sich auf eines festzulegen. Wir einigten uns, daß der Spender Jude sein sollte wie wir. Sollte er braune Augen haben wie ich oder blaue wie David? Wir bestanden darauf, daß das Baby die richtige Blutgruppe haben müßte, damit bei Blutuntersuchungen keine Fragen bezüglich seiner Elternschaft aufkämen.

David legte größten Wert auf Intelligenz.

Nach den furchtbaren Erfahrungen meiner Familie mit Krankheiten und Krankenhäusern machte ich mir vor allem Gedanken um Gesundheit und Langlebigkeit.

Als die Spenderprofile ankamen, gingen wir damit in verschiedene Zimmer, um uns nicht gegenseitig zu beeinflussen. Wir notierten diejenigen, die uns am meisten ansprachen, und verglichen dann unsere Eindrücke. Das machten wir wochenlang. Wir fühlten uns dabei beide unbehaglich. Es war wie ein Einkaufsbummel. Schließlich entschieden wir uns für einen Spender, der alles bot: jüdisch, blaue Augen wie David, nicht allzu groß, aus einer Familie von Collegeabsolventen und uralten Großeltern.

Da war keine Begeisterung. Mir gab das Ganze ein Gefühl von Unwirklichkeit. Ich war nie eine Spielerin gewesen. Es kam mir vor, als würden wir all unsere Hoffnungen auf eine Roulettenummer setzen. Dieser Samen würde mit der Lebensessenz meines Körpers verschmelzen, um ein Kind hervorzubringen.

David war tapfer und erklärte mir, daß es durch meine Eizelle immer noch sein Sohn wäre; sein Name und seine Zukunft wären gesichert. Ich konnte mir dieses Opfer nicht vorstellen, doch David akzeptierte die Situation und war bereit, sich ganz darauf einzustellen. So verzweifelt wünschte er sich ein Kind.

Der Samenbankverwalter sagte, ohne eine Miene zu verziehen: »Oh, Nummer 2047. Ich habe seine Nachkommen gesehen; sie sind ganz reizend. Jeder will ihn; er ist unser beliebtester Spender.« Wir kauften seinen Samen. Wir kauften sogar noch zusätzliche Reserven von Nr. 2047 für den Fall, daß wir später ein Geschwisterkind mit der gleichen genetischen Veranlagung würden haben wollen. Wir mieteten einen Stickstoffbehälter zur Aufbewahrung des Spermas und ließen ihn an die Fertilitätsklinik des Mount-Sinai-Krankenhauses in New York schicken.

Bevor ich einen Termin zur künstlichen Befruchtung mit dem Samen von Nr. 2047 ausmachte, suchte David einen weiteren Urologen im Mount-Sinai-Krankenhaus auf, um eine abschließende Samenuntersuchung machen zu lassen und eine zweite Meinung einzuholen. »Labors können Fehler machen, und Ärzte sind auch nur Menschen; vielleicht gibt es ja noch eine andere Möglichkeit – eine Operation oder ein Medikament, vielleicht sogar eine bestimmte Diät oder körperliches Training«, sagte er – trotz allem die Hoffnung nicht aufgebend.

Auch bei diesem Test fanden sich keine Samenzellen in der Samenflüssigkeit. Aber diesmal schlug der Arzt eine Hodenbiopsie vor, um zu sehen, ob dort Spermien zurückgehalten würden.

Ich war ärgerlich und wütend, daß man diese Möglichkeit nicht gleich am Anfang vorgeschlagen hatte. Es hätte mir und David viel Kummer erspart, ganz abgesehen von der ganzen Zeit, die wir auf die Auswahl eines Samenspenders verschwendet hatten. Vorsichtshalber drängten wir auf einen Biopsietermin noch in der gleichen Woche.

Der Eingriff ergab, daß David lebensfähige Spermien hatte.

Das waren aufregende Neuigkeiten, die uns unseren Traum zurückgaben. Doch wie sich herausstellte, war es nicht möglich, Davids Spermien operativ zu entnehmen, weil sie zu unreif waren, um eine Eizelle zu befruchten. Die Lösung für uns, um auf natürlichem Wege schwanger zu werden, bestände in einer operativen Behebung des Samenwegverschlusses in der Hoffnung, daß die Spermien dann auf ihrem Weg durch die Samenleiter ausreichend ausreifen würden.

Die Ärzte gingen davon aus, daß die Blockierung durch Narbengewebe verursacht sei. Als Teenager hatte David einmal eine Harnwegsinfektion mit hohem Fieber gehabt, das drei Tage andauerte. Das konnte zu der Vernarbung geführt haben.

David ging zur Operation, wie er allmorgendlich zur Arbeit ging – mit Anzug und Krawatte. Sein Gesichtsausdruck war entschlossen. Er war die Zuversicht in Person. Sein Ziel war in Sicht – sein Baby. Wenn ein Schritt auf dem Weg zu diesem Ziel diese Operation war – sei's drum.

Als wir das Krankenhaus betraten, riefen der Geruch und die gedämpfte, geschäftige, unpersönliche Atmosphäre all meine alten Ängste vor Ärzten wieder wach. David drückte meine Hand, als er zur OP abgeholt wurde. »Wir schaffen das«, sagte er, um mir Mut zu machen. Ich hätte für ihn stark sein sollen; statt dessen verwandelte ich mich in ein bibberndes Kleinkind. Ich schämte mich meiner selbst.

Statt der erwarteten zwei Stunden verbrachte David fünf Stunden auf dem Operationstisch.

»Warum dauert das so lange?« fragte ich die Schwester jedesmal, wenn sie in das Wartezimmer kam, wo ich auf und ab tigerte.

»Es geht ihm gut«, war alles, was sie sagte, nachdem ich sie das sechste Mal im OP hatte anrufen lassen.

Ich fürchtete, daß der Arzt seine Prognose geändert hätte

und Davids Problem nicht zu beheben sei. Wir wünschten uns diesen Behandlungserfolg so dringend. Wenn die Operation erfolgreich verlief, würde Davids Ejakulat Spermien enthalten und wir hätten gute Aussichten auf eine Schwangerschaft. David hatte in seinen eigenen Augen keine Wahl. Er hatte das Gefühl, es sei sein Problem, und er würde alles Notwendige tun, um ein leibliches Kind zeugen zu können.

Endlich kam der Arzt ins Wartezimmer.

»Setzen Sie sich, Liza. Ihrem Mann geht es gut; er befindet sich im Aufwachraum. Sie können ihn bald sehen. David hat Spermien, aber ich konnte den Samenwegverschluß nicht beheben. Wenn alles verheilt ist, kann ich die Spermien jedoch chirurgisch entnehmen.«

Ich zitterte, schwitzte und fror zugleich. »Was heißt das? Ich dachte, die Spermien wären zu unreif, um meine Eizellen zu befruchten?«

»Das stimmt«, sagte der Arzt. »Sie müßten sich einer In-vitro-Fertilisation unterziehen. Dann kann Davids Sperma in die entnommenen Eizellen injiziert werden – mittels einer Technik, die man Intrazytoplasmatische Spermieninjektion, kurz ICSI, nennt. Haben Sie schon mal von dieser Art der medizinisch unterstützten Fortpflanzungstechnik gehört?«

»Nein«, sagte ich, immer noch niedergeschmettert durch das Scheitern der Operation.

»Die In-vitro-Fertilisation – IVF – ist eine medizinisch unterstützte Befruchtungstechnik. Die Frau wird mit einem Hormonzyklus behandelt, um die Eierstöcke zur Produktion von mehr als einer reifen Eizelle anzuregen. Wenn die Eizellen herangereift sind, wird ein weiteres Hormon verabreicht, das die Follikel in den Eileitern dazu veranlaßt, die Eizellen in die Gebärmutter freizusetzen. Die reifen Eizellen werden dann aus der Gebärmutter entnommen und zusammen mit dem Sperma in eine Petrischale gegeben, wo sie befruchtet werden. Wenn die Spermien unreif und nicht befruchtungsfähig sind, werden sie durch einen Embryologen direkt in die Eizellen injiziert. Diesen Prozeß der Direkteinspritzung des Samens in die Eizelle nennt man ICSI, Intrazytoplasmatische Spermieninjektion. Nach der Befruchtung wird entschieden, wie viele der befruchteten Eier, die man jetzt Embryos nennt, in die Gebärmutter übertragen werden. Wenn sich ein Embryo in die Gebärmutterwand einnistet und die Zellteilung weiterläuft, ist eine Schwangerschaft erreicht, die sich auf natürliche Weise weiterentwickelt.

Die Fertilitätsklinik hier im Krankenhaus bietet ein fortschrittliches Behandlungsprogramm an«, fuhr Davids Urologe fort. »Wenden Sie sich an die dortigen Berater. Sie werden Ihnen die Sache erklären und alles in Gang setzen.«

4. Kapitel

Jetzt hatten wir also eine weitere Alternative, die IVF, d. h. die Befruchtung außerhalb des Körpers, in einer kleinen Glasschale im Labor. Das war der nächste Schritt hin zu einem leiblichen Kind. Dies war zu Beginn des Frühjahrs 1995. Wir suchten die Mount-Sinai-Fertilitätsklinik auf. Ich saß da und hörte mir die ganze Prozedur der Medikamentengabe, Eizellenentwicklung und -entnahme an, die diese In-vitro-Methode erforderte. Sie würde meinen Körper zur Produktion zahlreicher Eizellen anregen, die nach dem Heranreifen vaginal mit Hilfe eines Spezialkatheters entnommen würden.

Zur gleichen Zeit würde man Davids Spermien absaugen und ins Labor bringen. Dann würde man meine Eizellen mit seinem Sperma befruchten, indem der Embryologe in jede entnommene, reife Eizelle eine Samenzelle direkt injizierte. Nach der Befruchtung und Zellteilung würde der Embryo auf vaginalem Wege in meine Gebärmutter verpflanzt.

Während die Beraterin uns das alles erklärte, schien es mir unglaublich, daß ihre Worte sich auf David und mich beziehen sollten. Ich, von allen Menschen, die ich Ärzten mißtraute und es mit der Angst bekam, wenn ich mich einem Krankenhaus nur näherte. Ich, die ich beim Anblick einer Spritze zu zittern beginne. Doch die technische Erläuterung klang plausibel. Ich schwankte zwischen der Erleichterung, zu wissen, daß ich vielleicht doch ein Kind bekommen könnte, und dem Schrecken, den diese neue Prozedur in mir auslöste, und konnte mir selbst keine ehrliche Antwort geben, wie ich mich entscheiden würde. Hatte ich die Kraft und Entschlossenheit, das durchzustehen? Ich wußte es wirklich nicht.

Die IVF, so sagte man mir in der Klinik, ist mit zahlreichen Risiken behaftet und deshalb umstritten. Die möglichen Risiken der Medikation waren noch nicht völlig aufgeklärt; zu ihnen gehörten jedenfalls ein Überstimulationssyndrom und Eierstockkrebs.

David und ich verbrachten Monate damit, uns gründlich über das Verfahren und die Institutionen, die es durchführen, zu informieren. Plötzlich erfuhr ich, daß fast alle Frauen in meinem Bekanntenkreis, die auf ein Baby hofften, es mit In-vitro-Fertilisation versucht hatten. Meine Nachbarin Hanna war nach drei Versuchen mit Zwillingen schwanger; Allison, die Schwiegertochter einer Freundin meiner Mutter, war nach ihrem ersten Zyklus schwanger; meine Freundin Mindy war gerade beim sechsten Versuch. Für die meisten war es ein häßliches Geheimnis, das sie für sich behielten; andere wurden regelrecht süchtig danach und weigerten sich, die Sache aufzugeben.

Für mich wurde sie zur Besessenheit. Ich mußte soviel wie möglich über die IVF in Erfahrung bringen. Dieses Wissen verlieh mir das Gefühl, die Sache wenigstens etwas unter Kontrolle zu haben.

David und ich haben ein Haus in Watermill, Long Island. Es liegt zwei Autostunden von New York entfernt – ein himmlischer, von Ozean, Wiesen und Äckern umgebener Ort. Dies war unsere Zuflucht. Unser Haus grenzt an ein Getreidefeld mit einer alten roten Scheune darauf. Die Sonnenuntergänge in jenen Frühlings- und Sommermonaten des Jahres 1995 waren von unglaublicher Schönheit – ein Feuerball versank hinter den Getreidehalmen, während Wildgänse über unsere Köpfe flogen.

Seit Davids Operation waren vier Monate vergangen. Wir hatten uns für die Durchführung der IVF entschieden, und obwohl ich wahnsinnige Angst hatte – vor den Medikamenten, den Spritzen, den Operationen, den Ärzten, dem Verlust der Würde –, war ich in diesem Haus im Frieden mit mir selbst und der Hoffnung auf ein leibliches Kind. Hier, fern von Ärzten und Krankenhäusern, umgeben von Gärten und Vögeln und der ständigen Wiedergeburt der Natur, war ich sicher, die richtige Entscheidung getroffen zu haben.

Wir arbeiteten auf ein gemeinsames Ziel hin, ohne uns insgeheim gegenseitig Schuld zuzuschieben. Wir sprachen miteinander. David sah mich gelegentlich tatsächlich wie ein Mann an, der seine Partnerin begehrt. Doch seit seiner Operation hatten wir nicht mehr miteinander geschlafen.

Während dieser Atempause in unserem Haus versuchte ich, alle Gedanken an die IVF aus meinem Kopf zu verbannen. Ich strich die Gartenmöbel und eine Bank für die Diele neu. Ich verputzte die Wände im Wohnzimmer. Ich legte einen ummauerten Blumengarten mit Rosen und Stockrosen an, die den Weg zu meiner Haustür zu überwuchern drohten. Es machte mich glücklich, einfach nur draußen an der frischen Luft zu sein. Die wärmende Sonne auf meinem Rücken fühlte sich wunderbar an.

Als wir im Herbst in die Klinik zurückkamen, waren wir über das Thema IVF genausogut informiert wie die Ärzte selbst. Als man uns fragte, ob wir beide als Paar völlig entschieden seien, antworteten David und ich mit ja und unterzeichneten das Einwilligungsformular, doch tief im Inneren verspürte ich immer noch einen starken Zwiespalt, was das Kinderkriegen anging. Hier in der Welt der Ärzte und Krankenhäuser kam alles, wovor ich mich fürchtete, wieder an die Oberfläche, und obwohl ich das Einwilligungsformular unterzeichnete, war ich verwirrt und voller Panik. Die IVF-Prozedur würde ihren Anfang nehmen. An manchen Tagen würde ich bis zu fünf Spritzen bekommen. Dann waren da tägliche Blutabnahmen und danach wiederholte Ultraschalluntersuchungen, um die Entwicklung meiner Eizellen zu beobachten.

Mein Inneres lehnte sich gegen diese Prozedur auf. Wenn es die Alternative der In-vitro-Fertilisation nicht gäbe, müßte ich keine Medikamente nehmen. Ich würde mich für die Samenspende entscheiden. Es wäre dann nicht nötig gewesen, meine Eizellen zu entnehmen, um sie durch ICSI zu befruchten. Mit Spendersamen hätte man meine Eizellen zum Zeitpunkt des natürlichen Eisprungs auf vaginalem Wege künstlich befruchten können.

Ich fürchtete mich vor den Spritzen, die für die IVF erforderlich waren, und vor den Auswirkungen der Hormone. Ich fand es schrecklich, daß David weitere operative Eingriffe über sich ergehen lassen mußte. Meine Mutter war mir kein Trost. Sie war dagegen, daß ich mir Medikamente spritzen ließ.

»Adoptiert ein Kind«, sagte sie. »Es wird euer Baby sein. Ihr werdet auch ein adoptiertes Kind lieben. Das Baby wird euer eigenes werden.«

»Es wäre nicht fair mir selbst und David gegenüber, ein Kind zu adoptieren, wenn ich weiß, daß ich vielleicht unser leibliches Kind bekommen kann. Das wäre egoistisch. Es ist eine schreckliche Zwickmühle.«

»Liza, diese Medikamente sind gefährlich. Niemand kennt ihre langfristigen Wirkungen. Ich möchte nicht, daß du dich als Versuchskaninchen hergibst«, argumentierte meine Mutter.

»Ich verstehe dich nicht. Bei Erica warst du so entschlossen, trotz aller Risiken. Warum ist das bei mir etwas anderes?«

»Weil dies keine Entscheidung auf Leben und Tod ist. Du mußt dich nicht selbst gefährden und Medikamente einnehmen, die dir auf wer weiß welche Weise schaden können. Du hast die Wahl, Liza. Du hast das Glück, die Wahl zu haben. Auf die eine oder andere Weise – Adoption oder Samenspende – wirst du ein Kind bekommen. Ich möchte nicht, daß du ein solches Risiko eingehst. Du bist schließlich mein Kind. Du weißt, was du jetzt hast; triff keine Entscheidung, die dich in Schwierigkeiten stürzen kann. Katastrophen passieren von einem Moment auf den anderen.«

Der Muttertag 1972 dämmerte klar und warm, in starkem Kontrast zu dem heftigen Regen, der in der Nacht gegen unser Fenster geprasselt hatte. Mama freute sich auf ihre Reitstunde am Vormittag. Die Flying Horse Farm hatte eine Reithalle, und dies war ihr Tag, ob Regen oder Sonnenschein. Sie wollte unbedingt hin. Vater würde ebenfalls eine Reitstunde nehmen, um ihr eine Freude zu machen. Das war untypisch für ihn; ich nehme an, meine Mutter hatte ihm gesagt, wie einsam sie sich fühlte, und ihn gewarnt, wenn er nicht einige ihrer Interessen teilte und allmählich begänne, sie als Person wahrzunehmen, würde es bald jemand anders tun. Mutter hatte ihm einen Reitanzug besorgt, in dem er sehr gut aussah.

Nach einem frühen Frühstück machten wir uns alle zusammen auf nach Muttontown – meine Eltern, Erica, Greg und ich. Eine Stunde später waren wir auf der Nordseite von Long Island. Die braune Kuppel des Stalls war über den Baumwipfeln zu sehen. Ich war schon oft mit meiner Mutter auf der Flying Horse Farm gewesen und hatte mit anderen Kindern gespielt, die ebenfalls ihren Eltern beim Reiten zusahen. Ich war gerne dort. Old Firefly, Joachim Strykers legendäres Olympiaspringpferd, stand hier auf der Weide. Wir Kinder liebten das große rote Pferd. Was für eine faszinierende Geschichte, wie dieser unansehnliche Ackergaul, fast schon dem Schlachthof geweiht, aus jedem Gehege herausgesprungen war, in das man ihn steckte. Kein Zaun konnte ihn halten. Joachim Stryker, ein belgischer Einwanderer, hatte damals trotz seiner Jugend bereits langjährige Erfahrung als Pferdetrainer und Turnierreiter in ganz Europa gehabt. Er erkannte in Firefly ein Talent, wie man es bei noch so hochgezüchteten Springpferden noch nie gesehen hatte, und eine Chance, sich in Amerika einen Namen zu machen. Er kratzte ein paar Dollar zusammen und kaufte das »wertlose Tier«, schulte es und gewann mit ihm zahlreiche Springturniere.

Firefly und Joachim Stryker hatten den Kaufpreis der Flying Horse Farm gemeinsam erarbeitet. Firefly hatte sich sein eigenes Gehege verdient.

Joachim Stryker wurde ein angesehener Pferdetrainer und Reitlehrer. Er reiste mit einer Pferdeshow herum und trat mit Firefly im Madison Square Garden auf. Das brachte ihm den Ehrentitel *Head of the East Island Hunt* ein – sicher mit ein Grund, warum es ein kostspieliges Privileg war, sein Pferd auf der Flying Horse Farm unterzustellen.

Wir parkten neben der großen Reithalle. Es waren schon einige andere Reiter da, die ihre Pferde bewegten. Ich stand in der Tür, um zuzusehen, während meine Mutter ihren Sattel aus dem Auto zerrte. Sägemehl wirbelte unter den Hufen auf und bildete eine Art Nebel, durch den sich die Pferde bewegten. Ich liebte den Geruch von frischem Heu, Sägemehl und schwitzenden Pferden.

Joachim Stryker kam uns am Eingang zum großen Stall entgegen. Er war ein kleiner Mann, der einen selten direkt ansah, mit braunem Hut und schlammbespritzten Stiefeln. »Guten Morgen«, begrüßte ihn meine Mutter, als sie ihr Pferd Blacky in den Sonnenschein hinausführte. »Halten wir die Reitstunde heute drinnen ab?«

Mr. Stryker war schon lange genug in Amerika, um zu heiraten und drei Kinder zu haben, die die Schule bereits hinter sich gebracht hatten, aber sein Englisch ließ immer noch zu wünschen übrig. »Sie wollen reiten lernen? Sie reiten in allem Wetter. Wir halten sie draußen.«

»Das wundert mich nach dem schweren Regen letzte Nacht.«

Er starrte sie finster an. Wie konnte jemand seine Entscheidungen in Frage stellen? »Sue-Sue, Sie wollen die Jagd reiten, Sie reiten in allem Wetter«, wiederholte er und verschwand im Stall. Meine Mutter, die großen Wert auf seine Anerkennung legte, stieg auf und ließ Blacky im Schritt den Hügel hinunter zu dem unten auf dem Feld angelegten Jagdparcours gehen. Mein Vater ritt ein braunes Pferd aus dem Stall. Ich führte Erica und Greg hinter ihnen her zum Feld hinunter. Unsere Füße machten schmatzende Geräusche im Schlamm.

Mutter bewegte Blacky durch alle Gangarten, um ihn für die Reitstunde aufzuwärmen. Sie ließ ihn zunächst in leichtem Trab Achten gehen, trieb ihn dann zum Kanter an und setzte sich im Sattel zurück. Dann lehnte sie sich nach vorn, verlagerte ihr Gewicht auf die Knie, in Sprunghaltung. Ich drehte mich um und sah Mr. Stryker neben dem imposanten Stapel aufeinandergeschichteter Baumstämme stehen, dem letzten Hindernis des Jagdparcours. Die Reitstunde hatte begonnen.

Mutter absolvierte den ersten Durchgang langsam, aber sauber. Jetzt war mein Vater an der Reihe. Mr. Stryker legte die Stangen tiefer, und Vater setzte über die Anfängerhindernisse. Er wirkte mit sich zufrieden. Greg und Erica stocherten mit Zweigen in den Pfützen zu ihren Füßen herum. Dann war Mutter wieder an der Reihe. Mr. Stryker legte die Stangen höher und ging zu dem breiten Hindernis aus Baumstämmen hinüber.

»Gut so«, rief er, als sie jedes Hindernis fehlerlos nahm – ohne Berührung, ohne Reißen.

Meine Mutter schien an Selbstvertrauen zu gewinnen. Sie und Blacky nahmen die Hindernisse reibungslos. Während sie auf das letzte Hindernis zugaloppierten, gab sie Blacky das Signal, sich zum Sprung bereit zu machen.

Erica und Greg warfen Steine in die Pfütze zu unseren Füßen.

»Greg – nicht spritzen!« Ich nahm ihm den Stein aus der Hand und blickte in dem Moment auf, als Blacky absprang, um über das Baumstammhindernis zu setzen. Im nächsten Augenblick sah ich ihn ausgleiten, als seine Vorderhufe auf den nassen Rasen aufkamen. Er fiel zur Seite, und meine Mutter, immer noch im Sattel, stürzte mit ihm. Blacky kam wieder auf die Füße und galoppierte davon. Meine Mutter lag regungslos da. Vater lief zu ihr, aber sie bewegte sich immer noch nicht.

»Steh auf, Mama«, betete ich und legte meinen Arm um Erica, damit sie nicht hinlief. Ich fühlte, daß ich meinen kleinen Bruder und meine Schwester von diesem Anblick fernhalten mußte. Es schien ewig zu dauern, bis ich das häßliche, eindringliche Heulen einer Sirene hörte. Ein Krankenwagen fuhr den Hügel herunter aufs Feld. Dann sah ich durch die Menge hindurch, wie der reglose Körper meiner Mutter auf eine Trage gehoben wurde.

Die Sanitäter schoben die Trage in den Krankenwagen und brausten mit blinkenden Lichtern und Sirenengeheul davon, meine Mutter, meinen Vater und mein ganzes Leben mit sich nehmend.

Erica, Greg und ich waren allein. Etwas Schreckliches war passiert. Das wußte ich. Man brachte uns ins Büro, gab uns Kekse, soweit ich mich erinnere, und sagte uns, wir sollten hier warten. Schließlich kam meine Tante Ilene, Vaters jüngere Schwester, und brachte uns nach Hause.

Ich fühlte mich, als ob eine Bombe kurz vor der Explosion stünde. Niemand wollte mir irgend etwas sagen. Tatsächlich hat es mir nie jemand gesagt, aber auf die Dauer entnahm ich ihrem Flüstern und dem verstörten Gesichtsausdruck meiner Großmütter, daß meine Mutter lange wegbleiben würde, daß sie mit meinem Vater im Krankenhaus war, daß sie sich den Rücken verletzt hatte. Und ich wußte, so wie meine Mutter ausgesehen hatte, als sie da auf dem Boden lag, daß sie nie, nie wieder laufen würde.

Ich war elf Jahre alt. Mir war nicht klar, was für ein entscheidender Augenblick meines Leben dies war. Mein Zuhause, meine Familie, Gesundheit und Wohlergehen, all diese Dinge, die ich schätzte, aber für selbstverständlich hielt, waren jäh zerstört. Wieder wurde unsere Familie durch Krankheit und Krankenhäuser auseinandergerissen.

Eine Woche verging. Ich weigerte mich, in die Schule zu gehen. Mein Vater und Tante Laurie waren im Krankenhaus. Meine Großmütter bewegten sich wie im Nebel. Unsere Haushälterin Dora, die sich um uns alle kümmerte, seit Greg auf der Welt war, übernahm den Haushalt. Sie beantwortete die telefonischen Anfragen der Nachbarn und Freunde, kaufte ein, kochte. Zwei Tage später wurde meine Mutter mit dem Krankenwagen in die New Yorker Universitätsklinik verlegt. Dort arbeitete Dr. Randolf, ein angesehener Neurochirurg und Spezialist für Wirbelsäulenoperationen. Er reparierte die gebrochenen Wirbel und versteifte sie, doch gegen die Verletzung der Rückenmarksnerven konnte er nichts tun. Meine Mutter würde nicht mehr laufen können. Ich wußte das, bevor die Ärzte es mir sagten, weil Dora und Tante Ilene dauernd um uns waren und uns alles gaben, von dem sie glaubten, daß wir es haben wollten – Eiscreme, Spielzeug, Aufmerksamkeit. Ich wollte nur meine Mutter.

Eine Woche später kam Tante Laurie, um mich mit zu sich zu nehmen. Sie ließ Jennifer die Schule schwänzen, weil sie hoffte, wir würden zusammen spielen. Aber ich wollte nur nach New York, um meine Mutter zu sehen, und so nahm sie mich mit ins Krankenhaus.

Jennifer wartete draußen vor Mamas Krankenzimmer, während mein Vater mich mit hinein nahm. Ich hatte Angst. Ich wollte meine Mutter keine Schmerzen leiden sehen. »Mama, bitte steh auf.« Ich flüsterte ein Gebet, während die Panik mich überwältigte. Ich bat Gott, mich aus diesem Alptraum aufwachen zu lassen. Ich versprach, nie wieder etwas Böses zu tun. War das die Strafe dafür, daß ich die Schule geschwänzt hatte? Was hatte ich getan? Was hatte Mama getan? Meine Gedanken und Gebete und meine Wut lagen miteinander im Widerstreit. Ich verstand meinen neuen Platz im Leben nicht. Ich versuchte, mein Schluchzen zu unterdrücken. *Suzy, du bist das glücklichste Mädchen auf der Welt.* Warum hatte meine Großmutter das gesagt? Hatte sie die Aufmerksamkeit auf alles gelenkt, was wir hatten, nur damit es uns nun genommen würde?

Meine Mutter lag ganz still da, mit Schläuchen in ihren Armen. Tränen rannen über die blauschwarzen Blutergüsse in ihrem Gesicht und ließen die geschwollene, straff gespannte Haut glänzen. Sie versuchte zu sprechen. Ich wußte, daß sie sagen wollte: »La La, ich hab dich lieb«, aber statt dessen konnte sie nur ihr Gesicht abwenden und nach meiner Hand greifen. Ihre Berührung war so schwach.

Nach einer Weile ging mein Vater mit mir auf den Flur, wo Jennifer wartete. Ihr Gesicht war verweint, und sie umklammerte die Hand ihrer Mutter, als habe sie Angst, daß auch sie beide auseinandergerissen werden könnten. Tante Laurie nahm auch meine Hand, und so saßen wir drei still im Wartezimmer und sahen schweigend auf den East River und die langsam vorbeigleitenden Schiffe.

Mein Vater fuhr mit mir nach Hause. Wir sprachen nicht miteinander. Er konnte meine Fragen nicht beantworten. Auch er war von dem einen Menschen getrennt, der ihm Wärme und Sicherheit gab. Er brauchte seine Frau, auch wenn mir das damals nicht klar war.

Nach zwei Monaten wurde meine Mutter zur Rehabilitation ins Rusk-Institut der New Yorker Universität verlegt – im Rollstuhl. Sie vertiefte sich in ihr Buch *Der Ruf der Wildnis.* Diese Erzählung von Aufopferung und Durchhaltevermögen führte sie weit aus ihrer Umgebung fort. Sie sprach mit niemandem im Therapieraum; sie hatte das Gefühl, die angebotene Hilfe anzunehmen, hieße, ihre Abhängigkeit einzugestehen. Sie verweigerte die Mitarbeit. Sie hatte sich seit dem Unfall nicht verändert; sie war immer noch die gleiche unabhängige Frau mit einem eigenen Leben, Kindern, die sie brauchten, und einem Ehemann, der darauf wartete, daß sie nach Hause käme und ihr Leben wieder aufnähme. Sie würde ihren eigenen Weg finden, wie sie es getan hatte, als Erica krank war. Sie brauchte niemanden – bis sie Leo Perez begegnete. Er half im Therapieraum aus, brachte den Patienten Handtücher und Gewichte oder hob sie aus dem Rollstuhl auf die Gymnastikbühne.

In Ecuador war Leo Wirtschaftsprüfer gewesen. Er kam nach Amerika, um sich ein neues Leben aufzubauen, und ließ seine Mutter und seinen kleinen Sohn nachkommen. Leo war ein sanfter Mann von dreiunddreißig Jahren, genauso alt wie meine Mutter. Er hatte die Therapeutin sagen hören, daß sie nie mehr laufen würde, und sich ihre Akte angesehen. Er hatte den entschlossenen Ausdruck in ihren Augen gesehen, wenn sie Patienten sah, die sich mit Beinschienen zwischen den Barrenstangen fortbewegten. Er erkannte ihre Willensstärke, die in Mut und Zorn wurzelte.

Eines Tages sprach er sie an. »Entschuldigen Sie«, sagte er in gebrochenem Englisch. »Ich kann Sie gehen machen, wenn Sie helfen.«

Sie sah aus ihrem Rollstuhl erstaunt zu ihm auf. Niemand hatte ihr Hoffnung gemacht, je wieder mehr tun zu können, als aufrecht zu sitzen. Kein Arzt hatte gesagt, sie würde je stehen können, außer an ein Pult geschnallt.

»Das wird harte Arbeit. Wollen Sie es tun?«

»Ja«, sagte sie.

Jahre später sollte der Fertilitätsarzt mich vor eine ähnliche Entscheidung stellen. »Die IVF ist harte Arbeit. Wollen Sie sie tun?«

»Ja«, sagte ich mit der gleichen Entschlossenheit, die meine Mutter spürte, als sie Leo antwortete. »Ja.« Dann unterzeichnete ich gemeinsam mit meinem Mann das Einwilligungsformular für die IVF.

Mutter ließ sich von Leo auf die Matte legen, und sie begannen, ihre Arme mit leichten Gewichten zu trainieren.

Danach kam Leo immer gegen Ende des Tages ins Zimmer meiner Mutter. Er sprach nur wenig Englisch, aber sie hatte in der Schule Spanisch gelernt. Er verbesserte ihr Spanisch, und sie brachte ihm Englisch bei. Leo sagte meiner Mutter, er würde ihr helfen, mit Beinschienen zu gehen. Sie nahm seine Herausforderung an und arbeitete intensiv mit ihm im Therapieraum.

Am Ende des Sommers verließ meine Mutter das Krankenhaus rechtzeitig, um ihren Geburtstag zu Hause zu feiern. Die Therapeuten gaben ihr einen Rollstuhl mit und verabschiedeten sie mit verlegenem Lächeln und Winken. Auch Leo verließ das Krankenhaus. Mein Vater gab ihm eine Stelle in der Buchhaltung seines Unternehmens. Jeden Nachmittag kam er zu uns nach Hause und arbeitete mit Mutter am Barren. Sie trug schwere Beinschienen und ein Metallkorsett, das unter ihren Achseln festgeschnallt war. Mutter und Leo arbeiteten im Schlafzimmer hinter verschlossenen Türen. Ich konnte hören, wie sie sich herumschleppte oder die Krücken hinschmiß, in Leos Arme fiel und ihn verfluchte. Er störte sich nicht daran, war geduldig, aber hartnäckig und anspornend. »Sie schaffen es«, sagte er. Dann arbeiten sie weiter und weiter – jeden Tag länger. Niemand hatte erwartet, meine Mutter je wieder auch nur aufrecht stehen zu sehen. Doch es kam der Tag, an dem sie und Leo Beinschienen aus Kunststoff bestellten. Sie waren leicht, der Form ihrer Beine angepaßt und konnten unsichtbar unter ihren Röcken getragen werden. Sie waren das Schönste, was meine Mutter je gesehen hatte. Leo begann, tagsüber mit ihr nach draußen zu gehen – ohne Rollstuhl. Sie konnte sich mit einer Gehhilfe graziös fortbewegen.

Sie gingen zum Lebensmittelladen, um Gemüse einzukaufen, oder in die Schule, um mich oder Erica in einer Theateraufführung zu sehen, oder sie halfen der Erzieherin in Gregs Kindergarten, die Kinder in das Wunder der Fingerfarben einzuweihen.

Mir war nicht ganz klar, welche Stellung Leo nun genau in unserem Leben einnahm. In vielerlei Weise übernahm er eine Vaterrolle. Er machte mit uns Ausflüge, ging mit uns in Vergnügungsparks oder zum Angeln. Wir spielten alle zusammen Ball oder gingen gemeinsam schwimmen – all die Dinge, die ich von meinem Vater erwartet hätte.

Wir hatten kein Familienleben. Mein Vater arbeitete ständig und kam nur selten nach Hause. Meine Mutter ging früh schlafen, weil sie vom täglichen Training müde war und, wie ich glaube, meinen Vater und die Unzufriedenheit, die sie in seinen Augen sah, zu meiden suchte. Ich verbrachte die Abende nach dem Essen in meinem Zimmer und fühlte mich einsam und verloren in der Welt.

In mir erwachte in dem Jahr, das seit dem Unfall meiner Mutter vergangen war, mein sexuelles Bewußtsein. Ich stellte mir meine Sexualität als ein materielles Gebilde vor, das aus drei Teilen bestand – wie ein Schneemann. Die kleinste Kugel, ganz obenauf, war freigeistig und genußfreudig. In Filmen werden solche Frauen meist als Flittchen hingestellt, aber sie machen einen glücklichen Eindruck und ich würde sie nicht schlecht nennen. Männer diesen Schlags werden mit romantischen Namen wie *Don Juan* belegt und sehen stets gut aus.

Die Kugel in der Mitte bestand aus Gewalt und Verletzung. Obwohl ich von Vergewaltigung und Unterwerfung gehört hatte, war ich nicht ängstlich. Ich war vorsichtig bei fremden Männern, aber ich hatte nie das Gefühl, in Gefahr zu sein. Was mich hingegen stark beeindruckte, war die Roheit des

Geburtsvorgangs, die schmerzhaften Wehen, das Blut und die Schreie, von denen ich gelesen und die ich bei Tieren beobachtet hatte. Wenn ich ans Kinderkriegen dachte, bekam ich Angst.

Der größte Teil des Schneemannes, ganz unten, bestand aus Moraldenken – Stolz, Scham und Schuldgefühlen. Darin lag meine Verwirrung begründet. Ich glaubte nicht, daß mein Körper oder Sex etwas Beschämendes seien. Niemand hat mir je so eine Einstellung nahegelegt oder beigebracht. Ich glaubte, daß meine Mutter nur einen Sexualpartner hatte – meinen Vater –, und doch fragte ich mich oft, ob sie und Leo sich hinter der Schlafzimmertür liebten. Obwohl ich mich nicht scheute, mit meiner Mutter über alles zu sprechen, habe ich sie bis vor kurzem nie gefragt, ob sie und Leo je miteinander geschlafen haben.

Sie sagte, nein, das hätten sie nicht. Das erschien mir enttäuschend und traurig. Ich hätte gern gedacht, daß sie und Leo eigene, schöne Erinnerungen zu bewahren hätten.

Für mich war Sex während jener Jahre, in denen Leo meiner Mutter das Laufen beibrachte, ein Rätsel. Ich konnte zwischen der Schönheit und Freude der körperlichen Liebe und der Brutalität des Gebärens keine Verbindung herstellen. In meinen vielen Gesprächen mit Jennifer erfuhr ich, daß sie den Geburtsvorgang ganz anders sah.

Sie sagte: »Kinder zu bekommen ist eine natürliche Funktion des weiblichen Körpers, so beruhigend wie der Herzschlag und genauso wichtig für den Fortbestand des Lebens. Das Leben ist stark, und seine Erschaffung muß so kraftvoll vor sich gehen wie die der Erde selbst. Schrecke nicht davor zurück, Liza, nimm es an, und es wird dir nichts anhaben.«

Für Jennifer waren die Geburten ihrer beiden Kinder, Dakota und Austin, die großartigsten Augenblicke ihres Lebens.

Die Rückkehr meiner Mutter ins Leben kam an dem Punkt, an dem sie für sich zu der Einstellung kam »Nein ist keine

Antwort«. Weniger würde sie nicht akzeptieren. Ich hörte auf Jennifers Worte und überdachte meinen Wunsch, ein Kind zu haben, und ich wußte, daß auch für mich ein »Nein« keine Antwort sein konnte. Ich war stark. Ich würde mein eigenes leibliches Kind bekommen – meines und Davids. David und ich unterzeichneten die Einwilligungspapiere für die IVF.

5. Kapitel

Jetzt, da ich mich auf die IVF festgelegt hatte und darauf hoffte, ein Kind zu bekommen, dachte ich über meine Verantwortung als Mutter nach. Bis dahin hatte ich nie weiter als bis zur Geburt gedacht. Ich hatte mich nie als Mutter gesehen. Ich erinnerte mich an die Einsamkeit meiner Teenagerjahre und fragte mich, ob es wohl möglich sei, mein Kind vor diesem Schmerz zu bewahren. Ich dachte an die Qualen, die meine Mutter während Ericas Krankheit durchgemacht hatte und an die Zerbrechlichkeit des Glücks. Ich dachte an all meine Begegnungen mit Kindern und daran, wie sie mein Leben beeinflußt hatten.

Ein Aberglaube besagt, daß das Unglück immer dreimal zuschlägt. Für meine Familie bewahrheitete sich das. Zehn Jahre lang war mein Vater der Hamburger-König der Ostküste gewesen, hatte siebzig Fast-Food-Restaurants in New York, New Jersey und Connecticut betrieben. Doch als McDonald's und Burger King auf der Bildfläche erschienen und Radio und Fernsehen mit ihrer Werbung überschwemmten, gab es für die Kinder nur noch Ronald McDonald. Seine Firma geriet ins Wanken; er mußte verkaufen.

Ich war damals im ersten High-School-Jahr. Mein Leben hatte sich seit dem Unfall meiner Mutter so verändert, daß ich mit meinen Schulfreunden nichts mehr anfangen konnte. Aber ich sah auch keinen Sinn darin, zu Hause zu bleiben. Ich nahm einen Nachmittagsjob als Schuhverkäuferin bei Jildor an, einem gutgehenden, mondänen Geschäft im Nachbarort Cedarhurst.

Meist ging ich zu Fuß zur Arbeit oder nahm den Bus. Manchmal überraschte meine Mutter mich und fuhr mich hin. Leo hatte ihr beigebracht, einen Wagen mit Handbedienung zu fahren, und ich freute mich immer so, sie vor den Schultoren auf mich warten zu sehen.

Obwohl wir nach außen hin gutsituiert schienen, hatte unsere Familie schwer zu kämpfen. Unser großes Haus war ungeheizt, weil wir so verschuldet waren, daß keine Heizölfirma uns beliefern wollte. Trotzdem, so unglaublich das klingt, packten wir in jenem Sommer unsere Sachen und fuhren zum ersten Mal nach Spanien. Paradoxerweise konnten wir uns das leisten, weil es rentabler war, unser Haus auf Long Island zu vermieten, als darin zu wohnen.

Im September 1976 zog Tante Laurie ins benachbarte Hewlett, um näher bei ihrer Schwester und bei den Kundinnen zu sein, für die sie ihre exquisiten Gewänder nähte. Jennifer war begeistert, ihr zweites High-School-Jahr in der selben Schule und Stufe wie ich zu beginnen. Sie dachte, wir würden wieder »Prinzessin« und »Lollipop« sein und bei den Mitschülern im Mittelpunkt stehen. Doch wie sich herausstellte, waren wir nicht mehr die Busenfreundinnen vergangener Tage.

Ich fühlte mich verpflichtet, bei meiner Mutter zu sein; sie war meist allein, wenn sie nicht gerade mit Leo arbeitete. Viele ihrer langjährigen Freunde und Freundinnen waren von der Bildfläche verschwunden; sie wollten ihre eigene Verletzlichkeit nicht in ihrem Gesicht gespiegelt sehen. Ich arbeitete im Schuhladen oder hielt mich in meinem Zimmer auf, um meine Bücher und Unterlagen zu ordnen und meine Hausaufgaben zu machen, was eine beruhigende Wirkung auf mich hatte.

Jennifer liebte mich, und in ihren Augen war ich das beliebteste Mädchen der zweiten Klasse. Sie täuschte sich. Ich hatte keinen Sinn für die Schulgemeinschaft. Ich kümmerte mich nicht um die »angesagte« Clique und ihr Tun und interessierte mich nicht dafür, über wen sie tratschten. Ich ging zum Unterricht, ging arbeiten und dann nach Hause. Jennifer baute darauf, daß ich ihr Zugang zur Clique verschaffen würde, aber das war nicht Teil meines Lebens. Ich wußte, daß ich sie enttäuschte. Es war keine Absicht. Ich hatte weder die Zeit noch das Interesse, und Jennifer nahm es persönlich. Sie war gekränkt und hatte das Gefühl, nicht dazuzugehören – in einer Zeit, in der es so wichtig sein kann dazuzugehören.

Aber es steckte mehr hinter meinem Verhalten als bloße Apathie.

Jennifer sagte: »Liza, du wohnst in einer Villa und hast reiche Freundinnen. Ich wohne in einem Apartmentblock. Meine Mutter näht für ihre Mütter.«

Ich war so von meinem eigenen Leben in Anspruch genommen, daß ich nicht auf ihre Worte achtete. Finanzielles Statusdenken trat zwischen uns.

Sie war das hübscheste Mädchen der Schule – lange Beine, blondes Haar, große, grüne Augen –, und alle Jungen waren hinter ihr her. Sie hatte einen umwerfenden Körper und das Gesicht eines Engels. Das machte die anderen Mädchen eifersüchtig, und sie ließen sie völlig links liegen. Sie wurde zu keiner Party eingeladen. Sie waren gemein zu ihr, und ich merkte es nicht einmal. Jennifer war unglücklich und allein.

Jennifers Bruder Jack machte zusätzliche Schwierigkeiten. Seit Tante Lauries Scheidung war er eigensinnig und ungebärdig geworden. Er versagte in der Schule, und niemand wurde mehr mit ihm fertig. Selbst Mutter hatte ihn nicht gerne zu Besuch bei uns und weigerte sich, für Tante Laurie auf ihn aufzupassen. Er stiftete Greg zu Unsinn an und brachte ihn dazu, auf hohe Bäume zu klettern oder größeren Jungen ihren Baseball zu klauen, was meist mit einer blutigen Nase und immer mit Tränen endete. Meine Mutter und Laurie waren miteinander über Kreuz. Genau wie Jennifer und ich. Niemand war glücklich.

Jack wurde mit elf auf ein Internat geschickt. Jetzt lebten

Laurie und Jennifer allein in der Wohnung, wie Jennifer es sich immer gewünscht hatte.

Aber ihre Zufriedenheit war nur von kurzer Dauer, dann kam Miles Linder des Wegs, der schon seit ihrer gemeinsamen Schulzeit in Laurie verliebt war. Er hatte sie damals nicht fasziniert und konnte es auch jetzt nicht. Er war ein Waschlappen, aber jetzt war er ein reicher Waschlappen. Ohne allzu große Ermunterung verließ Miles seine Familie und mietete in New York eine Wohnung für sich, Laurie und Jennifer. Sein Timing war gut. Jennifer und ich waren entzweit, und Laurie war soweit, ihr Geschäft auf die Modeboutiquen von Greenwich Village, SoHo und der Upper East Side auszuweiten. Doch Jennifer brauchte ihre Mutter so dringend wie eh und je, und Miles drängte sich in ihr Revier. Sie wollte die Aufmerksamkeit ihrer Mutter nicht mit ihm teilen. Sie begann, in Büstenhalter und Bikinihöschen im Apartment herumzustolzieren, nur um Miles von ihrer Mutter abzulenken.

Jennifer und Laurie stritten ständig. Jennifer warf Laurie vor, sie ließe zu, daß Miles sich in ihre Beziehung einmische, hatte das Gefühl, durch Miles und die Schneiderkarriere ihrer Mutter in den Hintergrund gedrängt zu werden. Laurie beschwerte sich, daß Jennifer sie durch ihr unmögliches Benehmen in Verlegenheit bringe.

Einmal stand Jennifer in der Mitte des Zimmers, von Stoffbahnen und Garnspulen umgeben, die Hände auf den Hüften, und sagte laut, um das dauernde Surren der Nähmaschine zu übertönen: »Wie kannst du Zeit für mich haben, wenn er dauernd da ist oder mit dir ausgehen möchte? Ich bin diejenige, die allein ist. Ich wünschte, er wäre nicht hier, und wir könnten zusammen sein, so wie früher. Du liebst ihn doch gar nicht.«

»Nein, das tue ich nicht«, sagte Laurie ehrlich und sah von ihrer Arbeit auf. »Ich dachte, die Anwesenheit eines Mannes würde dir und Jack ein geregelteres Familienleben verschaffen. Ich dachte, dann könnte Jack vielleicht von der Schule wieder nach Hause kommen. Du redest über Lizas Familie, als ob dir in deinem Leben eine Vaterfigur fehlt. Ich wollte dir eine geben. Kinder brauchen beide Eltern.«

»Ich brauche nur dich«, sagte Jennifer und stürmte aus dem Zimmer.

Schließlich hatte Laurie genug von Miles. Sie hatte sich ein gut gepolstertes Bankkonto zugelegt, und ihr war klargeworden, daß ihre Vorstellung von einer Familie mit zwei Elternteilen nur ein Phantasiegebilde war. Fort mit Miles. Sie waren acht Monate zusammen gewesen. Es war ein Sieg für Jennifer.

Nachdem Jennifer und Tante Laurie in die Stadt gezogen waren, lebten wir uns immer mehr auseinander. Ich begann, mit Richie Olan auszugehen, dem ersten Jungen, der den Panzer meiner Einsamkeit durchbrach. Richie und ich gingen meist gemeinsam mit einer Gruppe befreundeter Pärchen weg. In der zwölften Klasse fuhren wir manchmal nach Manhattan, um ins *Xenon* und ins *Studio 54* zu gehen. Da auch Jennifer in solchen Discos verkehrte, erspähte ich sie und ihre Freundinnen oft auf der anderen Seite einer verqualmten Tanzfläche. Da lehnte Jennifer dann am Lautsprecher, wippte und hüpfte im Rhythmus, so daß ihr langes blondes Haar wild durch die Luft flog. Sie war praktisch nackt bis auf eine Sarongschärpe aus schwarzem Tüll um die Hüften und ein winziges, abgeschnittenes T-Shirt, so daß die Lichtorgel schwindelerregende Muster auf ihren schweißglänzenden Körper malte. Es war mir peinlich für sie. Meist tat ich so, als ob ich sie nicht gesehen hätte, und wenn wir uns wirklich einmal direkt über den Weg liefen, sagte ich »Hallo« und ging weiter.

Tante Laurie lebte jetzt mit einem anderen Mann zusammen. Ich hörte, Jennifer hätte sich mit einem schnieken Italiener eingelassen, der sein Geld mit Schönheitssalons machte.

Man munkelte auch, daß er ein Spieler und Trinker sei. Tante Laurie war sehr beunruhigt. Jennifer zog mit ihm hinaus nach New Jersey. Ihr Ruf wurde immer schlechter. Heute nennt Jennifer diese Zeit ihre »Lederphase«: Sie trug damals vorzugsweise ein eng anliegendes schwarzes Lederkleid, schwarze Spitzenstrümpfe und Schuhe mit Stöckelabsätzen. Ihr Haar war zu einer spektakulären Frisur toupiert und zurechtgesprüht.

Heute wird sie nicht mehr gern an diese Phase ihres Lebens erinnert. Sie sagt, es war ihre Art, ihre Mutter zu bestrafen. Angesichts der Seelenqualen, die Eltern und Kinder einander bereiten können, wurde mir um so klarer, welch ungeheuren Einsatz die Mutterrolle erfordert, und ich stellte meine Bereitschaft einmal mehr in Frage.

Im Frühjahr vor meinem Schulabschluß verkauften wir unser Haus, diese Festung, die mein Heim gewesen war. Der ganze Hausrat sollte etikettiert und verkauft werden. Ich half meiner Mutter und Dora, das Limoges-Porzellan und das Silberservice mit Preisen auszuzeichnen und auf dem langen Mahagonitisch zu arrangieren. Auch die Bleikristallweingläser und die übergroßen Büfettischtücher, alles liebgewonnene Dinge, von denen ich geglaubt hatte, daß sie eines Tages mein eigenes Heim zieren würden, wurden zum Verkauf ausgezeichnet. Wir brauchten das Geld, das stimmte wohl, aber diese Besitztümer meiner Mutter? Selbst die unschätzbare Tiffany-Uhr wurde an einen privaten Sammler verkauft. Am Verkaufstag standen die Interessenten ab sieben Uhr morgens Schlange, und das Gedränge hielt bis zum Einbruch der Dunkelheit an, als ich schließlich die Haustür zumachte. All diese neugierigen Augen, die in unsere Schränke sahen, die gierigen Hände, die die Schubladen der Möbelstücke öffneten, in denen wir unsere Wäsche aufbewahrten; es war eine regelrechte Invasion. Dieses Wochenende beendete meine Kindheit endgültig.

Ich schrieb mich an der American University in Washington, D. C., ein. Mein Vater bezahlte mein Studiengeld, bestand aber darauf, daß ich selbst für meinen Unterhalt arbeitete. Ein sorgloses Studentenleben habe ich nie kennengelernt. Ich hatte kein Interesse an Verabredungen oder an meinen Studien. Ich wollte meinem Vater beweisen, daß ich etwas taugte. Ich strengte mich an, den Erwartungen eines anderen zu genügen; ich versuchte gar nicht mehr, mich selbst zu verstehen. Später, als ich über die IVF und ein eigenes Kind nachdachte, fragte ich mich, ob ich mich nicht an die Vorstellung von einer Kindheit klammerte, die ich hätte haben sollen, aber nie hatte.

Jennifer verließ die Welt der Fönfrisuren und Haartönungen und folgte mir an die American University. Sie hätte auf jedes andere College gehen können, entschied sich aber für die American University, weil ich dort war.

Ich hatte sie in keiner Weise zu dieser Entscheidung veranlaßt und war eher erstaunt, als sie mir voller Begeisterung erzählte, daß sie meine Mitstudentin würde. Wenn wir heute darüber sprechen – und wir schwelgen oft in gemeinsamen Erinnerungen –, gesteht sie mir ein: »Ich wollte immer so leben und sein wie du, La La: das tun, was von mir erwartet wurde, die richtigen Freunde, die richtige Adresse, die richtige Schule haben, nicht dauernd umziehen, eine Familie ohne fremde Störenfriede haben. Mein Leben war wüst, ein Wirbelwind. Deines war solide.«

»Jen, du hast nie die Realität gesehen. Ich habe so fleißig gearbeitet, weil ich unglücklich war. Ich war nicht diese beliebte, selbstzufriedene Hurra-Schülerin, für die du mich gehalten hast. Du hast gesehen, was du sehen wolltest; deshalb habe ich dich verletzt.«

»Du warst mein Ideal.«

»Denk nicht, daß ich dir was vorgemacht habe. Ich wollte mich nicht vor dir verstecken. Ich habe mich vor mir selbst versteckt. Liebst du mich jetzt weniger?«

»Nein, nein. Ich liebe dich noch mehr, für deine Ehrlichkeit und weil ich weiß, daß wir beide darum kämpfen, eine schmerzliche Leere zu überwinden.«

Im Sommer 1982 trennten sich meine Eltern. Wieder verbrachten wir den Sommer in Spanien an der Costa del Sol, und in jenem Juni begegnete mir zum ersten Mal die Liebe. Sein Name war Rafael Bartos. Er arbeitete für eine spanische Immobilienfirma. Er war schlank, mittelgroß, sonnengebräunt und hatte scharfe, unregelmäßige Gesichtszüge, doch es waren seine Augen, die erkennen ließen, daß er durch und durch Spanier war. Sie waren geheimnisvoll und sinnlich und sahen direkt in die meinen. Er war nicht daran interessiert, Englisch zu lernen. Er war ein zurückhaltender, selbstbewußter Mann, achtzehn Jahre älter als ich und hatte das Sorgerecht für seine beiden Söhne, den neunjährigen Adolfo und den sechsjährigen Juan. Sie waren wohlerzogene Jungen. Rafael gab mir Trost und Ausgeglichenheit. Sein Leben war geordnet. Wir gingen zusammen spazieren und unterhielten uns über unsere Lebensphilosophien. Er legte keinen Wert auf Freizeitvergnügungen. Unser Zusammensein war alles, was er wollte. Er freute sich, mich mit seinen Söhnen zu sehen. Wir verbrachten unsere Abende damit, Adolfo und Juan vorzulesen oder mit ihnen Spiele zu spielen. Manchmal fühlte ich mich in der friedvollen Atmosphäre seines Heims und seiner umsorgenden Gegenwart selbst wie eines seiner Kinder. Er weihte mich in den Immobilienmarkt an der spanischen Küste ein und schlug mir vor, bei ihm einzuziehen. Ich liebte Rafael.

Am Ende des Sommers – ich war einundzwanzig – wollte ich in Spanien bleiben, und meine Mutter unterstützte diese Entscheidung. Sie meinte, zu Hause würde es angesichts der bevorstehenden Scheidung ohnehin unschön werden, und sie wollte nicht, daß ich dort wäre und mir Sorgen um sie machte. Zurück auf die Universität zu gehen, schien sinnlos. Ich war dabei, das Immobiliengeschäft zu erlernen, und hatte jemanden, der mich liebte. Im wesentlichen war ich glücklich. »Jede Minute des Glücks zählt«, erklärte meine Mutter. Als sie und Greg Anfang September zurück nach New York flogen, zog ich bei Rafael ein.

Rafael und ich lebten fünf Jahre lang in einer bezaubernden Wohnung in der Altstadt von Marbella zusammen. Das Viertel war durch strikte Bauvorschriften vor der schleichenden Verschandelung durch weitere Bauerschließung geschützt. Seine kopfsteingepflasterten Gäßchen, über denen sich die Terrakottadächer der Häuser zu beiden Seiten fast berührten, waren von herrlichen Kochdüften erfüllt, und noch spät in der Nacht konnte ich Gitarrenmusik aus den Tapa-Bars rund um den Brunnen hören. Rafael stand jeden Morgen früh auf, machte Frühstück für Adolfo und Juan und legte ihnen die Kleidung für die Schule bereit. Wenn sie weg waren, frühstückten wir zusammen, bevor er zur Arbeit ging. Ich kaufte auf dem städtischen Markt ein, eine Aufgabe, die ich sehr genoß – die vielfältigen Käsesorten, Serrano-Schinken und Olivenarten zu probieren und die Obst- und Gemüseverkäufer, die mich kannten, mit »Hola!« zu begrüßen. Später ging ich dann zu Rafael ins Büro zur Arbeit.

Dann ergab sich die Gelegenheit, ein Stück Land in der Kühle der Berge mit einem prachtvollen Ausblick aufs Mittelmeer zu erwerben. Ich muß wohl den aggressiven Geschäftssinn meines Vaters geerbt haben; jedenfalls überredete ich Rafael, das Grundstück zu kaufen. Wir planten eine Anlage mit sechzehn Luxusvillen und einer Piazza mit Swimmingpool. Rafael kümmerte sich um die rechtliche Abwicklung und die Finanzierung. Mein Büro war ein Wohnwagen vor Ort, von dem aus ich die Bauarbeiten beaufsichtigte und den Verkauf der Wohneinheiten betrieb. Wir arbeiteten mittags bis zwei Uhr; dann zieht sich ganz Spanien zur Siesta zurück.

Es war ein völliger Gegensatz zum Lebensstil in New York.

Um sechs kehrten wir zurück, um bis neun Uhr abends weiterzuarbeiten. Das war ein typischer Arbeitstag in Spanien. Später kochte Rafa, wie ich ihn nannte, zu Hause das Abendessen, während ich mich um die Wäsche kümmerte. Wir vier aßen zusammen zu Abend. Danach erledigten die Jungen ihre Hausaufgaben. Rafael beaufsichtigte seine Söhne dabei und beim Baden.

Ich rahmte eine Collage aus Fotos, die wir von uns in den Bergen aufgenommen hatten, und hängte sie in unserer kleinen Eingangshalle auf.

Etwa einmal in der Woche gingen wir zum Abendessen aus oder unternahmen einen Spaziergang durch den Puerto Banus. Es war ein einfaches Leben. Rafael nahm seine Vaterpflichten immer sehr ernst. Er forderte mich nicht auf, an der Erziehung von Adolfo und Juan mitzuwirken. Er wollte nicht, daß ich mich beteiligte oder einmischte. Wir verbrachten unsere Zeit miteinander, aber er hielt mich von der Betreuung der Jungen fern. Sie kamen ohne Frage an erster Stelle. Ich fühlte mich vernachlässigt und als »Provisorium«. Ich war nett zu den Kindern; ich mochte sie wirklich. Manchmal kochte ich und ging einkaufen, aber da war immer diese Kluft, die von Tag zu Tag breiter wurde. Adolfo und Juan waren sehr höflich und rücksichtsvoll mir gegenüber. Sie räumten hinter sich auf und halfen mir, schwere Sachen die Treppe hochzutragen, aber da war keine echte Zuneigung. Sie waren eine Familie: Rafael, Adolfo und Juan. Ich hegte einen wachsenden Groll gegen die Jungen.

Rafael wollte mich heiraten, aber er wollte keine weiteren Kinder. Ich war sechsundzwanzig, und dies war das erste Mal, daß ich bewußt über ein eigenes Kind nachdachte. Ich hätte Juan und Adolfo keine gute Stiefmutter sein können. Ich war eine Außenseiterin, und eine Heirat hätte daran nichts geändert. Ich wollte ein eigenes Kind, und ich vermißte meine Wurzeln und meine Familie. Obwohl ich Rafael liebte, kehrte ich schließlich nach New York zurück. Da war mir noch nicht klar, daß ich anfing, erwachsen zu werden, und allmählich selbst bereit war, Mutter zu werden.

Wenn ich heute an Mutters Entschlossenheit denke, Erica wieder gesund zu machen, und beobachte, wie Greg an Stuart hängt, glaube ich, daß Elternschaft etwas ist, das sich einstellt, wenn man das eigene Kind zum ersten Mal im Arm hält. Dann weißt du, dieses Leben ist dir gegeben, damit du es beschützt, und das wirst du mit aller Heftigkeit tun. Ich denke, ich hatte eine Ahnung von dieser Wahrheit, als ich Spanien verließ, aber es sollte viele Jahre dauern, bis ich reif genug wurde, sie wirklich zu akzeptieren.

6. Kapitel

Unter optimalen Bedingungen hat man in jedem monatlichen Menstruationszyklus eine 20-25prozentige Chance, schwanger zu werden. Das hatte mir mein Frauenarzt gesagt. Bei der In-vitro-Fertilisation liegt der Prozentsatz niedriger, der im übrigen auch von Alter und Gesundheit der beiden potentiellen Eltern abhängt.

Niemand und keine noch so gründliche Vorabinformation kann einen darauf vorbereiten, was mit dem emotionalen Gleichgewicht und dem Körper einer Frau geschieht, wenn sie mit künstlichen Hormonen vollgepumpt wird. Für mich war es, als sei ich in einem Vulkan gefangen – mit einem lodernden Feuer unter mir. Ich versuchte, den oberen Rand des Kraters auszumachen, doch er war in dichten Nebel gehüllt. Ich wußte, mein Leben würde weitergehen, wenn ich erst einmal den Kraterrand erreicht hätte und rübergeklettert wäre, doch so weit konnte ich nicht denken. Ich stellte mir vor, wie ich wieder und wieder in die feurige Tiefe stürzte und mich immer wieder nach oben zog, weil es der einzige Weg war.

1986, als ich Rafael verließ und aus Spanien zurückkehrte, war mir das rauhe New York fremd geworden. Ich freute mich, Jennifer zu sehen. Sie begrüßte mich mit der überschwenglichen Wärme unserer frühen Kindheit. Wir hatten in den fünf Jahren, die ich weggewesen war, nur wenige, kurze Briefe ausgetauscht. Nicht, weil wir nicht aneinander gedacht hätten, sondern, wie ich glaube, weil es für uns beide eine Zeit des Wandels war, eine Zeit, sich von der Vergangenheit freizumachen. Und obwohl unsere Beziehung durch Höhen und

Tiefen gegangen war, erwies sich das Fundament, das meine Mutter und Tante Laurie für uns gelegt hatten, als solide.

Jennifer hatte das College nach zwei Jahren verlassen und wohnte allein in einer Wohnung an der Ecke 93rd Street und First Avenue. Sie hatte einen lukrativen Job als Vermittlerin von Fernseh-Werbezeit, ein Spesenkonto und einen ganzen Schrank voller konservativer Kostüme. Jennifer war mit den Jahren reifer geworden. Sie wußte, was sie wollte, und orientierte sich nicht mehr an mir, um herauszufinden, wie sie sein sollte. (Sie war im Begriff zu heiraten und bat mich, ihre Brautjungfer zu sein.)

Stephen Scheu hatte sie durchs Mediengeschäft kennengelernt. Sie grüßten sich im Büro im Vorbeigehen, nicht weil sie einander offiziell vorgestellt worden waren, sondern weil sie sich körperlich voneinander angezogen fühlten. Sie sahen einfach so gut aus nebeneinander. Seine 1,93 Meter paßten gut zu ihrer Größe, und mit seinem schwarzen Haar und Vollbart bildete er einen attraktiven Kontrast zu ihrer blonden Schönheit. Es war nett, zur Abwechslung mal zu einem Mann aufblicken zu können, und wenn man sich nur am Wasserspender traf. Sie begannen, sich täglich zum Mittagessen zu verabreden. Wenn es warm genug war, aßen sie ihre Sandwiches in einem Ruderboot auf dem See im Central Park, warfen Brotrinde ins Wasser und stritten lachend darüber, wer den größten Fisch angelockt hatte.

Keine sechs Monate nach ihrem Kennenlernen wurde Stephen eine Stelle als Vertriebsleiter bei einem lokalen Fernsehsender in Chicago angeboten, wo er aufgewachsen war und wohin er gerne zurückkehren wollte. Er hatte zwei kleine Töchter, die in Chicago bei seiner Ex-Frau wohnten. Er bat Jennifer, mit ihm zu gehen. Sie zögerte, alles zurückzulassen und so weit weg zu ziehen – mit einem Mann, den sie noch nicht einmal ein Jahr kannte.

Mehr als alles andere war es Jens Bindung an Laurie, die

sie in New York hielt. Jennifer hatte das Gefühl, sie und ihre Mutter seien zusammen erwachsen geworden; sie waren praktisch miteinander verflochten, und sie fürchtete, ihr Umzug könnte dieses Band zerreißen. Sie dachte an jenen Nachmittag im Krankenhaus nach Tante Suzys schwerem Unfall, wie fest ich ihre Hand umklammert hatte, während sie meinen Kopf streichelte. Wie verloren ich ohne meine Mutter war, und wie das Schicksal unser Leben von einem Augenblick zum anderen umkrempeln kann.

»Wenn du mich liebst«, sagte sie zu Stephen, »dann bitte mich nicht, das ohne Heirat zu tun.«

»Laß uns packen«, war seine Antwort.

Laurie bestärkte Jennifer darin zu gehen. »Du mußt dein eigenes Leben leben«, sagte sie zu ihrer Tochter. »Außerdem ist es mit dem Flugzeug ein Klacks und dauert kaum länger als von hier zum Stadtzentrum.«

Im Oktober 1986 zogen Jennifer und Stephen nach Chicago. Sie fand einen neuen Job, wieder als Vermittlerin von Werbezeit. Tante Laurie stürzte sich voller Elan in die Planung der Hochzeit, die im Januar stattfinden sollte. Sie entschied sich für das markante Puck-Gebäude in der New Yorker Innenstadt. Es bot weitläufige Räumlichkeiten, in denen sie die extravaganten Dekorationen anbringen konnte, die ihr vorschwebten. Laurie und Jen besprachen sich achtmal täglich am Telefon, und Jennifer flog zweimal im Monat nach New York, um ihre Mutter zu besuchen und das spektakuläre Brautkleid zu probieren, das Laurie für sie nähte.

Am 9. Januar, Jennifers Hochzeitstag, schneite es leicht. Die zweihundert Gäste traten aus dem grauen Wintertag in einen üppigen, dekadenten Paradiesgarten voller Fabeltiere und Blumenarrangements. Die anderen Brautjungfern und ich waren in glitzerndes Schwarz gekleidet. Das Brautkleid war ein enganliegendes Futteral aus weißem Satin mit tiefem Ausschnitt, der Jennifers mehr als üppigen Busen zur Geltung brachte. Die lange Schleppe war mit winzigen Perlen und Seidenknospen besetzt. Stephen wirkte sehr eindrucksvoll in seinem Smoking. Tante Laurie war die Brautführerin. Stanley, mit dem sie seit vier Jahren verheiratet war, strahlte in der ersten Reihe. Mutter und Tochter schritten Seite an Seite den Gang hinunter. Tante Laurie trug ein schlichtes, schwarzes Samtkleid; ihr einziger Schmuck war die strahlende Freude, mit der sie Jennifers Schleier anhob, um sie zu küssen, als Stephen dazukam, um mit seiner Braut vor den Altar zu treten.

Meine Mutter kann sehr komisch schildern, wie Laurie ihren Mann kennengelernt hatte. Sie fuhr mit ihrem berühmten goldenen Avanti durch eine Mautstation. Ein gutaussehender Mann in einem makellosen, himmelblauen 57er Ford T-Bird auf der Nebenspur fiel ihr ins Auge und lächelte. Sie konnte im Rückspiegel sehen, daß er hinter ihr herfuhr und ihr Zeichen machte, rechts ranzufahren. An der nächsten Ausfahrt war ein Imbißlokal. Er folgte ihr zum Parkplatz des Lokals. Sie parkte ihren Wagen. Er parkte neben ihr.

»Müßte ich Sie kennen?« fragte sie in ihrer koketten Art.

»Bitte verzeihen Sie mir. Ich bin selber Autosammler und wollte Ihnen zu Ihrem Avanti gratulieren. Ich habe noch nie einen in so gutem Zustand wie Ihren gesehen. Ich heiße Stanley«, sagte er, hochgewachsen und etwas verlegen neben ihrer Autotür stehend.

Sie tranken einen Kaffee zusammen. Er erzählte ihr, er habe eine Firma, die Wohntextilien herstelle.

Sie sagte ihm, sie sei Designerin.

Laurie übernahm die Designabteilung von Maycrest. Sie entwarf originelle und geometrische Motive für Tischdecken, Platzdeckchen und Servietten. Sie besuchte die Teppichfertigung der Firma in Atlanta, Georgia, wählte die Garne aus und zeichnete Dessins für die dort hergestellten Flechtteppiche. Der Umsatz der Firma verdoppelte sich im ersten Jahr. Sie modelte Stanley zu seinem deutlichen Vorteil um, regte ihn an, sich einen Bart und Schnäuzer stehen zu lassen, die sie persönlich zurechtstutzte. Sie warf sein Haargel weg und kleidete ihn neu ein. Sie verwandelte Stanley in einen eleganten Mann. Mit Lauries Hilfe war er außerdem ein reicher Mann geworden, und er wurde nicht müde, die Fähigkeiten seiner Frau zu preisen. Laurie hatte endlich das Leben und die Anerkennung gefunden, die ihr nach ihrem Gefühl zustanden, und sie himmelte den Mann, der ihr all dies verschafft hatte, ganz offen an.

Ich war seit sechs Monaten zurück in New York und wohnte in einem schuhkartongroßen Appartement an der East 83rd Street, aus dem meine Freundin Bonni ausgezogen war. Wäre ich noch in Spanien gewesen, so hätte ich aus einem meiner neuerbauten weißen Häuser auf das Meer und die Fischerboote blicken können. Statt dessen sah ich hier von meinem Fenster aus nur Feuerleitern und Backsteinmauern. Das einzige, was da draußen wuchs, war ein Haufen blauer Recycling-Müllsäcke. Bonni war zu Ken, ihrem Freund seit Schultagen, gezogen, den sie bald heiraten würde. Selbst Greg war verlobt. Er hatte sich das College gespart und war schon ein erwachsener Mann, der zusammen mit unserem Vater fünf Restaurants betrieb. Greg war zwanzig, seine Frau Maxine neunzehn. Diese beiden Kinder, die sich seit ihren frühen Teenagerjahren liebten und zankten wie junge Hunde, wußten mit beneidenswerter Klarheit, was sie wollten.

Nach meiner Rückkehr nach New York hatte ich eine Lizenz als Immobilienmaklerin erworben und hoffte, so in die Bauerschließung einsteigen zu können, an der ich in Spanien Gefallen gefunden hatte. Doch die Scharen von Frauen, die Kaufinteressenten durch Wohnungen überall in Manhattan führten, ernüchterten mich nur zu bald. Mein gesellschaftliches Leben bestand aus einer Abfolge ermüdender Rendezvous mit Unbekannten, die oft eher an Vorstellungsgespräche als an Verabredungen erinnerten. Ich suchte eine Herausforderung. Ich mochte das Geschäftsleben: Es lag mir im Blut und entsprach mir eher, als mich in die Masse der Immobilienverkäufer einzureihen. Ich verwendete den Gewinnanteil aus meinen Geschäften mit Rafa, um eine Anzahlung auf ein Restaurant zu machen. Diese Anzahlung und meine Lebenshaltungskosten reduzierten meine Rücklagen praktisch auf Null.

Ich hatte es eilig, das Restaurant zu eröffnen, das als familiäre italienische Trattoria mit zwangloser, mediterraner Atmosphäre geplant war. Endlich hatte ich alle Genehmigungen beisammen. Ich begutachtete Hunderte von Bewerbern und lernte eine fünfzigköpfige Belegschaft an, die ich für ein Restaurant mit 220 Plätzen benötigen würde. Dann machte ich mich an die Renovierung. Jennifer bot ihre Hilfe an. Welch glücklicher Zufall, daß sie in diesem Moment, in dem ich sie brauchte, in New York auf Besuch bei Tante Laurie war. Ich verputzte, Laurie strich an.

»Wie kommst du mit Stephens Kindern zurecht?« fragte ich, oben auf einer Leiter stehend.

»Das ist wirklich kein Problem für mich. Ich bin lange genug das Baby gewesen. Außerdem würde es meine Beziehung zu Stephen gefährden, wenn ich mich daran stören würde.«

»So habe ich Rafaels Kindern gegenüber nicht empfunden. Ich wollte gern, aber es war nicht so.«

»Du warst noch nicht soweit, Lollipop.« Jen mischte ein warmes Terrakotta an, das bei Kerzenlicht jedem Teint schmeicheln würde. Dann tupfte sie die Farbe mit dem Schwamm auf.

»Du hast dich mit Rafael zusammengetan, weil deine Familie sich auflöste. Er war ein sicherer Hafen. Du hast ihn geliebt, aber du hast auch von ihm erwartet, daß er dich leitet und beschützt. Er war alles, was du hattest. Du wolltest seine Fürsorge und nicht selber für eine Familie sorgen. Davor warst du doch gerade erst davongelaufen.«

Ich fuhr fort, den Putz aufzureiben. »Mein Körper verspürt den instinktiven Drang, sich zu öffnen, jemanden einzulassen, zu ... versorgen ... was für ein abgedroschenes Wort. Mein Kopf unterdrückt ihn gewaltsam. Es ist ein richtiger Kampf.« Bröckchen von getrocknetem Putz fielen aus meinem Haar. »Was für ein Durcheinander!« Ich spuckte die Putzstückchen von meinen Lippen und wischte mir mit dem Hemdsärmel die Augen. »Es geht nicht nur um Kinder, Jen. Selbst bei einem Mann möchte ich gerne im Mittelpunkt der Aufmerksamkeit stehen.«

»Liza, ich verspreche dir, wenn du dich heftig genug verliebst, um zu heiraten, wirst du auch deine eigene Familie gründen wollen. Was immer oder wer immer zu deinem Mann gehört, gehört auch zu dir. Wenn Kinder da sind, wirst du sie lieben, aber nicht so sehr, daß du deshalb keine eigenen Kinder mehr haben willst. Und, Liza, du wirst im Zentrum der Aufmerksamkeit stehen, weil die Familie, die du gründest, das Zentrum ist.«

»Jen, stört es dich nicht, daß seine Töchter seine Zeit in Anspruch nehmen? Ich weiß noch, wie du deiner Mutter jede Ablenkung übelgenommen hast.«

»Das war was anderes. Ich brauche meine Mutter immer noch. Nichts, gar nichts kann das ändern. Aber ich bin jetzt an einem anderen Ort. Bei Stephen und den Mädchen fühle ich mich nicht bedroht. Ich fühle nur noch mehr Liebe.«

»Ich bin froh, daß ihr glücklich seid, du und Stephen.«

»Ja. Du mußt etwas geben, um etwas zu bekommen.«

»Erzählt deine Mutter dir das auch?«

»Natürlich, sie sind doch schließlich Schwestern.«

Bis drei Uhr morgens hatten wir den alten Speisesaal in ein mediterranes Schlemmerparadies verwandelt. In den frühen

Morgenstunden öffneten wir eine Flasche Sekt und stießen auf mein neues Restaurant und Jens neue Ehe an.

Das Restaurant füllte die Leere, die ich seit meiner Rückkehr nach New York verspürt hatte. Ich arbeitete unermüdlich – achtzehn Stunden am Tag, sieben Tage pro Woche – und schlief oft zwischendurch auf ein paar zusammengeschobenen Stühlen, mit einem Tischtuch zugedeckt.

Nach drei Monaten bekam ich allmählich das Gefühl, daß sich das *Sambuca* zu einem Stammlokal der Anwohner der Gegend entwickelte. Die Gäste sahen sich nach mir um, wenn sie hereinkamen. »Wo ist Liza?« fragten sie, wenn sie mich nicht sahen. Ich wußte, daß Elaine und Saul Cohen frischen Mozzarella und schwarze Oliven in ihrem Haussalat mochten. Bob und Tom hatten gern vorweg ihre klassischen Martinis mit zwei Oliven. Mrs. Fisher aß ihre Nudeln gern Häppchen für Häppchen und brauchte einen zweiten Teller, um sie zwischendurch zuzudecken. Ich wußte, wem es gut ging und wem nicht, lieferte noch spätabends Gerichte auf die andere Straßenseite und gratulierte meinen Gästen zu bestandenen Examina oder zur Geburt ihrer Kinder. Es war mir gelungen, mitten in New York City eine nachbarschaftliche Kleinstadtatmosphäre zu schaffen, weil ich mir die Zeit nahm, meine Gäste kennenzulernen und mich um sie zu kümmern.

Zu meinem Glück wurde eine Wohnung an der West 67th Street frei, deren Miete ich mir leisten konnte. Von ihrem Fenster aus konnte ich nachts die mondbeschienene Skyline bewundern. Endlich hatte ich das Gefühl, es in New York geschafft zu haben.

Kaffeeduft weckte mich aus meinen Erinnerungen.

»Liza, bist du wach?« fragte David, als er mir meine Morgentasse reichte.

»Ich habe geträumt.«

»In letzter Zeit bist du dauernd weit weg.«

»Der Gedanke an die Vergangenheit gibt mir die Kraft, die ich für die Zukunft brauchen werde. Ich sehe, daß die Frauen, die ich am meisten achte – meine Mutter, Tante Laurie und Jennifer – alle ihren eigenen Vulkan hatten, aus dem sie herausklettern mußten. Sie haben irgendwie Fuß gefaßt und weitergemacht. Das gibt mir Mut.«

7. Kapitel

David ließ sich voller Optimismus auf die In-vitro-Fertilisation ein, ich hingegen nur, weil mir praktisch die Pistole auf die Brust gesetzt worden war. Die Munition war durchschlagend: Wir wollten unser leibliches Kind, und die erforderliche Technik stand zur Verfügung.

»Eine fünfzehnprozentige Chance auf ein Baby«, sagte ich zu David an dem Abend, nachdem der Fertilitätsspezialist uns über die Erfolgsaussichten aufgeklärt hatte und wir das Einwilligungsformular unterzeichnet hatten. »Auf so einen Tip würde man nicht unbedingt Geld setzen.«

»Aber wenn wir gewinnen, gewinnen wir einen Schatz fürs Leben, und alles, was es uns kostet, ist Zeit ... und Schlaf.«

»Und Schmerzen«, fügte ich hinzu. »Ich habe Angst, David, wirklich.«

»Ich weiß, und wenn ich dir diese Spritzen abnehmen könnte, würde ich es tun. Ich werde alles tun, um es dir leichter zu machen. Ich verlange nicht von dir, das zu tun, Liza. Es ist für uns beide. Die Entscheidung liegt bei dir.«

»Ich will unser Baby.« Tränen standen in meinen Augen. »Das weiß ich ganz sicher, aber ich bin mir nicht sicher, ob ich die IVF überlebe.«

»Du kannst jederzeit aufhören, wenn du möchtest.« Er legte die Hand auf meine Schulter und drehte mich zu sich herum. »Hör mir zu, Liza, du kannst aufhören, wenn du möchtest.«

Ich sah weg. Ich vertraute ihm. Ich selbst war diejenige, an der ich zweifelte.

Wir trafen um zehn Uhr morgens zu unserem Termin in der Fertilitätsklinik ein, eine halbe Stunde zu früh. Viele der Patientinnen im Wartezimmer sahen aus wie Karrierefrauen, die jetzt, mit Ende dreißig, hofften, eine Familie gründen zu können. Ich betrachtete ihre blasierten Gesichter, während sie in ihren Lifestyle- und Kunstzeitschriften blätterten. Nach dem finanziellen Aufwand der In-vitro-Fertilisation würden sich einige von ihnen den in diesen Hochglanzmagazinen zur Schau gestellten Lebensstil vielleicht immer noch leisten können.

»Warum bin ich hier?« fragte ich mich. Wenn David nicht wäre, könnte ich mein Baby auf die gute, altmodische Art empfangen, flach auf dem Rücken in der Missionarsstellung. Wir saßen da und warteten über eine Stunde in dem beklemmenden, grün gestrichenen Raum mit klosterähnlichen Fensterchen und ohne einen Hauch frischer Luft. Schließlich wurden wir ins Zimmer von Dr. Blake gerufen, einer Frau mittleren Alters im weißen Arztkittel. Sie saß mit eingefrorenem Lächeln hinter ihrem Schreibtisch, meine Vorgeschichte und Davids Befund vom Urologen vor sich. Meine Intuition sagte mir, daß sie uns nicht in die Augen sah, während wir sprachen, weil sie diese Sehnsucht nach einem Kind schon zu oft bei zu vielen Paaren gesehen hatte. Sie wollte nicht das Risiko eingehen, sich persönlich auf die Sache einzulassen und eine etwaige Enttäuschung mit zu durchleiden. In klinischem Tonfall erklärte sie uns den Ablauf der In-vitro-Fertilisation Schritt für Schritt. Sie sagte, ich solle am nächsten Tag wiederkommen, damit sie einen Abstrich, ein EKG, eine Hysterosalpingographie und eine generelle ärztliche Untersuchung vornehmen könnten. Bei David und mir würden außerdem ein HIV-Test und weitere umfassende Blutuntersuchungen durchgeführt.

»Können wir nicht heute anfangen?« fragte ich. »Wir haben schon so lange gewartet. Lassen Sie uns einfach vorankommen.«

»In Ordnung.« Ihr Lächeln dehnte sich. »Als erstes und wichtigstes, Liza, müssen wir sicherstellen, daß Ihre Eileiter durchgängig sind. Die Eileiter müssen für den Embryotransfer offen sein, der, wie Sie wissen, Teil des Verfahrens ist. Das verstehen Sie, nicht wahr?«

Ich nickte, und David sagte ja.

»Sehr gut.« Sie drückte eine Taste an ihrem Telefon. »Nancy, kommen Sie bitte zu mir, wir fangen mit den Untersuchungen bei Freilicher an.« Die Schwester kam herein.

»Sie können mit ihr gehen; sie wird Ihnen Blut für den Aids-Test abnehmen, und dann machen wir die Hysterosalpingographie.«

Ich sah David an; er drückte meine Hand. Ich stand auf und folgte der Schwester. »Was ist eine Hysterosalpingographie?« fragte ich sie.

»Machen Sie sich keine Sorgen; Ihr Mann wird draußen auf Sie warten.« Sie nickte, ohne meine Frage zu beantworten.

Ich zog mich aus, wie man mir gesagt hatte, und ging ins Untersuchungszimmer. Nancy, die Schwester, aß Salzbrezeln aus einer Tüte und stocherte sich mit langen, roten Fingernägeln in den Zähnen. Ich wäre fast wieder rausgelaufen, aber eine technische Assistentin kam herein und nahm mir Blut ab; dann half sie mir auf den Untersuchungstisch und hob meine Beine in die Halterungen. Sie machte eine vaginale Ultraschalluntersuchung und dann die Histerosalpingographie. Dazu führte sie einen Katheter ein, durch den Flüssigkeit in meine Eileiter eingespritzt wurde. Ich konnte auf dem Computerbildschirm sehen, wie sich die Flüssigkeit ausbreitete, was anzeigte, daß die Eileiter durchgängig waren. Die Unterleibsschmerzen waren so heftig, daß ich weinte. »Warum haben Sie mir nicht gesagt, daß das wehtun wird?« fragte ich. Ich bekam keine Antwort.

Die Schwestern und technischen Assistentinnen fuhrwerkten herum, als ob ich gar nicht da wäre, als ob ich bloß ein

Stapel Wäsche wäre. Ich war enttäuscht. Ich hatte gedacht, die In-vitro-Fertilisation wäre ein Ausweg aus den Qualen, die David und ich gelitten hatten. Ich dachte, wir wären Individuen mit individuellen Bedürfnissen. Ich wußte, daß es keine todsichere Lösung war, aber ich war mit einem Gefühl der Hoffnung in die Fertilitätsklinik gekommen. Jetzt war ich zur Unperson geworden.

Als es vorbei war, zog ich mich rasch wieder an. David wartete vor der Tür auf mich. »Kommen Sie mit mir«, sagte die Schwester. »Hier sind Ihre Verschreibungen.« Sie händigte mir sechs kleine Zettel aus. »Wir gehen hier hinein, und ich zeige Ihnen, wie man die Spritzen setzt.« Alles völlig routinemäßig.

Wir gingen in eine kleine Kabine mit einem hohen Schrank, der viele kleine Schubladen hatte. Sie zog den grünen Vorhang zu.

»Ziehen Sie Ihre Unterwäsche bis unter die Hüfte herunter.«

Ich zögerte.

»Öffnen Sie ihre Hose und ziehen Sie die Unterhose herunter.«

Ich tat, was sie sagte. Sie nahm einen roten Filzstift und zeichnete hinter dem Hüftknochen einen Kreis auf meinen Po.

»Der Bereich wird mit Alkohol und Mulltupfern sterilisiert«, erklärte sie und tupfte die Stelle ab.

Sie öffnete eine Schublade des beigefarbenen Schranks und nahm drei Nadeln verschiedener Größe heraus. Eine war so lang und dick wie eine Stricknadel. Sie führte uns vor, wie man die Spritzen aufzieht und dann den Kolben soweit wieder hineindrückt, daß Flüssigkeit austritt, um etwaige Luftblasen zu entfernen. Ich dachte, sie wollte mir die Spritze in die von ihr gemalte Zielmarkierung setzen, und fing wieder an zu weinen.

David nahm meine Hand. Ich sah so lächerlich aus, verheult, mit einem großen roten Kreis auf meinem nackten Hintern.

»Ich werde Sie nicht stechen«, sagte sie nüchtern, ohne das geringste Mitgefühl mit meiner Angst. »Sie bekommen Kartons mit Einmalspritzen«, sagte sie. »Packen Sie jeweils eine einzelne Spritze aus, und setzen Sie eine der Einmalnadeln auf. Jedes Medikament erfordert eine andere Nadelgröße; achten Sie also auf die auf der Verpackung angegebene Größe. Wenn Sie die Dosis aufgezogen haben, nehmen Sie eine neue Nadel, damit sie wirklich scharf ist. Sehen Sie, wo ich den roten Kreis hingemalt habe? Legen Sie die Hände auf ihre Hüftknochen und den Daumen auf die Rückseite der Hüfte. Dieser fleischige Bereich da, von etwa zwei bis drei Zentimeter Durchmesser, das ist die richtige Einspritzstelle. Wechseln Sie jeden Abend die Seite. Geben Sie Alkohol auf die Haut und tupfen Sie sie mit einem sterilen Mulltupfer ab. Denken Sie daran, die Spritze schon vorher fertig zu machen. David, Sie müssen mit einer Hand diesen fleischigen Bereich zusammendrücken, um die Haut zu spannen. Mit der anderen Hand setzen Sie die Spritze – mit einer raschen Drehung des Handgelenks. Dabei müssen Sie Kraft aufwenden; die Haut ist fest. Drücken Sie den Kolben herunter, um das Medikament einzuspritzen, und ziehen Sie die Spritze dann heraus. Nehmen Sie einen frischen Mulltupfer mit Alkohol, um die Einstichstelle kräftig sauberzuwischen. Dann kleben Sie für ein paar Stunden ein Pflaster darauf. Üben Sie zuerst an einer Apfelsine.«

Sie gab jedem von uns ein Stück Apfelsine aus einem kleinen Kühlschrank. »David, besonders Sie müssen üben, weil Sie die Medikamente verabreichen sollen.« Sie zeigte ihm, wie er sein Handgelenk drehen müßte, um genug Schwung zum Durchstechen der Haut zu bekommen. »Stellen Sie sich vor, es wäre ein Dart-Pfeil. Sie werden Nadeln verschiedener Größe verwenden. Manche davon sind ziemlich dick. Ich gebe Ihnen ein Video, das Sie anschauen sollten, bevor Sie anfangen.«

Ich schaute auf die Nadel. »Vergessen Sie's. Es kommt gar nicht in Frage, daß ich das mitmache.«

David griff wieder nach meiner Hand. »Liza, es wird schon klappen. Komm schon.«

Wir bekamen einen Zeitplan, Alkoholtupfer und eine Erstausrüstung von Spritzen und Medikamenten.

»Ist das nicht aufregend?« sagte sie mit schriller Quiekstimme, als sie mir das Paket und das Video gab. »Dieses Video wird Ihnen helfen. Sind Sie nicht aufgeregt?« wiederholte sie, vielleicht im vergeblichen Versuch, mich aufzuheitern.

»Nein.« Ich weinte. »Es ist schrecklich.«

Ich weiß nicht mehr, ob David zur Arbeit ging, nachdem wir das Krankenhaus verlassen hatten. Er brachte mich nach Haus, und ich legte mich schlafen.

Wir sollten mit den Injektionen am darauffolgenden Montag beginnen, falls alle Blutergebnisse in Ordnung waren. Ich wollte die IVF auf meine eigene Art und Weise angehen und stöberte stundenlang durch die Gesundheitsabteilung eines großen Buchgeschäfts. Ich kaufte acht Bücher über IVF und Unfruchtbarkeit, weil ich soviel wie irgend möglich darüber wissen wollte. Ich dachte, soviel Information würde mir ein besseres Gefühl geben, aber was ich eigentlich suchte, waren persönliche Geschichten anderer Betroffener. Ich suchte etwas Positives, an das ich mich halten könnte. Von all den Büchern, die ich las, fand ich nur in einem einen persönlichen Erfahrungsbericht. Er war genau zwei Absätze lang. Die In-vitro-Fertilisation war, wie ich befürchtet hatte, eine einsame, kalte Erfahrung.

8. Kapitel

Am Tag der ersten Spritze rief ich David im Büro an, um sicherzustellen, daß er rechtzeitig vor acht Uhr zu Hause wäre. Das war die vorgegebene Uhrzeit, weil zwischen den morgens und abends zu verabreichenden Spritzen zwölf Stunden liegen mußten. Natürlich brauchte ich ihn nicht zu erinnern. Wir dachten ohnehin an nichts anderes.

Unser schönes Schlafzimmer verwandelte sich in ein Labor. Mein antikes Messingbett, meine Spitzenvorhänge, meine porzellanblau gestrichenen Wände paßten nicht recht zu dem Tablett, auf dem die Ausrüstung für die Injektion aufgebaut war. Ich hatte das Tablett auf meinen Frisiertisch gestellt und meine Sammlung von Parfümfläschchen unter dem weißen Spitzenvolant des Tischchens versteckt. Als David nach Hause kam, sahen wir uns das Lehrvideo zum zehnten Mal an.

»David, kannst du das wirklich tun? Bist du sicher, daß du das kannst? Hast du keine Angst?«

Ich sollte eine Dosis Lupron*, das die Hypophysentätigkeit unterdrückt, in den einen Arm bekommen, und in den anderen eine Dosis Heparin, den Blutverdünner, den mein Hämatologe als Vorbeugung gegen meine erhöhte Blutgerinnungsneigung verschrieben hatte.

»Bist du soweit?« fragte David. Er hatte eine Spritze aufgezogen und hielt sie nun zum Einstich bereit.

* Anm. d. Übers.: Amerikanischer Handelsname eines Präparats mit dem Wirkstoff Leuprorelin.

»Nein. Nein. Nein. Warte. Okay ... los ... nein – warte! Sollten wir die Haut nicht erst vereisen? Ja. Jemand hat was von Eis gesagt. Warte.« Ich lief in die Küche und gewann fünfzehn Minuten, indem ich meine Arme vereiste.

»Okay«, sagte ich voller Überzeugung, zurück im Schlafzimmer, schloß die Augen und verzog das Gesicht, während ich auf dem Bett saß und mich ans Kopfteil klammerte. David küßte mich auf den Scheitel und injizierte mir gelassen das Lupron in den Arm.

Es tat weh, wahrscheinlich um so mehr, weil ich so verkrampft war. Uns fehlte die Erfahrung, so daß die ganze Hantiererei mit den Spritzen zu langsam vor sich ging. Schneller ging es besser. Später fanden wir heraus, daß sich die Haut durch das Vereisen zusammenzieht und es noch schwieriger wird, sie mit der Nadel zu durchstechen. Es ist erstaunlich, daß mir diese simplen Dinge in der Klinik nicht erklärt wurden. Später nahm ich vor dem Spritzen eine heiße Dusche, um die Poren zu öffnen und die Haut weicher zu machen. Ich wollte für immer in der Dusche bleiben – warm, sicher und ungestört. David klopfte immer an die Tür. »Es ist schon fast acht, komm schon, bringen wir's hinter uns, damit wir zu Abend essen und uns entspannen können.«

Mir war dann von der Dusche so warm und ich schwitzte so vor Nervosität, daß ich mich hinterher noch einmal duschen mußte.

Innerhalb weniger Tage begann ich die Wirkung des Lupron zu spüren. Die Schwester hatte recht, als sie sagte, daß es mich trübsinnig stimmen würde. Wenn David und ich allein beim Abendessen zu Hause oder in einem Restaurant saßen, brach ich ganz ohne Grund plötzlich in Tränen aus. Wenn das Licht wechselte, ein Schatten vorbeihuschte oder ich von unserem Strandhaus aus, wo ich Zuflucht und Frieden suchte, die vorbeiziehenden Wildgänse rufen hörte, war ich plötzlich von Verzweiflung erfüllt. Der Anblick meines einst blühenden

Gartens, der jetzt im Winterschlaf lag, löste Weinkrämpfe aus. Und Frauen, die ihren Kindern nachliefen oder Kinderwagen durch den Park schoben, und ballspielende Kinder stürzten mich in düstere Abgründe der Depression.

Ich erkannte mich selbst nicht mehr wieder. Bei der Arbeit war ich zu nichts zu gebrauchen, benahm mich untypisch, fuhr Kunden an, die von meinem Problem wußten und mir alles Gute wünschten. Diese langjährigen Kunden, die ich als Freunde betrachtete, brachten mich mit ihrer Freundlichkeit zur Weißglut. Mr. Coniff die Hand zu schütteln, weil seine Frau ein Kind bekommen hatte, fiel mir schwer; indem er mir Glück wünschte, tat er mir nur weh. Ich konnte das nicht durchstehen. Wie sollte ich es bloß David sagen?

Ich rief Davids Urologen an und bat ihn um Beistand, vielleicht weil ich mit ihm mehr Gespräche geführt hatte als mit irgendeinem anderen Arzt und er mir und David am meisten menschliches Verständnis entgegenzubringen schien. Ich weinte. »Ich kann das nicht durchziehen. Niemand weiß, ob es funktionieren wird, und ich pumpe meinen Körper mit Gift voll. Vielleicht soll es einfach nicht sein.«

Ich hoffte, er könne eine Alternative zur IVF vorschlagen. »Warum kann Davids Sperma, das Sie entnehmen, nicht vaginal eingebracht werden, um die Eizelle zu befruchten, die ich jeden Monat ganz normal produziere, wie es bei einer Samenspende gemacht würde?« fragte ich ihn.

»Weil, Liza, Davids Spermien unreif sind und nicht in die Eizelle eindringen können. Um Davids Sperma zu verwenden, müssen Ihre Eizellen entnommen und im Labor durch einen Mediziner befruchtet werden. Sie wissen das alles, Liza.«

Er schlug vor, daß ich noch einmal mit der Psychologin Patricia Greene sprechen solle.

Wie immer war sie direkt, ehrlich und gut informiert. Patricia erklärte uns den Vorgang der In-vitro-Fertilisation in allgemeinverständlichen Worten, wobei sie sehr genau auf die Nebenwirkungen der Medikation einging. Von dem, was sie sagte, blieb mir vor allem eines im Gedächtnis, das mir half: Daß ich die IVF als Mittel zum Zweck sehen solle. Sie sagte, die Schwermütigkeit und Verzweiflung seien Zeichen dafür, daß das Lupron wirke; sie seien kein dauerhafter »Zustand«.

»Liza, Sie müssen verstehen, daß das Lupron Ihren Körper in eine medikamentös herbeigeführte Menopause versetzt. Ihr Hormonspiegel ist dadurch stark herabgesetzt. Das ist ein Grund für die Hitzewallungen und Schweißausbrüche, die Sie durchmachen. Machen Sie sich keine Sorgen, wenn Sie sexuell nicht sehr erregbar sind. Auch das ist eine Reaktion auf das Lupron.«

Tatsächlich hatten David und ich auch vor Beginn des IVF-Zyklus schon nicht mehr miteinander geschlafen. Seit wir bewußt versuchten, schwanger zu werden, betrachtete ich Sex als eine abstoßende medizinische Prozedur. Ich hatte die Verbände und die Fäden nach Davids Operation gesehen; unser beider Körper erschienen mir als reine Fortpflanzungslabore. Da hatte die Erotik keine Chance. David fühlte das gleiche, das wußte ich, doch wir sprachen nicht darüber, worüber ich froh war. Er berührte mich niemals auf die Weise wie früher, bevor wir etwas von unserer Unfruchtbarkeit wußten.

Wir waren so auf der Hut, uns unsere Gefühle der Unzulänglichkeit nicht einzugestehen, daß keine Chance bestand, die sexuelle Barriere zu überwinden. Wir hatten vergessen, daß Sex nicht nur ein Mittel zur Fortpflanzung, sondern auch ein Ausdruck von Liebe ist. Wären wir unserer selbst sicher und in der Lage gewesen, Sex als etwas Belebendes zu sehen, hätten wir in den Armen des anderen Trost finden können. Doch das Selbstvertrauen ist das erste, was dem Lupron zum Opfer fällt. Ich war kaum noch funktionsfähig – dauernd den Tränen nahe, nervös, grob, aufbrausend.

Patricia versicherte mir: »Liza, Ihre emotionale Empfindlichkeit kommt von dem Lupron. Wenn Sie die Medizin absetzen, werden Sie wieder derselbe Mensch sein wie vorher.«

»Nein. Es liegt an mir. Man gibt mir das Gefühl, als ob ich als Mensch nichts zähle. Die Ärzte und Schwestern behandeln mich so kaltschnäuzig, ohne Respekt oder Mitgefühl oder Menschlichkeit.«

»Liza, viele Patientinnen klagen über ähnliches. Versuchen Sie, mit anderen Frauen zu reden, von denen Sie wissen, daß sie in einer IVF-Behandlung sind oder sie schon hinter sich haben. Es hilft wirklich, wenn man mit Menschen, die die gleiche Erfahrung durchgemacht haben, über seine Gefühle spricht.«

Ich wollte das alles glauben, was Patricia erklärte, daß diese Gefühle von Wut und Ablehnung und Empörung über den Mangel an Freundlichkeit in der Welt nicht aus meinem Inneren kamen, sondern durch das Lupron ausgelöst waren, aber ich konnte es nicht glauben. Nichts schien mir mehr real. Ich kannte diese Person nicht, in die ich mich verwandelt hatte. David und ich waren einander und uns selbst emotional fremd.

Am einsamsten fühlte ich mich, wenn ich mit den anderen Frauen im Wartezimmer der IVF-Klinik saß. Die unberührten Gesichter dieser betuchten New Yorkerinnen schienen mir sagen zu wollen, daß das Schwangerwerden nur ein Sachproblem sei, das es zu überwinden gelte. Sie und ich hatten keinerlei gemeinsame Basis; ich konnte mir nicht vorstellen, daß sie die gleichen Qualen durchlitten. Ich fühlte mich einfach schlecht behandelt.

Aus reinem Selbsterhaltungstrieb befolgte ich schließlich Patricias Rat und sprach mit meiner Nachbarin und zwei anderen Frauen, die gerade einen IVF-Zyklus durchliefen. Patricia hatte recht: Es tat mir gut, mit anderen darüber zu reden, obwohl es am Anfang schmerzlich und schwierig war zu offenbaren, was ich so lange geheimgehalten hatte. Ich erfuhr, daß auch für sie die IVF ein kalter, einsamer Vorgang war und daß sie ihre eigenen Ängste hatten. Wir fingen an, uns um die Fortschritte der anderen zu kümmern. Es wurde wichtig, jeden Tag nachzufragen und mit den anderen über ihre Reaktionen auf die Medikamente zu sprechen oder darüber, wie sie mit ihrem übrigen Leben neben der IVF klarkamen. Wir brachten einander Mitgefühl entgegen. Diese Beziehungen nahmen mir das Gefühl, ganz allein zu sein, und waren meine wichtigste Stütze.

Meine Mutter war inzwischen Steinbildhauerin geworden. Sie arbeitete fast täglich im Atelier des Sculpture Centre an der East 69th Street, und Tante Laurie nahm sich zwei Vormittage pro Woche von der Arbeit frei, um sie dort zu treffen. Laurie produzierte abstrakte, gedärmartig verschlungene Formen. Meine Mutter schuf große Torsos, die nach ihrer eigenen eingeschränkten Bewegungsfreiheit zu streben schienen und wie mitten in der Bewegung eingefroren wirkten. An jenem Morgen des 9. Januar 1989, ein Jahr nach Jennifers Hochzeit, klagte Laurie: »Suzy, ich weiß nicht, ob ich heute arbeiten kann. Ich habe Schmerzen in Brust und Rücken. Ich kann schon seit einer Woche nicht mehr schlafen.«

»Kein Wunder, nachdem du diese schweren Steine für den Garten geschleppt hast. Warum besorgst du dir keine Hilfe? Bis zum Frühling ist es noch lange hin. Sicher hast du dir einen Muskel gezerrt oder den Rücken verrenkt. Geh auf jeden Fall zum Arzt.«

Am 9. Januar 1989 war Jennifer in ihrem Büro und nahm fröhlich die Glückwünsche zu ihrem ersten Hochzeitstag entgegen. Am Abend wollten sie und Stephen in einem der elegantesten Restaurants von Chicago feiern. Als das Telefon in ihrem Büro klingelte, war sie nicht erstaunt, die Stimme ihrer Mutter zu hören, aber sie klang gepreßt, angespannt. Etwas stimmte nicht. Jennifer bestand darauf, es zu erfahren.

»Ich bin wegen dieser Schmerzen beim Arzt gewesen. Ich ... ich habe Krebs.«

Jennifer blieb die Luft weg. Lauries Mann Stanley kam ans Telefon; er klang, als hätte man ihn in den Bauch geschossen. Jennifer schluchzte und heulte. Sie konnte nicht sprechen. Stephen kam sie abholen. Er brachte ihren Koffer mit und setzte sie in ein Flugzeug nach New York.

Stanley rief Jack an. Er kam völlig bestürzt in ihrer Wohnung an. Er hatte seine Mutter nie krank gesehen, und es machte ihn wütend.

Jennifer blieb zwei Wochen in der Stadt, bis die Diagnose feststand und sie über die Behandlungsmöglichkeiten informiert war. Die Prognose war günstig. Es war ein Lymphom, und es war behandelbar. Laurie bereitete sich darauf vor zu kämpfen.

Sie arbeitete weiter. Wir aßen zusammen zu Mittag, wann immer es möglich war – meine Mutter und ich, Laurie und Jennifer. Stanley und Laurie kamen oft abends mit Jen in mein Restaurant, und meine Mutter stieß dazu. Wir rückten zusammen. Als Familie würden wir es schaffen. Wir weigerten uns, uns unser gemeinsames Leben zerstören zu lassen; wir setzten all unsere gemeinsamen Aktivitäten fort und grämten uns nicht über die Gegenwart, sondern sprachen über die Zukunft. Und wir lachten. Tante Laurie und meine Mutter, die beiden Schwestern, hielten uns mit der ihnen eigenen Lebenseinstellung in scheinbar gehobener Stimmung. Im Kampf lautet ihr Grundsatz: Wenn du in starker Verfassung hineingehst, wird du die Oberhand behalten.

Insgeheim trank meine Mutter jeden Abend ein Glas Wein, um mit der Sache fertigzuwerden, und wenn ich sie morgens sah, waren ihre Augen rot und geschwollen. Sie war nicht bereit, über ihr Aussehen zu sprechen, und sie sprach den Namen der Krankheit, gegen die wir kämpften, nicht aus. Sie wollte nur da sein und für ihre Schwester tun, was immer sie konnte, und das gleiche galt auch für mich.

Eine Woche lang mußte ich täglich, dann zwei Wochen lang jeden zweiten Tag ins Krankenhaus zur Blutabnahme und zur Ultraschalluntersuchung. Ich konnte immer noch nicht ruhig dasitzen wie die anderen Frauen, die scheinbar unerschütterlich die *New York Times* oder irgendwelche Zeitschriften lasen. Ich war wütend, frustriert und ungeduldig. Ich nahm es übel, daß ich überhaupt da sein mußte. Ich wanderte umher, wechselte meinen Sitzplatz, erledigte Telefonanrufe und beobachtete die Warteliste. Ich hoffte, daß mein Name bald aufgerufen würde, und fürchtete mich zugleich davor. Jeden Tag wurde ich von einer anderen Person aufgerufen.

»Lisa Frolisher ...«

Konnten sie nicht wenigstens meinen Namen richtig aussprechen?

»Freilicher – Liza Freilicher«, sagte ich mit zusammengebissenen Zähnen.

Ich ging in den Umkleideraum, zog den Papierkittel an, den man mir gegeben hatte, und dann saß ich da, wie angeordnet. Saß frierend zwanzig Minuten lang da. Eine andere Unbekannte kam herein und rief meinen Namen mit einem anderen Aussprachefehler auf. Sie führte die Ultraschalluntersuchung durch, ohne mir auch nur einmal ins Gesicht zu sehen. »Gut, gehen Sie zum Labor, den Gang rechts hinunter, um sich Blut abnehmen zu lassen. Heute abend wird Sie jemand anrufen und die Dosierungen durchgeben.« Ich kannte die Prozedur: Jeden Tag mußte die Medikationsdosis aufgrund des Hormonspiegels im Blut und des durch die vaginale Ultraschalluntersuchung gemessenen Wachstums der Follikel angepaßt werden. Leicht vereinfacht ergibt sich die Dosis aus den kombinierten Faktoren Follikelgröße und Hormonspiegel des Bluts.

Nach diesem morgendlichen Krankenhausbesuch konnte ich nicht etwa mein normales Leben weiterführen. Ich hängte mich statt dessen ans Telefon und verbrachte endlose Zeit damit, Apotheken aufzuspüren, die die benötigten Medikamente führten. Pergonal war, wie sich herausstellte, schwer aufzutreiben. Pergonal, eine Alternative zu Metrodin, ist das Hormon, durch das die Eierstöcke überstimuliert werden, damit sie in einem Zyklus mehr reife Eizellen produzieren, als sie es normalerweise tun würden.

Eine Pharmazeutin sagte, Pergonal sei so schwer zu bekommen, weil es aus dem Urin von Nonnen hergestellt werde – Jungfrauen, die noch keine Antikörper gegen Spermien gebildet hätten. Ich wußte nicht, ob daran irgend etwas Wahres war, aber es zeugte jedenfalls von Humor, und für mich war Humor selten geworden. Ich hatte eine lange Liste von Apotheken, die dieses Hormonpräparat vielleicht vorrätig hatten. Eine hatte sechs Ampullen, eine andere acht; eine weitere erwartete am nächsten Tag eine Nachlieferung. Ich fing an, Pergonal zu horten. Oft vergaß das Apothekenpersonal, die Spritzen beizulegen. Oder sie mußten die Fertilitätsklinik anrufen, um sich nach der genauen Verschreibung zu erkundigen. Ich wartete oft über eine Stunde in Apotheken irgendwo in Manhattan, bis die Verschreibung telefonisch durchgegeben wurde. Ich kann gar nicht mehr sagen, in wie vielen Apotheken ich vor Verzweiflung in Tränen ausbrach.

Schließlich rief ich meine Freundinnen an, ob sie vielleicht übriggebliebene Ampullen oder Spritzen hätten. Ich wurde abergläubisch. Wenn eine Frau schwanger wurde, war ich ganz versessen darauf, ihre übriggebliebenen Vorräte in die Finger zu bekommen.

Abgesehen von den Krankenhausterminen schickte man mich zu Laboren, um spezielle Bluntersuchungen wegen meiner erhöhten Gerinnungsneigung durchführen zu lassen, die hoffentlich unter Kontrolle war. Die In-vitro-Fertilisation ist ein Full-time-Job; tatsächlich sagen viele Ärzte den betroffenen Frauen von Anfang an: »Sie können entweder einen Job haben oder versuchen, das Kind zu bekommen – nicht beides.«

Nun kann nicht jeder seinen Job solange auf Eis legen. Für mich war es das erste Mal in neun Jahren, daß ich es einfach nicht schaffte, ins Restaurant zu gehen. Ich mußte mich den ganzen Tag um IVF-bedingte Angelegenheiten kümmern; zum Schluß kamen meine allabendlichen Telefonrundrufe: »Wie gibt dein Mann dir die Spritze?«, »Haßt du deinen Mann, weil er dir die Spritze gibt?«

Eine der Frauen erzählte mir von den »Resolve«-Treffen – Veranstaltungen in verschiedenen Kliniken, bei denen Gastredner, meist Fertilitätsspezialisten, Endokrinologen oder Embryologen, sich für etwa eine Stunde zur Verfügung stellten und Fragen beantworteten. Das waren meist Fragen, die andere Ärzte schon zu beantworten versucht hatten, denen es jedoch für eine endgültige Antwort an ausreichenden Daten mangelte. Es handelte sich dabei um Informationsveranstaltungen, nicht um Selbsthilfegruppen wie die Anonymen Alkoholiker. Sie informierten über neue Versuche und Theorien, neue Medikamente und Programme. Die technische Entwicklung auf dem Gebiet der Reproduktionsmedizin verlief so rasant, daß innerhalb von sechs Monaten vieles, was gerade noch relevant gewesen war, schon überholt sein konnte.

Innerhalb einer Woche nach meinen ersten Spritzen begann ich, mich sehr unwohl zu fühlen. Ich war emotional und körperlich überstimuliert. Mein Bauch blähte sich auf; nach der dritten Woche sah ich aus wie im vierten Monat schwanger und konnte nicht richtig aufrecht stehen. Von meinen Sachen paßte ich nur noch in zwei Röcke mit weichen, elastischen Taillengummis, die ich abwechselnd anzog. Meine Haut tat weh. Ich nahm die Medikamente weiter und fühlte mich immer aufgeblähter und unwohler. Insgeheim staunte ich nachträglich über die Ausdauer meiner Tante Laurie und fragte mich, was sie aufrecht gehalten hatte.

Laurie begann im Frühjahr 1989 mit der oralen Chemotherapie und kaufte sich einen großen Hut. Sie fühlte sich wohl und sah gesund aus. Der Tumor im Hals war kleiner geworden. Meine Mutter und ich leisteten ihr oft Gesellschaft, wenn sie sich in der Wohnung ausruhte, und wir lenkten das Gespräch auf andere Themen als die Krankheit. Ich wurde zum bevorzugten Thema.

»Also, Lollipop, wann heiraten du und Ben?« Ben war ein sehr netter israelischer Zahnarzt, mit dem ich seit zwei Jahren befreundet war. Laurie schätzte und mochte ihn und glaubte, daß wir die Barrieren unseres unterschiedlichen kulturellen Hintergrunds überwinden könnten. »Er kann dich ernähren. Wenn ihr euch liebt und er dich glücklich macht, was brauchst du noch?«

Ich konnte darauf keine Antwort geben. Ich wußte, daß die Krankheit meiner Tante lebensbedrohlich war. Ich wünschte von ganzem Herzen, sie glücklich zu machen. Ich wußte, daß es sie beruhigen würde, mich auf dem Weg zu Heirat und Familiengründung zu sehen.

Tante Laurie lag auf ihrem Bett in ihrem gedämpft beleuchteten Schlafzimmer in die Kissen gelehnt. Meine Mutter saß auf einem Stuhl neben dem Bett, und ich lag quer übers Fußende mitten in einem Durcheinander von Modezeitschriften.

»Liza, was fehlt dir noch, um dich für Ben zu entscheiden?«

»Mir fehlt das, was Jen mit Stephen hat und was du mit Stanley hast. Die Überzeugung, ein Paar, eine Einheit zu sein. Ben und ich, wir haben so unterschiedliche Vorstellungen, was das Wort Familie bedeutet, von der Rolle der Frau in der Familie. Ich will keine Babymaschine sein. Ich glaube, das ist alles, was er von einer Frau erwartet. Ich will das *Sambuca* nicht aufgeben.«

»Habt ihr beide darüber gesprochen?«

»Ja, aber seine Antworten sind immer vage. Er sagt, er will

Kinder. Wenn er fragt, ob ich das auch will, sage ich ja. Also findet er, dann sei ja alles in Ordnung. Aber ich bin nicht überzeugt.«

»So kannst du nicht glücklich werden. Im einen Augenblick ja und im nächsten nein. Denkst du nicht, es wäre am besten, dich zu entscheiden und dieser Entscheidung eine Chance zu geben? Verlob dich, und schau, ob es funktioniert. Du mußt ja nicht sofort heiraten.«

Was sie sagte, ergab durchaus Sinn; ich schob die Sache nur vor mir her. »Du meinst, ich sollte herausfinden, wie ich mich mit ihm oder ohne ihn fühle, und mehr Zeit darauf verwenden, unsere unterschiedlichen Einstellungen zu sondieren.«

Laurie streckte die Hand nach ihrer Schwester aus. »Was meinst du, Suzy?«

»Ich bin mit allem einverstanden, was du entscheidest, Liza. Du mußt wissen, was du fühlst. Aber bislang hast du dir keine Chance in die eine oder andere Richtung gegeben.«

Tante Laurie schloß die Augen. »Ich möchte, daß du glücklich bist und zur Ruhe kommst. Ich liebe dich wie ein eigenes Kind, La. Glück und Gesundheit sind das einzig Wichtige im Leben. Kläre die Sache. Verschwende keinen Moment des Glücklichseins.«

Sie machte eine Pause, bevor sie sich an meine Mutter wandte. »Suzy, erinnerst du dich, wie wir davon geträumt haben, daß unsere Kinder eines Tages zusammen aufwachsen würden?«

Meine Mutter lächelte. »Wir hatten keine Tanten oder Onkel oder Cousins oder Cousinen. Wir wollten dir und Jennifer eine große Familie geben.«

Tante Laurie nahm die Hand ihrer Schwester. »Und sehr bald werden wir die nächste Generation erleben.«

Das Drängen meiner Tante Laurie und das Versprechen meiner Mutter, daß sie meine Entscheidung so oder so unterstützen würde, gaben mir Zuversicht. »Ich werde mit Ben sprechen, ja. Ich fühle mich gleich besser. Was für eine Erleichterung, endlich eine Entscheidung zu treffen und zu wissen, wo ich hinsteuere.«

Ich liebte meine Tante. Es tat mir weh, sie leiden zu sehen. Ich wußte, wie stark sie war, und wollte ihr Hoffnung geben. Tante Laurie sah, daß Jennifer glücklich war und bald Kinder haben würde und daß ich versorgt war. Es gab ihr ein Gefühl von Harmonie zu sehen, daß das Leben weiterging und ein Teil davon zu sein. Es war an mir, diese Harmonie zu bewahren.

9. Kapitel

Nach vier Wochen war es soweit: Die Eientnahme stand kurz bevor. Die Ärztin, die mich untersuchte, sagte mir, ich würde an diesem Abend eine HCG-Injektion (menschliches Choriongonadotropin) erhalten, um die Freisetzung der Eizellen aus den Follikeln anzuregen. Ich sollte mir die HCG-Spritze geben lassen und vierunddreißig Stunden danach ins Krankenhaus kommen, damit ausreichend Zeit zur Vorbereitung auf den Eingriff bliebe. Die Entnahme mußte sechsunddreißig Stunden nach der Injektion erfolgen, weil das HCG innerhalb von sechsunddreißig Stunden den Eisprung auslöst. Dies ist der optimale Zeitpunkt zur Gewinnung befruchtungsfähiger Eizellen.

Es war eine große Nadel, und das Medikament brannte beim Einspritzen. Außerdem war mein Hinterteil wund von den wochenlangen Injektionen. Obwohl David die Einstichstelle jeden Abend wechselte, mußten wir inzwischen immer wieder in alte Blutergüsse stechen.

Wir kamen um sechs Uhr morgens in der Ambulanz des Mount-Sinai-Krankenhauses an. Eine Krankenschwester sagte uns, wir sollten im Hauptwartezimmer warten. Befleckte, blutige Papiertücher lagen auf dem Boden herum; viele Wartende waren offensichtlich krank und husteten. Ich mußte eine Menge Formulare ausfüllen und warten ... und warten ... und warten, um mit der Ärztin zu sprechen. An der Anmeldung sagte man mir: »Die Ärztin kommt nicht zu Ihnen heraus; Sie müssen bis zum Eingriff warten, wenn Sie mit ihr sprechen wollen.« Schließlich wurde ich gewogen, einer Augenuntersuchung unterzogen, und meine Temperatur wurde gemessen

– alles streng nach Krankenhausvorschrift. Nach weiterem, wiederholten Fragen sagte man mir, ich solle mich hinsetzen ... und warten.

»Leeza Freilger.«

Ich wurde zu einem Umkleideraum geleitet, bekam einen Kittel, eine Haube und Pantoffeln aus Papier ausgehändigt und durfte in dieser Aufmachung, in der ich mich wirklich entmenschlicht fühlte, ins Wartezimmer zurückkehren. David und ich saßen nebeneinander und hielten uns an den Händen, ohne etwas zu sagen. Ein Mann in Klinikkleidung von der gleichen Farbe wie meine Papierverpackung rollte eine Liege herbei und sagte zu mir: »Steigen Sie hier rauf.«

»Kann ich nicht zu Fuß gehen?«

»Nein. Krankenhausvorschrift.«

»Ich möchte die Ärztin sehen. Ich möchte vor der Operation mit ihr sprechen.«

»Keine Sorge, Sie sehen die Ärztin im OP.«

»Kann mein Mann mit mir kommen?«

»Nein. Krankenhausvorschrift.«

»Warten Sie. Ich muß auf die Toilette.« Aber sobald ich dort war, ließ der Drang nach. Ich kletterte auf die Liege; hielt mit Mühe die Tränen zurück. David küßte mich. Ich wurde durch Doppelschwingtüren und weitere Doppeltüren gefahren und bekam unterwegs immer mehr Angst; ich fühlte mich wie ein Stück Fleisch auf dem Servierwagen. Schließlich parkte mich der Pfleger in einem Flur am Ende einer langen Schlange von Liegen mit Patientinnen. Ich starrte an die Decke, bis ich die Augen schließen mußte, weil sie von den grellen Leuchten brannten. Etwas rüttelte meine Liege. Meine Augen flogen auf. Ich wurde in den OP geschoben. Niemand sprach mit mir. Sie nahmen mir den Papierkittel ab, hoben mich auf den OP-Tisch und deckten ein Tuch über mich.

»Wo ist die Ärztin?« Keine Antwort.

Sie schnallten meine Hände am Tisch und meine Beine in

den Halterungen fest. Sechs Leute stocherten gleichzeitig an meinen Armen herum, suchten nach einer Vene für die Infusion. Ich konnte nicht entkommen. Panik überkam mich. Ich drohte, in einem Meer weißbekittelten Klinikpersonals zu ertrinken.

Der Anästhesist kam herein und stellte mir die gleichen Fragen, die ich schon vorher beantwortet hatte. Ich zitterte vor Kälte und schwitzte zugleich. Die Panik muß mir in den Augen gestanden haben.

»Wir besorgen Ihnen eine Decke.«

Ich sah im Raum umher – die großen, runden Lampen, der Infusionsständer, Überwachungsbildschirme, schweigende Menschen, die Tabletts herein- und hinaustrugen und Rolltischchen herein- und hinausschoben. Die Szene hatte etwas Unheimliches, Surrealistisches. Es war seltsam, daran zu denken, daß David und ich eigentlich nur versuchten, ein Kind zu bekommen – die grundlegendste und natürlichste Sache der Welt. Ich hatte Angst, die Narkose zu bekommen und meinen Körper einfach da auf dem Tisch zurückzulassen, ohne irgendeinen Einfluß darauf, was sie mit mir machten. Solange ich wach war, konnte ich auf mich aufpassen. Wußten sie überhaupt, warum ich da war? Würden sie mich mit jemand anderem verwechseln?

Die Ärztin kam im letzten Augenblick. »Entspannen Sie sich. Es dauert nur ein paar Minuten. Entspannen Sie sich.«

»Warum brauche ich eine Narkose, wenn die Eizellen vaginal entnommen werden? Ich möchte lieber wach bleiben. Ich möchte keine Narkose.« Ich zerrte an den Riemen, die meine Arme am Tisch fixierten.

»Entspannen Sie sich, Liza. Sie müssen eine Narkose bekommen. Ich muß die empfindlichen Follikel in Ihren Eierstöcken lokalisieren und absaugen. Sie können dabei nicht wach sein; das Verfahren verlangt höchste Präzision, damit die Eizellen nicht beschädigt werden.«

Der Anästhesist betastete meinen Arm. Ich spürte den Nadelstich. Jemand legte die lang erwartete Decke über mich. Ich bebte am ganzen Körper.

»Entspannen Sie Ihre Beine.«

Tante Laurie ging es nicht besser. Sie sprach auf die Chemotherapie nicht so an wie erwartet. Der Arzt sagte ihr, ebenso wie Jennifer und Stanley bei ihrem letzten Termin, daß der Tumor gewachsen sei und der Krebs sich auf ihren Darmtrakt ausgebreitet habe.

Jennifer verbrachte die meiste Zeit in New York bei ihrer Mutter. Gelegentlich flog sie nach Chicago zurück, um ein Wochenende mit ihrem Mann zu verbringen, aber das war für sie eine große emotionale Belastung, und sie nahm diese Verpflichtung übel.

Jennifer und Stanley gingen mit Tante Laurie zu mehreren Onkologen, um weitere Meinungen einzuholen, und hörten von verschiedenen umstrittenen Therapien, die weltweit angewendet wurden. Sie waren unermüdlich auf der Suche nach einer Heilungsmöglichkeit. Lauries New Yorker Spezialist verschrieb ihr eine aggressivere Chemotherapie.

Im Mai 1989 flog Stanley mit Laurie nach Chicago, um eine Alternative zur Standardchemotherapie zu finden. Sie hatte abgenommen. Sie schlug sich nicht mehr auf die Hüften, wenn sie in den Spiegel sah. »Paß auf, was du dir wünschst; du weißt nie, wie es dir erfüllt wird«, sagte sie im Bemühen, ihren Humor nicht zu verlieren.

Stanley und Laurie wohnten in Jennifers Gästezimmer, während Laurie sich in einer Forschungsklinik in Chicago behandeln ließ. Es sollte die erste von zahlreichen experimentellen Therapien werden, die Stanley, Jennifer und Laurie unter anderem nach Kanada und nach Boston führten. Ende Dezember flogen Mutter und ich nach Houston, um uns mit ihnen zu treffen.

Jennifer konnte nicht länger leugnen, wie krank ihre Mutter war. Sie hatte vorgehabt, erst in drei Jahren, wenn sie dreißig war, Kinder zu bekommen. Aber sie wollte ihrer Mutter das Enkelkind nicht verweigern. Alles, woran sie dachte, war: »Ich muß schwanger werden.«

Sie erzählte mir, wie ihre Mutter vor der Schlafzimmertür stand und »Los, Baby, los« rief, während Jennifer und Stephen miteinander schliefen, und wie Laurie hinterher, während Stephen noch mit im Bett lag, hereinkam, um ihr über den Bauch zu streichen, und sagte: »Gib mir ein kleines Mädchen.«

Die Schwangerschaft wurde Jennifers einziger Daseinszweck.

Stephen sagte nichts dazu. Zu der Zeit hatte er nicht das Gefühl, im Leben seiner Frau einen besonders hohen Stellenwert zu haben. Er wollte ein Baby mit Jennifer haben, und er wußte, wie wichtig es zu diesem Zeitpunkt für sie war. Es war merkwürdig, seine Schwiegermutter als Cheerleader dabei zu haben, aber seit dem Beginn dieser tragischen Krankheit war nichts mehr normal.

Jennifer wußte, daß sie empfangen hatte. Sie sagte, sie habe es durch die Kraft ihres Willens bewirkt. Zwei Wochen später stand sie morgens um halb sechs auf, um den Schwangerschaftstest zu machen. Er war positiv. Sie weckte ihre Mutter, um es ihr zu erzählen. »Das ist ein gutes Omen. Alles wird in Ordnung kommen.«

Jennifer und ihre Mutter sprachen nur noch über das Baby. Sie diskutierten jede Kleinigkeit. Laurie nannte ihr Enkelkind bei dem Namen, den Jennifer gewählt hatte. »Dakota. Oh, mein kleines Mädchen, ich weiß genau, wie du aussehen wirst – blaue Augen, weiße Haut, braunes Haar. Und Sie wird mich Namsy nennen. Ich werde sie an herrliche Orte mitnehmen, und wir werden wunderbare Dinge zusammen unternehmen. Genau wie Tante Mame. Du wirst eine Tochter haben, Jennifer, und sie lieben, wie ich dich liebe, und sie wird dir immer Freude machen.«

Greg und Maxine bekamen ihr erstes Kind im August. Als ich meinen Bruder seinen Sohn im Arm halten sah, empfand ich ein Gefühl von Verbundenheit, wie ich es noch nie erlebt hatte. Sein Herz sprach aus seinen Augen, wenn er sein Kind ansah, und seitdem betrachte ich Stuart stets mit der Liebe, die ich in den Augen seines Vaters gesehen habe. Tante Laurie war sehr schwach, fand aber die Kraft, mit meiner Mutter zu Gregs Haus auf Long Island zu fahren, um ihren kleinen Großneffen im Arm zu halten.

Im Oktober 1989 war Jennifer im fünften Monat schwanger. Sie hörte auf zu arbeiten und zog nach New York, um bei ihrer Mutter zu sein.

Im Dezember brachten Jennifer und Stanley Tante Laurie in ein privates Institut in Houston. Mutter und ich flogen nach Texas, um bei ihr zu sein. Die radikale Therapie, die sie dort erhielt, zeigte Anzeichen von Erfolg. So ging es Tante Laurie gut genug, um in Chicago bei Jen zu sein, als ihr Baby zum errechneten Zeitpunkt per Kaiserschnitt auf die Welt kam. Tante Laurie war mit im Kreißsaal und hielt Jens Hand, als Stephen ihr ihre Enkelin in die Arme legte. Dakota hat blaue Augen, weiße Haut und braunes Haar, genau wie Tante Laurie sie sich ausgemalt hatte.

Lauries Ringen mit dem Krebs war sehr anstrengend und strapazierte ihren Körper stark, doch die Freude, ihr gesundes Enkelkind zu sehen, gab ihr neue Lebenskraft.

Vier Tage später nahm Stanley seine Frau mit zurück nach New York. Das geschah teilweise auf ihr Drängen hin; sie wollte, daß Jennifer mit ihrem Mann und ihrem neuen Baby ein möglichst normales Leben führte.

Jennifer, zum ersten Mal seit jenem Telefonanruf am 9. Januar 1989 vor einem Jahr mit sich allein, dachte über sich nach. Sie dachte darüber nach, daß sie jetzt Mutter war und was das bedeutete. Sie hatte fast Schuldgefühle, weil sie ihre Aufmerksamkeit auf ihr Kind und ihre Mutter würde verteilen müssen. Es war einfach nicht genug Zeit für beide da. Aber ihre Tochter, die friedlich an ihrer Brust nuckelte, sagte ihr, wer den Rest ihres Lebens Vorrang haben würde. Es war, überlegte Jennifer, die Art, wie die Natur für sich selbst sorgt, dieser Beschützerinstinkt, der eine Frau überwältigt, wenn ihre Milch fließt. Sie döste, froh, mit »Kodie« allein zu sein.

»Sie haben eine sehr liebevolle Familie.« Die Worte kamen von dem Mädchen im Nebenbett. Jennifer hatte sie in den letzten vier Tagen kaum wahrgenommen. Das Mädchen bekam keinen Besuch und schlief die meiste Zeit, wenn sie nicht ihren neugeborenen Sohn stillte. »Sie erinnern sich nicht an mich. Ich habe Sie bei der Gymnastik gesehen. Ich bin Hilary Steele. Ihre Mutter ist tapfer. Sie ist sehr krank, nicht wahr?«

Jennifer nickte.

»Meine Mutter auch.«

»Sind Sie deshalb allein?«

»Ich bin nicht mehr allein.« Sie bewunderte die geballten Fäuste ihres Babys. »Ich habe ihn. Ich habe ihn Michael genannt.«

In dieser kurzen Zeit der Vertrautheit tauschten Jennifer und Hilary ihre Geschichten aus. Es war schon erstaunlich, wie zwei Menschen gleichen Alters von solch unterschiedlicher Herkunft schließlich zur gleichen Zeit am gleichen Ort landen konnten.

Hilary kam aus einer außerordentlich wohlhabenden Familie. Ihre Mutter war eine Persönlichkeit des gesellschaftlichen Lebens und als solche der Mutterrolle abgeneigt. »Tochter«

war eine Bezeichnung ohne irgendeine Verbindung zu ihren Eltern außer flüchtigen Blicken auf Gestalten, die hinter verschlossenen Türen kamen und gingen. Hilary wurde von einem Kindermädchen betreut, auf das sie all ihre Liebe übertrug. Es war eine Kindheit ohne jede Sicherheit oder Struktur, und obwohl sie sich von ihrem Kindermädchen geliebt wußte, fühlte sie sich isoliert und anders als andere Kinder, die voll Besitzanspruch von ihren Eltern sprachen. Hilary heiratete früh und träumte davon, selbst eine ideale Familie zu gründen. Die Ehe heilte ihre Wunde vorübergehend, indem sie ihr einen Sohn verschaffte. Aber schon während sie im Krankenhaus lag, Michael an der Brust, wußte sie, daß diese Ehe nicht von Dauer sein würde.

Und hier war Jennifer, die nichts als Liebe erfahren hatte und die kleine »Prinzessin« ihrer Mutter war, genauso allein in der Welt.

Sie und Hilary verließen das Krankenhaus mit einem Gefühl tiefer Verbundenheit und gegenseitiger Anteilnahme. Sie gingen zusammen in den Park oder zur Gymnastik oder saßen einfach nur mit ihren Kindern in einer ihrer Küchen und tranken Kaffee. Sie hatten eine gemeinsame, persönliche Eigenschaft: ihre innere Stärke. Hilary überließ sich nie der Verzweiflung; sie raffte sich auf und kämpfte sich durch. Sie nahm das Dasein einer alleinerziehenden Mutter als Möglichkeit, die Vernachlässigung ihrer Kindheit zu überwinden, und sah sich nicht in der Opferrolle. Jennifer stützte sich auf Hilarys Stärke, und Hilary suchte ihrerseits bei Jennifer Stabilität und Familienanschluß.

Als ich im Aufwachraum zu mir kam, war ich verwirrt. Mein Mund war trocken. Mein Bauch krampfte sich immer wieder zusammen, und mir war schwindelig. Ich bat eine Krankenschwester, mir etwas Wasser zu geben.

»Gehen Sie erst zur Toilette.«

»Wo ist David? Wie geht es meinem Mann?«

»Sie können ihn bald sehen. Es geht ihm gut.«

Während meine Eizellen entnommen wurden, hatte man bei David im angrenzenden OP eine Hodenbiopsie vorgenommen, um sein Sperma zu gewinnen. Er sah diesem Eingriff sehr gefaßt entgegen, machte sich aber Gedanken darüber, ob seine Spermien reif genug sein würden, um meine Eizellen zu befruchten.

Die Schwester brachte mich langsam in die Senkrechte und half mir auf die Toilette, den Infusionsständer schiebend, der immer noch mit meinem Arm verbunden war. Ich hatte Angst, daß das Harnlassen weh tun würde, doch das tat es nicht.

Ich kam zurück und setzte mich in einen Rollstuhl. »Bitte, kann ich mit der Ärztin sprechen? Ich möchte wissen, wie viele Eizellen sie entnommen hat.« Keine Antwort.

Ich wurde in einen anderen Aufwachraum gerollt, wo David, immer noch benommen, auf einer Liege lag.

Er lächelte. »Sie haben zwölf Eizellen entnommen, und der Urologe denkt, daß er brauchbares Sperma gewonnen hat. Der Embryologe führt gerade im Labor die ICSI durch. Morgen erfahren wir, wie viele Eizellen sich zu Embryos mit guter Zellteilung entwickeln.«

Wir waren um sechs Uhr morgens im Krankenhaus angekommen und verließen es nachmittags um fünf. Davids Eingriff hatte eine Stunde gedauert, ebenso wie meiner, doch mit den ganzen Voruntersuchungen, Freigabezetteln, die ausgestellt werden mußten, den Eingriffen und Erholungszeiten hatten wir elf Stunden dort verbracht, den ganzen Tag.

David und ich halfen uns gegenseitig ins Taxi. Sowohl Greg als auch meine Mutter hatten angeboten, uns abzuholen, aber wir fanden, es wäre einfacher, ein Taxi zu nehmen: je weniger Leute, desto weniger Durcheinander. Ich konnte kaum gehen, und auch David bewegte sich sehr langsam. Ich wußte, daß er Schmerzen hatte, aber er klagte nicht. Wir fuhren nach Hause, legten uns ins Bett und schliefen – in nervöser Erwartung des nächsten Tages, an dem wir erfahren würden, wie die Befruchtung verlaufen war.

10. Kapitel

Am nächsten Morgen rief ich die Klinik an. Ich versuchte, die Ärztin oder den Embryologen zu erreichen.

»Die Frau Doktor ist im Moment nicht zu sprechen. Versuchen Sie es später noch mal«, lautete die kühle Antwort auf jede Nachfrage.

Das tat ich. Die Ergebnisse waren noch nicht da. »Rufen Sie später noch mal an.«

Ich rief wieder an. »Die Befruchtung scheint gut zu verlaufen. Morgen wissen wir mehr.«

David und ich verbrachten drei Tage mit müßigen Spekulationen. Über unser weiteres Leben bestimmte der Embryologe, der die Zellteilung der Embryos überwachte.

Dann kam die Frage auf, ob die Ärzte eine sogenannte »Schlüpfungshilfe« vornehmen sollten. Der Embryologe erklärte uns, diese Prozedur bestehe darin, vor Übertragung des Embryos die Eizellhülle zu eröffnen, damit sich das Ei besser in der Gebärmutterwand einnisten könne, was Voraussetzung für die Entstehung einer Schwangerschaft sei. Niemand konnte genau sagen, ob die »Schlüpfungshilfe« von Vorteil sei. Das Verfahren befand sich noch im experimentellen Stadium. Mir kam es so vor, als ob die gesamte IVF noch im experimentellen Stadium war. Die Reproduktionsärztin und der Embryologe entschieden sich, die »Schlüpfungshilfe« bei allen sechs Embryos anzuwenden, die übertragen werden sollten.

Ständig waren neue Entscheidungen zu treffen. Sollte ich den Blutverdünner Heparin weiter nehmen? Mein Arzt sagte ja, weil ich immer noch Hormone im Körper hätte, die das Risiko einer Gerinnselbildung erhöhten. Andere Hämatologen empfahlen, das Heparin abzusetzen, weil im Falle einer größeren Blutung mein Blut nicht schnell genug gerinnen würde, was zu bedrohlichem Blutverlust führen könnte. Schließlich wurde entschieden, daß ich das Heparin weiter nehmen sollte.

Nach drei Tagen würde man die Embryos in meine Gebärmutter übertragen. Ich fühlte mich immer noch sehr aufgebläht und unwohl. Ich bekam Antikörper, um einer etwaigen Infektion während der Prozedur vorzubeugen, und hatte mit den Progesteron-Spritzen angefangen, die meine Gebärmutterwand verdicken und auf die Einnistung der Embryos vorbereiten sollten. Es war eine schwierige Spritze mit dicker Nadel. Mir grauste davor, in die Ambulanz zurückzukehren – ein Ort für wirklich Kranke und Unfallopfer. Ich gehörte da nicht hin. Ich bemühte mich, positiv zu denken: Ab morgen würde ein Embryo in meinem Körper wachsen, der mein Baby sein würde. Mein Baby. Ich versuchte, mich auf das Positive zu konzentrieren – mein Baby.

Und dann war ich wieder im OP, wo man mich nach meinem Namen fragte und aufforderte, den Namen auf den Reagenzgläsern mit den Embryos zu bestätigen. Ich wurde vorbereitet und auf dem Tisch in Position gebracht. Die Embryos wurden in einen Katheter geladen. Ich beobachtete auf dem Ultraschallbildschirm, wie diese Embryos – meine Babys – in meine Gebärmutter injiziert wurden. Ich drückte die Hände der Krankenschwestern, die rechts und links von mir standen. Ich wollte optimistisch sein und mich mit diesen Embryos in meinem Körper schwanger fühlen.

Es war unglaublich, das mitanzusehen, tatsächlich beobachten zu können, was, wie ich inständigst hoffte, der Beginn eines neuen Lebens in mir war, und sich dann klarzumachen, daß der Mensch mit all seiner Medizin und Technik doch nicht allmächtig war. Ich wußte, daß ich nur hoffen und beten konnte, daß einer dieser Embryos mein Baby sein würde, gesund und stark in meinen Armen, in meinem Leben. Es war beängstigend, ohne jede Garantie so voller Hoffnung zu sein, und doch zugleich erhebend.

Es war ein kurzer Eingriff. Man sagte mir, ich solle noch eine halbe Stunde liegenbleiben.

David kam herein, lächelnd. War ich schwanger, würde ich schwanger sein? Das waren die Fragen, die ich auf seinem Gesicht las.

»Okay, Liza, Sie können jetzt gehen«, sagte die Schwester und streckte die Hand aus, um mir hochzuhelfen.

Ich war erstaunt, daß sie mich einfach so gehen ließen. Ich ergriff ihre Hand nicht. Ich wollte länger bleiben, um auf Nummer Sicher zu gehen. Ich hatte Angst, mich zu bewegen. Ich blieb liegen, bis ein Pfleger hereinkam und zur Vorbereitung auf die nächste Patientin den Boden aufzuwischen begann.

Ich blieb zwei Tage im Bett, während David arbeiten war. Ich hatte Angst, auch nur aufzustehen, um auf die Toilette zu gehen. Greg kam jeden Abend und brachte oder kochte uns Abendessen; tagsüber lag meine Mutter neben mir auf dem Bett und sah sich mit mir Videos an. Jennifer rief an, um mir Mut zuzusprechen.

»Denk positiv, La La. Leg dich auf den Rücken und streck die Beine in die Luft, wie ich es gemacht habe. Stell dir diese Embryos vor und rede ihnen gut zu, sich an deine Gebärmutter zu klammern. Sprich mit ihnen.«

»Jen, du gibst mir ein gutes Gefühl. Mit ihnen zu sprechen, macht sie lebendig. Ich bin froh, daß du Dakota zuerst bekommen hast. Ich weiß, wie du um sie gekämpft hast, wie du dich darauf konzentriert hast. Es war nicht leicht für dich.« Ich hegte keinen Groll gegen Jennifer, weil sie ihr Baby so problemlos bekommen hatte. Gott wußte, daß sie größere Seelenqualen litt. Genausowenig nahm ich Maxine und Greg die Leichtigkeit von Stuarts Geburt übel. Ich hegte gegen niemanden einen Groll. Ich wollte nur, daß dieses Unternehmen, auf das David und ich uns eingelassen hatten, erfolgreich verliefe.

Zwei Wochen lang wartete ich einfach nur, ohne zu glauben, ohne zu denken, ließ mir meine Spritzen geben und wartete. Ich versuchte mir abends vor dem Einschlafen vorzustellen, daß ich schwanger sei. Ich fühlte mich wie betäubt und emotional zermürbt. Mein Körper tat weh. Ich fühlte mich immer noch aufgebläht, empfindsam und unwohl. Am Tag vor dem Schwangerschaftstest entdeckte ich etwas Blut. Ich rief die Ärztin an.

»Geben Sie der Sache noch einen Tag«, sagte sie. »Das muß nicht unbedingt etwas bedeuten.«

Seit dem Transfer mußte ich damit rechnen, meine Tage zu bekommen. Jedesmal, wenn ich auf die Toilette ging, wagte ich kaum hinzusehen. Ich unterdrückte jeden Niesreiz, um mein Innenleben nicht durchzurütteln. Die Ärztin sagte: »Machen Sie sich keine Gedanken«, aber mein ganzes Leben drehte sich nur darum. Der Gedanke, daß der Therapiezyklus nicht anschlagen würde, war niederschmetternd. Als ich das Blut sah, verspürte ich den überwältigenden Wunsch, meinem Körper zu entfliehen, der mich im Stich gelassen hatte.

»Machen Sie sich keine Sorgen; das hat nichts zu bedeuten«, sagte die Ärztin.

Ich hätte ihr den Hals umdrehen können. »Was soll das heißen, es hat nichts zu bedeuten? Warum passiert es dann?«

In den Wochen seit dem Transfer hatte ich mir weiter die Progesteron- und Heparin-Spritzen geben lassen, wie man es mir gesagt hatte. Ich sah das Blut, wußte, was es bedeutete, und mußte meinen Körper trotzdem immer noch mit etwas vollpumpen, was mir wie Gift erschien. Ich wußte, daß ich nicht schwanger war. Was bislang schon schwierig gewesen war, wurde mir jetzt noch widerwärtiger.

Sehr früh am nächsten Morgen ging ich zu der lang erwarteten Blutuntersuchung, die eine Schwangerschaft feststellen sollte. Ich gab dem Labor die Telefonnummer meiner Mutter und fuhr in ihre Wohnung, um das Ergebnis abzuwarten.

Ich lag auf dem Sofa, den Kopf im Schoß meiner Mutter. Sie streichelte mein Haar in der Weise, die mir immer wohltat, aber ich konnte die Augen nicht schließen. Das Telefon war alles, woran ich denken konnte. Es stand auf dem weißen Tischchen zwischen gerahmten Fotos von mir, Erica und Greg und einem von Tante Laurie und Mutter in breitkrempigen Strohhüten.

»Ich denke daran«, sagte ich, »wie einfach das Leben in Spanien war. Rafa hat sich um mich gekümmert; ich hatte keine Sorgen. Ich mußte mir keine Gedanken um das Kinderkriegen machen, und wenn ich Muttergefühle brauchte, hätte ich dieses Gefühl kultivieren und auf seine Söhne übertragen können.«

»Aber das ist es nicht, worum es bei deinem Kinderwunsch geht. Das war doch der Grund, warum du Rafael verlassen hast, oder?«

»Ja«, sagte ich zaghaft, »und ich habe dich vermißt.«

»Aber, La, du liebst David, ihr beide wollt dieses Kind als euer Vermächtnis, wie meine Kinder meines und Lauries Kinder ihres sind. Ich weiß, daß du jetzt Angst hast, aber laß dich von deinen Zweifeln nicht überwältigen. Konzentriere dich auf das Wesentliche. Du wirst es schaffen. Du bist gründlich untersucht worden, du bist gesund und produzierst gesunde Eizellen. Wir werden ein Kind bekommen, und es wird dein eigenes sein.«

»Mama, ich bin nicht schwanger«, sagte ich, meine Augen auf das Telefon geheftet. »Die Blutung ist stärker geworden.«

Sie streichelte mein Haar.

Wir warteten, und ich dachte über die Vergangenheit nach, die mir immer gegenwärtig ist, die Zeit während Lauries Krankheit, als keine realistische Hoffnung mehr blieb, und wir, meine Mutter, meine Tante Laurie, Jennifer und ich, trotz allem weiter aushielten.

Das Passahfest fiel 1990 auf Ende März. Laurie konnte nicht mehr ausgehen. Stanley und Jennifer waren bei ihr und gaben ihr ihre Medikamente. Die Ärzte konnten ihr nicht mehr helfen.

Tante Laurie bat ihre Schwester, ob sie den Seder »bitte« in ihrer Wohnung feiern könnten. Diese beiden hielten sonst, ganz gleich was geschah, an ihren Traditionen fest: Das Erntedankfest fand bei Laurie statt, Passah bei Suzy.

Mutter bereitete den Truthahn und den Schmorbraten zu. Erica war früh auf und unterwegs – ein seltenes Ereignis –, um sich in der Bäckerei für schokoladenüberzogene Makronen anzustellen. Ich richtete die traditionelle Seder-Platte mit Passah-Symbolen her – Lammkeule, Radieschen, hartgekochtes Ei und Petersilie. Maxine brachte die Hühnersuppe und die Matze-Bällchen – und betete, daß sie dieses Jahr nicht steinhart wären. Mein Freund Ben, der Zahnarzt, sammelte alles mit seinem Auto ein und brachte es zu Lauries Wohnung.

Als wir ankamen, war schon alles vorbereitet. Miriam, die Hilfe und Stütze meiner Mutter, begab sich bereitwillig in die Küche, um das Essen zu organisieren. Der Tisch am Fenster war ganz ausgeklappt und mit Tante Lauries eleganten Bleikristallgläsern und ihrem Limoges-Porzellan gedeckt.

Tante Laurie saß am oberen Ende der Tafel, ihre beiden Kinder rechts und links neben sich. Sie strahlte. Zu ihrem grauseidenen »Bauchrock« mit Mieder und Strickjacke trug sie ein zartes Korallen-Diamanten-Halsband. In einem Ohr hatte sie einen Ohrring, ein Erbstück, das ihres Großvaters Krawattennadel gewesen war, im anderen einen Diamantstekker. Erica saß neben Jack. Sie war zierlich, mit perfekter, kurvenreicher Figur. Ihr dickes, honigfarbenes Haar paßte gut zu Jacks. Irgendwo in unserer Familie gab es ein Gen für schönes Haar. Dann kamen Greg, Max und Stuart in seinem Babysitz. Stephen saß neben Jennifer, die Dakota auf dem Schoß hielt. Stanley saß am anderen Ende der Tafel, Laurie gegenüber, mit Ben, Mama und mir. Auch Großmama Reese war da, die die Schwere der Krankheit ihrer Tochter noch nicht völlig erfaßt hatte.

Hilary, eine mediterrane Schönheit, saß mit ihrem Sohn auf dem Schoß neben Jennifer. Sie war noch nie bei einem Seder gewesen, und ich konnte die Ehrfurcht auf ihrem Gesicht sehen, mit der sie die Stärke dieser Familie erspürte.

Auch ich war beeindruckt von dem Matriarchat, das meine Mutter und Tante Laurie aufgebaut hatten. Sie waren die Eckpfeiler. Einem leeren Heim entstammend, hatten sie einander gestützt und doch jede ihre individuellen Stärken entwickelt. Ihr Leben hatte Kreise in unterschiedliche Richtungen gezogen, die doch immer wieder zu dem zurückführten, was diese Seder-Tafel symbolisierte – diese beiden Frauen, ihre Familie, unser Erbe. Das war das Gefühl, das an jenem Abend vorherrschte. Es war ein bittersüßes Bild.

Die Kinder, entschied ich, sind die Lebensader einer Familie und das Vermächtnis, das die Eltern weitergeben. Keine Kinder zu haben, heißt, diese Kette zu unterbrechen. Tante Laurie wird in ihnen überdauern, das weiß sie. Ich kann in ihren Augen sehen, wie sie Jack, Jennifer und Kodie über ihre Haggadah hinweg anlächelt, daß sie weiterleben wird.

Stanley, Sohn eines Kantors, leitete die Zeremonie. Ich konnte sehen, wie meine Tante stets mit einer Hand, einem Fuß oder einem Bein Kontakt zu ihren beiden Kindern hielt. Berührung, immer in Berührung. Wir gingen die gesamte Haggadah durch; kein Gebet wurde ausgelassen oder ohne die feierlichste Aufrichtigkeit gesprochen, kein Lied ohne Fröhlichkeit gesungen.

Nach dem Essen war Laurie müde. Jennifer half ihrer Mutter zu Bett.

»Suzy, kommst du mit zu mir herein?« fragte Laurie.

Ich war meiner Mutter behilflich. Der süßliche Krankengeruch von Lauries Medizin haftete an den Wänden und Spitzengardinen ihres Schlafzimmers. Ich werde diesen Geruch nie, niemals vergessen. Mutter setzte sich neben ihre Schwester und begann, ihren Fuß zu massieren. Tante Lauries großen Fuß mit dem krummen Zeh.

»Das ist schön«, sagte Laurie. »Es läßt mich deine Nähe spüren.«

Jennifer und ich ließen sie allein. Wir kannten die Bedeutung dieses Blicks, den Laurie Jen zuwarf. »Das ist unsere Zeit.« Wir lauschten nicht an der Tür, wie wir es als Kinder getan hatten. Dies war eine kostbare Gelegenheit für unsere Mütter, miteinander allein zu sein, und Jen und ich wußten instinktiv, was sie einander sagten.

Laurie nahm ihren Schmuck ab, die wunderschöne Halskette, den Ohrring und den Stecker und drückte sie Suzy in die Hand. »Ich möchte, daß du sie bekommst«, sagte sie und lehnte sich hinüber, so daß sie sich umarmen konnten. Sie hielten einander lange fest. »Hier«, sagte sie und gab ihrer Schwester einen kleinen, grauen Filzbeutel. »Bewahr sie darin auf.«

Suzy sagte nichts. Da sie nicht aufstehen konnte, legte sie den Arm um Lauries Schultern. Laurie legte sich quer übers Bett, damit sie einander in den Arm nehmen konnten. Sie schwiegen im Bewußtsein, daß Worte manchmal Gefühle zerstören können.

»Suzy«, flüsterte sie. »Versprich mir, versprich, daß du dich um Jennifer und Jack ... und ihre Kinder kümmern wirst. Sei Kodie eine Großmutter. Versprich es mir.«

Suzy vergrub den Kopf am Hals ihrer Schwester und nickte; ihre Stimme versagte vor Bewegung, so daß sie kein Wort sagen konnte.

»Ich weiß, daß du das tun wirst. Ich liebe dich.«

»Ich liebe dich. Ich liebe dich.« Sie hielten einander fest.

Laurie legte sich in die Kissen zurück und schloß die Augen. Lächelte. »Ich bin müde. Bleib bei mir.«

Suzy schob die Hand unter die Decke, spürte die Wärme ihrer Schwester und massierte sanft ihr Bein und ihren Fuß.

»Das fühlt sich gut an; hör nicht auf.«

Sie blieben lange so zusammen.

Nach einiger Zeit öffnete Jennifer die Tür, um nach ihrer Mutter zu sehen, und ich folgte ihr nach drinnen. Sie machte das Licht aus, und ich half Mama beim Aufstehen. Die Gehhilfe schien jetzt zu schwer für sie. Ich dachte, Tante Laurie wäre eingeschlafen. Als wir die Tür erreichten, murmelte sie: »Danke, daß wir den Seder hier gefeiert haben. Ich wollte ihn nicht verpassen.«

Jennifer saß neben dem Bett ihrer Mutter und hielt ihre Hand. Ich hörte Tante Laurie mit ihr flüstern, während ich meiner Mutter aus dem Zimmer half.

»Es ist Frühling«, sagte sie. »Jengi, bring mich zu meinem Haus. Ich will meinen Garten sehen. Der Flieder sollte schon blühen und meine Tränenden Herzen; ich wette, daß sie dieses Jahr doppelt so groß sind. Vielleicht können du und Stanley mit mir die Stauden zurückschneiden, und wir besorgen Blumen für den Steingarten rund um den Pool. Ich hoffe, die Hirsche haben nicht zuviel Schaden angerichtet; sie lieben die Funkien und ...« Ihre Stimme wurde leiser.

Im Badezimmer wischte ich meiner Mutter mit einem kühlen Waschlappen die Tränen aus dem Gesicht. Auf dem Parfümbord neben dem Waschbecken stand eine große Flasche Chanel No 5. Meine Mutter nahm sie und tat sich etwas davon aufs Handgelenk. Sie hielt es sich an die Nase. »Dieser Duft ist an mir oder irgend jemand anderem einfach nicht derselbe wie an Laurie.«

»Wenn sie es trug, hatte ihre ganze Wohnung ihren Duft. Diese Medizin ist widerlich.«

»Oh, Liza, was soll ich nur ohne sie machen?« schluchzte sie.

Ich wußte darauf keine Antwort.

Meine Mutter sah das Foto an, das sie und ihre Schwester in breitkrempigen Hüten zeigte. Sie hatten sich untergehakt und lachten. Das war an einem heißen Tag im Spätsommer, oben bei Lauries Haus. Sie lachten, weil sie mich und Jen beim Federball geschlagen hatten. Ich weiß das, weil ich das Foto gemacht hatte.

Ich wußte, daß meine Mutter sich ebenso erinnerte wie ich; ich sah sie ihre Augen wischen. Ich drückte ihre Hand, und wir warteten weiter, wortlos, auf den Anruf der Klinik.

11. Kapitel

Als das Telefon klingelte, war ich dem Herzinfarkt nahe.

»Liza Freilicher?«

»Ja.«

»Sie sind –« mein Herz hüpfte – »nicht schwanger.«

Ich schluchzte auf. Meine Mutter legte ihre Arme um mich und nahm meine Hand.

»Geht es Ihnen gut?« erkundigte sich die Stimme aus dem Telefon.

»Nein. Es geht mir nicht gut.«

»Möchten Sie darüber reden?«

»Nein.«

Der Morgen nach dem Seder war warm und sonnig. Jennifer und Stanley fuhren mit Laurie zu dem Haus, das sie ihr Zuhause nannte. Sie hatte es mit all ihrer kreativen Energie und mit bedeutungsvollen Besitztümern eingerichtet, die die Geschichte ihres Lebens erzählten.

Sie war zu schwach, um zu gehen, und mußte die Treppe zu ihrem Schlafzimmer hochgetragen werden. Stanley legte sie auf das große viktorianische Himmelbett.

»Jen, ich will das Bett nicht zerwühlen.«

Jennifer schlug den gehäkelten weißen Bettüberwurf zurück und schüttelte das Kissen unter dem Kopf ihrer Mutter auf. Laurie ließ ihre Augen durchs Zimmer schweifen: die Vitrine mit den kleinen antiken Schätzen, die sie und Jennifer zusammen auf Flohmärkten oder privaten Versteigerungen aufgetrieben hatten, der Schreibtisch, den sie bis aufs blanke Mahagoni abgeschliffen, gebeizt und poliert hatte, bis er glänzte. Sie konnte ins Badezimmer sehen – die große Wanne mit den Klauenfüßen stand unterm Fenster, wo sie sich nach einem Tag voller Gartenarbeit im Schaumbad entspannen und zusehen konnte, wie Jennifer und Jack unten im Pool schwammen und Stanley ihre beiden Zwergesel im angrenzenden Gehege mit Möhren fütterte. Es war ein Raum voller lieber Erinnerungen. Daran, wie Jennifer und Jack ein Frühstückstablett mit Pfannkuchen und Kaffee heraufbrachten und sie sich alle zum Essen aufs Bett setzten. Irgendwer tropfte immer Sirup aufs Laken. Sie lümmelten herum, versuchten sich am Sonntagskreuzworträtsel der *Times*, und dann ließen die Kinder sie und Stanley allein, damit sie etwas Zeit für sich hatten.

Jennifer deckte ihre Mutter mit einer Steppdecke zu und blieb bei ihr sitzen, lange nachdem sie eingeschlafen war.

Sie blieben dort im Haus. Das war im Mai 1990. Laurie wurde von Tag zu Tag schwächer. Die Medikamente konnten die Schmerzen nicht länger in Schach halten; deshalb bekam sie stärkere Betäubungsmittel. Meine Mutter, Greg und ich fuhren fast täglich zum Haus hinauf. Stanley und Greg trugen meine Mutter nach oben, so daß sie am Bett ihrer Schwester sitzen konnte. Sie sprachen nicht, aber Laurie streckte die Hand aus und wußte, daß Suzy da war.

An einem schönen Morgen gegen Ende Mai rief Laurie nach ihrer Tochter.

»Jengi, würden du und Stanley mir auf die Terrasse helfen; ich möchte die Sonne spüren und die frische Luft riechen.«

Sie hüllten sie in eine Decke und legten sie auf den Liegestuhl auf dem Balkon vor der Schlafzimmertür. Stanley ging in die Küche, um ihr Tee zu holen. Vielleicht würde sie etwas trinken.

»Mama, möchtest du, daß ich dir die Nägel mache?« fragte Jennifer. »Das hast du doch immer gern, und ich habe Nagellack in genau der richtigen Farbe für dich: ein neues Mauve.«

Sie nickte, und Jennifer setzte sich neben sie, nahm ihre langen, schlanken Finger und begann, ihr vorsichtig die Nägel zu feilen.

»Der Garten ist wunderschön. Ich kann schon die neuen Blüten sehen. Jennifer ...«, sagte sie und sah auf den gebeugten Kopf ihrer Tochter herab. »Jengi ...«

Jennifer blickte auf.

»Ich gehe bald fort.«

»Ich weiß.« Sie sah ihrer Mutter in das blasse Gesicht. Einen Augenblick glaubte sie, eine Spur des alten Schalks in ihren Augen zu sehen.

»Mama, ich kann mir nicht vorstellen, daß du nicht mehr da sein wirst. Zwing mich nicht, jetzt daran zu denken. Deine Nägel sehen hübsch aus. Schau mal.«

Laurie hielt die Augen auf das Gesicht ihrer Tochter gerichtet und sagte fest: »Wir schließen einen Pakt.«

Jennifers Augen hellten sich auf. »Wir machen ein Zeichen aus, so daß ich weiß, daß du bei mir bist, daß du immer bei mir sein wirst.«

»Was könnte das sein?« Die Stimme ihrer Mutter klang jetzt kräftiger. Sie genoß dieses Spiel, dieses heimliche Pläneschmieden wie in alten Zeiten. »Was könnte es sein? Ein Lichtblitz? Ein plötzliches merkwürdiges Geräusch? Eine federleichte Berührung an der Schulter? Ich frage mich, über welche Kräfte ich verfügen werde.«

»Mama, mach dich nicht lustig. Wir brauchen ein Zeichen. Wir müssen etwas ausmachen.«

»Ich muß Spaß machen. Wie könnten wir sonst ein solches Gespräch führen? Wie wäre es mit Singen?«

»Du kannst doch keinen Ton halten. Wir würden nur durcheinander kommen.«

Lauries Stimme war ernst. »Was gibt es denn sonst, Jengi, woran du ohne Zweifel erkennen wirst, daß ich bei dir bin?«

»Ich werde dich riechen. Es ist ganz einfach. Niemand

sonst hat diesen speziellen Duft von Chanel No 5, wie wenn du es trägst. Ich werde deinen Duft erkennen.«

»Ich verspreche es, Jennifer. Ich werde dir das Zeichen geben. Wir haben einen Pakt geschlossen.«

Laurie wollte draußen bleiben, den Garten und die neuen Blüten ansehen, bis der Nachmittag kälter wurde. Bald begann sie zu zittern, und Jennifer und Stanley trugen sie zum letzten Mal ins Bett.

Das Verlustgefühl und die Leere in mir taten weher als jeder Geburtsschmerz, den ich mir je ausgemalt hatte. Es war der Verlust von etwas, das nie existiert hatte, des Lebens, das ich hätte zur Welt bringen können.

Ich rief David an, unter Tränen. David begann ebenfalls zu weinen: Der Gedanke an alles, was wir durchgemacht hatten für nichts und wieder nichts – all die Schmerzen, der Ärger, die Belastungen, die Enttäuschung, Geld, für das wir hart gearbeitet hatten. Keiner von uns wußte, was wir jetzt machen sollten.

Ich konnte mich keinem weiteren In-vitro-Zyklus stellen. Mein Kopf drehte sich.

Wie konnte ich die IVF umgehen und trotzdem schwanger werden? Künstliche Befruchtung? Weil Davids Spermien in den Hoden zurückgehalten wurden, waren sie unreif und hatten nicht die Kraft, in eine Eizelle einzudringen. Deshalb konnte die Befruchtung nur erfolgen, indem man die Samenzelle direkt in die Eizelle injizierte – durch ICSI. Und die ICSI konnte nur nach Entnahme mehrerer reifer Eizellen erfolgen. All diese Informationen schwirrten mir im Kopf herum. Es gab keinen Weg, durch Davids Sperma schwanger zu werden, ohne einen weiteren IVF-Zyklus auf mich zu nehmen.

Ich sprach mit David darüber, ob man Sperma von einem seiner Brüder oder von einem Freund nehmen könnte. Wie bizarr es wäre, wenn ich durch das Sperma eines Freundes oder

Schwagers schwanger würde, unser Baby zur Welt käme und wir dem leiblichen Vater auf einer Party begegneten. Wie würde sich das anfühlen? Und wir würden es dem Kind sagen müssen. Nein, David und ich waren uns einig, daß diese Art der künstlichen Befruchtung nicht in Frage käme. Zu viele Kompromisse.

Meine Mutter hatte eine lächerliche Idee. »Warum fährst du nicht nach Spanien und besuchst Rafael?«

»Bist du verrückt geworden? Was denkst du dir?«

»Du könntest mit ihm darüber sprechen. Rafael wäre nicht hier in der Nähe; er lebt in Spanien. Oder du müßtest es ihm nicht mal erzählen. Geburten sind durch die Geschichte hindurch immer Sache der Frau gewesen. Wenn du nach Hause kämst und schwanger wärst ... nun, du könntest David erklären, daß es sein Kind ist ... daß die Blockade sich offenbar plötzlich gelöst hat. Es sind schon seltsamere Dinge passiert.«

»Nicht in der heutigen Welt, Ma. Nicht mit DNA-Analysen. Heute ist alles nachprüfbar«, gab ich zurück und verwarf die Idee.

Wir lachten, aber die Idee, so verrückt sie schien, ging mir nicht aus dem Kopf. Ich hatte kein moralisches Problem damit. Je länger ich darüber nachdachte, desto vernünftiger erschien sie mir. Rafael war ein gesunder Mann mit solider Lebensweise. Es gab keine schweren Erbkrankheiten in seiner Familiengeschichte. Seine Kinder waren gesund und hübsch. Ein Kind von ihm zu bekommen, erschien mir sinnvoller, als eine Nummer aus einem Hut voller Samenspender zu ziehen. Es wäre ein einfacher Ausweg zur Vermeidung eines weiteren In-vitro-Zyklus. »David, der Arzt hat sich geirrt; eine kräftige, kleine Samenzelle ist durchgekommen.« Er würde es so gern glauben wollen. Und ich dachte einen flüchtigen Moment lang, daß er seinen Wunsch auf diese Weise erfüllen könne, gleich, was es mich an Gewissensnöten kosten würde.

Aber unsere Ehe war auf Vertrauen aufgebaut. Ich mußte meinem Mann gegenüber ehrlich sein.

David hörte sich die Idee an, daß Rafael unser Kind zeugen könnte, und war nicht völlig dagegen. Armer David. Mein lieber Mann nahm den Schlag, den dieser Gedanke für sein Selbstbewußtsein bedeuten mußte, hin, ohne mit der Wimper zu zucken. Vielleicht war es herz- und gedankenlos von mir. Ich zermarterte mir den Kopf. Eine Schwangerschaft mit Rafael als Spender hätte mir zusagen können. Wenn das Kind schon nicht die Gene von uns beiden haben konnte, würde es zumindest von mir sein. Ich dachte darüber nach, unternahm aber nichts.

Nach der fehlgeschlagenen In-vitro-Fertilisation mußten wir mehrere Monate warten, bevor wir irgendeine Entscheidung treffen konnten. David wollte es mit einem weiteren IVF-Zyklus versuchen, bevor wir uns für eine Samenspende entschieden. Er argumentierte damit, daß im ersten Zyklus zumindest die Befruchtung erfolgreich gewesen sei. Ich konnte ihm seine Chance nicht verweigern.

Einige meiner Freundinnen, die Frauen, die mir während der IVF-Behandlung in der Mount-Sinai-Klinik eine Stütze waren, hatten später beim Zentrum für Reproduktionsmedizin und Infertilität des New York Hospital, dem Cornell Medical Center, Erfolg gehabt. Selbst meine Nachbarin, die jetzt nach Jahren mißglückter IVF-Versuche mit Zwillingen schwanger war, schwärmte vom Personal und den Einrichtungen des Cornell Center.

Das Cornell wird von der Gesellschaft für unterstützte Reproduktionstechniken der Amerikanischen Gesellschaft für Reproduktionsmedizin, deren Maßstäbe sehr exakt und anspruchsvoll sind, äußerst positiv beurteilt. Besonders interessant für mich war die Erfolgsrate der Embryologen in den vergangenen zwei Jahren. Es war frustrierend, darüber nachzudenken, daß wir uns schon früher für das Cornell hätten entscheiden können. Wir hatten die Mount-Sinai-Klinik auf Anraten von Davids Urologen gewählt, der mit diesem Krankenhaus zusammenarbeitete, weshalb wir dachten, er sei über die Techniken und das Personal der dortigen Fertilitätsklinik gut informiert.

Die Tatsache, daß eine Behandlung beim Cornell Center ohnehin erst nach einer einjährigen Wartezeit beginnen konnte, würde mir genug Bedenkzeit geben, um mich mit der Idee einer neuerlichen IVF anzufreunden. Ich fühlte mich nicht mehr so unter Druck gesetzt wie vorher. Außerdem war die Cornell-Fertilitätsklinik eine vom eigentlichen Krankenhaus unabhängige Einrichtung mit eigenen Labors, Behandlungs- und Aufwachräumen. Keine Wartezimmer voller Blut und Krankheit mehr.

Wir setzten unseren Namen auf die Liste, kehrten nach Hause zurück und bereiteten uns auf eine einjährige Wartezeit vor.

12. Kapitel

Drei Monate waren vergangen, und ich hatte mich immer noch nicht vom Scheitern unserer IVF in der Mount-Sinai-Klinik erholt. Ich wußte nicht, wie ich mit meiner Wut und Frustration umgehen sollte. Ich wußte nicht, was ich mit mir selbst anfangen sollte.

Ich hatte das Gefühl, David im Stich gelassen zu haben, nachdem er drei chirurgische Eingriffe über sich hatte ergehen lassen – die gescheiterte Operation zur Öffnung der Samenwege, die Biopsie und die Spermienentnahme. Es kam mir vor, als ob ich jegliche Kontrolle verloren hätte. Ich hatte alles getan, was ich konnte. Ich hatte die Anweisungen für die IVF-Prozedur genauestens befolgt und auf meine Gesundheit geachtet. Ich hatte, wie Jennifer es vorgeschlagen hatte, liebevoll mit den Embryos gesprochen, die, wie ich hoffte, in mir lebten. Vielleicht waren es meine Zweifel, die das Scheitern der Schwangerschaft verursacht hatten. Dann war es sicherlich mein Fehler.

Patricia sagte mir, daß viele Frauen auf eine gescheiterte IVF ähnlich reagierten, als ob sie einen Todesfall zu betrauern hätten. Aber so war es für mich nicht. Es war nicht das, was ich nach Tante Lauries Tod gefühlt hatte. Da war kein Abschluß, kein Bestattungsgottesdienst, keine Asche, kein Bild, keine Erinnerung an eine gemeinsame Zeit, keine verlorene Liebe.

Da war ein Versprechen von Leben gewesen, und jetzt war es zur Lüge geworden. Das war ein Widerspruch, den ich nicht begreifen konnte.

Meine mangelnde Kontrolle über die Situation und meine

Gefühle machte mir Angst. Zum ersten Mal stand ich vor etwas, das getan werden mußte, und konnte es nicht tun. Ich verstand diesen Mißerfolg nicht. Niemand konnte mir den Grund dafür sagen. Dieser Kontrollverlust erschreckte mich so sehr, daß mein Kinderwunsch ins Wanken geriet. Ich stellte mir nicht länger vor, ein Baby im Arm zu halten. Mein Bild von David und mir mit unserem Kind, als Familie, löste sich auf.

Es war eine traurige Fahrt zu Lauries Haus hinauf – eine Woche nach ihrem Tod. Ich fuhr, Jennifer saß still auf dem Rücksitz neben Kodie, die in ihrem Kindersitz schlief. Jennifer wollte einige Fotos und Lieblingsstücke ihrer Mutter abholen, irgend etwas Greifbares, um ihre Mutter bei sich zu haben. Außerdem wollten wir eine Bronzeskulptur, die meine Mutter gemacht hatte, in Tante Lauries Garten aufstellen, um die Stelle zu kennzeichnen, an der ihre Asche begraben war. Etwa eine Fahrtstunde außerhalb der Stadt gab es eine Umleitung. Bauarbeitertrupps arbeiteten wie Ameisen an der Erneuerung der Straße. Die alte Straße war tief in die Erde hinein gesprengt worden, die Felsränder eingeebnet und die Bäume gefällt, um Platz für acht neue Asphaltspuren zu machen. Ich bremste ab und folgte den Pfeilen um gewaltige Schuttberge herum. Wir kamen an verlassenen alten Häusern vorbei, einige davon bereits verwüstete Gerippe. Einige der Familien, dachte ich mir, hatten vielleicht versucht, in der Nähe neu zu bauen, andere verstreuten sich und zogen fort; ihr Zuhause war verschwunden. Die alte Tankstelle und der Lebensmittelladen, bei denen ich früher anzuhalten pflegte, waren mit Brettern vernagelt. Ein Stück die Straße hinunter hatte eine funkelnagelneue Exxon-Tankstelle ihren Betrieb aufgenommen. Ein McDonald's versorgte hungrige Autofahrer mit Fast Food. Der Parkplatz eines neuen Einkaufszentrums wurde gerade angelegt. Das Dynamit riß mehr auseinander als nur eine Straße; es veränderte das Herz einer Ortschaft. Ich bog an der Ausfahrt Poughkeepsie ab und fuhr durch die vertraute Landschaft.

»Weißt du, wie sehr ich mit ihr gehen wollte?« Jennifers Stimme war tonlos, kaum hörbar vom Rücksitz. »Ich habe nie aufgegeben; ich dachte, wir könnten die Krankheit besiegen. Ich wollte nicht, daß sie alleine ginge. Ich wünschte, ich wäre bei ihr. Ich wünschte, ich wäre bei ihr«, schluchzte sie. »So hat mein Leben keinen Sinn mehr.«

Ich streckte meine Hand nach hinten, um ihren Kopf zu berühren, den sie nach vorn gegen das Fenster gelehnt hatte. »Jen, dreh dich um. Sieh deine Tochter an. Sieh Kodie an. Sie ist jetzt dein Leben.«

»Ich werde hier im Haus bleiben. Ich kann nicht zurück nach Chicago zu Stephen gehen.«

»Jen, es sind erst zwei Wochen. Es dauert lange, bis es zu heilen beginnt. Du mußt dir von ihm helfen lassen.«

»Ich will nicht zurückgehen. Hier ist der einzige Ort, wo ich ihr nah sein kann. Sie ist hier. Sie ist in jedem Zentimeter dieses Hauses. Ich hasse Stephen. Er versucht, den Platz meiner Mutter einzunehmen. Ich hasse ihn dafür.«

»Sei nicht böse auf ihn, weil er der ist, der dir geblieben ist. Er versucht, alles für dich zu sein. Das kann er nicht, ich weiß, aber laß dich von ihm trösten, Jen.«

»Ich will weder ihn noch irgend jemand sonst in meiner Nähe haben. Er kann mich nicht ausfüllen, wie meine Mutter es getan hat. Er kann nichts für mich tun.«

»Er leidet auch, weißt du. Er hat Laurie geliebt.«

»Er versteht nicht das geringste davon.« Sie entzog sich zornig meiner Hand.

Wir kamen zu der großen Eiche und bogen in die Auffahrt ein. Mein ganzer Körper sehnte sich schmerzlich danach, zu dem Heim zurückzukehren, aus dessen Haustür Tante Laurie zur Begrüßung zu laufen pflegte. Jennifer hielt Kodie fest und weinte, als wir vor dem leeren Haus anhielten.

Ich blieb zwei Tage mit Jen und Kodie dort. Wir stellten die Skulptur im Garten auf. Es ist der nackte Körper einer jungen Frau mit festen Brüsten und durchgebogenem Rücken, die auf ihren Fersen hockt.

Vor Jahren hatte Laurie einmal gesagt: »Ich wünschte, du würdest sie mir geben«, und meine Mutter hatte gelacht. Die Skulptur war ihr Meisterwerk, und sie wollte sie bei sich behalten. Meine Mutter wußte, daß ihre Schwester das verstehen würde. Sie wußte, daß die Liebe zwischen ihnen bedingungslos war, und so war Laurie die Person, zu der sie am leichtesten nein sagen konnte.

»Ich wünschte, ich hätte sie ihr damals gegeben«, sagte meine Mutter, als wir die Skulptur früh an jenem Morgen in den Wagen luden.

Jennifer ging einkaufen, kochte Mahlzeiten und versuchte zu essen, aber es geschah alles nur rein mechanisch. Als ich spürte, daß sie allein sein wollte, fuhr ich zurück nach Hause.

Nach einer Woche flogen Jennifer und Kodie nach Chicago zurück. Stephen holte sie am Flughafen ab. Ich machte mir Sorgen um Jen. Sie schien in einer Seifenblase dahinzuschweben, ohne das Geschehen um sich herum wahrzunehmen oder daran teilzunehmen.

Jennifer und Stephen wohnten in einem großen Haus im vornehmen Vorort Lake Forest. Jennifer plante, ihre Kinder dort großzuziehen. Es war ihr Traum – ein Mann, ein Zuhause, keine dauernden Umzüge für ihre Kinder. Es verkörperte finanzielle und emotionale Stabilität. Ihr ganzes Dasein konzentrierte sich darauf, diesen Traum wahr werden zu lassen. Ein sicheres Zuhause für Kodie. Sie war der Mittelpunkt ihres Lebens. Jennifer hielt ihren Ehemann körperlich, geistig und emotional von sich fern. Alles, was für sie existierte, war Dakota.

Manche Paare, sagte Patricia, kommen sich näher, wenn sie

einen gemeinsamen Verlust erleiden. Die Notwendigkeit der Entscheidung, ob sie die Belastungen eines weiteren IVF-Versuchs auf sich nehmen wollen, schweißt sie enger zusammen. Andere Paare, sagte sie, entfernen sich emotional voneinander, weil jeder Partner das Gefühl hat, das, was er durchgemacht hat, allein erduldet zu haben.

David und ich fielen in keine der beiden Kategorien. In unserem Wünschen waren wir vereint. Aber wir verinnerlichten unsere Enttäuschung, und das stand zwischen uns. Ich war wütend auf David, weil er nicht den gleichen bitteren Zorn an den Tag legte wie ich. Er tolerierte meinen Pessimismus, wollte sich aber nicht geschlagen geben.

Am frustrierendsten war die Tatsache, daß wir anscheinend alle nötigen Voraussetzungen erfüllten; Dr. Blake vom Mount-Sinai-Krankenhaus konnte unseren Fehlschlag nicht erklären.

»Sie hatten ausreichend reife Eizellen. Davids Samenzellen waren befruchtungsfähig. Die Zellteilung war ausgezeichnet, und wir haben sechs gesunde Embryos implantiert.«

Wir riefen sie immer wieder an – in der Hoffnung, daß sie eine Antwort gefunden hätte, das fehlende Puzzleteil, das uns verraten würde, was wir anders machen könnten, wenn wir uns für einen weiteren ICSI-Versuch entschieden.

Im Januar 1995, drei Monate nach unserem IVF-Fiasko, war ich morgens um neun zu Hause gerade dabei, die Wäsche zusammenzulegen, als das Telefon klingelte und Dr. Blake mich mit dem immunologischen Faktor bekannt machte. Sie war soeben von einem Seminar zurückgekommen, wo man diese Theorie heiß diskutiert hatte.

»Es ist möglich, Liza«, erklärte sie, »daß die Antikörper in Ihrem Blut die übertragenen Embryos als Eindringlinge identifiziert und sich zum Kampf gegen sie gerüstet haben.«

Die Ärztin erklärte mir, daß Antikörper bei Fehlgeburten eine Rolle spielen. Frauen, die wiederholt Fehlgeburten erleiden, haben oft einen hohen Spiegel an Spermien-Antikörpern. Manche Ärzte glauben, daß diese Spermien-Antikörper die normale embryonale Entwicklung stören können. Außerdem treten bei Frauen, die Antikörper gegen die Spermien entwickeln, u. U. auch andere Immunreaktionen auf, die möglicherweise zu Fehlgeburten beitragen.

Abschließend sagte sie: »Liza, ich denke, Sie sollten sich mit dem genetischen IVF-Institut in Fairfax, Virginia, in Verbindung setzen. Sie sind dort auf Immunologie spezialisiert.«

Dieser Anruf erleichterte mich. Endlich hatten wir eine mögliche Ursache für das Scheitern des IVF-Zyklus. David und ich waren uns einig, daß unser Problem anders war als das meiner Bekannten, die mit IVF Erfolg gehabt hatten. Alle Ärzte und Kliniker der Mount-Sinai-Klinik waren der Meinung, daß der immunologische Faktor der Schlüssel zu unserem IVF-Fehlschlag sei und daß wir diesem Punkt unbedingt mit Hilfe der Spezialisten in Fairfax auf den Grund gehen sollten.

Ich hatte noch eine letzte Frage an Dr. Blake. »Ist der immunologische Faktor eine häufige Ursache für Unfruchtbarkeit?« fragte ich in der Hoffnung, daß es dafür schon eine bewährte Therapie gebe, auf die ich mich verlassen könnte.

»Ich kann nicht sagen, daß er besonders häufig ist. Er ist nur eine der Möglichkeiten im großen Problemkomplex der Unfruchtbarkeit.«

Meine emotionale Situation war so labil, daß die kleinste Hoffnung oder Befürchtung mich in Ekstase versetzen oder in Verzweiflung stürzen konnte. Die Mitteilung, daß das Scheitern der IVF wahrscheinlich mit dem immunologischen Faktor zusammenhing, befreite mich irgendwie von meinem Schuldgefühl. Ich entschloß mich, in Fairfax einen weiteren IVF-Zyklus zu versuchen. Es ging vorwärts, und das gab mir das Gefühl, daß ich mein Unfruchtbarkeitsproblem doch noch unter Kontrolle bekommen würde.

13. Kapitel

Fairfax nahm Patientinnen nicht ohne vorheriges Beratungsgespräch an. Also fuhren David und ich mit dem Zug nach Washington, D. C. Es war ein grauer Tag.

Wir nahmen uns ein Taxi für die halbstündige Fahrt vom Kapitol zur Klinik. Im Wartezimmer waren große Aquarien in die Wände eingelassen, die eine sehr beruhigende Wirkung ausstrahlten. Ein gutes Zeichen. Mir gefiel auch, daß dies eine separate Einrichtung war, die nur Sterilitätsbehandlungen durchführte. Endlich brauchte ich das Wartezimmer nicht mehr mit Schwangeren zu teilen, deren Erfolg mein Gefühl des Versagens nur noch steigerte.

Zuerst hatten wir einen Termin beim Urologen. Er machte einen kompetenten und einigermaßen optimistischen Eindruck. Er sagte, er würde unter keinen Umständen früher als sechs Monate nach Davids letztem chirurgischen Eingriff mit der Behandlung beginnen. Das war eine Enttäuschung für uns. Ich wollte sofort anfangen. Das Warten gab mir nur mehr Zeit, mir Sorgen zu machen und kalte Füße zu bekommen, was unweigerlich bedeutete, daß ich die Qual der Entscheidung von neuem durchmachen müßte.

Eine Stunde später hatten wir ein Gespräch mit Dr. Willa Holbrook. Sie war angeblich besser über Blutverdünner und den immunologischen Faktor informiert als die Ärzte an der Mount-Sinai-Klinik.

»Es ist nicht weiter rätselhaft«, sagte sie im Bemühen, die medizinischen Daten aus unserer Akte in eine für Laien verständliche Sprache umzusetzen. »Liza, Ihre Eizellen sind gesund. Davids Spermien sind zwar unreif, haben die Eizellen aber befruchtet; die Zellteilung war gut. Wir müssen das Problem also anderswo suchen. Lizas erhöhte Gerinnungsneigung bietet sich als Erklärung an. Sie müßte bei einem weiteren IVF-Zyklus wieder Blutverdünner bekommen, weil die hierbei verabreichten Medikamente das Blut verdicken, was ihre Neigung zu Blutgerinnseln verstärken und ihre Gesundheit gefährden könnte. Aber, Liza, dieses Blutgerinnungsproblem war nicht die Ursache für die Abstoßung der Embryos. Nach den vorliegenden Anhaltspunkten scheint der Grund für die Abstoßung eher der immunologische Faktor zu sein. Es ist möglich, daß Ihr Blut Antikörper gegen diese Embryos gebildet und sie als Eindringlinge abgewehrt hat. Ist das soweit verständlich?«

David und ich nickten. Sie klang wie Sherlock Holmes.

Dr. Holbrook fuhr fort: »Daher könnten wir versuchen, ein neues Medikament einzusetzen, das die Bildung dieser Antikörper verhindern soll. Ich möchte betonen, daß es sich nur um Vermutungen handelt, aber meiner Meinung nach wäre dies die beste Vorgehensweise. Ich muß Sie nochmals bitten, sich bewußt zu machen, daß diese Behandlungsmethode noch im experimentellen Stadium ist.«

Sie schlug vor, die Antikörper mittels einer Dauerinfusionspumpe zu verabreichen, die meinem Körper das Medikament rund um die Uhr intravenös zuführen würde. Ich würde zehn Monate meines Lebens mit einem Infusionsgerät herumlaufen müssen – den einen Monat der IVF vor Entnahme der Eizellen und dann die neun Monate der Schwangerschaft. Ich weigerte mich.

Auch Tante Laurie hatte ein solches Gerät mit sich herumgetragen, mit dem das Testmedikament verabreicht wurde, das ihr Leben nicht gerettet hatte. Allein von der Erinnerung an den Geruch dieses Mittels wurde mir immer noch übel.

Dann war da natürlich das Risiko von HIV und anderen Krankheiten, weil das Antikörpergegenmittel aus Spenderblut hergestellt wird. Dr. Holbrook meinte, ich würde es mir noch anders überlegen. Sie irrte sich; da war ich sicher.

David und ich hatten viele Fragen, aber plötzlich hatte die Ärztin es eilig und beendete das Gespräch abrupt. Nach fünfzehn Minuten wurden wir hinauskomplimentiert. Wir hatten die weite Fahrt unternommen, uns von der Arbeit freigenommen, wieder einmal unseren ganzen Tag um unser Sterilitätsproblem herum organisiert. Sie hatten darauf bestanden, uns persönlich zu sehen; eine telefonische Beratung sei nicht ausreichend. Und jetzt wollten sie sechshundert Dollar von uns. Selbst der normalerweise unerschütterliche David war ärgerlich.

Wir trugen uns mit dem Gedanken, in drei Monaten einen weiteren IVF-Zyklus zu beginnen, lehnten Dr. Holbrooks Vorschlag einer intravenösen Antikörperbehandlung aber ab. Das HIV-Risiko war erheblich; dazu kamen die Unsicherheit der bislang rein experimentellen Therapie und die Zumutung, zehn Monate mit einer Dauerinfusion zu leben – all dies war für David und mich unannehmbar. Dr. Holbrook blieb ausdruckslos, während wir ihr unsere Entscheidung erklärten; dann sagte sie, die immunologische Behandlung sei nur eine andere Vorgehensweise und schlösse einen zweiten IVF-Versuch nicht aus.

Ich hatte das Gefühl, daß Dr. Holbrook mich nicht mochte. Litt ich schon an Verfolgungswahn? Ich haßte alle Ärzte und sehnte mich verzweifelt nach etwas, das mir neuen Mut geben würde.

Im Januar 1990, fünf Monate nach Tante Lauries Tod, flog ich zu Jennifers Geburtstag nach Chicago. Sie erzählte mir, daß sie versuchte, schwanger zu werden. Ich war froh. Ich dachte, es sei ein Zeichen, daß sie sich mit Stephen wieder besser verstünde, und sagte das auch.

»Nein«, sagte sie. »Ich möchte noch ein Baby, weil ich

nicht will, daß Dakota allein ist und sich zu sehr um mich kümmern muß. Als Mama mich bekam, war sie sehr jung, verängstigt und einsam. Lange Zeit hatten wir nur einander. Ich war der Mittelpunkt ihres Universums, und sie war der Mittelpunkt von meinem. Wir hatten keine Grenzen. Ich möchte nicht, daß Dakota diese Abhängigkeit entwickelt.«

Jen kochte gern. Sie hatte ein ganzes Regal voller Kochbücher in ihrer hypermodernen Küche. Wir machten Chocolate-Chip-Plätzchen. Ich aß die Teigreste aus der Schüssel, während sie den letzten Löffel Teig auf das gefettete Backblech setzte und offen mit mir sprach.

»Kodie wird Selbstachtung haben und in der Lage sein, ihre eigenen Bedürfnisse zu befriedigen, nicht meine. Weißt du, Lollipop, ich habe sie aus völligem Eigennutz auf die Welt gebracht. Ich habe sie bekommen, um mich vor dem Tod meiner Mutter zu retten, damit ich nicht allein wäre.«

Als einige Wochen später das Erntedankfest vor der Tür stand, beschlossen wir, die Familientradition aufrechtzuerhalten. Jennifer kam nach New York und fuhr von dort direkt mit Stephen, Kodie und Stephens Töchtern Alexis und Devan zum Landhaus ihrer Mutter. Ich fuhr am frühen Donnerstagmorgen mit Mama und Erica nach, so daß wir Jen beim Kochen helfen konnten. Greg kam mit Max und Stuart. Stanley war schon da, als wir ankamen. Jack würde rechtzeitig zum Essen kommen.

Das Haus war voller Aktivität. Stephen trug Mama den Hügel hinauf und in die Küche. Ich brachte die Einkäufe hinein und fing an, die Süßkartoffeln für den Kartoffelkuchen vorzubereiten. Jen füllte einen riesigen Truthahn. »Stanley«, rief sie, »wo ist Mamas Brotkasten aus Porzellan?«

Er war im Wohnzimmer und schichtete Holzscheite in den Kamin. »Den habe ich mit nach New York in meine Wohnung genommen.«

Jennifer hielt in der Arbeit inne. Sie wischte ihre Hände an der Schürze ab und sah zur Decke auf. »Diesen Brotkasten habe ich mit ihr zusammen auf dem Flohmarkt gekauft. Er gehört hierher. Du kannst ihn nicht einfach mitnehmen.«

Ein Holzscheit polterte laut zu Boden, dann ein weiteres. »Ich sehe ihn morgens gern an; dies ist mein Haus, Jennifer, was darin ist, gehört mir.«

Sie rührte sich nicht. Dann nahm sie den Löffel auf und fuhr fort, den Truthahn zu füllen. Ihre Stimme war leise und beherrscht, als sie sprach. »Dies ist das Haus meiner Mutter.«

Stanley antwortete nicht und blieb den Rest des Abends still und verschlossen.

Ich sah Jennifer an, von Familie umgeben. Kodie spielte mit Stephens älteren Töchtern; Gregs Sohn Stuart krabbelte auf dem Boden herum. All diese Kinder. Jennifer ragte aus diesem Chaos wie ein robuster Felsen der Einheit und Stärke heraus. Ich fühlte mich wie eine Außenseiterin. Ich sah meine Mutter an, die am Tisch saß und Gemüse schnetzelte. Sie erschien mir nicht länger als ein Bollwerk. Und ich sah das Loch, das die Abwesenheit meiner Tante Laurie ins Bild meiner Familie riß. Jennifer und ich waren beide von unseren Müttern großgezogen worden; Jennifer nach der frühen Scheidung und ich, weil mein Vater mit seiner Arbeit und seinen Hobbys beschäftigt war. Unsere Mütter waren für uns die Quelle unseres körperlichen, emotionalen und materiellen Wohlergehens. In unseren vielen vertraulichen Gesprächen, von Kindheit an bis zum heutigen Tage, sprachen wir bewundernd über die zentrale Stellung der Frauen in unserer Familie und nahmen uns vor, unseren Müttern nachzueifern.

Ich fragte Jennifer, ob sie das Gefühl hätte, das sei nun zur Last geworden, und war erstaunt über ihre Antwort.

Sie sagte mir, sie sei sich dessen kaum bewußt; die Übernahme der Rolle ihrer Mutter sei eine natürliche Entwicklung, eine Rolle, die sie mit Freude und Stolz ausfüllte. »Liza, es ist

Teil dieses Vermächtnisses, daß du mit deinen eigenen Kindern hier neben mir stehen wirst«, sagte sie.

Ein anderes Problem mit der Klinik in Virginia war die Tatsache, daß wir uns fünf Wochen dort würden aufhalten müssen. Wir hätten schon vor der ersten Injektion zu Vorab-Blutuntersuchungen anreisen und dann zur täglichen Blutabnahme und Medikationsüberwachung während der Zeit der Eizellentnahme, ICSI, Befruchtung und Embryoübertragung dableiben müssen. Das war eine lange Zeit für Berufstätige. Wir würden im Hotel wohnen und ein Auto mieten müssen, was alles zusätzliche Kosten bedeutete.

Zum Glück räumte uns Dr. Holbrook die entscheidende Möglichkeit ein, in New York zu bleiben und mit einem niedergelassenen Arzt zusammenzuarbeiten, der die täglichen Blutbefunde und Ultraschallergebnisse an die Klinik schicken würde, damit die Ärzte in Fairfax die Medikation überwachen konnten. Sie verwies uns an Dr. Michael Owins, der früher am Mount-Sinai-Krankenhaus gearbeitet hatte. Er erklärte sich bereit, während der Voruntersuchungen mit den Fairfax-Ärzten zusammenzuarbeiten, was unseren Aufenthalt in Virginia von fünf auf zwei Wochen verkürzen würde.

Es schien alles sehr sinnvoll: Die Spezialisten für den immunologischen Faktor würden mein Blut überwachen, und ich müßte in New York nur zu Dr. Owins gehen und mich dann in der Fairfax-Klinik behandeln lassen, die sich ausschließlich auf Sterilitätsbehandlungen spezialisierte und dadurch in meiner Vorstellung von Krankheit und Tod abgeschottet war. David und ich stimmten voller Optimismus zu.

Ich mußte der Fairfax-Klinik jedoch Spendersamen zur Verfügung stellen. Das war eine Vorsichtsmaßnahme für den Fall, daß sie zum vorgesehenen Zeitpunkt keine reifen Spermien von David gewinnen konnten, um die entnommenen Eizellen zu befruchten. David war überzeugt, daß er brauchbares Sperma produzieren könne, wie er es schon früher getan hatte. Trotzdem trafen wir Vorkehrungen, den eingefrorenen Spendersamen von Nr. 2047 in einem gemieteten Stickstoffbehälter zur Fairfax-Klinik befördern zu lassen.

Dr. Owins führte die Ultraschalluntersuchungen durch und nahm mir jeden Morgen Blut ab. Ich mußte mich täglich darum kümmern, daß die Blutproben mit Federal Express in speziellen, vom Labor gestellten Transportbehältern zur Klinik in Fairfax geschickt wurden. Fairfax bestand darauf, das Blut in ihren Labors von denselben Laboranten analysieren zu lassen, die meine weiteren Bluttests durchführen würden, wenn ich in die Klinik kam. Sie waren die Experten und trugen die Verantwortung für die Verschreibung der Medikamente; auch sie legten Wert auf erfolgreiche Lebendgeburten für ihre Statistik. Die Sterilitätsbehandlung war zu einem wettbewerbsorientierten Geschäft geworden, wovon die Patientinnen auf lange Sicht nur profitieren konnten.

Mein gesamter Tag war damit in Anspruch genommen, mir Blut abnehmen zu lassen und es rechtzeitig nach Virginia zu schaffen, damit die dortige Klinik es untersuchen und die tägliche Medikamentendosis festlegen konnte. Wie beim vorigen IVF-Zyklus mußte ich den Medikamenten nachjagen und verlegte mich bald darauf, die schon auf meiner früheren Liste stehenden Apotheken heimzusuchen.

An einem Wochentag vergaß Federal Express, das Blut abzuholen. Es war der Tag der entscheidenden Blutuntersuchung, um festzustellen, ob ich an dem Abend mit den Pergonalspritzen anfangen sollte; daher mußte mein Blut unbedingt am frühen Nachmittag in Fairfax im Labor sein.

Pergonal ist das Hormon, das die Ovulation stimuliert, damit zum Entnahmezeitpunkt mehrere reife Eizellen zur Verfügung stehen. Es wird zwischen dem ersten und fünften Tag des Zyklus verabreicht – je nach Hormonspiegel des Bluts, der täglich überprüft wird, um festzustellen, wann die größte

Follikelzahl verfügbar ist und ob sich die Eizellen in diesen Follikeln gut entwickeln.

Auf der verzweifelten Suche nach einer Möglichkeit, das Blut nach Virginia zu befördern, rief ich David an. Davids Assistentin Madaline hörte das Gespräch zufällig mit an.

»Ich bin aus Washington«, sagte sie. »Ich kann es für Sie runterbringen und dabei meine Eltern besuchen.«

So viele Menschen waren bemüht, uns zu helfen; wenn ich nur aufgeschlossen genug gewesen wäre, es zur Kenntnis zu nehmen. Aber anderen Menschen gegenüber offen zu sein, ist mir immer schwergefallen. Daß andere über Davids und mein Unfruchtbarkeitsproblem Bescheid wußten, war mir peinlich. David sprach mit seinen engeren Bekannten darüber. Er ging mit Freunden ebenso vertraut um wie mit Familienmitgliedern. Es schien mir, als ob unser Leben allgemeines Gesprächsthema sei, und ich fühlte mich dadurch in meiner Privatsphäre verletzt, auch wenn diese Menschen es nur gut meinten.

»Ein Baby sollte aus Liebe entstehen, aber unseres wird zu einer wissenschaftlichen Prozedur«, weinte ich mich bei Jennifer aus.

»Nein«, erwiderte Jennifer voll Anteilnahme. »Wenn du ein Baby bekommst, dann aus größter Liebe, und die Wissenschaft macht es möglich. Die IVF ist dazu da, ein Baby zu bekommen; ohne sie wäre dein Wunsch vergeblich.«

Madaline flog an dem Nachmittag trotz eines Schneesturms nach Washington. Sie kam gerade noch rechtzeitig für die Bluntuntersuchungen in der Fairfax-Klinik an. Ich war ihr sehr dankbar. Jennifer hatte mir geholfen, die Dinge klar zu sehen, und wie ein Pendel schwang ich wieder in Richtung Optimismus.

14. Kapitel

Unsere Washingtonreise rückte rasch näher. Ich rief unsere Freunde Carol und Randy an, die in Washington D. C. lebten. Ich dachte, sie könnten uns vielleicht ein Hotel und ein paar Ziele für Tagesausflüge empfehlen. Wir wollten die Zeit, die wir nicht in der Klinik verbringen mußten, als Urlaub nutzen.

Carol kannte David, seit sie zusammen auf dem Pausenhof der Grundschule von Yonkers gespielt hatten. Ich kannte sie erst flüchtig von unserer Hochzeit und einigen gemeinsamen Abendessen, wenn sie für einen Tag in New York waren. Carol bestand darauf, daß wir bei ihr wohnen sollten, aber ich lehnte ab. Ich wußte, daß ich nicht mehr gesellschaftsfähig sein würde, wenn das Lupron erst durch meine Adern floß. Ich hatte Angst vor dem unleidlichen Wesen, in das ich mich unter dieser Medikation verwandelte.

»Liza«, sagte Carol mit ruhiger, aber fester Stimme. »Ich habe mich vier Jahre lang mit ungewollter Kinderlosigkeit herumgeschlagen. Ich habe die Behandlungen schließlich aufgegeben – daraufhin haben wir Jake adoptiert. Ich weiß, was du durchmachst. Ich glaube, du wirst dich hier bei uns zu Hause wohler fühlen als in einem unpersönlichen Hotel. Wir werden zu Hause kochen, so daß ihr euch nicht dauernd schick anziehen und zum Essen ins Restaurant gehen müßt. Randy und ich sind den ganzen Tag arbeiten, also werdet ihr jede Menge Privatsphäre und Zeit für euch haben.«

Ich hatte gewußt, daß Jake adoptiert war, aber noch nie mit Carol über die näheren Umstände gesprochen. Das hatte mit meiner Gewohnheit des Stillschweigens über persönliche Angelegenheiten zu tun. Ich hoffte, daß dieses Zusammensein mit Carol, Randy und Jake als Familie mir helfen würde, mich mit dem Gedanken an eine Adoption vertrauter zu machen, obwohl ich hoffte, daß es nicht soweit kommen würde. Carol bot mir mehr an als nur eine Unterkunft; sie war bereit, meine Zweifel und Ängste mit mir zu teilen und ihre eigenen Probleme zu offenbaren. Ich hatte mir selbst und Jennifer versprochen, alle angebotene Hilfe anzunehmen, und so akzeptierte ich Carols Einladung.

Wir fuhren mit dem Auto nach Washington, damit wir dort keinen Wagen mieten mußten. Carol hatte uns ihr eigenes Zimmer als Schlafzimmer überlassen. Die Wände waren mit Kiefernholz vertäfelt. Das Zimmer war luftig und hell und hatte ein aufklappbares Schlafsofa mit Blumenmuster und einen grasgrünen Teppich. Auf einem mit Taschenbüchern vollgestopften Regal stand ein Fernseher.

»Es sieht so aus, als bräuchtest du dich nicht zu langweilen, während ich schlafe«, neckte ich David. Er ist eine begeisterte Leseratte.

»Oder ich könnte diese Videospiele ausprobieren«, sagte er und zeigte auf Jakes Stapel neben dem Fernseher.

»So sind die Kinder heutzutage«, sagte ich. »Vielleicht kann Jake es mir beibringen. Ich werde ja eine Menge Zeit haben.«

»Ich bring's dir bei«, verkündete der Sechsjährige und lächelte zu mir auf. Er war blond und blauäugig, anders als Carol und Randy, obwohl ich Carol in seinem koboldhaften Sinn für Humor und Randy in seiner Direktheit und seiner Haltung wiedererkannte. Obwohl adoptiert, war Jake doch eindeutig ihr Sohn.

Carol zeigte uns einen leeren Schrank und das Bad. Sie freute sich, daß uns das Zimmer gefiel.

Montag morgen meldeten wir uns in der Fairfax-Klinik an. Ich ging zu allen Untersuchungen und bekam weiter meine Medikamente. Da keine charakteristischen Antikörper in meinem Blut auftauchten und ich die Dauerinfusion verweigert hatte, war diese IVF eigentlich die gleiche Prozedur wie an der Mount-Sinai-Klinik, nur daß sie sich hier in angenehmerer Atmosphäre abspielte. Dr. Holbrook und die Laboranten waren optimistisch und versicherten uns: »Wenn ein Paar miteinander schläft, kommt es auch nicht jedesmal zu einer Empfängnis. Das gleiche gilt für die IVF. Es gibt keine Garantie, auch wenn die Umstände noch so ideal erscheinen. Sie müssen der IVF noch eine Chance geben.«

Es war besser, aus New York heraus zu sein und neue Orte zu besuchen. Wir unternahmen einen Nachmittagsausflug ins Luft- und Raumfahrtmuseum. Eigentlich ein ganz gewöhnlicher Zeitvertreib, aber für uns war es etwas Besonderes. Ich war beeindruckt vom Tempo des technischen Fortschritts, als ich den Weg von den ersten Flugzeugen bis zur Mondlandefähre und den modernen Raketen verfolgte. Vor hundert Jahren befanden wir uns technologisch noch im finstersten Mittelalter, und heute waren die Tiefen des Weltraums in erreichbare Nähe gerückt. Ich erkannte, daß ohne den wissenschaftlichen Fortschritt heute noch viele Frauen im Kindbett sterben würden. Das eigentlich Großartige an diesem Museum ist, daß es Zeugnis von der Beharrlichkeit des Menschen ablegt, und durch meine Behandlungen war ich ein Teil dieser Geschichte. Ich fühlte mich seit langer Zeit wieder besser.

In meiner zweiten Woche unter Lupron waren meine Gefühle und Stimmungen völlig durcheinander. Als die düstere Stimmung immer drückender wurde, begann ich, mir einzureden, daß auch dieser IVF-Zyklus scheitern würde. David und ich fingen an, uns zu streiten.

Aus den Ultraschalluntersuchungen ergab sich, daß meine Eierstöcke nicht so gut ansprachen wie beim vorigen Zyklus. Es entwickelten sich nur wenige Follikel. Die Ärzte hatten keine Erklärung dafür. Sie wollten Streß als Faktor nicht ausschließen. Streß, sagten sie, könne die Ausschüttung der Hormone reduzieren, die die Hypophyse anregen, Signale an die Eierstöcke zu senden.

Ich hatte keine Kontrolle über den Streß. Schon der Versuch, ihn zu unterdrücken, machte ihn nur noch schlimmer. David schlug vor, zur Ablenkung ein weiteres Museum zu besuchen. Ich fühlte mich schlapp und hatte nicht einmal die Energie oder Geduld für einen gemächlichen Spaziergang. Am verlockendsten schien mir noch der Besuch einer Araberzucht südlich von Washington, von der ich gelesen hatte. David war einverstanden.

Es war eine zweistündige Fahrt. David und ich waren in unsere eigenen Gedanken versunken. Es waren keine Worte notwendig. Es wirkte beruhigend, durch die grüne Hügellandschaft Virginias zu fahren und meine Gedanken auf etwas anderes als die IVF zu richten. Ich wollte die Araberzucht besuchen, weil mich das Majestätische dieser Tiere immer beeindruckt hat. Ich hatte sogar schon darüber nachgedacht, mir eins anzuschaffen.

Ein Stallbursche erwartete uns, als wir beim Büro ankamen. In einem Stall waren nur Hengste, einige davon preisgekrönte Zuchthengste. In anderen Ställen standen Wallache, Pferde in verschiedenen Ausbildungsstadien, über deren Boxen Bänder und Fotos hingen. Mir gefielen die Einjährigen besonders. Ihr Stall verströmte den süßen, warmen Duft von jungen Pferdekörpern und Heu, den ich aus meiner Kindheit kannte. Die Jährlinge waren so zutraulich. Sie kamen zu mir und stupsten ihre Nüstern in meine Hand. Bei Arabern ist der Abstand zwischen Vorder- und Hinterhand kürzer als bei den Jagdpferden, die ich früher geritten war. Diese jungen Araber waren sanft und verspielt, nicht nervös und schreckhaft, hatten samtene, leicht gebogene Nasen, langwallende Mähnen und hochgebundene Schwänze, damit sie nicht durchs Sägemehl schleiften. Ein Einjähriger bezauberte mich besonders. Er war grau, und man sagte mir, er würde mit der Zeit noch wesentlich heller werden. Seine Augen waren so sanft, und einen verrückten Augenblick lang wünschte ich mir sehnsüchtig, ihn mit nach Hause zu nehmen. Ich könnte all diese Qualen des Kinderkriegens vergessen und mich der Ausbildung und Pflege dieses schönen und reizenden Tieres widmen. »Kinderkriegen?« dachte ich plötzlich. Wenn ich einem Pferd schon nach zehn Minuten solche Gefühle entgegenbringen konnte, was würde ich dann für ein adoptiertes Baby fühlen? Vielleicht könnte ich ein Kind lieben, das mir anvertraut wäre, um es zu beschützen, zu leiten und zu versorgen. Es wäre mein Kind, und ich würde es vorbehaltlos lieben.

Auf dem Rückweg war ich still. Zum ersten Mal sah ich eine Adoption in etwas positiverem Licht. Es kann sein, daß ich schon dabei war, den drohenden Fehlschlag zu rationalisieren.

Ihre Eierstöcke sprechen nicht so an wie erwartet.

Versuchte ich, mich vor der Enttäuschung zu schützen, die auf die IVF an der Mount-Sinai-Klinik gefolgt war?

Innerhalb von nur einem Nachmittag stand ich der Adoption plötzlich aufgeschlossener gegenüber. Ich dachte an Carol, die ihr Leben mit ihrem Adoptivsohn lebte, und daran, was für eine mutige Tat das war und wie sie Leid in Glück verwandelt hatte.

So ähnlich hatte ich selbst nach Glück gesucht, als ich David zum ersten Mal begegnete.

Ich lernte David 1991 kennen – einige Monate, nachdem Ben und ich uns getrennt hatten. Ich hatte die Nase voll von belanglosen Verabredungen und aussichtslosen Beziehungen. Ich wollte endlich einen Mann kennenlernen, mit dem ich mir vorstellen könnte, den Rest meines Lebens zu verbringen. Ich dachte an Heirat und dann an Kinder. Ich dachte daran, meinen rechtmäßigen Platz neben Jennifer einzunehmen in dem Vermächtnis, das meine Mutter und Tante Laurie an uns weitergegeben hatten.

Weihnachten und Neujahr waren endlich überstanden. Im Restaurant hatten wir seit dem Erntedankfest sehr gut zu tun gehabt – mit Firmenessen und Touristen. Ich kam nie vor zwei Uhr morgens ins Bett. Man mag mich einen Weihnachtsmuffel schimpfen, aber ich war froh, die Lichterketten und Schleifen über der Bar endlich herunternehmen zu können.

Ich war guter Laune, selbst noch als die Empfangsdame mich zur Abendessenszeit beiseite nahm, um mir zu sagen, daß die Damentoilette verstopft sei. Darin war ich Expertin. Ich schnappte mir die Gummipumpe und machte mich ans Werk. Als ich siegreich wieder herauskam, die Gummipumpe hinterm Rücken versteckt, machte sie mir Zeichen, deutete zur Bar und formte dabei lautlos die Worte »deine Verabredung«.

Ich hatte völlig vergessen, daß David Freilicher, der Freund eines Freundes, morgens angerufen hatte. Er hatte mich gefragt, ob ich mit ihm auf einen Drink ausgehen wolle. Ich war nicht bereit, mir für jemanden, den ich gar nicht kannte, von der Arbeit frei zu nehmen. Wir beschlossen, uns bei mir im Restaurant zu treffen.

»Dann werd ich Sie mir mal ansehen«, sagte er scherzhaft.

»Und ich werde mir Sie ansehen. Neun Uhr an der Bar ... ist das o. k.?«

»Gut. Dann können wir immer noch entscheiden, ob es sich lohnt, ein andermal zusammen essen zu gehen.«

Ach du meine Güte! Und jetzt mußte er mich mit der Gummipumpe in der Hand erwischen.

Er kam herüber, um mich zu begrüßen. Er lächelte, ein spitzbübisches Lächeln, blaue Augen, gute Figur. Süß. »Aha, das Restaurantgeschäft ist also echt mondän, ja?«

»So mondän, wie man es sich macht«, gab ich kokett zurück.

»Gute Arbeit«, sagte er, nahm mir die Gummipumpe ab, öffnete die Toilettentür, stellte sie drinnen ab und befreite mich so aus meiner Verlegenheit.

Von da an war es eine entspannte Begegnung. Nach diesem gemeinsamen komischen Erlebnis konnten wir uns darüber unterhalten, was uns Spaß machte und uns zum Lachen brachte, anstatt uns dem üblichen stumpfsinnigen Frage-und-Antwort-Spiel einer ersten Verabredung zu widmen.

Ich bestellte einen Wodka-Gimlet, und wir machten Witze über mondäne Restaurantbetreiber. Wir verabredeten uns zum Sonntagsbrunch im Carlyle Hotel. Es war seit langem die erste Verabredung, auf die ich mich wirklich freute. Zwischen David und mir hatte es gefunkt.

Für David und mich haben Hotelspeisesäle einen besonderen Reiz. Das Carlyle, eine Oase der Kultiviertheit, gehört zu unseren Lieblingsplätzen.

Nach dem Brunch gingen wir ins Museum für moderne Kunst und dann durch die Antiquitätenausstellung der Armory an der 66th Street. Dann gingen wir ins Kino. Wir wollten die Verabredung nicht enden lassen.

Am Abend kam David mit zu mir; ich zog mir einen schwarzen Pulli mit Rundausschnitt und eine schwarze Hose an und lieh ihm einen schwarzen Unisex-Rollkragenpullover, und wir gingen lachend im Partnerlook aus. Wir aßen bei Fujiyama Mama, einem schicken Japanrestaurant, zu Abend und probierten von ihrer großen Sushi-Auswahl.

David wollte früh am nächsten Morgen nach Florida reisen, um seine Eltern zu besuchen, und ich war im Begriff, zu einem dringend benötigten einwöchigen Segelurlaub mit Greg, Maxine und dem Baby aufzubrechen. Mein Flug nach Miami zusammen mit Greg ging mittags.

Das Boot war luxuriös. Ich teilte eine Kabine mit Stuart, damit er nicht allein schlafen mußte. Greg und Max hatten die große Achterkabine. Es gab zwei Badezimmer mit Dusche. Die Kajüte war mit edlem Mahagoni getäfelt. Die Sofas waren mit Plüsch bezogen, aber wir verbrachten all unsere Zeit draußen auf dem geräumigen Achterdeck. An der Reling war ein Grill angebracht, auf dem wir die frischen Fische und Meeresfrüchte zubereiteten, die wir von den einheimischen Fischern kauften. Ich war braun, glänzend vor Sonnenöl und entspannt. Mein Körper war durch das Schwimmen gekräftigt. Ich schnorchelte gern; auf die Riffe hinabzublicken, gab mir ein Gefühl, als sei ich schwerelos und könnte fliegen. Nachts ankerten wir in verschiedenen Buchten der Bahamas und lauschten der Reggae-Musik aus den Strandbars, während wir die von Greg zusammengebrauten Rum-Frucht-Cocktails schlürften. David rief mich jeden Abend an. Wir fühlten uns einander schon nahe, nur nach unserem einen Marathon-Date. Wir trafen eine Verabredung zur Feier meiner Rückkehr.

Am letzten Urlaubstag brachen wir früh von Nassau zu den Florida Keys auf, um das gecharterte Boot zurückzubringen. Der Himmel hatte sich bedrohlich zugezogen. Es war eine zweistündige Fahrt zur Küste, wo wir zum Mittagessen festmachen wollten, und dann eine weitere Stunde bis zum Jachthafen von Key Largo, wo wir das Boot zurückgeben würden. Von da wäre es noch eine eineinhalbstündige Autofahrt zum Flughafen von Miami. Es herrschte starker Seegang, und das Boot hob sich und fiel dann in die tiefen Wellentäler. Ich hielt Stuart im Arm, der weinte, weil ihm so übel war, und seine Rettungsweste ausziehen wollte. Ich wiegte ihn in meinen Armen, bis er endlich einschlief.

Es fing an zu regnen. Der Wind peitschte die Wellen zu Schaumkronen auf. Greg war mit Max auf der Brücke. Ich wollte Stuart nach unten bringen, um ihn aufs Bett zu legen.

Als ich aufstand, fühlte sich mein linker Fuß wie taub an und kribbelte furchtbar. Ich stampfte auf, um die Durchblutung anzuregen, aber statt nachzulassen, kroch das taube Gefühl allmählich meine linke Körperseite hinauf. Ich konnte weder meinen linken Arm noch mein linkes Bein heben. Mein Kopf tat weh, mir war übel, und ich zitterte vor Eiseskälte und Angst. Ich wußte nicht, was ich tun sollte. Greg steuerte das Boot. Als das Kribbeln auf Brust und Gesicht übergriff, verfiel ich in Panik. Ich wußte nicht, was los war; ich dachte, ich könnte jeden Moment sterben. Ich rief nach Max, sie möchte kommen und Stuart nehmen. Sie trug ihn nach unten und kehrte auf die Brücke zurück, um Greg zu sagen, daß es mir nicht gut ging.

»Ich rufe per Funk einen Krankenwagen zum Kai«, brüllte er mir über den Motorenlärm und den Wind zu. »Ich bin sicher, daß es nichts Schlimmes ist, aber ich lasse für alle Fälle trotzdem einen Krankenwagen kommen.« Er hatte bemerkt, daß meine Lippen blau waren. »Bleib ruhig, La, setz dich hin. Du bist ja kreideweiß.«

Der Krankenwagen wartete am Kai auf uns. Es waren zwei junge Sanitäter. Sie fragten mich nach meinem Alter.

»Neunundzwanzig.« Ich beschrieb ihnen meine Symptome.

Sie sahen verwirrt aus. »Wenn Sie achtzig wären, würde ich sagen, Sie hatten einen Schlaganfall«, sagte der eine. »Wir nehmen Sie mit ins Krankenhaus.«

Mit diesen beiden Kindern würde ich nirgendwohin fahren. Ich rief meinen Arzt in New York an und erzählte ihm, was passiert war. Wir sprachen eine halbe Stunde miteinander, und in der Zwischenzeit kehrte die Kraft allmählich in meinen Arm zurück.

»Warten Sie zehn Minuten und rufen Sie mich dann zurück. Ich bleibe direkt hier beim Telefon. Warten Sie ab, wie Sie sich in zehn Minuten fühlen«, sagte Dr. Goldstein.

Als ich ihn zurückrief, ging es mir etwas besser. Das taube

Gefühl ließ nach; mein Arm und mein Bein fühlten sich stärker an. Nicht normal, aber stärker.

»Verpassen Sie Ihren Flug nicht. Fahren Sie direkt zur Notaufnahme des Roosevelt Hospital. Ich komme dorthin.«

Vom La Guardia Airport in New York rief ich meine Mutter an, während Greg das Auto holen ging. Sie sagte, sie werde meinen Vater zu mir ins Krankenhaus schicken. Greg und ich nahmen zusammen ein Taxi in die Stadt. Max fuhr in ihrem Auto mit Stuart nach Hause.

Ich ließ Greg bei David anrufen und ihm erzählen, was passiert war und daß ich zu unserer Verabredung nicht da sein konnte. David zögerte nicht, ebenfalls zum Krankenhaus zu kommen. Ich war überrascht und verlegen, aber sehr glücklich, ihn dort auf mich wartend zu finden.

Dr. Goldstein nahm Blut- und Urinuntersuchungen vor und überprüfte meine Reflexe. Er wollte, daß ich über Nacht zur Beobachtung dabliebe.

»Beobachtung von was?« fragte ich. Ich fühlte mich noch schwach, aber ich konnte meine linke Seite wieder fühlen.

»Liza, ich denke eigentlich, daß es nichts weiter ist. Vielleicht ein Blutdruckabfall und Streß, aber es wäre falsch, der Sache nicht nachzugehen. Ich möchte zu meiner Beruhigung eine Magnetresonanz-Untersuchung von Ihrem Kopf machen lassen.«

Seine Worte ließen mich vor Schreck erschauern. Ich mußte an meine Schwester Erica denken. War ihr Leiden erblich bedingt? Was passierte mit mir, jetzt, wo ein Glück mit David greifbar nahe schien? War es immer und immer wieder das Omen meiner Großmutter? *Suzy, du bist das glücklichste Mädchen ...*

Ich weigerte mich, im Krankenhaus zu bleiben. David brachte mich nach Hause. Er rief mich an, sobald er zurück in seiner Wohnung war, um sich zu vergewissern, daß es mir gut ging.

Am nächsten Morgen kehrte ich ins Krankenhaus zurück und ließ ein MR von meinem Kopf machen, bei dem vernarbtes Gewebe festgestellt wurde.

»Liza, Sie haben einen winzigen Schlaganfall gehabt. Der Fachausdruck lautet ›transienter ischämischer Hirninfarkt‹. Wir müssen die Ursache dafür herausfinden.«

In den darauffolgenden Wochen suchte ich einen Hämatologen, einen Kardiologen und einen Neurologen auf. Der Hämatologe stellte fest, daß mein Blut eine erhöhte Neigung zur Gerinnselbildung hatte. Er riet mir, die Antibabypille abzusetzen, da sie das Blut verdicke, was in Kombination mit dieser Störung zu dem Schlaganfall geführt haben könne. Ich wurde auf Aspirin gesetzt. »Eine Tablette Aspirin am Tag ist eine milde Behandlungsmethode, um das Blut dünn zu halten. Ich rechne nicht damit, daß sich der Vorfall wiederholt.«

Ich hatte Angst. Jedesmal, wenn mir der Fuß einschlief, geriet ich in Panik, ich hätte womöglich einen Schlaganfall. Ich versuchte, diese Angst vor allen zu verheimlichen; ich wollte keine Riesensache daraus machen.

David verabschiedete sich nie, ohne unsere nächste Verabredung zu planen. Er spielte keine Spielchen, rief immer an, wenn er es versprochen hatte. Bald waren wir ein Paar. Es war, als ob jeder von uns im anderen eine verwandte Seele erkannt hätte. Ich wußte, daß er verläßlich und nicht wankelmütig war. Wir ergänzten uns gut. David ist solider und konservativer als ich. Ich stürze mich rückhaltlos und impulsiv in neue Projekte. Ich sehe das Ziel, und dann arbeite ich drauflos, bis ich dort ankomme. David liest Landkarten. Ich orientiere mich nach meinem Instinkt, aber wir kommen am gleichen Ort an. Nachdem wir ein Jahr miteinander ausgegangen waren, beschlossen David und ich, eine gemeinsame Wohnung zu mieten.

Ich hatte keinen weiteren Minischlaganfall und versuchte, das Ganze zu vergessen, abgesehen davon, daß ich jeden Morgen zusammen mit meinen Vitaminen ein Aspirin nahm. Und David paßte auf, daß ich es tat. Es war großartig zu wissen, daß er da sein würde, wenn ich von den späten Abenden im Restaurant nach Hause kam.

Ich liebte es, seinen Körper nachts neben mir zu spüren. Ich fühlte mich sicher. Und wenn er morgens zur Arbeit ging, genoß ich es zu wissen, daß er den Tag über liebevoll an mich dachte und daß wir abends nach der Arbeit wieder zusammen sein würden.

Wir setzten den Termin für unsere Hochzeit fest, einen Samstag im Mai, eineinhalb Jahre nach unserer ersten Marathon-Verabredung.

Jennifer konnte erst am Tag der Hochzeit nach New York kommen. Sie sah sich mit einem neuerlichen Schicksalsschlag konfrontiert, von dem sie meinte, sie hätte ihn kommen sehen müssen. Sie war so mit Dakota und ihrem Haus beschäftigt gewesen, daß sie den Stimmungsumschwung in der Geschäftswelt nicht wahrgenommen hatte. Die Mediengesellschaften bauten Personal ab. Leute wie ihr Mann, Stephen Scheu, der siebzehn Jahre lang für dieselbe Gesellschaft gearbeitet hatte, hatten plötzlich keinen Job mehr. Er bekam ein volles Jahresgehalt als Abfindung. Das, versicherte er ihr, gebe ihm genug Zeit, eine neue Stelle zu finden. Jennifer wollte nicht glauben, daß ihr Haus in Gefahr sei.

Ich machte mir Sorgen um meine Cousine. Ihr Verhalten paßte nicht zu ihr. Sie war immer jemand gewesen, der die Dinge in die Hand nahm. Jetzt schien sie eher in sich gekehrt. Sie weigerte sich, die Realität ihrer Situation zu sehen, und wollte sie nicht einmal mit mir besprechen. Es war, als ob sie Zuflucht in ihrem Inneren suche, wo, wie sie sagte, ihre Mutter war.

An meinem Hochzeitstag wurde uns eine Suite in der Villa des Metropolitan Club an der Fifth Avenue zur Verfügung gestellt, wo die Trauung stattfinden würde. Das blumengeschmückte Ankleidezimmer bot genug Platz für mich, meine Mutter, Maxine und Jennifer, meine erste Brautjungfer. Ich traf schon frühmorgens ein. Ich wollte den ganzen Tag dort verbringen. Es war, als sei man in eine andere Ära versetzt, ein Zeitalter der Ritterlichkeit, das ich beneidete. Aus dem Fenster sah ich auf Pferdekutschen und den goldenen Brunnen vor dem Plaza Hotel hinab, wo Mr. und Mrs. David Freilicher ihre Hochzeitsnacht verbringen würden, bevor sie in die Flitterwochen nach Südfrankreich flogen.

Jennifer half mir beim Schminken. Mama fotografierte uns beim Ankleiden, und wir ließen uns etwas Leichtes zum Essen heraufschicken. Die Zeremonie sollte abends um halb acht beginnen.

»Jen, du siehst heute besonders strahlend aus.«

»Ich freue mich so für dich, Lollipop, und« – sie schlüpfte in ihr gerade geschnittenes, trägerloses Kleid, drehte sich um und ließ Mama den Reißverschluß zuziehen – »ich bin schwanger!« Sie grinste. Jennifer sah ihre zweite Schwangerschaft als ein emotionales Allheilmittel.

Ich zog gerade mein Braut-Strumpfband hoch und hielt am Knie inne. »Jen, noch ein Kind jetzt, wo Stephen arbeitslos ist?«

»Na ja, nach seiner Kündigung haben wir es nicht mehr darauf angelegt, aber es ist halt einfach so passiert. Ich bin so aufgeregt.« Sie grinste breit und spitzbübisch.

Ich freute mich für sie; endlich war wieder Leben in ihrer Stimme.

»Also haben wir zwei wundervolle Anlässe zum Feiern«, folgerte meine Mutter. »Los, Mädchen, laßt uns gleich damit anfangen.« Sie ließ den Korken einer Flasche Dom Pérignon knallen, der im Sektkühler gleich neben dem kleinen grauen

Beutel mit dem Schmuck stand, den sie mir gegeben hatte, um ihn zu meiner Hochzeit zu tragen.

Als ich die Prunktreppe hinunterschritt, war mein Auftritt genauso spektakulär, wie ich es mir immer erträumt hatte. Stuart war ein koboldhafter Ringträger und Kodie das engelhafte Blumenmädchen. Greg betätigte sich als Hauptplatzanweiser, unterstützt von Davids beiden Brüdern. Davids Trauzeuge war sein bester Freund James. Erica und Max waren die Brautjungfern.

Meine Mutter wurde diesmal von ihrem Freund Joe zur Chuppa geleitet. Sie hatten sich vor vier Jahren im Sculpture Studio kennengelernt und waren seitdem ein Paar.

Mein Vater führte die Braut dem erleichterten Bräutigam zu. David kam es so vor, als seien wir seit einer Ewigkeit mit der Vorbereitung dieser Festlichkeit beschäftigt.

Inzwischen erschien mir das drohende Scheitern der IVF wie eine emotionale Katastrophe.

Ich wollte die Eizellentnahme nicht über mich ergehen lassen, jetzt, da ich eher einer Adoption zuneigte. Wenn die Eizellen nicht richtig ansprachen, war das ein Zeichen meiner Unzulänglichkeit. Damit wollte ich nicht konfrontiert werden. Eine Adoption war der richtige Weg für mich. Als ich das der Ärztin sagte, wollte sie mir nicht zuhören.

»Liza, wir brauchen nur ein Ei. Ein Ei.«

Am Tag der Entnahme, zwei Tage nach unserem Ausflug zu dem Arabergestüt, sagte uns der Urologe, er habe von David eine gute Spermaprobe gewonnen. Dr. Holbrook entnahm fünf Eizellen aus meiner Gebärmutter, die umgehend dem Embryologen zur ICSI übergeben wurden.

Dr. Holbrook kam in den Aufwachraum, um uns zu sagen, daß wir jetzt gehen könnten. Sie war eine furchtbar pedantische Frau, die uns keinerlei moralische Unterstützung bot, als wir unsere Besorgnis äußerten. »Die Zeit wird es zeigen«, sagte sie. »Wir haben drei Tage Zeit, die Zellteilungen zu beobachten. Jeder Tag sagt uns mehr über die Befruchtungsergebnisse.«

Wiederum blieb uns nichts übrig, als nach Hause zu gehen und unsere Zukunft in einer Petrischale beim Embryologen zu lassen.

15. Kapitel

Wir kehrten zurück in das Zimmer, das Carol für uns vorbereitet hatte. Auf dem Tischchen neben dem Schlafsofa standen frische Blumen. Das war Carols Art, meine Privatsphäre zu respektieren und ihr Verständnis ohne Worte zum Ausdruck zu bringen. Ich hatte Carol unterschätzt, ebenso wie viele andere, und fand Trost in der Erinnerung an Jennifers Worte, daß andere Menschen mir wirklich helfen wollten und man nicht alles allein erreichen könne.

Ich legte die Hände auf meinen geschwollenen Bauch. David bereitete das Tablett vor, um mir meine nächste Progesteron-Spritze zu geben – dieses dicke, zähflüssige Mittel würde mich nur noch mehr aufblähen und das Einspritzen war sehr schmerzhaft. Tränen standen in meinen Augen; bald würde ich losheulen. David sah mich nicht an. Er füllte die Spritze mit dem Progesteron, das zusammen mit dem Östrogen die Verdickung der Gebärmutterschleimhaut anregt und die Drüsen veranlaßt, Nährstoffe abzugeben, die die befruchteten Eizellen zum Überleben benötigen. Ich hatte so viele Ratgeber für ungewollt Kinderlose gelesen, daß ich selbst ein Handbuch über diese Medikamente hätte schreiben können.

Ich sah zu, wie David mechanisch tat, was getan werden mußte, und dabei nicht mehr Nervosität an den Tag legte, als er es beim Zähneputzen getan hätte. Selbst der operative Eingriff zur Spermaabsaugung hatte ihn nicht aus der Fassung gebracht. Er schien alle Gefühle beiseite geschoben zu haben. »Machen wir es nicht noch komplizierter als es schon ist; sehen wir zu, daß wir die Sache erledigen« – das war Davids

Einstellung. Ich hingegen konnte meine Gefühle nicht beiseite schieben. Verstand David nicht, was los war? Wir hatten kleine, unzulängliche Eizellen. Es würde nichts passieren. Es gab kein Entrinnen.

Es kam mir vor, als ob ich ersticken müsse. Ich war gefangen; es gab nichts außer diesem endlosen IVF-Kreislauf. Ich ging ins Badezimmer.

»Liza?« rief David. »Alles in Ordnung?«

Ich schloß die Tür und drehte den Hahn am Waschbecken voll auf, um mein Schluchzen zu übertönen. Schließlich sank ich vom Weinen erschöpft auf dem Badezimmerboden auf die Knie.

David öffnete die Tür. Er setzte sich auf den kalten Kachelboden und nahm mich in die Arme. Ich legte die Arme um ihn. Es war so lange her, seit wir uns umarmt hatten. Wir hatten Angst, einander zu berühren. Ich brauchte sie dringend, diese Nähe, die nur durch das Fühlen, Riechen und Berühren entsteht.

»Ich bin so allein, David. Hilf mir. Ich finde mich selbst nicht mehr.«

Er hielt mich dort in diesem kleinen, dunklen Badezimmer in den Armen, wiegte mich hin und her und ließ mich weinen. Er streichelte meinen Kopf und wischte meine Tränen ab, und ich fühlte mich geborgen; das Angstgefühl ebbte mit meinen Tränen ab. Ich schloß die Augen und preßte meinen Körper an ihn, bis mir die Arme wehtaten. Wir schaukelten hin und her. Ich fühlte mich besser, stärker. Er hob mich auf und trug mich aufs Sofa.

»Ich liebe dich, Liza«, sagte mein Mann. Er schluchzte. Ich hielt ihn fest und küßte die Tränen von seinen Augen. Ich war nur mit mir selbst beschäftigt gewesen, ich hatte gar nicht darüber nachgedacht, daß auch David litt.

Ich sah die Vase mit Blumen auf dem Tisch.

»Ich bin bereit für die Spritze«, sagte ich. Ich weinte nicht.

Es waren keine Tränen mehr übrig. Es schien trivial, über Schmerzen zu weinen, die vorübergehen würden.

David und ich wollten etwas für Carol und Randy tun, um ihnen für ihre Freundlichkeit zu danken. David trieb etwas Möbelpolitur auf und ging ins Wohnzimmer. Eine Stunde später fühlte ich mich stark genug, um aufzustehen. Das ganze Haus glänzte. Selbst die angelaufenen Kerzenständer auf dem Eßtisch blinkten. Ich ging in die Küche und machte Chocolate-Chip-Plätzchen nach Jennifers Rezept. Ich ließ David ein paar probieren, als sie aus dem Ofen kamen.

Ich hatte Jennifers Stimme im Ohr: »Liza, ich habe eine Theorie. Wenn du mit anderen teilst, verringerst du deine Last.« Sie hatte recht: Das Plätzchenbacken und der Hausputz waren nicht nur für Carol und Randy. Es machte mir Freude. Es hieß, mich aufzuraffen und Abstand von meinen Problemen zu gewinnen. David und ich lächelten beide.

Als Carol nach Hause kam, war sie begeistert über die Verwandlung ihrer Wohnung, und das machte mich froh. »Du mußt etwas geben, um etwas zu bekommen«, dachte ich immer häufiger.

Am nächsten Tag brachte ich dem Krankenhauspersonal eine Dose Plätzchen mit. Sie sagten uns, sie hätten die »Schlüpfungshilfe« vorgenommen. Der Embryologe berichtete, die Zellteilung sehe nicht allzu gut aus. Je näher der Tag des Transfers rückte, desto pessimistischer wurde ich.

»Ein gutes Ei, Liza. Wir brauchen nur ein gutes Ei.«

Am Tag vor dem Transfer kamen wir mit geringen Erwartungen in die Klinik. Dr. Holbrook sagte uns, wir hätten vier Embryos, allerdings mit schwacher Zellteilung. Sie erklärte uns: »Idealerweise sollte aus Samenzelle und Eizelle innerhalb von vierundzwanzig Stunden nach der Befruchtung ein zweizelliger ›Vorembryo‹ entstehen. Nach achtundvierzig Stunden sollte er schon vier Zellen haben, nach zweiundsiebzig Stunden acht. Ohne gesunde Zellteilung bekommen wir keinen gesunden Embryo zum Transfer. Ein Embryo ohne gute Zellteilung nistet sich nicht in die Gebärmutter ein.«

Ich begann zu weinen. Ich hatte gehofft, daß über Nacht irgendein Wunder passieren würde und das Ergebnis günstiger wäre. »Lohnt es sich überhaupt, den Transfer vorzunehmen?« fragte ich.

»Was haben Sie zu verlieren? Doch, Sie sollten den Transfer auf jeden Fall machen lassen. Man weiß ja nie.«

Sicher. Sie hatte leicht reden. Doch für mich würde ein Scheitern des Transfers niederschmetternd sein. Mein Gesichtsausdruck muß meine Gedanken verraten haben.

»Es liegt bei Ihnen. Ich lasse Sie allein, damit Sie sich entscheiden können.«

Sie schien keine Geduld für Gefühle aufzubringen. Sie war da, um eine Dienstleistung zu erbringen, für die wir uns entschieden hatten und für deren Erbringung wir sie bezahlten. Jetzt konfrontierte ich sie mit nackten Gefühlen und legte ihr Hindernisse in den Weg. Wenn sie mit jeder Patientin mitleiden würde, könnte sie ihre Arbeit nicht machen. Ich konnte ihre Position verstehen, aber ich verzieh ihr deswegen nicht. Meiner Meinung nach gehört es zur Aufgabe eines Arztes, seinen Patienten gegenüber Einfühlungsvermögen zu zeigen und ihnen durch schwierige Zeiten hindurchzuhelfen.

David ließ sich wie immer nicht abschrecken. »Liza, laß es uns einfach tun. Wir sind so nah dran.«

Am nächsten Morgen ließen wir den Transfer vornehmen. Ich bekam keine Narkose. Die Embryos wurden mit Hilfe eines Katheters in die Gebärmutter übertragen, wie schon im Mount-Sinai-Krankenhaus. Es tat ein bißchen weh. Ich konnte auf dem Ultraschallbildschirm zusehen. Diesmal beobachtete ich das Ganze mit klinischer Distanziertheit. Ich hatte meine Erfahrungen, und ich war nicht naiv und hatte schon einmal eine Enttäuschung erlebt. Diese Bilder verhießen kein

Leben. Sie versprachen überhaupt nichts. Das ganze Unternehmen war sinnlos.

Die Prozedur dauerte nur zwanzig Minuten. Eine Stunde später sagten sie, ich könne nach Hause gehen, solle mich zwei Tage schonen; dann könne ich ohne weiteres nach New York zurückfahren. Ich lag zwei Tage im Bett, während David Lebensmittel und Videos einkaufen ging. Es war ruhig, außer wenn Jake seine eintönigen Videospiele spielte. Als wir zum Aufbruch nach New York bereit waren, brachte Randy unser Gepäck zum Auto. Ich ging langsam, hatte Angst, daß jede hastige Bewegung einen Embryo losreißen könnte. Ich dachte daran, daß wir beim nächsten Mal, wenn wir mit Randy und Carol sprachen, schon wissen würden, ob ich schwanger war. Unser Aufenthalt bei ihnen hatte David seinen alten Freunden noch näher gebracht, und ich hatte sie nun ebenfalls als Freunde schätzen gelernt. Carol betonte immer wieder, wie sehr sie ihren Sohn liebe. Sie sagte, es sei ein Segen, daß es die Möglichkeit der Adoption gebe, und Jake sei genauso ihr Kind, als ob er in ihrem Körper gewachsen sei.

Ich glaubte Carol, aber jetzt, in diesem Moment, trug ich unseren eigenen Embryo in mir, und ich wollte unbedingt glauben, daß ich mit unserem leiblichen Kind schwanger sei.

Carol küßte mich zum Abschied. »Liza, es war sehr schön, euch bei uns zu haben. Ich bin froh, daß du Jake kennengelernt hast.«

Randy umarmte mich herzlich. Er umarmte auch David und klopfte ihm auf den Rücken, wie Männer es tun, um sich ihre Zuneigung zu zeigen.

David fuhr langsam heim. Wir zählten die Minuten dieser beiden endlosen, quälenden Wochen bis zum Schwangerschaftstest. Wegen der schlechten Embryoqualität glaubte ich nicht an eine Schwangerschaft.

Jennifer und ich telefonierten oft miteinander. Als ich ihr von meinen Zweifeln erzählte, sagte sie: »Halt durch, du mußt es wollen.« Es war der gleiche Rat, den sie mir schon beim ersten Mal gegeben hatte. Als ich versuchte, mit ihr über eine Adoption zu sprechen, sperrte sie sich gegen das Thema. »Soweit bist du noch nicht.«

Meine Mutter reagierte genauso wie Jennifer. »Liza, du hast schon soviel investiert; gib nicht auf. Das habe ich auch nicht.« Sie leistete mir oft in meiner Wohnung Gesellschaft.

Ich hatte die Qual des Wartens schon vorher durchlitten, aber diesmal war es noch schlimmer. Ich kam mir vor wie in einem endlosen Tunnel. Ich schlief nicht. Ich war müde. Auf Davids Drängen zwang ich mich zum Essen. Mein Gesicht war verkniffen, und ich hatte tiefe Stirnfalten. Ich spürte die Augen meiner Mutter auf mir und Davids ebenso. Ihre Blicke taten mir weh. Ich wollte ihre Gesellschaft nicht, war aber auch zu rastlos, um allein zu sein. Ich ging nicht nach draußen. Ich konnte es nicht ertragen zu sehen, wie das Leben weiterging, lächelnde Menschen, die von meinem Leid nichts wußten, Mütter und Väter mit ihren Kindern – Familien.

Am Tag des Schwangerschaftstests schneite es. Der Stadtlärm draußen vor meinem Fenster war gedämpft.

Ich zog meine hohen Stiefel und meinen langen Mantel an. Als ich ein Taxi auftrieb, um zu Dr. Owins Praxis zu fahren, wurde ich von Eifer gepackt. Eine unheimliche Stille herrschte in den leeren Straßen der Innenstadt, und mein Herz klopfte mir bis zum Hals.

Die Praxis befand sich in einem großen alten Backsteinhaus; vier Stufen führten zur Eingangstür herab. Als ich sie hinabstieg, verfing sich mein Stiefel im Saum des Mantels. Ich stolperte, rutschte die vereisten Stufen hinunter und landete vor der Tür hart auf den Knien. Falls ich schwanger gewesen sein sollte, war ich es jetzt sicher nicht mehr, dachte ich. Ich konnte kaum gehen; meine Beine taten weh, und mein Körper war naßgeschwitzt. Ich versuchte, mich wieder zu beruhigen, bevor ich mich zum Schwangerschaftstest anmeldete.

»Wir rufen Sie um drei an«, sagte die Arzthelferin, nachdem sie mir das Blut abgenommen hatte. Ich gab ihr meine Nummer im *Sambuca*.

Ich wußte, daß ich nicht schwanger war.

Jennifer sagte mir, die ersten sechs Monate ihrer zweiten Schwangerschaft seien die beste Zeit ihrer Beziehung mit Stephen gewesen. Er war aufmerksam und bereit, alles zu tun, damit sie lächelte und ihn zur Kenntnis nahm. Sie hatte gelernt, auf ihn zu vertrauen.

Aber Stephen bemühte sich nur tapfer, für seine Frau eine optimistische Fassade zu bewahren. Als neununddreißigjähriger Arbeitsloser befand er sich in einer persönlichen Krise. Er stand jeden Morgen auf und zog sich für die Vorstellungsgespräche an. Er sagte seiner Frau, er finde keine Stelle mit angemessenem Gehalt, das ihm erlauben würde, sein Selbstwertgefühl zu bewahren. Der Umschwung kam, als er sich weigerte, ins Mediengeschäft zurückzukehren. Jennifer war entsetzt. Noch schlimmer war, daß er Stanley um Hilfe bat, um etwas in New York zu finden. Jennifer sagte Stephen, sie würde mit ihm überall hingehen, aber nicht nach New York.

Er ignorierte ihr Flehen und kaufte sich in die neue New Yorker Niederlassung einer Medizintechnik-Firma ein, die Stanleys Cousin gehörte.

Stephens Abfindung war bald aufgebraucht – kein Wunder angesichts einer gerichtlichen Anordnung auf Weiterzahlung des Kindesunterhalts, der Hypothek auf das Haus, eines Darlehens von Stanley und überfälliger Steuerzahlungen. Jennifer mußte ihr Haus zum Verkauf anbieten.

Während Stephen in New York war, blieb sie in Chicago, bis das Haus verkauft war. Hilary war ihre Übungspartnerin bei der Geburtsvorbereitung. Als Jennifers Wehen einsetzten, rief sie Stephen an, der rechtzeitig nach Hause flog, um bei Austins Geburt dabei zu sein. Er kam auf normalem Wege zur Welt, nicht wie Kodie per Kaiserschnitt. Jen sagte mir, sie habe das durch ihren Willen bewirkt. »Ich wollte fühlen, wie es ist zu gebären, statt an eine Infusion angeschlossen mit festgeschnallten Armen auf einem OP-Tisch zu liegen, wo sie mir das Baby wegnehmen. Nach dem Kaiserschnitt war ich so benommen vom Morphium, daß ich Dakota am Anfang nicht mal im Arm halten konnte.«

Einen Monat später kam Jennifer mit ihren beiden Kindern nach New York. Sie war verzweifelt. Sie und Stephen waren gezwungen, von ihrem Gehalt und ihrem Erbe zu leben. Sie nahmen eine kleine Wohnung in Queens; sie suchte sich einen Babysitter und stieg wieder in den Vertrieb von Fernseh-Werbezeit ein. Sie verdiente mehr als Stephen.

David und ich versuchten, für sie da zu sein, aber ich arbeitete, und Jennifer arbeitete und pendelte. Sie hatte nie Zeit. Heute sagt sie: »Ich war eine hassenswerte Person und wollte niemanden in meiner Nähe haben.« Meine Mutter sprach mit ihr, hatte aber das Gefühl, daß Jennifer sie wegschob.

Jennifers Entschuldigung war: »Liza, du hast deine Mutter. Ich habe meine nicht mehr.« Es erinnerte mich an ihre Reaktionen als Teenager. Jennifer war stets willig, mich an ihren Freuden teilhaben zu lassen, aber in Zeiten persönlicher Krisen zog sie sich zurück und wies mich ab. Das steht in erstaunlichem Gegensatz zu ihrem leidenschaftlichen Engagement, wenn ich Probleme habe. Sie mißachtete ihren eigenen Ratschlag, Probleme mit denen zu teilen, die ihre Unterstützung anbieten. Auf diese Weise drängte sie ihren Mann aus ihrem Leben.

Das Leben in New York war für Jennifer unerträglich. Stanley hatte wieder geheiratet. Ich glaube, sie hatte das Gefühl, er habe sie im Stich gelassen. Sie suchte sich einen Job in Chicago, kaufte ein kleines Stadthaus für sich und die Kinder und zog zurück. Vier Monate später wurde Stephen klar, daß die Medizintechnik nichts für ihn war. Er ging ebenfalls zurück nach Chicago und zog zu seinem Vater. Jetzt endlich fand er eine hochdotierte Stelle im Mediengeschäft, in dem er sich auskannte und seine Fähigkeiten produktiv einsetzen konnte.

Nach weiteren drei Monaten, als Stephen wieder zum Lebensunterhalt der Familie beitragen konnte, ließ Jennifer ihn bei sich einziehen. Sie waren wieder eine richtige Familie.

»Was hat dich veranlaßt, es wieder mit Stephen zu versuchen?« fragte ich im Bemühen, die Mauer zu durchbrechen, die sie um sich errichtet hatte.

»Ich will meine Familie nicht kaputtmachen. Das wollte ich nie. Ich mußte einen Weg finden, meine Achtung vor Stephen wiederzuerlangen. Liza, als er seinen Job verloren und sich geduckt hat, statt zu kämpfen und sich eine neue Stelle in der Branche zu suchen, in der er respektiert und qualifiziert war, als er darauf bestanden hat, nach New York zu ziehen, um sich in ein Geschäft zu stürzen, von dem er keine Ahnung hat, konnte ich ihm nicht mehr ins Gesicht sehen.«

»Es war ein Fehler von ihm, auf New York zu bestehen.«

»Er hatte völlig den Überblick verloren. Stephen hat sein ganzes Leben in einer Branche gearbeitet. Er hatte keinerlei Erfahrung mit Medizintechnik. Wie konnte er ein Geschäft gründen und betreiben, von dem er nichts versteht?«

»Du hast mir gesagt, er wollte das, was Stanley hat: eine eigene Firma, nicht auf andere angewiesen sein, um Arbeit zu haben. Ich kann das verstehen, nachdem er so hart gearbeitet hat und dann einfach wegrationalisiert wurde. Das ist beängstigend für einen Mann, der eine große Familie zu ernähren hat.«

»Liza, ich habe zu Stephen gesagt, daß ich überall auf der Welt mit ihm hingehe, aber nicht nach New York. Nicht dahin, wo mich alles nur an Mama erinnert. Er hat mir nicht zugehört, und er wollte die Realität nicht sehen. Es braucht Zeit, bis eine neue Firma Gewinn abwirft. Jahre. Und er schuldete seiner Ex-Frau Geld für den Kindesunterhalt. Ich hatte es satt, mich um alle zu kümmern. Ich wollte, daß es ein Ende hätte und jemand sich um mich kümmerte. Ich brauchte jemanden, der sich um mich kümmerte.«

»Wie deine Mutter es getan hat«, sagte ich rundheraus.

»Ja. Ich schäme mich nicht, das zu sagen. Stephen hat mich enttäuscht. Die Therapie hat mir geholfen, das sagen zu können, und sie hat mir geholfen, Stephen zu verstehen.«

»Ihr seid lange zusammen hingegangen.«

»So haben wir gelernt zu kommunizieren. Ich war hart, fällte Urteile, ohne zu verstehen, und er hat nicht zugehört, was ich wirklich gesagt habe, zwischen meinen Worten. Keiner von uns hat versucht, dem anderen zu helfen. Jetzt, mit der Therapie, versuchen wir es.«

»Du hast das Richtige für dich und für Stephen und Kodie und Austin getan. Mit genügend Einsicht kannst du dieses Problem vielleicht hinter dir lassen. Du würdest ja keine zwei Kinder allein großziehen wollen.«

»Wie Mama es getan hat? Niemals.«

»Ich muß dir schon sagen – du warst richtig unerträglich. Jetzt ist deine Stimme verändert; sie hat wieder die Entschlossenheit und Anteilnahme von früher. Du hast noch immer alles geschafft, was du dir in den Kopf gesetzt hast.«

»Ich konnte meine Mutter nicht gesund machen.«

»Jen, du hast sie glücklich gemacht und ihr ein Enkelkind gegeben. Sie hat Kodie kennengelernt.«

»Es wird Zeit brauchen mit Stephen. Es ist keine Sache, die ich abhaken kann, das weiß ich. Aber jetzt haben Stephen und ich eine Basis, auf der wir friedlich miteinander umgehen können.«

Nach vier Monaten konnten sie sich wieder ein Haus in Lake Forest kaufen und lebten erneut als Familie zusammen –

als Individuen, der Schwächen und Stärken des anderen bewußt und trotz aller Unterschiedlichkeit vereint.

Als Austin ein Jahr alt war, bekam Gregs Frau Maxine eine Tochter – Sophia. Jetzt hatte auch Greg zwei Kinder.

Nun war ich an der Reihe.

Ich war nicht schwanger. Als Dr. Holbrook anrief, um meine Befürchtung zu bestätigen, fühlte ich einen heftigen Schmerz im Hinterkopf, als hätte ich ohne Vorwarnung von hinten einen Schlag erhalten. Ich dachte, ich wäre auf ein negatives Ergebnis vorbereitet. Mein Geist, so schien es, war vorbereitet, aber wieder einmal war mein Körper nicht auf der gleichen Wellenlänge wie mein Kopf. Ich fühlte, wie in meinem Inneren etwas zusammenbrach. Der Therapiezyklus in Fairfax war gescheitert.

»Kann es mein Sturz die paar Stufen hinunter gewesen sein, der die Schwangerschaft beendet hat?« fragte ich Dr. Holbrook. Ich wollte nicht glauben, daß ein kleiner Ausrutscher alles zunichte gemacht hatte, wofür David und ich gearbeitet hatten.

»Nein«, sagte sie. »Es war entweder die schlechte Zellteilung, oder Ihr Körper hat den Embryo abgestoßen. Der immunologische Faktor. Liza, Sie waren nicht schwanger.«

Wir waren immer noch beim Cornell Center angemeldet, um im Oktober, also in sieben Monaten, einen IVF-Zyklus zu beginnen. Ich wollte glauben, daß für uns immer noch Hoffnung auf eine erfolgreiche IVF bestand. Dr. Holbrook hatte gesagt, daß nicht jeder Versuch zur Schwangerschaft führte; sie betonte auch, daß sich die IVF immer noch im Erprobungsstadium befand. Ich wußte nicht, was ich tun sollte.

16. Kapitel

Seit dem Schwangerschaftstest war eine Woche vergangen. Meine Knie und mein Rücken waren von dem Sturz immer noch steif und schmerzten, aber ich nahm es kaum zur Kenntnis.

Ich hatte mich in meine Arbeit gestürzt. Ich war ab 11 Uhr vormittags im Restaurant, um Lieferungen anzunehmen, und ging erst, wenn wir um Mitternacht zumachten.

Auch David war viel beschäftigt. Vom Büro ging er gleich ins Fitneßstudio und war nie vor halb zehn zu Hause. Dann ließ er sich etwas zu essen kommen und schlief oft schon, wenn ich kam.

Wir kommunizierten nicht, aber wir verstanden einander und wußten, daß es am besten war, dem anderen seinen eigenen Fluchtweg zuzugestehen.

Patricia erinnerte uns an die Alternative mit der Samenspende. Ich könnte mich künstlich befruchten lassen, ohne noch einen IVF-Zyklus durchzumachen, dem ich dringend aus dem Weg gehen wollte. Ich könnte mich von Dr. Owins behandeln lassen, der mich betreut hatte, bevor wir nach Fairfax gefahren waren – keine IVF, keine große Klinik. Ich würde Clomifen bekommen – in Pillenform.

Clomifen veranlaßt die Hypophyse, Hormone abzusondern, die die Eierstöcke zur Produktion mehrerer Eizellen anregen. Es wird Frauen verschrieben, deren Eierstöcke und Drüsen normal funktionieren, aber einen Anschub benötigen.

Durch das Clomifen würde mein Menstruationszyklus nicht unterdrückt, wie es bei Lupron der Fall war. Gleichzeitig mit dem Clomifen würde ich vorbeugend auch Heparin bekommen müssen, weil auch Clomifen das Blut verdickt. Da Davids unreife Samenzellen nur in durch IVF gewonnene Eizellen injiziert werden konnten, würden wir Spendersamen verwenden.

Keiner von uns beiden war völlig überzeugt, daß der Spendersamen ein akzeptabler Kompromiß wäre. Der Gedanke, das Sperma eines Fremden in meinem Körper zu haben, war mir unheimlich ... ein Baby zu bekommen, das zur Hälfte ich und zur Hälfte eine gesichtslose Nr. 2047 war ... nicht sehr groß, aber mit hohem IQ. David würde keinen genetischen Anteil an dem Kind haben. War das fair nach all dem?

Wir waren immer noch unsicher, ob wir irgend jemandem etwas von dem Spendersamen sagen sollten oder nicht. Wir könnten immer noch behaupten, daß wir eingefrorenes Sperma aus einem früheren Zyklus benutzt hätten, und niemand würde etwas vermuten. So könnten wir unsere Privatsphäre besser wahren und uns später entscheiden.

David und ich fühlten uns nicht wohl bei dem Gedanken, mit einer Lüge zu leben, aber wir wußten nicht, was für das Kind besser wäre: zu glauben, daß er der leibliche Sohn sowohl seiner Mutter als auch seines Vaters sei oder mit dem Wissen zu leben, daß sein leiblicher Vater ein Unbekannter bleiben würde.

Wir entschieden uns, vorläufig niemandem etwas von dem Spendersamen zu sagen.

Bei einer Adoption erschien mir die psychologische Seite einfacher. Wenn wir uns für die Adoption entschieden, wären David und ich gleichgestellt.

David blieb bei seiner ursprünglichen Meinung: »Wenn es schon nicht mein Samen sein kann, ist es zumindest die Eizelle meiner Frau.«

Also stimmten wir einem Clomifen-Zyklus zu.

Patricia Greene, unsere psychologische Beraterin, war

wie ich entschieden dafür, die Wahrheit zu sagen. »Es ist besser, die Möglichkeit zu vermeiden, daß die Wahrheit irgendwie herauskommt und Vertrauen zerstört. Liebe ist Vertrauen und das Fundament, auf das eine Familie gebaut sein sollte.«

Manche Frauen bekommen unter Clomifen Hitzewallungen oder Krämpfe und Spannungsgefühle in den Brüsten. Ich hatte ständige Kopfschmerzen. Das Clomifen, so erklärte man mir, täuscht dem Körper vor, der Östrogenspiegel des Bluts sei niedrig, wie es in den Wechseljahren der Fall ist, und löst damit die gleichen unangenehmen Wirkungen aus.

Ich litt nicht an den heftigen Stimmungsschwankungen wie unter Lupron, aber ich sprach auf das Clomifen nicht gut an. Es entwickelten sich nur zwei Eizellen. Ich wurde künstlich befruchtet; Nr. 2047 und meine Eizellen waren vereint. Ich wußte nicht, ob ich mir wünschte, daß es klappte. Wollte ich ein Baby mit einer Katalognummer als Vater? Würden David und ich ihm die Wahrheit sagen oder nicht?

Nach zwei Wochen konnten wir einen Schwangerschaftsselbsttest durchführen. Er war negativ, und ich fühlte mich seltsam erleichtert. Die Ärzte nannten mir als Gründe schlecht entwickelte Eizellen mit mangelhafter Zellteilung oder den immunologischen Faktor. Die Schuld lag nicht beim Spendersamen. Nummer 2047 hatte schon zahlreiche Nachkommen gezeugt. Also konnte das Problem auch nicht an Davids Sperma liegen, da die Ergebnisse die gleichen waren, selbst wenn dieser Faktor wegfiel. Die Schuld lag bei mir.

Dr. Holbrook und Dr. Owins schlugen beide vor, wir sollten es noch einmal versuchen.

»Genug!« sagte ich. Keine weiteren Manipulationen an meinem Körper oder mir. Ich ging an meine Arbeit zurück und stellte fest, daß, wenn man nur unnachgiebig genug ist, letztlich der Geist den Körper beherrscht. Ich gab es auf, mich mit meiner ungewollten Kinderlosigkeit zu befassen. Ich verbannte unseren Oktobertermin zur IVF im Cornell Center aus meinen Gedanken und kümmerte mich nicht um das näherrückende Datum. Wie Scarlett O'Hara würde ich morgen darüber nachdenken.

17. Kapitel

An einem heißen Montagmorgen im August war ich in der Stadt, haßte es, dort zu sein, und haßte die Arbeit, die es mir unmöglich machte, statt dessen die Meeresluft zu genießen. David war schon ins Büro gegangen, und ich nippte meinen Kaffee und starrte aus dem Fenster hinaus in die drückende Schwüle und Luftverschmutzung.

Seit Monaten plagte ich mich mit steifen Gelenken und Rückenschmerzen. Selbst meine Finger taten weh. Ich konnte nicht lange genug stillsitzen, um einen Kinofilm zu sehen. David, der meine Klagen und meine Ausreden, es würde schon vorbeigehen, satt hatte, bestand darauf, daß ich zu unserem Hausarzt ginge. Ich hatte einen Termin für elf Uhr. Ich trank meinen Kaffee aus und war gerade dabei, unter die Dusche zu gehen.

Das Telefon klingelte. Ich hob ab; ich wußte, daß es Jennifer war, die immer um diese Zeit anrief, um über den gestrigen Abend oder ihre Pläne für den Tag zu plaudern.

»Liza.« Ihre Stimme klang ungewöhnlich enthusiastisch. »Ich bin auf dem Weg zur Arbeit, der Verkehr ist schrecklich, und ich hatte gerade *die* Idee, wie du dein Baby bekommen kannst.«

»Jen, bitte, ich versuche, eine Weile nicht mehr darüber nachzudenken. Ich will nicht ...«

»Aber, La«, fiel sie mir ins Wort. »Ich habe *die* Lösung. Du und ich können das zustande bringen. Wir können es schaffen.«

»Was schaffen, Jen? Ich möchte wirklich nicht über IVF oder Unfruchtbarkeit nachdenken.« Ich wurde langsam ärgerlich. »Ich komme zu spät zu meinem Arzttermin. Im Augenblick möchte ich nur dahinterkommen, warum ich mich morgens kaum noch aufrichten kann.«

»Liza, ich werde dein Baby austragen!« Sie platzte damit heraus, als sei es das Selbstverständlichste der Welt.

»Also jetzt weiß ich, daß du völlig durchgedreht bist.«

»Warum können sie den Embryo – deine Eizelle, Davids Samenzelle – nicht in meine Gebärmutter verpflanzen? Euer leibliches Kind!«

»Es klingt machbar, aber es ist zu verrückt, um auch nur darüber nachzudenken.«

»Liza, das Schwangersein ist kein Problem für mich. Es geht mir prächtig dabei. Ich liebe es, wenn mein Bauch rund und voller Leben ist und alle Leute mich wissend und bewundernd ansehen. Ich fühle mich schön, und ich habe keine Angst vor der Geburt. La ... ich werde dein Baby austragen.«

»Jen, ich weiß, daß wir zwei gescheiterte IVFs hinter uns haben. Aber es steht nicht fest, daß ich kein Baby austragen kann. Die Ärzte reden mir immer noch zu, es wieder zu versuchen, und wir haben diesen IVF-Termin beim Cornell Center in zwei Monaten. Sie haben eine höhere Erfolgsquote von Lebendgeburten als irgendeine andere Klinik. Ich habe dir erzählt, daß meine Nachbarin demnächst Zwillinge bekommt – nach jahrelangen erfolglosen Versuchen.«

»Warum seid ihr dann nicht direkt dahin gegangen?«

»Weil Davids Urologe uns zur Mount-Sinai-Klinik geschickt hat. Aber Jen ... danke; ich weiß, du bietest es aus Liebe an.«

»Nenn mich verrückt, aber du wirst ein Baby bekommen – auf die eine oder andere Art und Weise. Dann könnte es ebensogut die bestmögliche Weise sein – deine Eizelle, Davids Sperma und ich als Brutkasten. Wir können es schaffen.«

»Weißt du, was du da sagst? Hast du darüber nachgedacht ... mit dem Kind von jemandem anderen schwanger zu sein?«

»Ich habe gerade darüber nachgedacht, und das Angebot steht. Meine Kinder sind der Sinn meines Daseins. Ich möchte, daß du den gleichen Lebensinhalt findest. Denk darüber nach. Ich muß auflegen; ich bin bei der Tiefgarage.«

Sie unterbrach die Verbindung, und ich starrte sprachlos auf den Hörer in meiner Hand. »Blödsinn«, flüsterte ich und legte auf.

Es war ein treuherziges Angebot, ausgesprochen aus reiner Liebe und in Unkenntnis dessen, was es bedeuten würde, mein Kind auszutragen. Der Fachbegriff für Jens Lösung lautet, wie ich später herausfand, »Tragemutter«. Jennifer bot mir an, als Tragemutter für mich und David zu fungieren, ohne daß eine von uns das Wort kannte oder etwas über die medizinischen und emotionalen Implikationen wußte. Wir wußten nicht, was es für David und mich bedeuten würde, unser Kind in Jens Körper heranwachsen zu sehen, und welche selbstauferlegte Dankesschuld das mit sich bringen würde. Wir wußten nicht, wie sie sich dabei fühlen würde, das Kind aufzugeben, das sie in sich getragen und dem sie zugeflüstert hatte, das sie in sich hatte treten und heranwachsen fühlen. Und wie ihre eigenen Kinder, Kodie und Austin, reagieren würden, wenn sie erfuhren, daß das Baby im Bauch ihrer Mutter nicht ihr Bruder oder ihre Schwester war. Und daran zu denken, daß sie das Baby fortgeben würde! Welche Alpträume würde das bei diesen Kindern auslösen? Würde ihre Mutter auch sie weggeben? Es war eine Idee, die sie aussprach, ohne zu wissen, wie ihr Mann sich dabei fühlen würde, nicht mit seiner Frau intim sein zu können, weil sie ein Kind trug, das nicht seines war. Was würde aus ihrer Ehe werden, die bereits einmal fast kaputtgegangen wäre und jetzt besonderer Pflege bedurfte?

Ich erzählte David davon. Er blickte mich fragend an, als ich das Gespräch beim abendlichen Spaghettiessen am Küchentisch wiedergab. »Naiv, ja«, sagte er und legte die Gabel auf seinem Teller ab. »Aber nicht so verrückt. Von der Logik her wäre es machbar, und es ist eine weitere Alternative. Ich weiß nicht, ob wir so etwas wirklich tun wollen. Aber es ist ein wunderbares Angebot. Ich kann es noch gar nicht begreifen. Jennifer und ich verstehen uns gut, aber dazu gehört sehr viel Liebe. Du und ich sind ein Paar, ebenso wie sie und Stephen. Eine solche Situation würde uns alle betreffen. Was hat Stephen dabei zu gewinnen? Ihr Mädchen stürzt euch zu unüberlegt in Dinge hinein, alle beide. Die Idee ist aufregend, aber wie aufregend wäre es für uns alle, neun Monate lang damit zu leben? Habt ihr über die Konsequenzen nachgedacht? Was, wenn es schiefgeht?«

David sprach wie zu sich selbst, wog alles Schritt für Schritt ab, wie er es im Berufsleben tut. »Was bedeutet das medizinisch?« fuhr er fort. »Finanziell? Und rechtlich? Habt ihr über die Rechtslage nachgedacht? Sie und Stephen sind auf ihre beiden Einkommen angewiesen. Sie hat nicht gearbeitet, während sie mit Kodie und Austin schwanger war, und jetzt ist sie älter. Liza, all dies ist übereilt. Was, wenn sie krank wird oder eine Fehlgeburt hat? Wir haben in rund drei Wochen den ersten Termin beim Cornell Center für die nächste IVF. Laß uns einen klaren Kopf behalten.«

18. Kapitel

Zu Jennifers fünfunddreißigstem Geburtstag schickten Mutter und ich Stephen Geld, damit er Jen einen viertägigen Aufenthalt auf der Canyon-Ranch-Schönheitsfarm in Arizona schenken konnte. Sie wollte mit sich allein sein, um Linderung für ihren Schmerz um den Tod ihrer Mutter zu finden, den sie immer noch nicht akzeptieren konnte. Sie wollte sich aus ihrer Rolle als Ehefrau und Mutter lösen und sich selbst wiederentdecken.

Sie war schon drei Tage weg und hatte noch nicht angerufen, was mich beunruhigte, bis ich einen höchst ungewöhnlichen Brief erhielt.

Liebe Liza,

ich schreibe dir diesen Brief, weil ich mich auf dem Papier besser ausdrücken kann.

Hier in Arizona sehe ich die Macht der Schöpfung in den alterslosen Bergen und der Wüste. Sie zeigen mir, daß die Natur dazu gemacht ist, trotz aller Umwälzungen weiterzuleben, und das muß auch ich. Ich habe die Hypnose als ein Instrument ausprobiert, mich selbst wiederzufinden. La, du weißt, daß ich von jeher ein spiritueller Mensch war und daran glaube, daß die größte Quelle der Kraft und Produktivität in unserem Geist liegt. Es frustriert mich, daß ich diese Kraft seit Mamas Krankheit und Tod nicht habe nutzen können, um Frieden zu finden.

Die Hypnose hat mich schon immer fasziniert, erschien mir aber als Hokuspokus. Aber hier nicht. Hier in der Wüste ist Kontinuität: Stunde um Stunde breiten sich die Farben aus, verwandeln sich und weichen als Schatten zurück, und ich sehe die Hypnose jetzt als einen Weg, mein ganzes Dasein zu harmonisieren.

Ich ging zu der Einzelsitzung, weil ich dachte, wenn ich Mama noch einmal sehen könnte, würde ich das Kapitel ihres Todes abschließen und ein neues beginnen können, um Stephen eine glückliche Frau und den Kindern eine wirkliche Mutter zu sein anstelle der cholerischen, halbherzigen Zicke, in die ich mich verwandelt habe.

Liza, ich bin ein so wütender, unglücklicher Mensch gewesen. Seit dem Tod meiner Mutter habe ich nur ein oberflächliches Dasein geführt. Nur du weißt, daß ich Theater spiele, während mein Geist und mein Herz im Leeren treiben und suchen und nicht an meinem Leben teilnehmen.

Ich will dir von der Hypnosesitzung erzählen. Der Hypnosetherapeut empfing mich in einem abgedunkelten Raum. Er sagte, ich solle mich auf den Liegesessel legen. Er saß hinter mir, außer Sichtweite. Es überraschte mich selbst, daß ich imstande war, mich zu entspannen und auf seine Stimme zu lauschen. Du kennst mich ja; eigentlich muß ich immer die Kontrolle behalten. Aber seine Stimme war sanft und direkt und erschien mir wie ein Anker. Ich fühlte mich sicher und schloß die Augen.

Seine Stimme führte mich durch ein Labyrinth von Korridoren und Türen. Es begann, eintönig zu werden. Dann sah ich Mama. Liza, ich sah sie! Und ich hörte sie. Sie kam auf mich zu und trug ein strahlendes Licht. Ihr Gesicht war so schön, sie lächelte, sie sah glücklich aus. Sie gab mir das Licht. Ich berührte ihre wunderschönen Hände. Ihre Hände haben mir immer soviel bedeutet: lange, schlanke Finger, die die Welt halten und mir geben konnten. »Nimm das Licht, Jengi, trag es in deinem Herzen und wisse, daß ich in dir lebe.« Sie sagte diese Worte zu mir, und dann bewegte sie sich fort. Ich rief ihr nach: »Mama.« Aber, Liza, sie bewegte sich immer weiter fort, doch ich hatte immer noch das Licht, und ich fühlte mich nicht allein oder so, als sei sie mir entrissen worden. Ihr Fortgang war sanft.

»Ich habe dich, Mama, danke. Ich liebe dich«, und dann war sie fort. Aber ich roch ihr Parfüm, wie sie es versprochen hat. Sie war wirklich dort bei mir, Liza, ich weiß, daß ich bei meiner Mutter war. Ich möchte, daß du das glaubst. Du stehst mir am nächsten, anders als Kodie und Austin und Stephen; du bist meine Schwester. Wir sind von gleicher Herkunft und haben die gleichen Zeiten durchgemacht. Du kennst mich länger und besser als irgendwer sonst. Vielleicht besser, als ich mich selbst kenne. Ich glaube, ich kenne dich besser, als du dich selbst kennst.

Als ich die Augen öffnete, war ich nicht benommen. Mein Kopf war klar, und ich fühlte eine Wärme in meinem Herzen, wo vorher ein Stein gewesen war. Ich konnte es nicht abwarten, dir davon zu erzählen. Ich hätte fast angerufen, aber wie gesagt, es ist besser, es niederzuschreiben.

Jetzt werde ich einen Spaziergang machen und darüber nachdenken, was Mama möchte, was ich mit dem Licht tue. Mein erster, instinktiver Gedanke ist: Sie möchte, daß ich dieses Licht an dich weitergebe, La. Ich möchte dein Baby für dich austragen. Ich sage das in tiefstem Ernst. Wir werden es gemeinsam schaffen. Du wirst meinen Schmerz heilen und ich den deinen. Dann können du und ich zusammenstehen und endlich aufhören, uns wie Scheusale zu benehmen.

Ich liebe dich,
Jen

Wäre ich am Sonntagabend in Chicago gewesen, hätte ich sehen können, wie Stephen Jennifer am O'Hare Airport abholte. Er hatte sich Sorgen gemacht, in welcher Stimmung er sie vorfinden würde, aber ihre Augen strahlten zum ersten Mal seit Austins Geburt. Sie küßte und umarmte ihn herzlich, und

Stephen war sicher, daß sie ihn vermißt hatte. Er hielt sie auf Armeslänge von sich. »Du siehst großartig aus. Wenn du so glücklich und gutaussehend zu mir zurückkommst, bin ich froh, daß du weggewesen bist.«

Sie stiegen ins Auto, und Stephen fädelte sich in den Verkehr ein, der aus dem Flughafen strömte.

»Ich weiß, du glaubst nicht an solche Sachen, Stephen«, sagte sie im vergeblichen Bemühen, ihre Begeisterung zu zügeln, »aber ich habe in der Hypnose Mama gesehen.«

Sie sah sein Gesicht länger werden. Um ihn nicht zu verschrecken, nahm sie rasch seine Hand, aber ihr Enthüllungsdrang hatte Vorrang vor seiner Unsicherheit. »Ich glaube wirklich von ganzem Herzen, daß ich einen Weg gefunden habe, über ihren Tod hinwegzukommen, einen Weg, der uns als Familie Ruhe und Sicherheit bringen wird. Stephen ...« Sie holte tief Luft. »Ich werde Lizas und Davids Baby bekommen. Es soll so sein. Liza weiß es noch nicht, aber ich bin mir der Sache so sicher.« Sie öffnete das Autofenster und brüllte in die Welt hinaus: »Ich werde Liza ihr Baby verschaffen.« Sie wandte sich ihrem Mann zu. »Wirst du dich um eine Frau kümmern, die mit dem Baby von jemandem anderen schwanger ist, eine Frau, die eine Menge Aufmerksamkeit braucht? Wirst du mein Partner sein?«

Jennifer hatte sich entschieden und hoffte, daß Stephen mitziehen würde. Es konnte darüber keine Diskussion geben. Sie betrachtete sich als unabhängigen Menschen, und obwohl sie in einer Ehe lebte, hatte sie immer noch ihre eigenen Prioritäten.

Sie war erleichtert, ihren Mann lachen zu sehen, und lachte mit ihm. Es fühlte sich gut an, nach soviel Kummer – dem Tod ihrer Mutter und ihrer siebenmonatigen Trennung – gemeinsam lachen zu können.

Für Stephen war es mitreißend, seine Frau in solcher Hochstimmung zu sehen. Er erkannte, daß sie sein Versprechen, ihr

Partner zu sein, brauchte. Er wollte gebraucht werden, und der familiären Harmonie zuliebe erklärte er sich mit ihrer Idee einverstanden.

»Ich kann nicht sagen, daß ich an Zeichen glaube, aber wenn du es tust und endlich Linderung gefunden hast, Jen, werden wir darüber nachdenken. Ich kann mir nicht vorstellen, kein Vater zu sein, keine Kinder zu haben, die ich liebe und die zu mir gelaufen kommen. Wenn ich keine Kinder bekommen könnte, würde ich auch alle erdenklichen Möglichkeiten ausschöpfen. Ich würde mir wünschen, daß jemand dies für mich täte.« Er berührte ihre Hand. »Jen, wir sollten uns genauestens über alles informieren und darüber nachdenken, was es für unser Leben, für Austin und Kodie bedeuten wird. Sie ist alt genug, um eine Erklärung zu verstehen. Liza ist noch nicht sicher, daß sie nicht schwanger werden kann. Ich bin dein Partner fürs Leben, aber wir müssen uns klarmachen, daß damit Konsequenzen verbunden sind. Wir sind eine Familie, und wir haben zuallererst eine Verpflichtung unserer Familie gegenüber. Es geht um mehr als nur darum, ein Baby zu bekommen.«

Jennifer hatte kein Wort von dem gehört, was er gesagt hatte, nachdem er zugestimmt hatte, ihr Partner zu sein; ihre Gedanken überschlugen sich.

Sie fühlte sich wie die alte Jennifer, die sich rasch für Dinge begeisterte und aus dem Impuls heraus handelte. Sie war die wilde Jennifer, die skandalös durch die Discos tanzte. Sie war die Jennifer, die das Leben liebte und Dinge geschehen ließ, anstatt darauf zu warten, daß sie geschahen.

»Was ich mit meinem Körper tue, ist meine Sache«, erklärte sie mir später, als wir die Gelegenheit hatten, in Ruhe darüber zu sprechen, und ihr anfänglicher Überschwang einer ruhigeren Gemütsverfassung Platz gemacht hatte. »Ich würde meinen Mann nicht betrügen; das ist eine moralische Frage; ich respektiere mich selbst und ihn, deshalb würde ich das nicht tun. Dein Baby zu bekommen, Liza, da bin ich mir von ganzem Herzen sicher, würde mich zu einer besseren Ehefrau und Mutter und, noch wichtiger, zu einem gesunden Menschen machen. Du hast gesagt, die Idee, deine Tragemutter zu sein, sei verrückt. Dir zuliebe hoffe ich, daß es nicht dazu kommen wird, aber falls sich herausstellt, daß du kein Kind austragen kannst, weiß ich, daß du der Frage auf den Grund gehen wirst.«

»Jen, du verbindest das alles zu sehr mit deiner Mutter. Unsere Kinderlosigkeit ist, so wie die Dinge jetzt stehen, eine Sache zwischen David und mir. Ich möchte nicht das Gefühl haben, daß ich dir den Rettungsring vorenthalte, den du brauchst, aber ich kann dich darin auch nicht ermutigen. Wir fangen Ende des Monats mit dem IVF-Zyklus beim Cornell Center an. Ich hoffe, daß er ein Erfolg wird.«

Wir legten auf, und ich spürte, daß ich sie enttäuscht hatte. Sie wollte, daß ich ihre Begeisterung teilte. Vielleicht war es eine ähnliche Enttäuschung wie damals, als sie sich auf der High-School und am College darauf verlassen hatte, daß ich sie bei den anderen einführen würde, was ich nicht tat, aber so richtig glaubte ich nicht daran. Jennifer war eine reife Frau und kannte sich selbst. Ich glaube, sie hatte wirklich das Gefühl, mir ein Baby zu verschaffen, würde irgendwie das Gleichgewicht zwischen den Kräften des Lebens und des Todes wiederherstellen.

19. Kapitel

Die Farbenpracht des Herbstlaubs hatte an jenem letzten Oktoberwochenende 1996 ihren Höhepunkt erreicht. Ich war müde. Meine Gelenke schmerzten, besonders meine Knie. Mein Hausarzt hatte keine Ursache für diese Schmerzen gefunden. Ich hatte den Eindruck, daß mein Körper mir all die Manipulationen heimzahlte, die ich an ihm vorgenommen hatte, obwohl man mir sagte, meine Beschwerden hätten nichts mit der IVF zu tun. Das Schreiben der Cornell-Fertilitätsklinik, das mich aufforderte, zwecks Beratungsgespräch, Unterzeichnung des Einwilligungsformulars, Voruntersuchungen und Terminabsprache zu ihnen zu kommen, traf mich unvorbereitet. Die Zeit auf der Warteliste war vorbei. Ich war an der Reihe.

An diesem Sonntagnachmittag um sechs wurde die Long-Island-Schnellstraße in Richtung New York ihrem Ruf als größter Parkplatz des Staates wieder einmal absolut gerecht. Der Verkehr war zum Erliegen gekommen, und ich war in düsterster Stimmung. David hatte mich das ganze Wochenende lang ertragen, mich während meiner Tränenausbrüche getröstet und meine spitze Zunge stoisch hingenommen. Wir saßen seit zwei Stunden schweigend im Auto und hatten noch nicht einmal die halbe Strecke nach New York geschafft. Ich fürchtete mich vor dem bevorstehenden IVF-Zyklus an der Cornell-Klinik. Mein Termin war in zehn Tagen. Ich konnte immer noch keinen ganzen Kinofilm lang stillsitzen, sondern mußte zwischendurch aufstehen und durchs Kino wandern, weil mein Rücken so steif war. Es war mir unmöglich, auch nur eine

Spur von Optimismus für einen dritten IVF-Zyklus aufzubringen.

Wir krochen auf die Ausfahrt Huntington zu. »Laß uns hier drehen, David. Ich kann nicht noch länger im Auto sitzen. Laß uns einfach Greg besuchen und später nach Hause fahren, wenn dieses Chaos sich aufgelöst hat.«

»Woher weißt du, daß er zu Hause ist? Wir können ihn doch nicht einfach überfallen.«

»Er ist mein Bruder, um Himmels willen. Natürlich können wir ihn besuchen. Ich weiß, daß er zu Hause ist; er kocht heute das Abendessen. Dreh um! Dreh hier um!«

David drehte. Ich dirigierte ihn an den Einkaufszentren von Oyster Bay vorbei nach Lloyd Harbor. Er folgte der gewundenen Snake Hill Road unter ihrem herbstlichen Blätterdach, während ich in die langen Auffahrten hineinsah und versuchte, einen Blick auf die Häuser zu erhaschen, die sich hinter Mauern und Sträuchern verbargen. Nach fünfzehn Minuten bogen wir in Gregs Auffahrt ein. Es war fast dunkel, aber ich konnte den Long-Island-Sund noch hinter seinem weißen Haus im Kolonialstil glitzern sehen.

Stuart kam herausgelaufen, um uns zu begrüßen. »Tante La!« Ich drückte ihn. Er war ein robuster Siebenjähriger und sah aus wie der kleine Greg. Die gleichen unergründlichen dunklen Augen und das verstrubbelte dunkle Haar. Niemand konnte die Verwandtschaft zwischen Greg, Stuart und mir übersehen. Stuart ist warmherzig und sensibel wie sein Vater und hat das gleiche quadratische Lächeln, das so gewinnend ist.

Greg und Max kamen auf die Veranda; die zweijährige Sophia wackelte hinterher. Auch Sophia sah Greg ähnlich, hatte aber Maxines ovale Augen.

Greg hielt einen Holzlöffel in der einen Hand und ein Glas Rotwein in der anderen. »Ich hoffe, ihr beiden seid zum Essen gekommen. Ich mache Linguine mit Krabben-Marinara-Sauce. Es ist genug für alle da.«

Max goß mir und David Wein ein.

»Ich mache ein Feuer«, sagte David und schichtete Holzscheite in den Kamin hinter dem Tisch in Gregs wohlausgestatteter Profiküche.

Der Wein tat mir gut, und auch die Gegenwart der Kinder wirkte aufheiternd auf mich.

Greg hielt Sophia am Herd auf dem Arm und ließ sie die Tomatensauce rühren. Max stand an der Spüle und putzte Gemüse für den Salat, ihr blondes Haar zum Pferdeschwanz gebunden, so daß ihre schrägen, blauen Augen und ihr voller Mund noch mehr zur Geltung kamen. Sie hatte hart gearbeitet, um die Kilos, die sie während der Schwangerschaft zugelegt hatte, wieder loszuwerden. Ihr Gesicht wirkte nicht mehr so verquollen, und sie trug ihre engen Jeans wieder mit Stolz. Mein Körper tat weh und würde bald noch weher tun und sich aufblähen in diesen immergleichen häßlichen Elastikröcken, die ich tragen mußte, und nach der ganzen Quälerei würde ich keine kleine Sophia und keinen kleinen Stuart in meinem Haus haben. Das waren meine Gedanken.

»Tante La. Komm mit in mein Zimmer; ich zeige dir meinen Computer«, sagte Stuart und zerrte an meiner Hand.

»Er hat einen Computer?« fragte ich Greg.

»Jawohl.«

»Stuart, du kannst mit einem Computer umgehen? Ich bin beeindruckt. Gehen wir!« Ich stand auf, nahm mein Weinglas und folgte ihm nach oben.

Stuarts Zimmer war ein Paradies für kleine Jungen. Er schlief in einem roten Glasfaserbett in Rennwagenform, das früher Gregs gewesen war. Es trug immer noch den Aufkleber *Wetson's Racing Team* auf der Seite. Außerdem gab es hier Forts und Lastwagen und Regale voller Matchbox-Autos und Lego-Konstruktionen, die er gebaut hatte. Der Computer stand auf einem Schreibtisch mit zwei roten Drehstühlen davor.

Wir setzten uns hin, und Stuart zauberte etwas namens »Mathe-Blaster« auf den Bildschirm.

»Du mußt die richtige Gleichung finden, um dieses Weltraummonster in die Luft zu sprengen«, erklärte er und griff nach der Maus, um es mir zu demonstrieren.

»Ich habe gerade erst gelernt, den Computer in meinem Restaurant zu bedienen.« Ich stellte das Weinglas in sicherer Entfernung auf dem Schreibtisch ab.

»Tante La. Wenn du dein Kind bekommst, mußt du ihm den Computer erklären können. Hier.« Er gab mir die Maus. »Du mußt aus der Liste auswählen.«

Ich wählte die falsche Gleichung, und das Monster rückte weiter vor.

»Wann bekommst du dein Baby, Tante La?«

»Stuart, woher weißt du davon?«

»Mein Papa hat es mir gesagt. Ich weiß, daß du traurig bist. Aber du solltest glücklich sein.«

Er klang so reif und erwachsen. Stuart wurde in die Familiengespräche mit einbezogen, und seine Eltern ermutigten ihn, seine Meinung zu sagen, und hörten ihm zu.

»Du hast doch Leute, die dir helfen, Tante La.« Er sprang auf und zeigte auf den Bildschirm. »Schau! Noch ein Monster. Das mußt du erwischen!«

Ich nahm die Maus, und diesmal wurde das Monster »erledigt«, wie Stuart sagte.

Greg kam ins Zimmer. Er hatte uns reden hören. »Stuart, Mama braucht dich unten.«

Greg nahm Stuart am Wochenende oft mit zur Arbeit und ließ ihn in den Restaurantküchen helfen. Er schälte Möhren und füllte Ofenkartoffeln mit Krautsalat, was ihm ein Gefühl der Wichtigkeit verlieh.

»Tante La, du kannst ruhig weiterspielen, bis ich wiederkomme.« Er ging nach unten.

Greg legte sich auf sein altes Bett, schlug die Beine übereinander und verschränkte die Hände hinterm Kopf. »Stuart hat recht, Liza. Du hast Glück, daß es technische Möglichkeiten gibt, dir zu helfen. Es gibt genug Frauen, die das Geld dafür nicht haben oder irgendwo leben, wo diese medizinische Technologie nicht verfügbar ist. Viele Frauen würden gern mit dir tauschen.«

Ich nahm einen Schluck Wein. »Ich hasse all diese Ärzte. Sie interessieren sich doch gar nicht für mich. Sie benutzen die Frauen nur für ihre Experimente. Ich hasse ihre Technologie. Ich wünschte, es gäbe sie nicht, und ich müßte das Ganze nicht machen.«

»Du siehst die Sache nur aus dem falschen Blickwinkel. Du hast soviel Glück, diese Möglichkeiten zu haben und sie dir leisten zu können. Du mußt deine Einstellung ändern. Gute Dinge passieren nur, wenn man daran glaubt. Mit deiner derzeitigen Gemütsverfassung hast du schon verloren, bevor du anfängst.«

»Und wie ändere ich meinen Gemütsverfassung?« fragte ich herausfordernd und nahm einen Schluck Wein.

»Schau dir jeden Tag an und denk an drei positive Dinge. Es ist ein Gedankentrick. Indem du deinen Geist fragst: ›Worüber bin ich glücklich?‹, bringst du ihn dazu, ans Glücklichsein zu denken, und dann fallen dir auch Dinge ein, die dich glücklich machen. Du hast die Dinge gern unter Kontrolle. Bring deinen Geist unter Kontrolle. Wenn du dir sagst, daß die Technologie und die Mediziner dazu da sind, dir zu helfen, dann werden sie das auch tun. Und wenn du dir sagst, daß du das, was du tust, mit all deiner Energie, von ganzem Herzen und aus ganzer Seele tust, und es deshalb zum Ziel führen muß, passiert das wahrscheinlich auch. Selbst Stuart weiß das.«

Ich schämte mich meiner selbst, als ich meinem Bruder zuhörte. Ich hatte mich wieder einmal im Selbstmitleid geaalt. »Danke, daß du mich wachgerüttelt hast«, sagte ich. »Das war dringend notwendig. Ich habe vergessen, wer ich bin und wozu ich fähig bin.«

»Komm, zerr mich aus diesem Bett, bevor ich einschlafe. Kannst du dir vorstellen, daß Max und ich über ein Jahr lang in diesem Bett geschlafen haben, bevor wir geheiratet haben? Erinnerst du dich noch? Glaubst du, Mama wußte davon?«

»Wahrscheinlich, aber was hätte sie tun sollen, um euch daran zu hindern?«

Wir lachten beide, als ich ihn am Arm hochzog. Abergläubisch wie ich bin, berührte ich das Bett, um etwas von dem Glück abzubekommen, das es Greg und Max beschert hatte; dann ging ich hinunter zum Abendessen.

Köstliche Nudeln ... die Freude, mit meinem Bruder und seiner wunderbaren Familie zusammenzusein ... ein wunderbarer Ehemann, dachte ich. Das sind schon drei gute Dinge für heute.

20. Kapitel

Nach dem Wochenende, wenige Tage vor meinem Termin in der Cornell-Klinik, ging ich zu einem Rheumatologen. Die Schmerzen in meinen Knien und Ellbogen ließen sich nicht länger ignorieren. Mein Hausarzt überwies mich an einen Dr. Billings.

Vor der Untersuchung stellte er mir endlose Fragen und tippte meine Antworten in einen Computer ein. Das hatte ich noch nie erlebt. Ich fand es ärgerlich und unpersönlich. Er fragte mich, was ich machte. Ob ich arbeitete? Ob ich mich körperlich betätigte und Sport triebe? Er fragte nach meiner Familiengeschichte und meiner Krankengeschichte. Ich erzählte ihm von dem Minischlaganfall. Er fragte mich, ob ich Kinder hätte, und ich erzählte ihm von den gescheiterten IVF-Zyklen und daß ich während dieser Behandlungen den Blutverdünner Heparin bekommen hätte.

Bei diesen letzten Worten hielten seine Finger auf der Tastatur inne. Er sah mich besorgt an. »Wissen Sie, daß Sie ein hohes Risiko eingehen, wenn Sie sich bei Ihrer erhöhten Gerinnungsneigung mit IVF behandeln lassen? Wenn Sie schwanger würden, wären Sie ernsthaft gefährdet, einen weiteren Schlaganfall oder Schlimmeres zu erleiden. Hat Ihnen das niemand gesagt?«

»Man hat mir gesagt, daß ich eine Risikopatientin bin, aber sie haben auch gesagt, der Blutverdünner wirke vorbeugend und würde das Risiko der Blutverdickung ausschalten.«

»Das sehe ich anders.« Er stand ärgerlich auf. »Angesichts Ihres Antikardiolipinsyndroms sollten Sie nicht versuchen, durch IVF oder selbst auf normalem Wege schwanger zu werden. Das wäre lebensbedrohlich.«

Er untersuchte mich und sagte, die Gelenkschmerzen seien durch Kalziumablagerungen verursacht. Als ich das Sprechzimmer verließ, legte Dr. Billings mir den Arm um die Schulter.

»Liza, ich sage das nur inoffiziell, aber wenn Sie meine Tochter wären, würde ich Ihnen nicht erlauben, schwanger zu werden.«

Er machte mir Angst. Ich wollte eine weitere Meinung dazu hören. Ich fand, daß eine so entschiedene Aussage über meine Blutprobleme von einem Hämatologen, einem Blutspezialisten, nicht von einem Rheumatologen, kommen sollte.

Im Hinblick auf den IVF-Zyklus in der Cornell-Klinik ließ ich mich an einen Hämatologen dort überweisen, damit die Blut- und die Fertilitätsspezialisten sich untereinander abstimmen könnten und ich nicht als »Generalunternehmer« fungieren müßte. Erstaunlicherweise sagte mir der Hämatologe, meine besondere Problematik sei etwas, wovon ein Rheumatologe etwas verstünde. Er schickte mich sogar zu einem Rheumatologen der Cornell-Klinik.

Nach diversen Untersuchungen und Bemühungen, alle Ärzte zum Austausch ihrer Erkenntnisse zu bewegen, wurde Dr. Billings Meinung bestätigt, es könne für mich gefährlich sein, ein Kind auszutragen. Sie kamen zu dem Schluß, mein Antikardiolipinsyndrom, der Fachbegriff für meine Neigung zur Gerinnselbildung, habe den transienten ischämischen Hirninfarkt ausgelöst, den ich 1992 erlitten hatte. Die Ärzte meinten, daß die Kardiolipinantikörper in Verbindung mit einem hohen Östrogenspiegel und einer Geburt einen schweren Schlaganfall auslösen könnten.

Ich war außer mir. Wieso stellten sie das erst jetzt fest? Ich hätte sterben können? Wie konnten sie mir das jetzt, nach zwei Jahren, sagen? Nach allem, was wir durchgemacht hatten? Wie sollte ich je wieder einem Arzt trauen? Sie waren alle Idioten. David hatte zwei Operationen mitgemacht. Wofür? Seine Spermien konnten eine Eizelle befruchten. Wieso hatte sich keiner der Ärzte mit unserem Gesamtgesundheitszustand befaßt? Ich hatte ihnen von meinem Blutproblem und dem Schlaganfall erzählt, und sie hatten die Sache heruntergespielt und sich nur darauf konzentriert, mich schwanger zu machen. Ich war wütend. Und was jetzt? Was sollten David und ich tun?

Wir gingen zu Patricia Greene, und sie brachte die Idee einer Tragemutter ins Gespräch. »Die Embryos aus Lizas Eizellen und Davids Spermien würden in die Gebärmutter einer anderen Frau eingepflanzt, die das Kind austragen und gebären würde. David, Sie und Liza wären die leiblichen Eltern.« Wir erzählten ihr von Jennifers Angebot. Es schien, als ob der Traum Wirklichkeit werden könne, ein Hoffnungsstrahl in dieser Zeit der Hoffnungslosigkeit. Jennifer könnte unsere Tragemutter sein. Jennifer, die angeboten hatte, dieses Opfer zu bringen, ohne auch nur zu wissen, ob eine solche Prozedur machbar sei, ohne je den medizinischen Begriff dafür gehört zu haben – Jennifer konnte unseren Embryo austragen und ein Kind zur Welt bringen, das aus Davids Samen und meiner Eizelle entstehen würde, unser eigenes leibliches Kind.

Patricia beantwortete uns viele der Fragen, die David mir anfänglich gestellt hatte. Die Tragemutter würde ebenfalls mit Hormonen behandelt, um unsere Menstruationszyklen zu synchronisieren. Sie würde keine Hormone erhalten, die die Eierstöcke zur Produktion mehrerer Eizellen anregen, sondern solche, die die Tätigkeit der Eierstöcke unterdrücken, damit sie keine eigenen Eizellen produzieren, und die Gebärmutter zugleich aufnahmebereit für die Embryos machen. Mit anderen Worten, ihr Körper würde so reagieren, als ob er schwanger sei. Es wären zahlreiche Voruntersuchungen erforderlich, sogar ein Testzyklus und eine Biopsie der Gebärmutterschleimhaut, um sicherzustellen, daß sie den Embryo ernähren könnte. Und wir müßten uns über die rechtlichen Verhältnisse in Illinois und New York informieren.

Ja, dies war ein Hoffnungsstrahl, aber es würden viele Hindernisse zu überwinden sein. Und es waren noch andere Menschen betroffen, wie David mir zu bedenken gegeben hatte, als ich das erste Mal mit ihm darüber sprach. Es gab für David und mich viel zu überlegen, bevor wir uns mit Jennifer unterhalten würden. Wenn der Einsatz einer Tragemutter möglich war, würden wir uns vielleicht besser eine Unbekannte suchen, um persönliche Gefühle und langfristige familiäre Verstrickungen zu vermeiden. Vielleicht würde das die emotionalen Komplikationen und Fußangeln minimieren.

Andererseits: Wenn Jennifer unser Baby als ein Geschenk der Liebe für uns austrug, wäre dies vielleicht das größte Glück überhaupt.

Am frühen Morgen klingelte das Telefon. Das konnte nur Jennifer mit ihrem Wochenendbericht sein.

Ich mußte sie unterbrechen. »Jen, ich habe einen Arzt auf der anderen Leitung. Ich ruf dich auf der Arbeit zurück ... entschuldige!« Ich legte auf und hörte weiter zu, wie der Frauenarzt die unheilvollen Ergebnisse meines Bluttests bestätigte: Eine Schwangerschaft könnte bei mir möglicherweise zum Schlaganfall führen.

Bevor der Schock dieser Nachricht richtig einsetzte, rief ich Jennifer in ihrem Büro an. Ihre Assistentin meldete sich auf das erste Klingeln.

»Ellen, ist Jennifer beschäftigt? Ich muß mit ihr sprechen.«

»Sie ist nicht an ihrem Platz. Bleiben Sie dran, ich werde sie für Sie suchen.«

Einen Augenblick später war Jennifer am Apparat. »Was hat der Arzt gesagt?«

Völlig panisch stieß ich hervor: »Ich sollte wegen meiner

Blutprobleme gar nicht schwanger werden. Ich könnte einen Schlaganfall bekommen ... oder sterben.«

»Liza, ich habe das Angebot, das ich dir gemacht hab, ernst gemeint.« Sie sprach ohne Zögern. »Laß mich dein Baby austragen. Laß uns mehr über diese Möglichkeit herausfinden.«

»Es ist so kompliziert, Jen. Ich weiß Bescheid; ich habe mit Patricia, unserer psychologischen Beraterin gesprochen. Sie hat mir gesagt, die Tragemutter müßte eine Menge Untersuchungen über sich ergehen lassen und eine Hormontherapie – all diese scheußlichen Spritzen. Es ist ein gewaltiges Unternehmen.«

»Ich weiß, daß es nicht einfach ist. Ich will es tun. Mach einen Termin. Ich komme nach New York, und wir sprechen gemeinsam mit dem Arzt.«

»Jennifer, warum willst du das für uns tun?« fragte ich voller Liebe, Angst und Verwirrung.

Sie dachte eine Weile nach, nicht weil sie ihrer Antwort nicht sicher war, sondern um die Worte zu wählen, die ihre Gefühle am besten ausdrücken würden. »Der Tod meiner Mutter und der Unfall deiner Mutter waren Dinge, auf die wir keinen Einfluß hatten. Seit dieser Zeit haben wir beide gelitten. Das hier ist etwas, woran man etwas machen kann. Es ist etwas, was wir zusammen schaffen können. Wenn ich dir das Baby gebe, werde ich wissen, daß ich Leben *gegeben* habe. Daß es mir nicht genommen wurde. Ich werde wieder Liebe empfinden und auf sie vertrauen können. Jetzt fürchte ich sie. Dir das Baby zu geben, wird mir Freude geben. Wenn ich dir das Gefühl von Sinn und die unglaubliche Liebe verschaffen kann, die meine Kinder mir gegeben haben, werde ich etwas an deinem Leben ändern, und indem du mich das tun läßt ... wirst du auch in meinem Leben etwas ändern.«

Ich war von ihren Worten gerührt, widersprach aber immer noch. »Jen, es geht nicht nur darum, schwanger zu sein. Es geht um den gesamten In-vitro-Zyklus einschließlich psychologischer Tests. Sie würden sogar zuerst einen Probezyklus durchführen, um festzustellen, ob du die Embryos austragen kannst. Du hast gesehen, was diese Medikamente bei mir angerichtet haben. Du würdest all diese Medikamente nehmen müssen, all diese Spritzen und Ultraschalluntersuchungen und Blutabnahmen – die dauernden Arztbesuche ... Außerdem arbeitest du. Wie soll das gehen?«

»Wir finden einen Weg.«

»Sie müssen deinen Körper aufnahmebereit machen und dazu bringen, so zu reagieren, als ob er schwanger sei. Jen, diese Medikamente haben Nebenwirkungen. Abgesehen davon, daß sie dir das Gefühl geben, der Weltuntergang stünde kurz bevor, und du dich dick und unwohl fühlst, können sie Nierenschäden und andere Langzeitschäden auslösen. Niemand kann etwas Sicheres darüber sagen, weil diese Verfahren noch so neu sind. Es ist nicht nur eine Schwangerschaft; die Sache nimmt dich völlig in Anspruch und könnte eine ungeheure Belastung für deine Familie bedeuten. Du mußt über all diese Dinge nachdenken.«

»La, ich weiß, daß ich es tun kann. Ich weiß auch, daß meine beiden Kinder auf mich angewiesen sind, aber das hier ist kein unverbindliches Gerede. Ich kann es tun. Ich habe keine Angst. Ich sehe es als abgeschlossene Sache. Ich sehe dich mit deinem Baby.«

»Jen, bitte, du mußt das nicht tun. Du bist zu mutig, und ich habe Angst um dich.«

»Das brauchst du nicht. Meine Mutter möchte, daß ich dir das Licht gebe. Sie wird nicht zulassen, daß mir etwas passiert. Jetzt, in diesem Moment, muß ich diesen radikalen Schritt tun, um zu überleben.«

»Bist du dir der Bedeutung dessen, was du da sagst, bewußt?«

»Ich denke an das Ergebnis. Schick mir die Informationen zu, aber, Lollipop ... es soll einfach so sein.«

Nachdem wir aufgelegt hatten, brach ich in hysterisches Weinen aus. Ich war überwältigt von dem Geheimnis der Liebe und den vielen unvorhergesehenen Wegen, wie sie ihre Macht zeigen kann.

Für Jennifer war es ein Akt der Liebe, Davids und mein Baby für uns auszutragen, und David und ich würden die Nutznießer dieser Liebe sein. Ich wollte glauben, daß ein aus so viel Liebe geborenes Kind nur ein Wunder sein könnte.

Jennifer glaubte daran, daß sie die Kraft hätte. Meine Unfruchtbarkeit bedeutete für sie eine Herausforderung, der sie sich stellen wollte. Es war ihr ein inneres Bedürfnis, für das Leben ganz allgemein und vor allem für die Kraft des Lebens einzutreten. Mein Dilemma konnte die Lösung für ihr Leid bedeuten.

Ich rief sofort meine Mutter an, um ihr von dem Angebot zu erzählen, und sagte zu ihr: »Das eröffnet neue Perspektiven, die wir bislang noch nicht einmal erfassen können.« Sie war von Anfang an gegen Medikamente und IVF gewesen und glaubte seit Monaten, wir würden uns schließlich für eine Adoption entscheiden.

»Liza, ich möchte deine Freude teilen. Es gibt nichts, was ich mir mehr für dich wünsche, als daß du dein eigenes Baby bekommst – deins und Davids. Rein wissenschaftlich gesehen ist es ein guter Plan, aber es gibt keine Wissenschaft für die Vielfalt der Gefühle.«

Sie rief Jennifer im Büro an, um die Sache mit ihr zu diskutieren.

Jennifer sagte später zu mir: »Ich habe deine Mutter noch nie so streng sprechen gehört. Sie sagte mir, ich müsse sie davon überzeugen, daß ich geistig und emotional beieinander sei und weder meine Gesundheit noch meine Ehe gefährden werde. Ich gab ihr mein Wort. Sie nahm es an. Ich glaube, sie will dies für uns, sie möchte nur, daß wir vorsichtig sind, genau wie meine Mutter es will. Wir sind nicht tollkühn.«

»Jen, hast du es Jack gesagt? Du bist es deinem Bruder schuldig, ihm davon zu erzählen und zu hören, was er dazu sagt.«

»Ich habe versucht, ihn zu erreichen, und Nachrichten auf seinem Anrufbeantworter hinterlassen. Es ist schwer, Jack aufzutreiben. Er wird mich anrufen. Wahrscheinlich ist er verreist.«

Am nächsten Tag bekam ich einen Eilbrief von ihr:

Liebe La,

seit ich von der Canyon Ranch zurückgekommen bin, ist alles so schnell gegangen. Du bist immer entweder im Restaurant oder mit Ärzten etc. beschäftigt. Und ich? Ich kümmere mich um meine Familie und meine Arbeit.

Ich möchte mir eine Auszeit nehmen, um dir zu erklären, wie entschlossen ich bin, deine Tragemutter zu sein, damit du nicht länger daran zweifeln kannst. Es geht nicht darum, die Heldin zu spielen oder um Dankbarkeit oder daß ich dich für so bedürftig halte. Es geht darum, daß ich glaube, es ist das Richtige für mich und für dich und das Baby, das du haben wirst.

Tante Suzy versucht, mich zu schützen. Ich weiß, daß sie in einer schwierigen Lage ist, weil sie gleichzeitig mich schützen und das Beste für dich erreichen möchte. Es ist eine schwierige Rolle, weil sie sich damit an Mamas Stelle versetzt. Was würde meine Mutter sagen? Wir wissen alle drei, daß sie am begeistertsten wäre. Sie ist der Grund dafür, daß all diese Zufälle zur richtigen Zeit in unserem Leben zusammentreffen. Sie hat all diese Umstände so arrangiert, damit ich dein Baby austragen soll, Liza. Welchen besseren Weg könnten wir alle finden, mit unserem Leben voranzukommen? Kann es ein stärkeres Band geben? Es kümmert mich wirklich nicht, was irgend jemand außer dir denkt. Ich will, daß du so wie ich glaubst und weißt, daß uns die Liebe, die zwischen uns herrscht, zum Erfolg führen wird.

In Liebe,

Jen

David und ich lasen diesen Brief wieder und wieder. Da war keine Zwiespältigkeit in Jennifers Beweggründen, kein Zweifel an der Aufrichtigkeit ihres Wunsches, unser Baby auszutragen. Für uns war es die Erhörung eines Gebets, und im Innersten wünschten wir uns, ihr Angebot anzunehmen, aber wir hatten immer noch Bedenken. Ich schrieb einen Brief an Jen, in dem ich diese zu erklären versuchte:

Liebe Jen,

über deinen Brief mußte ich weinen. Ich versuche, die Worte zu finden, um meine Gefühle auszudrücken. Ich suche tief in meinem Herzen und kann doch immer noch keine Worte finden. Ich habe Angst. Ich wünschte, ich wäre bei dir, um dich zu umarmen und von dir umarmt zu werden. Es ist ein langer, unerforschter Weg, und er ist dunkel – wir wissen nicht, was dort draußen auf uns wartet. Das ist es, was mir Angst macht: das Unbekannte. Aber wir haben Tante Lauries Licht, das uns leitet.

Ich möchte so gern sagen: »Laß es uns einfach tun.« Aber ich will nicht, daß dir körperlich oder emotional etwas zustößt. Ich möchte nicht, daß uns etwas zustößt. Oh Jen, ich möchte so verzweifelt gerne ja sagen. Es wäre ein bahnbrechendes Unterfangen, das Menschen enger verbindet als alle Blutsbande.

Jen, wir müssen jetzt vernünftig sein. Ich weiß, wie optimistisch du bist, aber du mußt die Möglichkeit des Scheiterns bedenken. Niemand kann garantieren, daß eine Schwangerschaft gut verläuft und bis zum Ende ausgetragen wird. Nie-

mand weiß, ob der Fötus gesund sein wird. Was passiert, wenn du eine Fehlgeburt hast oder das Kind abtreiben lassen mußt? Ich mache mir große Sorgen um dich, Jen. Würde es dir das Gefühl geben, ein weiteres Leben verloren zu haben? Ich weiß, allein der Gedanke tut weh, aber wir müssen uns damit auseinandersetzen. Ein solcher Fehlschlag, der sich deinem Einfluß entzieht, könnte traumatisch sein. Jen, dieser Verlust wäre für dich größer als der Verlust eines ungeborenen Kindes für mich. Es gibt keine Garantien. Vielleicht ist es das Beste, das Risiko zu vermeiden. Wenn wir Erfolg haben, ist der Gewinn dann größer als der Verlust, wenn wir scheitern?

Wegen dieser Gefahr des Scheiterns habe ich Bedenken. Doch weil du und ich unserem Herzen und dem Licht deiner Mutter folgen, werden wir dieser Sache weiter nachgehen, Jen, wir alle, bedächtig, wohlinformiert und in medizinischer Kenntnis dessen, was wir tun und was wir zu erwarten haben. Und emotional wollen wir uns versprechen, immer ehrlich zu sein, und du sollst wissen, daß du deine Meinung jederzeit ändern kannst.

Ich habe die Cornell-Klinik des New York Hospital angerufen und für uns einen Termin mit dem Leiter der Fertilitätsklinik, Dr. Scot Gorin, vereinbart. Der Termin ist am 20. November, und damit beginnt für dich und Stephen und David und mich die Phase der gründlichen Aufklärung.

Bis dahin, Jen ... trage auch ich das Licht in meinem Herzen. Es ist das Leben.

In Liebe,

Liza

P. S. Ich schicke dir hier einiges Informationsmaterial, das ich von der Cornell-Klinik bekommen habe.

21. Kapitel

Jennifer bekam das Paket mit Forschungsberichten und Artikeln über die Medikamente, die sie während des IVF-Zyklus würde nehmen müssen, und ihre Wirkungen. Ich schickte ihr auch eine Liste von Büchern mit Erfahrungsberichten von IVF-Müttern, Frauen, deren Eizellen befruchtet und in ihre eigene Gebärmutter zurückverpflanzt worden waren. Es gab keine Informationen über Tragemütter, nichts über die medikamentöse Synchronisation der natürlichen Zyklen von zwei Frauen vor Eizellentnahme, Befruchtung und Embryotransfer. Wir würden Pionierarbeit leisten.

Jennifer studierte das Informationsmaterial und sagte zu mir und Stephen: »Uns wird nichts Schlimmes passieren. Mama paßt auf uns auf. Es wird alles gutgehen.«

Stephen und Jennifer diskutierten allmorgendlich auf der Fahrt zur Arbeit das Für und Wider des Vorhabens. Es würde etwas sein, das sie gemeinsam, als Familie täten, in Partnerschaft mit mir und David. Wir würden alle einen Vertrag unterzeichnen.

Jennifer berührte ihren Mann am Knie. »Ich wäre dafür zuständig, alle Vorkehrungen zu treffen, um meine Gesundheit und die des Babys zu schützen. Stephen, während meiner früheren Schwangerschaften haben wir ungeschützt miteinander geschlafen. Jetzt würde ich darauf bestehen, daß du ein Kondom benutzt. Und Stephen ...«, neckte sie ihn, »keine außerehelichen Partner – für keinen von uns.« Sie lachte. »Ich sage das im Scherz, aber du und ich sind noch nicht so lange wieder zusammen. Es ist gesetzlich vorgeschrieben, daß wir beide auf AIDS getestet werden, bevor ich mit der IVF anfange.

Wir müssen uns an das Versprechen halten, jede Gefahr einer Ansteckung für uns und den Fötus zu vermeiden.«

»Jennifer. Mit oder ohne dicken Bauch bist du mein einziges Mädchen.«

Ich bekam einen weiteren Brief von Jennifer. So oft wir auch miteinander telefonierten, konnte sie sich doch brieflich offener ausdrücken.

Liebe Liza,

Stephen und ich waren zusammen bei meiner Frauenärztin, Dr. Isola. Sie hat Kodie und Austin entbunden. Sie hat mir gesagt, daß ich zwar zwei gesunde Schwangerschaften hinter mir habe, aber jede Schwangerschaft anders sei. Sie meint, weil ich jetzt älter sei, könne es für mich schwieriger sein zu empfangen, ob auf natürlichem Wege oder mit technischer Unterstützung. Anscheinend ist fünfunddreißig nicht das allerbeste Alter zum Kinderkriegen. Das wußte ich vorher schon. Es schreckt mich nicht ab. Sie konnte mir nicht viel über die Medikamente sagen und meinte, wir müßten diese Informationen von der Fertilitätsklinik bekommen. Ich freue mich auf den 20. November.

Wir waren auch bei meiner Psychotherapeutin Arlene Kessler. In vier Jahren hat sie mir das Selbstvertrauen gegeben, in mich hineinzublicken und ehrlich mit mir selbst zu sein, und ich vertraue auf ihren Rat. Ich weiß, daß du dein Innenleben lieber für dich behältst, aber mir hat es gut getan, meine Seele in Stephens Gegenwart vor ihr zu entblößen. Wir sind immer ehrlich miteinander gewesen, seit wir wieder zusammen sind, und das ist es, was uns zusammenhält. Arlene hat mich gefragt, warum ich dies tue. Dort, bei Arlene, war ich imstande, es klar auszudrücken. Ich habe es ihr und Stephen gesagt, und ich schreibe diesen Brief, um es dir zu sagen. Es ist simpel – mir ist ein Leben genommen worden, und ich möchte ein neu-

es schaffen. Ich möchte Freude bringen, wo bisher Leid ist. Ich glaube, daß ich das tun kann, und wenn ich es getan habe, werde ich imstande sein, mich neuen Dingen zuzuwenden. Ich habe Stephen gesagt, wenn ich den Tod meiner Mutter verarbeitet habe, indem ich dies erreiche, kann ich ihm endlich die Frau sein, die er verdient, und wir werden eine Familie sein, in deren Mitte Glück herrscht statt Verzweiflung und Trauer.

Das ist meine Überzeugung, Liza. Ich frage niemanden um Erlaubnis, aber ich bitte meinen Mann, mein Vertrauen in mich selbst zu respektieren. Ich bitte Arlene, die mir beigebracht hat, daß Kraft und Tröstung nur von innen kommen können, um ihre Unterstützung. Und ich freue mich, sagen zu können, daß sie beide meine Bitten erfüllen wollen.

Liza, ich werde dein Kind austragen. Es wird mir gutgehen, und ich werde ein gesundes Kind zur Welt bringen, und Stephen wird mein Partner sein. Wir werden durch ein gemeinsames Ziel vereint sein, ohne Bewertungen oder Schuldgefühle, und dieses Ziel wird die Zweifel und Vorwürfe auslöschen, die zwischen uns gestanden haben. Es ist für alle das Richtige.

Du kannst sicher sein, Liza, daß ich dies nicht leichtfertig angehe. Wir werden ein gesundes Baby bekommen.

In Liebe,

Jen

Der Brief war von einer Frau geschrieben, die die Augen weit offenhielt und sich selbst ohne die rosa Brille der Illusionen betrachtet hatte. Er war reif, geradeheraus und ehrlich. Jennifer hatte mich überzeugt, daß ihr Handeln von Vernunft bestimmt war, und ich vertraute ihrem Glauben, erfolgreich als unsere Tragemutter fungieren zu können. Nach Abwägung des Für und Wider durch jeden von uns schien es die richtige Entscheidung.

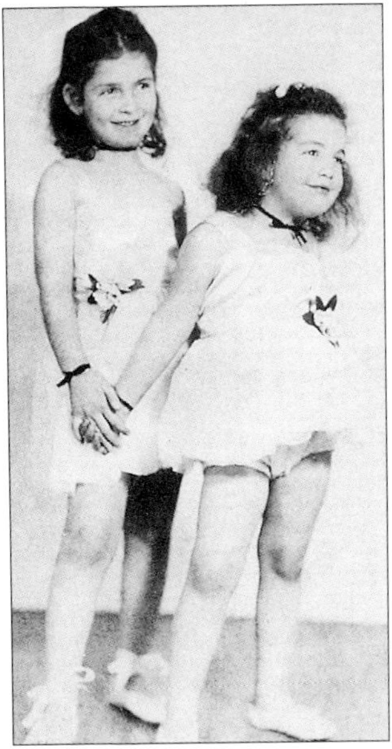

Links: Suzanne und Laurie bei einer Ballettvorführung, 1942.

Unten: Jennifer und Liza bei einer selbstinszenierten Vorführung im Familienkreis, 1966.

(Von links nach rechts) Greg, Liza, Jennifer, Erica und Jack im Hause ihrer Großmutter, 1971.

Suzanne, Großmutter Reese und Laurie bei Lizas Geburtstagsfeier, 1989.

Hochzeitsfoto von Liza und David, 1993.

Jennifer als erste Brautjungfer bei der Hochzeit von Liza und David, 1993.

Erntedankfest 1996, der Abend, an dem Jennifer, Liza und ihre Ehemänner beschlossen, daß Jennifer Lizas Baby austragen würde.

Jennifer, Stephan, Liza und David bei der Fruchtwasseruntersuchung im Juni 1997; auf dem Monitor konnten wir Luc sehen.

Oben: Liza mit einer sehr schwangeren Jennifer im August 1997.

Rechts: David, Jennifer und Liza bei der Babygeschenkeparty im August 1997.

Links: Jennifers Familie vor dem Haus von Jennifer und Stephen in Illinois, Oktober 1997: (von links nach rechts) Stephen, Jennifer, Stephens Vater Ralph, Jennifers beste Freundin Hillary, Liza und David, mit den Kindern Austin, Dakota und Michael.

Rechts: Liza, Jennifer, Stephen und David morgens um fünf beim Aufbruch zum Krankenhaus an Lucs Geburtstag, dem 16. Oktober 1997.

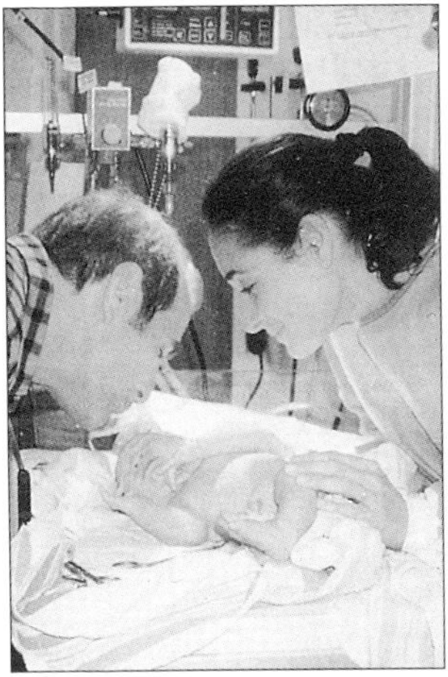

Links: Die stolzen Eltern bestaunen ihr wunderschönes Baby, 16. Oktober 1997.

Mitte: Liza, Jennifer und David mit Luc, 16. Oktober 1997.

Unten: Stephen, Jennifer, Liza, Luc und David vor Verlassen des Krankenhauses, 17. Oktober 1997.

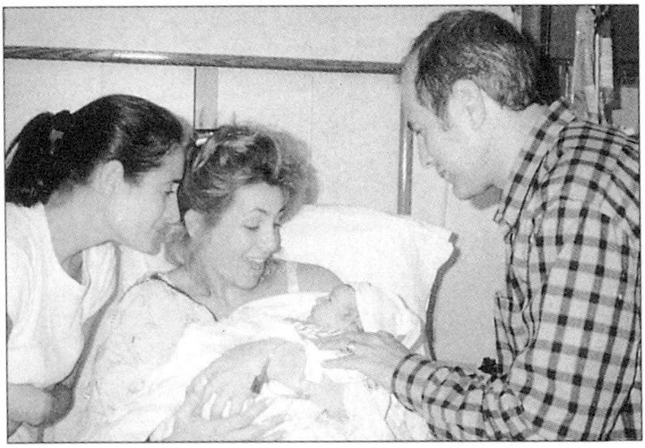

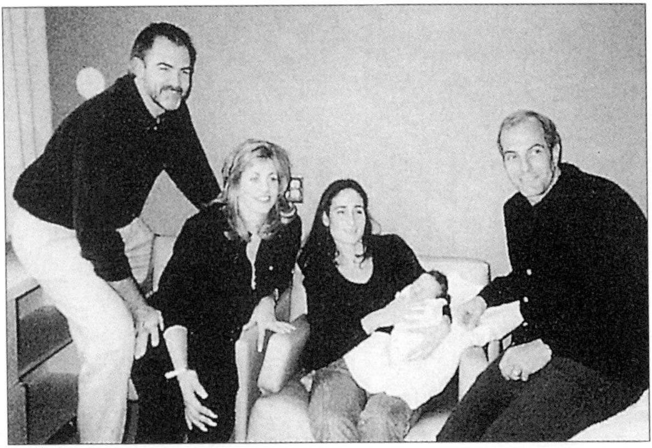

Links: Jennifer mit Dakota und Austin, die ihren neugeborenen Cousin bewundern, bevor er nach New York heimfliegt, 18. Oktober 1997.

Rechts: Liza und David tragen Luc über die Schwelle seines Kinderzimmers, 18. Oktober 1997.

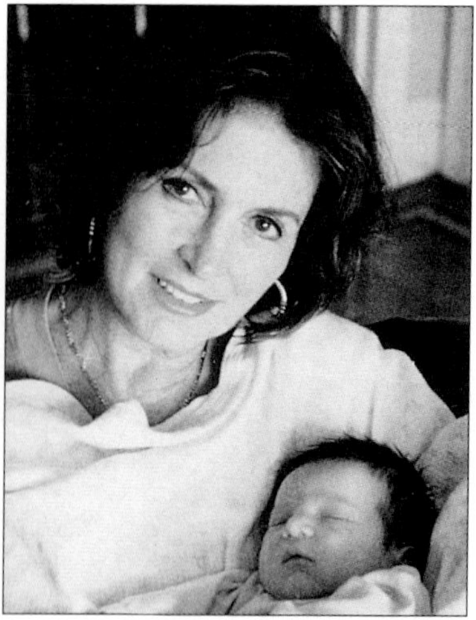

Links: Suzanne mit ihrem neugeborenen Enkel, 18. Oktober 1997.

Links: Liza und Luc bei der Vorbereitung auf die Beschneidungszeremonie, 26. Oktober 1997.

Rechts: Jennifer und Liza machen einen Spaziergang mit Luc, November 1997.

Links: Ein Drei-Generationen-Ausflug in den Central Park, 30. Oktober 1997.

Liza und Luc, April 1998 (Foto: Bob Woods).

Lucs erster Geburtstag, 16. Oktober 1998.

22. Kapitel

Bevor die Cornell-Fertilitätsklinik auch nur mit den Voruntersuchungen für den Tragemutter-Zyklus und den Transfer beginnen würde, mußten wir beweisen, daß eine Schwangerschaft für mich nicht in Frage kam. Wie sich herausstellte, waren dafür nicht weniger als vier Blutspezialisten erforderlich. Patricia teilte uns mit, daß außerdem eine psychologische Beurteilung verlangt wurde – nicht nur für mich, sondern auch für David, Jen und Stephen. Darüber hinaus waren rechtliche Fragen zu bedenken.

Nach den Gesetzen des Bundesstaates Illinois ist die Frau, die ein Kind zur Welt bringt, seine gesetzliche Mutter und ihr Mann der gesetzliche Vater, sofern sie keine anderen Angaben macht und diese genetisch belegt werden können. Daher würden David und ich das Baby adoptieren müssen, ein Vorgang, der die Einschaltung von Anwälten in Illinois wie auch in New York erforderte. Wir waren im Begriff, fortpflanzungsmedizinisches Neuland zu betreten.

Wieder einmal hatte ich mit einer der nüchternen, effizienten Damen zu tun, die für die Vergabe von Arztterminen zuständig sind. »Hier ist Liza Freilicher; ich würde gern mit Dr. Scot Gorin sprechen.« Als ich den Namen aussprach, wurde mir klar, daß ich ihn schon einmal gehört hatte. Scot Gorin? In meiner High-School-Abschlußklasse war ein Scot Gorin gewesen. Er war mit Jennifer ausgegangen. Er war ein attraktiver Typ und spielte in der Basketballmannschaft der Schule. Als er an den Apparat kam, konnte ich es mir nicht verkneifen, ihn zu fragen, wo er aufgewachsen sei.

»Woodmere, warum?« fragte der Arzt.

»Kennen Sie eine Liza Wetanson?«

»Sicher. Ich bin mit ihr zur Schule gegangen.«

»Ich bin Liza!«

»Ach, du meine Güte. Das ist ja verrückt! Liza, du bist meine Patientin?«

»Und du wirst niemals glauben, wer meine Tragemutter sein wird. Jennifer – meine Cousine Jennifer Luber.«

»Jennifer? Ich kann es nicht glauben. Es wird mir eine Freude sein, euch zu sehen.«

Wir legten auf. Ich war verlegen und voller Panik. Morgen um neun würde ich Dr. Scot Gorin gegenübersitzen. Scot, der im Imbißlokal immer Milchshake mit Erdbeereis bestellt hatte, der sich in meiner Badewanne versteckt hatte, als die Polizei nach den Jungs suchte, die an Halloween rohe Eier auf vorbeifahrende Autos geworfen hatten. Wie konnte ich ihn meine Gebärmutter untersuchen lassen?

Aber daß Scot mein neuer Arzt war, schien ein gutes Omen.

Es war der 5. November 1997. Ich werde dieses Datum immer als den Tag in Erinnerung behalten, an dem eine Wende in meinem Leben eintrat und ich tatsächlich zu glauben begann, daß ich Mutter werden würde. Es war der Tag meines ersten Termins bei der Cornell-Fertilitätsklinik des New York Hospital.

Ich war erleichtert festzustellen, daß Scot die Peinlichkeit unserer Situation sofort erfaßte. Wir lachten über den sonderbaren Zufall. Er erläuterte mir den gesamten Ablauf der Tragemutterschaft. Daß Scot unseren Zyklus betreuen würde, schien schicksalhaft. Er kannte Jennifer und mich, er war Teil unserer Geschichte, und ich fühlte mich an diesem Tag zum ersten Mal als Mensch behandelt, nicht nur als unfruchtbare Patientin.

Ich erinnerte mich an mein Gespräch mit Greg oben in Stuarts Zimmer, als er auf diesem Rennwagen-Bett lag und mir sagte, ich solle an drei positive Dinge denken. Drei Dinge, befahl ich mir jetzt. Jennifers Angebot, Scot und meine Fähigkeit, Dinge geschehen zu machen. Ich fühlte mich gleich optimistischer.

Eine medizinisch technische Assistentin nahm mir Blut ab, und ein Radiologe führte die Hysterosalpingographie durch. Der Arzt ging sanft mit mir um; es tat weh, aber nicht so sehr, wie ich befürchtet hatte – vielleicht auch, weil ich mich hoffnungsvoller fühlte.

Ich hoffte, daß Jennifer es leicht haben würde. Ich wünschte, sie müßte den Probezyklus nicht durchmachen, aber sie beklagte sich nicht darüber. Je mehr sie erfuhr, desto begeisterter wurde sie. Ich sagte ihr immer wieder: »Wenn dir irgend etwas zu viel, zu beängstigend oder schwierig wird, hab keine Hemmungen, mir das zu sagen.« Ich wollte nicht, daß sie das Gefühl hätte, uns zu enttäuschen, nachdem sie uns Hoffnungen gemacht hatte. Allein schon ihr Angebot, uns diese Möglichkeit zu geben, war ein großartiges Geschenk. Ich wußte, daß Jen und ich die Tradition unserer Mütter für die Generation unserer Nachkommen fortführen würden.

Es schien mir paradox: Als David und ich anfingen, Fertilitätsspezialisten aufzusuchen, hatten sie meinen Fortpflanzungsapparat für völlig in Ordnung befunden. Davids Sperma war das Problem. Jetzt plötzlich war es mein Blutproblem, das mich daran hinderte, schwanger zu werden. Es verwirrte mich, daß ich nicht die Geburtsmutter unseres Kindes sein würde. Während der IVF-Zyklen und nach den Transfers hatte ich davon geträumt, schwanger zu sein. Doch jetzt, mit Jennifer als Tragemutter, waren David und ich wieder gleichgestellt: meine Eizelle, seine Samenzelle.

Ich konnte mir nicht vorstellen, wie es sich anfühlen würde, Jennifer schwanger zu sehen und zu wissen, daß es mein Baby war, das in ihr wuchs. Ich konnte dieses Wunder nicht begreifen. Sie würden so weit weg sein – Jennifer und unser Baby in Chicago, Davids und mein Baby im Bauch meiner Cousine heranwachsend. Konnte ich sagen, daß ich selbst ein Baby bekam? Ich konnte. Schließlich war ich die Mutter. Ich würde eine wichtige Rolle bei der Geburt unseres Kindes spielen; intuitiv würde ich bei jeder seiner Bewegungen Freude verspüren und Jens ganzes Unbehagen mit durchleiden; ich würde Jen eine Kassette mit meiner Stimme schicken, die sie dem Baby vorspielen konnte, damit es sich an sie gewöhnte. Und ich würde einen Weg finden, Jennifer zu zeigen, wie sehr David und ich sie liebten und wie dankbar wir ihr für das waren, was sie für uns tat. Jennifer und ich würden ebenso im Einklang sein wie unsere Zyklen.

Mit meiner Eizelle und Davids Sperma, einem Embryo in ihrem Bauch, würden wir alle ein gemeinsames, uns verbindendes Ziel haben: die Geburt eines gesunden Babys.

23. Kapitel

Nach einer schlaflosen Nacht stieg ich am Morgen des 20. Novembers voller Nervosität und Aufregung aus dem Bett. Jen und ich würden uns in der Cornell-Fertilitätsklinik zu unserem Termin mit Scot treffen. Normalerweise hätte ich Schwarz getragen – meine übliche Stadtgarderobe –, aber zu diesem Anlaß, fand ich, würde mein grauer Hosenanzug ein positiveres Signal setzen. Es kam mir vor, als würde ich mich durch dünne Luft bewegen. Ich war auserwählt, eine Hauptrolle in einem wahren historischen Drama zu spielen.

David und ich warteten vor dem Haupteingang des New York Hospitals auf Jennifer und Stephen. Ich beobachtete die Menschen, die den ankommenden Autos und Taxen entstiegen. Ich konnte erkennen, wer Patient, wer Besucher und wer Angestellter des Krankenhauses war. Es war der Ausdruck um Augen und Mund. Als Jennifer aus dem Taxi stieg, fühlte ich eine Woge von Adrenalin durch meinen Körper fließen. Mein Herzschlag dröhnte in meinen Ohren. Ich lief zu ihr. Wir brauchten keine Worte, nur Körperkontakt. Als wir uns voneinander lösten, wischten wir uns beide die Augen und lachten, nicht über die Albernheit unserer Gefühle, sondern vor Erleichterung, zusammen zu sein und endlich anfangen zu können. Dann betraten David und ich, Jen und Stephen gemeinsam das Krankenhaus.

Die beiden waren überwältigend. Für meine Augen hatten sie eine heroische Ausstrahlung, und ich fühlte, daß jeder, der sie ansah, spüren konnte, daß diese beiden im Begriff waren, eine großartige Sache in Angriff zu nehmen. Stephen trug eine graue Hose zum schwarzen Jackett, Jennifer einen auf

Figur geschnittenen anthrazitfarbenen Hosenanzug mit Nadelstreifen und dazu ein Trägerhemd aus schwarzem Crêpe. Um ihren Hals hing an einer langen Kette ein antikes, ovales Goldmedaillon. Tante Laurie, erinnerte ich mich, hatte dieses Medaillon stets getragen. Meine Mutter hatte es ihr zu Jennifers Geburt geschenkt. In seinem Inneren waren früher Fotos von Jen und Jack gewesen. Jetzt barg das Medaillon Bilder von Dakota und Austin. Jennifer berührte die Halskette. »Lollipop, das wirst du tragen mit einem Bild von deinem Baby darin.«

Drei positive Dinge, sagte ich mir noch einmal. Jennifer, David und ich. Ich war überzeugt, daß wir dieses Baby bekommen würden.

Bevor wir in Dr. Scot Gorins Sprechzimmer gingen, zog Jennifer mich beiseite und flüsterte so, daß Stephen sie nicht hören würde: »La, glaubst du, Scot wird mich untersuchen? Ich weiß, daß er dich nicht untersucht hat, aber das ist ja noch eine andere Sache. Vielleicht muß er die Untersuchung bei mir selber machen. Du meine Güte, ich habe ihn zwanzig Jahre nicht gesehen, und jetzt soll ich für ihn nur eine Gebärmutter unter vielen sein. Ich werde mich nicht ausziehen und auf irgendeinen gynäkologischen Stuhl legen, bevor er mich angezogen gesehen hat. Das kommt nicht in Frage.«

Ich konnte es ihr nicht verdenken. Im Klinikkittel mit gespreizten Beinen auf dem Rücken liegend ist keine angenehme Position, einem Verehrer aus Schulzeiten wiederzubegegnen, den man damals nicht »rangelassen« hat.

Wir gingen in Scots Sprechzimmer, nur Jen und ich. Scot kam herein, bevor wir Platz genommen hatten. »Du siehst großartig aus«, sagte er mit gebührender Bewunderung zu Jennifer.

Sie wurde rot. »Du hast dich gar nicht verändert.«

Wir schwelgten eine Weile in Erinnerungen. Ich war begierig, Jen und Scot die alten Fotos zu zeigen, die ich nach meinem Gespräch mit ihm ausgegraben hatte. Darunter war eines von Scot zusammen mit drei der bestaussehenden, beliebtesten Jungen unserer Klasse; sie standen auf dem Schulhof und hatten Mädchenmäntel an, die sie unter einem Baum geklaut hatten. Scot trug meinen langen, schwarz-rot-karierten Mantel mit spitzer Kapuze.

Wir mußten alle lachen. Jen drohte, dieses Foto der ganzen Welt zu zeigen, wenn Scot uns nicht schwanger machte.

Es war schön zu wissen, daß Scot unser Freund war, ohne daß es seiner Objektivität als Arzt Abbruch tun würde.

Er setzte sich hinter seinen Schreibtisch – Dr. Scot Gorin. Er erläuterte uns die erforderlichen Prozeduren und Medikamente. Ich würde Medikamente zur Stimulation der Eierstökke erhalten, um die Anzahl der zu entnehmenden Eizellen und damit die Chance einer Befruchtung zu erhöhen. Jennifer als Tragemutter würde während des Zyklus verschiedene Medikamente erhalten, um die Gebärmutterschleimhaut auf die Aufnahme der zu transferierenden Embryos vorzubereiten. Da die Menstruationszyklen der Tragemutter und der genetischen Mutter nicht synchron sind, würde zunächst ab dem einundzwanzigsten Tag des vorhergehenden Zyklus Lupron verabreicht. Nach dieser Stillegung des natürlichen Zyklus würde die Tragemutter die Hormone Östrogen und Progesteron erhalten, um die Gebärmutter zur Aufnahme der Embryos bereitzumachen. Das Östrogen würde mittels Hautpflaster verabreicht, das Progesteron als tägliche Spritze über zwölf Schwangerschaftswochen – sofern eine Schwangerschaft eintrat.

»Zuerst muß ein Probezyklus durchgeführt werden, um festzustellen, wie dein Körper reagiert«, erklärte Dr. Gorin. »Während dieses Zyklus bekommst du die gleichen Medikamente wie beim späteren Zyklus für den Embryotransfer. Die Dosierungen müssen individuell festgelegt werden. Wir werden Blutproben untersuchen und vielleicht eine Endometriumbiopsie, d. h. eine Biopsie deiner Gebärmutterschleimhaut, vornehmen, um zu sehen, ob die Gebärmutter ausreichend auf die Aufnahme der befruchteten Eizellen vorbereitet ist. Die Eizellen werden entnommen und in eurem Fall durch ICSI befruchtet. Dazu braucht man eine sichere Hand und ein sehr starkes Mikroskop. Unser Team hat beides.« Er lächelte und sah wieder wie der alte Scot aus, herzlich und aufmunternd.

Er fuhr fort. »Sobald wir wissen, wie viele Eizellen erfolgreich befruchtet wurden, sagen wir euch Bescheid; das dauert zwei Tage. Drei Tage nach der Befruchtung werden maximal drei Embryos transferiert, um das Risiko einer Mehrlingsgeburt möglichst gering zu halten. Jennifer, du wirst danach hier im Krankenhaus eine halbe Stunde liegenbleiben und dann nach Hause gehen und dich sehr schonen. Elf Tage nach dem Transfer wird dir Blut abgenommen, um die Östrogen- und Progesteron-Dosierungen festzulegen. Wenn der Schwangerschaftstest positiv ausfällt, bekommst du die Medikamente weiter, und es werden alle zwei Wochen Bluttests und gelegentlich Ultraschalluntersuchungen durchgeführt, um die Entwicklung der Schwangerschaft zu überwachen. Nach zwölf Wochen wirst du zur weiteren Betreuung an deine Frauenärztin überwiesen. Jennifer, weil du in Chicago wohnst, werden wir mit deiner Frauenärztin vereinbaren, daß sie die Bluttests, Ultraschalluntersuchungen und die Endometriumbiopsie vornimmt und uns die Befunde zuschickt.«

Ich war über die Prozedur informiert und hatte Jennifer das Ganze schon erklärt, aber es aus dem Mund eines Arztes zu hören, machte die Sache doch wesentlich realer und definitiver. Auch war ich, was die IVF anging, durch meine eigenen Erfahrungen gefühlsmäßig so vorbelastet, daß ich ihre tatsächlichen Härten nicht richtig vermitteln konnte.

»Außerdem«, fuhr Scot fort, »bestehen einige Risiken für dich, Jennifer. Du und Liza und dein Mann müssen sich auf

HIV und Hepatitis testen lassen, weil diese Krankheiten auf den Embryo übertragen werden können.«

»Ach«, sagte Jennifer, »ist das alles? Wenn das Ganze vorbei ist, hast du einen weiteren Erfolg für eure Statistik.«

Scot teilte Jennifer ohne jede Verlegenheit mit, daß er sie gynäkologisch untersuchen müsse, weil er zur Durchführung des Embryotransfers über die Anordnung von Gebärmutterhals und Gebärmutter informiert sein müsse.

Jennifers Gesichtsausdruck blieb gefaßt, während sie das hörte. Keinen Augenblick ließ sie die Verlegenheit erkennen, die sie empfinden mußte. Scot sagte ihr, daß sie nach der Untersuchung in die Radiologie müsse, um eine Hysterosalpingographie machen zu lassen.

Ich wollte mit ihr gehen, aber Scot sagte, ich solle hier im Sprechzimmer warten.

Bevor sie Scot aus dem Sprechzimmer folgte, drehte sich Jennifer zu mir um und drückte mir ein Briefchen in die Hand. »Lies das, während du wartest.«

Dann ging sie mit Scot den Gang hinunter zum Untersuchungszimmer. Ich hörte, wie er sie mit seiner Helferin bekannt machte. Die drei lachten ungezwungen miteinander. Jen kicherte über irgendeinen Witz von Scot, den ich nicht hören konnte.

Ich setzte mich im leeren Sprechzimmer in den Stuhl, der Scots Schreibtisch gegenüberstand. Ich betrachtete seine zahlreichen Diplome und drehte den Bilderrahmen auf seinem Schreibtisch zu mir herum, um mir das Foto einer jungen Frau mit frischem Gesicht und langem, offenem braunem Haar anzusehen. Auf dem Arm hatte sie einen kleinen Jungen; neben ihnen hielt ein kleines blondes Mädchen, etwa in Stuarts Alter, seinem kleinen Bruder einen Blumenstrauß hin. *Für Daddy, wir haben dich lieb* war in kindlicher Handschrift auf den unteren Rand geschrieben.

Ich öffnete Jennifers Brief:

Liebe La,

hier schreibe ich dir schon wieder; diesmal sitze ich im Flugzeug und werde dich bald umarmen können. La, wir machen uns gemeinsam auf, einen Traum zu verwirklichen. In meinem Traum sehe ich dich und David und mich mit dem kostbarsten aller Wunder – eurem Kind. Es ist seltsam: In diesem Moment ist es noch ein Traum, aber wenn wir uns treffen und berühren und der Strom zwischen uns fließt, wird er real werden. Scot wird alles dokumentieren. Heute beginnen wir mit dem Schöpfungswerk. Es scheint an einem seidenen Faden zu hängen, aber so ist es nicht. Es ist robuste, nüchterne, aktuelle Realität, und ich kann es kaum erwarten.

Jen

Gerührt las ich den Brief wieder und wieder. Jen kam ins Zimmer zurück. Ich wischte mir die Augen ab und atmete tief durch.

»Das war's. Geschafft – das schlimmste ist vorbei«, sagte sie nach der Hysterosalpingographie.

Nach weiteren Bluttests und Untersuchungen warteten wir auf ein abschließendes Gespräch mit Scot. Er beantwortete unsere Fragen über die Medikamente, die zu erwartenden Wirkungen und erklärte, daß Jens Probezyklus zuverlässigen Aufschluß darüber geben werde, wie ihre Gebärmutter während des eigentlichen Zyklus reagieren werde. Da das Tragemutter-Programm an der Fertilitätsklinik des Cornell Medical Center neu war, hatten sie bisher erst drei Fälle gehabt. Zwei Tragemütter waren bereits schwanger; die dritte stand kurz vor dem Schwangerschaftstest. Jennifer und ich würden der vierte Fall sein.

Um drei Uhr desselben Nachmittags hatten wir unseren Termin zur psychologischen Beurteilung. Das trockene Putensandwich, das wir uns in der Cafeteria geteilt hatten, schmeckte zwar scheußlich, gab uns aber neue Energie.

»Das Ganze ist ein Witz«, sagte Jen, als wir aus dem Aufzug stiegen und uns nach dem Sprechzimmer der Psychologin umsahen. »Jeder kann sehen, daß wir voll dahinterstehen, hundertprozentig. Wir halten mit nichts hinterm Berg, und wir vertrauen einander.«

»Vielleicht bringt die Psychologin noch Gesichtspunkte zur Sprache, an die wir nicht gedacht haben. Es ist eine weitere Gelegenheit, ganz sicherzugehen, bevor wir anfangen. Ich habe nichts dagegen. Es wird unsere Gewißheit nur bestärken.«

»Schau dir David und Stephen an«, sagte Jen und drehte sich um, um nach unseren Männern zu sehen, die uns nachkamen. »Sie halten uns für verrückt. Keiner von ihnen hätte je erwartet, daß wir vier ein Team werden würden.«

»Es ist, als wären wir alle vier verheiratet«, lachte ich. »Aber sie halten uns nicht für verrückt. Sie halten uns für stark.«

David und ich blieben im Warteraum vor dem Sprechzimmer, während Jen und Stephen mit Joan Petit sprachen, der für uns zuständigen Psychologin. Wir hatten unsere psychologische Beurteilung schon vor Wochen absolviert. Jetzt waren Jen und Stephen an der Reihe.

Nach etwa einer Stunde rief uns Joan zu einem Gruppengespräch herein. Jen und Stephen saßen auf dem grünen Tweedsofa. Jen warf mir einen Blick zu, der besagte: »Das hier ist eine lächerliche Zeitverschwendung.«

Joan Petit war eine kraushaarige Matrone; ihr bis zum Hals zugeknöpftes burgunderfarbenes Jackett kaschierte jedes bißchen Busen, das sie haben mochte. Sie wirkte verbittert und unweiblich, fand ich. Es war ihre Aufgabe festzustellen, ob wir uns alle vier einig waren, ob wir das Durchhaltevermögen und das emotionale Gleichgewicht hatten, um die Sache durchzuziehen, und ob wir mit etwaigen negativen Folgen umgehen könnten, die sich nach der Geburt ergeben mochten. Ich fragte mich, ob ihr überhaupt bewußt war, daß es eine solche Liebe und Kraft wie die unsere gab.

Wir hofften alle, daß das Gespräch nützlich und ergiebig sein würde. Doch die Fragen waren ermüdend und schienen sich alle mehr auf körperliche Tauglichkeit oder unsere Familiengeschichte zu beziehen als auf unsere emotionale Eignung. Wie viele Geschwister haben Sie? In welchem Alter? Eltern? Verheiratet? Geschieden? Wiederverheiratet? Bildungsstand? Schwangerschaften? Todesfälle? Ethnische Herkunft? Herzkrankheiten? Krebs? Diabetes? Fettsucht? Drogen?

Es wurden keine tieferen Einsichten zutage gefördert. Es war, wie wir alle fanden, eine einzige Zeitverschwendung. Vor allem Jennifer faßte eine persönliche Abneigung gegen die Psychologin.

»Sie hat nicht einmal gefragt, ob Stephen und ich je Eheprobleme hatten. Sie hat sich ganz auf unsere Geschwister und unsere Beziehung zu unseren Eltern konzentriert. Liza, sie hat nicht mal gefragt, wie wir zu unserer Vereinbarung stehen; sie hat nicht gefragt, was du empfunden hast, als du nicht schwanger geworden bist, oder warum ich das hier tun will. Wo hat die Frau ihren Kopf? Sie ist neidisch. Ich glaube, sie will uns an den Karren fahren. Ich konnte es an ihren Augen sehen, wie sie uns alle gemustert hat. Diese Hexe könnte uns im Weg stehen und uns daran hindern, unseren Traum zu verwirklichen.«

Stephen versicherte uns, daß die Psychologin nur unser Bestes wolle. »Jennifer«, sagte er, »sie hätten diese Hysterosalpingographie bei dir nicht gemacht, wenn sie geglaubt hätten, daß du bei der Beurteilung durchfällst. Der psychologische Test war nur eine Formalität.«

»Nun, diese Frau ist nicht imstande, irgend etwas von unseren Gefühlen zu begreifen. Sie weiß nichts. Sie weiß nichts über Mama. Schau dir an, wie lange Arlene und ich miteinander gearbeitet haben. Sie weiß Bescheid. Sie kann mich beurteilen. Das macht mich alles so wütend.« Jennifer atmete tief durch. »Das klingt nach Verfolgungswahn, nicht wahr? Eine Überreaktion. Ich bin müde.«

Jennifer und ich mußten noch einen Fragebogen für einen weiteren Persönlichkeitstest ausfüllen, das sogenannte *Minnesota Multiphasic Personality Inventory*. Erst nach Beurteilung des Tests und Absegnung durch die Psychologin konnte der Tragemutter-Zyklus beginnen. So lautete das Gesetz. Scot hatte es uns im Beratungsgespräch erklärt. Es war ärgerlich.

David ging zur Blutabnahme zum Labor, und Stephen griff sich die *Times*, während Dr. Petit Jen und mir das dicke Fragebogenpaket aushändigte. Ich kam mir vor wie auf der High-School. Es fand keine Kommunikation zwischen der Psychologin und uns statt, aber ihre eckige Körpersprache und ihr verkrampfter Kiefer ließen ihr Unbehagen erkennen. Jennifer und ich tauschten wissende Blicke und versuchten, unser Lächeln zu verbergen. In gewisser Weise half uns unsere gemeinsame Abneigung gegen Dr. Petit, mit der Peinlichkeit dieser psychologischen Beurteilung unserer selbst umzugehen. Dr. Petit schnalzte mit der Zunge und sagte: »Lesen Sie sich den Test durch und beantworten Sie jede Frage. Sie können jetzt anfangen.«

»Das ist doch lächerlich«, murmelte Jennifer.

Ich konnte mich gerade noch zurückhalten, nicht laut loszuprusten.

Wir kreuzten die kleinen Kreise des endlosen Fragebogens an, bis sie uns vor den Augen verschwammen.

Frage Nr. 492 ... Wären Sie gern Floristin? Ich quälte mich mit der Frage herum. Ja, das wäre sicher nett; nein, ich weiß nicht, ob das ein Beruf für mich wäre; ja, Blumen zu arrangieren, könnte eine schöne und kreative Tätigkeit sein. Warum wollten sie das wissen?

»Stephen, ich weiß nicht, wie ich das beantworten soll.«

Er sah von der Zeitung auf – in der Hoffnung, daß niemand bemerkt hatte, wie ich ihn um Hilfe bat.

»Liza, du grübelst zu viel; möchtest du Floristin sein?«

»Nein.«

»Das ist deine Antwort«, sagte er.

Eine Laborantin kam, um Jen abzuholen. Sie mußte sich zwölf Röhrchen Blut abnehmen lassen. David, Stephen und ich warteten schweigend in Scots Sprechzimmer. Wir spürten alle die Anstrengung des Tages. Jen kam nach einer Dreiviertelstunde zurück. Sie war aschfahl und den Tränen nahe vor Müdigkeit und emotionaler Überlastung.

Jennifer und Stephen wurde erklärt, wie sie die Medikamente vorbereiten, abmessen und injizieren sollten, genau wie man es uns beigebracht hatte. Sie gaben ihr das Startpaket mit Spritzen, Medikamenten und dem Video. Es war sieben Uhr abends, als wir schließlich gingen. Wir hatten zehn Stunden dort verbracht.

24. Kapitel

Stephen und David fuhren schon voraus zu dem Restaurant, wo wir sie zu Abendessen treffen würden, während Jen und ich ein Taxi zu Mamas Wohnung an der Ecke 84th Street und Lexington Avenue nahmen. Jennifer klappte auf dem Sofa zusammen. Normalerweise setzte sie sich nie, bevor sie die neuen Skulpturen begutachtet hatte, die immer mehr Raum in der Wohnung einnahmen. An diesem Abend war sie froh, einfach nur die Augen zumachen zu können.

Der Gesichtsausdruck meiner Mutter und die Art, wie sie uns umarmte – sanft, aber bestimmt –, verrieten mir, daß sie uns etwas zu sagen hatte. Bei diesem Besuch ging es nicht nur um Küsse und Umarmungen. Ich saß in dem riesigen, geblümten Chintzsessel meiner Mutter gegenüber und wartete, während sie uns Tee eingoß. Als sie zu sprechen begann, war ihre Stimme voller Sorge.

»Ich habe letzte Nacht mit Kodie gesprochen. Sie war so süß, Jen. Sie sagte: ›Omi, du glaubst nicht, wie gut ich im Modellieren bin.‹ Sie sagte, sie möchte Bildhauerin werden, wenn sie groß ist. Ich habe ihr gesagt, daß ich ihr Unterricht geben kann, wenn sie nach New York kommt. Sie ist meine Enkelin, genau wie Stuart und Sophia.« Sie machte eine Pause.

»Jen. Ich bin in einer schwierigen Lage. Du bist für mich wie eine Tochter. Du bist von meinem Blut, und du hast Liza ein Geschenk versprochen, das ihr Leben vervollkommnen wird. Aber ich habe Angst. Ich mag all diese Medikamente nicht. Niemand weiß, was sie für Langzeitschäden anrichten. Ich habe versucht, Liza davon abzubringen; jetzt möchte ich euch beide davon abbringen. Liza kann ein Kind adoptieren.

Um es klar zu sagen: Ich bin dagegen – nur wegen der Medikamente. Mit deinem Angebot hast du deine Liebe bewiesen. Das ist genug.« Ihre Stimme war eindringlich.

Jennifer setzte sich auf. »Tante Suzy, die einzige schädliche Nebenwirkung der Medikamente besteht darin, daß sie mich noch unerträglicher machen werden, als ich ohnehin schon bin. Mach dir keine Sorgen. Wir haben uns gut informiert.«

Meine Mutter fand Jens Antwort offenbar nicht komisch.

»Mama«, warf ich ein, »das sind natürliche Hormone, die der Körper auch selbst produziert.«

Ich konnte meine Mutter so gut verstehen. Sie wußte, Laurie hätte die Idee, mein Kind auszutragen, romantisch gefunden; sie hätte keinen Augenblick gezögert. Aber uns an das Gesundheitsrisiko zu erinnern, war die Verantwortung meiner Mutter ihrer Schwester gegenüber. Ich glaube, ihr Versprechen an Laurie, sich um Jennifer zu kümmern, hatte Vorrang vor meinem Wunsch, auf diese unübliche, aber idealste Weise ein Kind zu bekommen.

Jennifer stand vom Sofa auf und setzte sich in einen Sessel neben meine Mutter. »Tante Suzy, Mama möchte, daß ich das tue. Wenn sie hier wäre, würde sie es selbst tun. Nichts könnte sie davon abhalten. Das weißt du doch, oder?«

»Ja, Jen, ich kenne meine Schwester und ihre grenzenlose Begeisterungsfähigkeit. Aber wenn sie hier wäre, würde ich dieselben Einwände aus demselben Grund vorbringen. Wir sind unterschiedliche Menschen, Laurie und ich, und ich muß für uns beide denken. Ich brauche Zeit, Jen, und ich muß mehr darüber wissen.« Sie sprachen leise und sahen sich dabei direkt und tief in die Augen.

Ich ging aus dem Zimmer, um sie miteinander allein zu lassen. Meine Mutter war in einer schwierigen Lage. Jennifer war übermüdet. Sie mußten zu einer Einigung kommen, bevor wir weitermachten. Meine Mutter war immer noch die Matriarchin. Sie verdiente Respekt.

Eine Viertelstunde später kam ich wieder ins Zimmer. Meine Mutter weinte. Jennifer reichte ihr ein Papiertaschentuch und begann zu sprechen. »Ich wollte dich nicht traurig machen. Ich weiß nicht, wie du mit deinem Verlust fertiggeworden bist. Ich habe gesagt, du steckst deinen Kopf in den Sand wie ein Vogel Strauß, um die Realität nicht zu sehen, aber ich glaube das nicht wirklich. Du bist die Starke. Ich bewundere dich. Ich weiß, das Baby zu bekommen und es Liza und David zu geben, wird mir zeigen, daß auch ich weitermachen kann. Wie du es tust. Glaub mir, es wird mir gutgehen. Es wird uns allen gutgehen.«

Meine Mutter nickte. Sie sprach mit fester Stimme. »Halte dein Versprechen an mich, Jennifer. Ich bin nicht deine Mutter, aber du sollst wissen, daß ich dich aufrichtig liebe und mich um dich kümmern werde.«

Wir mußten uns beeilen, um nicht zu spät zum Abendessen zu kommen. Unsere Zeitplanung war knapp, da Jen und Stephen noch am selben Abend das Flugzeug zurück nach Chicago nehmen wollten.

»La, Jennifer ...« Meine Mutter hielt uns an der Tür auf. »Ihr müßt versprechen, eure Gesundheit nicht zu gefährden; wenn es irgendwelche Anzeichen von Problemen gibt, müßt ihr aufhören. Versprecht mir, daß ihr euch nicht in langfristige emotionale oder körperliche Gefahr bringt. Ich spreche hier nicht von Unwohlsein, damit muß man rechnen; ich spreche von Krankheit. Das ist ein Versprechen an mich und an Laurie.«

Jen küßte sie herzlich, und wir gaben ihr beide unser Wort. Es war ein Schwur zwischen uns Vieren: meiner Mutter, Tante Laurie, Jen und mir.

Wir hetzten los, um die Männer im Carlyle Hotel an der Ecke Madison Avenue und 76th Street zu treffen, wo David und ich bei unserer ersten Verabredung gewesen waren. Der

Speisesaal des Hotels verwöhnte seine Gäste mit unaufdringlichem und aufmerksamem Service. Das Personal erahnte unser Bedürfnis nach Privatsphäre, und das gab uns das Gefühl, etwas Besonderes zu sein. Wir vier waren an diesem Abend etwas Besonderes. Herrliche Blumenvasen und gedämpftes Licht gaben dem eleganten, zurückhaltenden Raum eine warme Ausstrahlung und verstärkten unser Empfinden, uns vom Rest der Gesellschaft entfernt zu haben. David und Stephen hatten die erste Flasche Pinot Grigio schon zur Hälfte geleert. Wir bestellten eine zweite zum Abendessen. Jennifer genoß jeden Schluck des trockenen Weißweins wie eine Kennerin, der eine einjährige Verbannung aus der Zivilisation bevorsteht. Wir tranken wieder und wieder darauf, diesen schrecklichen, emotionsgeladenen Tag überstanden zu haben.

»Wir trinken auf Jens Tapferkeit.«

Jen kräuselte die Nase und sagte feierlich: »Auf die Abstinenz von Alkohol und Kaffee.«

»Und auf die Blutproben.«

»Und auf unser Wiedersehen mit Scot.«

»Auf Scot.«

»Auf Scot.« Wir stießen alle miteinander an. »Es soll so sein.«

»Auf Tante Laurie.«

Wir waren glücklich und angeheitert. Jennifer sagte ohne Traurigkeit: »Mama wäre stolz auf uns alle.«

»Wir haben Glück, daß sie bei uns ist«, sagte David und füllte unsere Gläser nach. Wir stießen wieder an und tranken.

Ich konnte Tante Laurie vor mir sehen. Sie würde zwischen mir und Jen sitzen, nachdem sie jedes letzte Quentchen Information über die IVF aus den Ärzten herausgequetscht hätte, und mit einer gewissen Arroganz konstatieren, wie stark wir sind und daß ihre Schwester vielleicht doch ein bißchen übervorsichtig sei. Das würde ihr guttun.

Als es Zeit zum Gehen war, begleiteten David und ich Stephen und Jennifer bis zum Taxi. Als sie abfuhren, rief David aus: »Das ist alles so aufregend und verwirrend. So ... außerordentlich.«

25. Kapitel

Gegen Ende November 1996, als unsere Gedanken schon auf das Erntedankfest gerichtet waren, war eine Nachricht von Joan Petit auf meinem Anrufbeantworter. Wir hatten darauf gewartet. Scot konnte laut Gesetz unser Behandlungsprogramm erst fortsetzen, wenn die Psychologin ihre Zustimmung gegeben hatte.

Sie sagte, sie sei der Meinung, daß Jens Persönlichkeitstest ungültig sei, weil sie gehört habe, daß Stephen ihr bei den Antworten geholfen hatte. Ich verstand nicht, warum die Psychologin mir das sagte und es als Nachricht auf meinem Anrufbeantworter hinterließ. Sie hatte ihre Stellungnahme so lange wie möglich hinausgezögert, und jetzt legte sie uns Steine in den Weg. Es war so, wie Jennifer es intuitiv befürchtet hatte.

Ich hinterließ Dr. Petit die Nachricht, soweit ich wüßte, hätte Stephen seiner Frau bei dem Test nicht geholfen; falls sie damit ein Problem hätte, solle sie Jennifer anrufen. Eine Woche verging. Ich sagte Jen nichts, während ich darauf wartete, daß die Bombe explodierte, aber nichts geschah. Wir haben nie wieder von Joan Petit gehört, und ich habe mir nie die Zeit genommen, der Sache weiter nachzugehen. Es war nicht wichtig; diese Psychologin war nur eines der vielen Schlaglöcher, die uns auf dem Weg zu unserem Kind begegneten. Scot rief an und sagte, wir könnten loslegen. Das war das einzig Wichtige.

Mamas und Tante Lauries Mutter, unsere Großmama Reese, lebte inzwischen in einem Seniorenheim. Sie hatte dort ihr eigenes Apartment und pflegte geselligen Umgang mit den anderen alten Damen, die sich jeden Nachmittag zum Tee trafen. Jennifer erklärte ihr, daß sie mein Baby bekommen würde. Es würde aus Lizas Eizelle und Davids Sperma entstehen.

Großmama Reese sagte: »Suzy hat mir das schon erklärt, Liebes. Ein paar von den Mädels hier finden es unanständig.« Sie dachte, daß David und Jen miteinander schlafen würden. Die IVF überstieg ihr Begriffsvermögen völlig. Ich versuchte wieder und wieder, ihr die Prozedur zu erklären. Schließlich sagte sie: »Ja, Liebes. Ich verstehe. Das ist gut.« Ich wußte, daß sie es nicht begriff. Aber ihre anfängliche Interpretation bescherte Jen und mir ein herzliches Lachen.

Davids Mutter Frances rief aus Florida an, nachdem sie von unserer Entscheidung gehört hatte. »Liza, ist es in Ordnung, wenn ich Jennifer etwas schicke? Ich kenne sie kaum, aber ich möchte sie wissen lassen, wie dankbar ich bin, daß sie es dir und David möglich macht, ein Kind zu bekommen.«

Zögernd schlug sie ein Paar Diamantohrringe vor, die einst ihrer Mutter gehört hatten und die ich bei unserer Hochzeit an ihr bewundert hatte. Ich hatte Frances noch nie so vorsichtig sprechen hören. Ich glaube, sie hatte Angst, mich zu kränken. Es war bewegend, wie sie sich entschuldigte und sagte, eigentlich hätte sie mir die Ohrringe zur Geburt von Davids Kind schenken wollen. Ich fühlte ihren starken Familiensinn. Jennifer war für sie fast eine Fremde, aber sie wollte ihr etwas Liebes tun. Ich fühlte, wie diese Liebe sich auch auf mich und David erstreckte. Jennifers Geschenk berührte so viele Menschen. Ich fühlte mich durch Frances' Vorschlag nicht beleidigt oder verletzt. Ich sagte ihr, ich fühlte mich geehrt und Jennifer würde die Ohrringe voll Stolz tragen.

Bevor sie auflegte, sagte Frances: »In meiner Generation geschahen solche Wunder nur durch Gebet und göttliche Gnade.«

»Und heute, Frances«, antwortete ich, »wäre es genauso, wenn es die Wissenschaft und Jennifer nicht gäbe. Es ist immer noch ein Wunder.«

Jennifer gelang es schließlich, ihren Bruder zu erreichen. Er rief am Thanksgiving-Tag an und sagte, er sei sechs Wochen in Los Angeles gewesen und jetzt dabei, seine Musikfirma nach Los Angeles zu verlegen und sich dort eine Wohnung zu suchen.

Ich bekam einen Brief von Jennifer. Offensichtlich war sie dazu übergegangen, wann immer ein Gedanke oder ein Vorfall sie stark beschäftigte, seine Bedeutung schriftlich zu ergründen und mich daran teilhaben zu lassen. Ich war gerührt und verblüfft über ihre Offenheit und ihre Bereitschaft, mir alles mitzuteilen. Dieses Baby zu bekommen, bedeutete für Jennifer mehr als nur ein »biologisches Projekt« und ein großes Geschenk an mich. Es war eine intellektuelle und emotionale Reise.

Liebe Liza,

ich habe Jack erzählt, daß ich dein Baby austragen werde. Er konnte es nicht fassen und fand die Idee furchtbar. Er glaubt, du und Tante Suzy würden mich hassen, wenn etwas schiefgeht. Er sagte, ich würde die Familie spalten. »Weißt du noch, wie wir bei ihnen zu Hause für alles die Schuld bekamen?« sagte er.

Ich erzählte ihm, daß Onkel Herbie mich angerufen hat, um mir dafür zu danken, daß ich dies tun will. Und wir haben über Mama gesprochen. Liza, es war das erste Mal, daß dein Vater mich angerufen hat. Vielleicht das einzige Mal, daß er je richtig mit mir gesprochen hat, außer um mich zu tadeln. Ich denke, es lag daran, daß er mich immer nur als Kind oder als ein Ärgernis gesehen hat. Jetzt respektiert er mich. Seltsamerweise bedeutet mir das eine Menge, und ich habe Jack davon erzählt, weil ich hoffte, er würde mich ebenso respektie-

ren. Ich wünschte, mein Bruder könnte verstehen, daß dieses Baby allen Beteiligten nur Gutes bringen wird. Wir sind eine Familie. Wir haben nicht immer alle das tiefste Verständnis füreinander, aber in Zeiten der Not sind wir füreinander da.

Jack hatte immer etwas an mir auszusetzen, und er war immer wütend. Er sagte, ich täte das nur, um im Mittelpunkt der Aufmerksamkeit zu stehen. Ich nehme an, er hat recht, zumindest von seiner Warte aus. Jack war der Schwierige, der aufs Internat geschickt wurde, und ich blieb zu Hause bei Mama und bekam täglich ihre Aufmerksamkeit. Du weißt, daß ich nichts anderes akzeptiert hätte. Ich blicke zurück und muß ihm zustimmen – ich war egoistisch. So muß ich nun meine Motive noch einmal prüfen, La. Ist es Mamas Aufmerksamkeit, nach der ich mich sehne, und tue ich dies, um Lob zu ernten? Das glaube ich ganz und gar nicht. Ich wünschte, ich könnte Jack überzeugen. Er und du sind die einzigen, die mich in allen Phasen meines Lebens gekannt haben, die mich als Kind mit meiner Mutter gekannt haben. Jack und ich sind die einzigen, in deren Herzen sie leibhaftig weiterlebt. Wenn ich Jack verliere, verliere ich diesen Teil von mir. Es wird niemand mehr da sein, der sich an kleine Vorfälle erinnert. Und doch ist da immer eine Distanz zwischen uns gewesen. Wir versuchen einander mit langen Armen zu erreichen, können uns aber nie ganz berühren.

Ich wünschte, Jack könnte dies mit mir teilen. Seine einzige Reaktion war: »Das ist ein Riesenfehler.« Er sagte, möglicherweise deute ich Mamas Botschaft falsch; vielleicht meinte sie, ich solle ihr Licht in mein Leben bringen und es an Kodie und Austin weiterreichen.

Liza, alles und jedes kann auf hunderterlei Weise interpretiert werden. Es liegt an jedem Menschen selbst, etwas zu sehen und danach zu handeln, wie er es für richtig hält; sonst würde nie etwas getan. Im Januar werde ich schwanger sein, La, und im Oktober wird dein Baby zur Welt kommen, viel-

leicht an meinem Geburtstag. Ich denke, es ist Zeit, daß Jack erwachsen wird und aufhört, mich für die Vergangenheit büßen zu lassen.

Jen

Ein Teil von Jennifers Brief ragte für mich besonders heraus – die Zeilen über meinen Vater. Ich war erstaunt, daß sie sich von ihm immer noch so beeindrucken ließ. Sie hatte ausdrücklich erwähnt, daß seine Anerkennung für sie wichtig sei. Ich fragte mich, ob sie vielleicht nicht, wie Jack vermutete, Aufmerksamkeit, sondern eher Anerkennung suchte. Ich wollte das Thema ihr gegenüber eigentlich nicht anschneiden, aber wir hatten eine Übereinkunft, ehrlich miteinander zu sein. Ich wollte keine Grauzonen in ihrer Einschätzung ihres heroischen Unternehmens lassen. Ich wollte nicht, daß auch nur die leiseste Andeutung eines Mißverständnisses die Schönheit unserer Verbindung beeinträchtigte. Da ich nie schwanger gewesen war, konnte ich mich unmöglich völlig in sie einfühlen, so sehr ich es auch versuchte. Ich rief sie an und fragte sie nach ihrem Bedürfnis nach Anerkennung.

»Wie kannst du mich das fragen?« Zorn klang aus Jennifers Stimme, der gleiche Zorn, mit dem sie Joan Petits negative Beurteilung vorausgesagt hatte. »Ich habe dir gesagt, warum. Ich bin mir über alles im klaren. Du solltest es auch sein. Wenn du es darauf anlegst, nach Problemen zu suchen, wirst du welche schaffen. Vergiß die anderen und ihre Zweifel. Sie entspringen nur ihren eigenen Schwächen und haben nichts mit dir und mir zu tun. Halt dich an die Fakten.«

Sie war eisern und ihrer Sache sicher, und ich entschuldigte mich.

Martin Luber, Jens Vater, sprach mit ihr voller Sorge über die langfristigen Folgen der Tragemutterschaft. Er wiederholte die gleiche Frage wieder und wieder: »Jen, wie wirst du dich fühlen, wenn Liza das Baby mit nach New York nimmt und du es nicht mehr sehen oder berühren oder irgendwelche Entscheidungen über die Frucht deines Leibes treffen kannst?«

Jennifer hörte allen zu, aber sie war so unerschütterlich wie ein Lachs, der unbeirrbar flußaufwärts gegen die Strömung schwimmt, um neues Leben zu schaffen.

26. Kapitel

Für Jennifer war es soweit, mit dem Lupron anzufangen, dem Medikament, das ihren Menstruationszyklus unterdrükken würde, damit sie keine eigenen Eizellen freisetzte. Ihr Probezyklus würde zeigen, ob sie eine gute Kandidatin für die Embryoverpflanzung war und ob sie gut auf die Medikamente ansprach. Am ersten Lupron-Tag rief sie an, um mir zu sagen, sie würde sich nach der Spritze wieder melden.

Ich setzte mich hin und dachte an Jennifer, so weit weg in Chicago, und wie nah ich mich ihr fühlte. Ich dachte an meine IVF-Zyklen und daran, was mir geholfen hatte, sie durchzustehen, und ich dachte an drei positive Dinge, wie Greg es mir geraten hatte.

Im Laufe des vergangenen Jahres hatten drei Tauben auf dem Klimagerät vor meinem Schlafzimmerfenster genistet. Während meines ersten IVF-Zyklus bemerkte ich, daß ein Vogel auf einem Ei saß. Nicht verwunderlich, daß dieses Ei für mich zum Symbol für meine eigenen Bemühungen wurde, ein Ei »auszubrüten«. Ich beobachtete dieses Ei den ganzen Zyklus hindurch Tag für Tag und war abergläubisch überzeugt, daß es das Ei beziehungsweise den Embryo in mir verkörpere. Als der IVF-Zyklus endete, war die Muttertaube mit ihrem Ei verschwunden. Den einen Tag waren sie noch da, den nächsten waren sie weg.

Als ich den zweiten IVF-Zyklus antrat, war das Nest von einer anderen Taubenmutter belegt, diesmal mit zwei Eiern. Diese Taube flog manchmal kurz fort, um dann zurückzukehren und sich wieder auf ihren Eiern niederzulassen. Ich nannte die beiden »Frei« und »Licher«. Während mein Zyklus voranging, setzte sie den ihren fort. Doch auch dieser Vogel verschwand mitsamt seinen Eiern.

Eine Woche, bevor Jen nach New York kam, bemerkte ich einen dritten Vogel, der ebenfalls auf zwei Eiern saß. Ich nahm mir vor, mich diesmal nicht darauf einzulassen, aber ich konnte nicht anders, als jeden Tag aus dem Fenster nach ihnen zu sehen. Zwei Tage, nachdem Jen New York verlassen hatte, schlüpften die beiden Küken. Zwei winzige Taubenküken hockten in dem Nest auf dem Klimagerät. Ich schaute nach ihnen, so oft ich konnte. Ich konnte sie nach ihrer Mutter zwitschern hören. Ich stellte Wasser und Zweige ans andere Ende des Klimageräts, ohne je das Nest zu berühren. Die Taubenmutter ignorierte alles, was ich ihr hinstellte, und saß mit feierlicher Würde auf ihrem New Yorker Draht-und-Putz-Nest. Einmal legte ich Brotstückchen auf das nächste Fensterbrett; die nahm sie an. Zweimal flog sie weg und ließ ihre Küken allein, als sie mich bemerkte.

Diese Vögel zu sehen, stimmte mich optimistisch. Sie waren ein Schicksalszeichen, ein gutes Omen für die Geburt.

Jennifer rief eine halbe Stunde später an. »Die Spritze war nicht so schlimm. Mir geht es gut.« Was für mich so schwierig war, fiel Jennifer leicht.

Nach drei Tagen wurde mir klar, daß es Jennifer unter der Wirkung des Lupron nicht gutging. Sie beklagte sich nicht, sagte aber, sie fühle sich wie »besessen«. Sie hatte Kopfschmerzen, wie ich sie gehabt hatte, und war launisch und erregbar. Außerdem hatte sie einen Hautausschlag. Ich wünschte mir so sehr, etwas tun zu können, um es ihr leichter zu machen. Ich bot ihr immer wieder an, aus der Sache auszusteigen. »Du hast schon so viel getan. Ich würde an deiner Stelle selbst abspringen. Ich würde es dir nicht vorwerfen.«

»La La, du bist die, die das Ganze bereut. Tu es nicht. Es sind nur häßliche Pickel. Ich habe sie schon früher gehabt, und sie gehen wieder weg.«

»Aber ich weiß, wie sehr du sie haßt.«

Wir lachten beide, und ich schniefte, um nicht weinen zu müssen. Wieder dachte ich an die Vögel, die ich vor meinem Fenster beobachtet hatte.

Eines Morgens fiel mir auf, daß eines der Küken schwächlich wirkte, seinen kleinen Hals reckte und nach Luft zu schnappen schien. Ich wußte, daß etwas nicht stimmte, denn das andere Küken war viel lebhafter. Als die Taubenmutter zum Nest zurückkam, ignorierte sie das kranke Küken. Am nächsten Morgen war das Küken tot und aus dem Nest geworfen, lag auf dem Klimagerät auf dem Rücken.

Aber das überlebende Küken wuchs und gedieh. Jeden Morgen nahm die Taubenmutter das Brot, das ich ihr hinlegte. In zwei Wochen war das Küken herangewachsen. Es hatte grau-schwarze, borstige Federn und sah aus wie das klassische häßliche Entlein. Seine Augen waren offen. Es sah zu mir hin, wenn seine Mutter nicht da war. Ich flüsterte sanft mit ihm, damit es sich an meine Stimme gewöhnte und keine Angst hätte. Es machte mich glücklich, sein Wachsen zu beobachten, aber es gab mir auch einen Stich der Eifersucht, daran zu denken, was mir vorenthalten bleiben würde. Das Wetter war sehr kalt. Ich machte mir Sorgen, das Küken könnte bei all dem Wind und Regen vom Klimagerät fallen. Ich dachte darüber nach, ob ich ihm irgendein Schutzdach bauen könnte, aber mir fiel nichts ein. Ich bemühte mich, optimistisch zu sein, und sagte mir, ich dürfe ein etwaiges Mißgeschick, das dem Küken zustoßen mochte, nicht als schlechtes Vorzeichen für mich interpretieren.

Das Leben dieser Vögel zu beobachten, verdeutlichte mir, daß in der Natur nur die Starken überleben. Es ist ganz egal, wer du bist. Meine Einstellungen und Erwartungen waren ohne Belang.

Am zweiten Abend der Lupron-Therapie rief Jennifer mich verzweifelt im Restaurant an. Sie sagte, sie hätte nicht genug Lupron, um die Spritze zu füllen. Ich sagte ihr, das könne nicht sein. Ich wußte, daß das Startpaket genug Lupron für zwei Wochen enthielt. Sie bestand darauf, das es stimme. Offensichtlich war irgend etwas schiefgelaufen. Jennifer rief im Krankenhaus an, aber um zehn Uhr abends war dort niemand mehr.

Einige Minuten später rief sie mich zurück. Sie sagte, ihr sei klargeworden, daß sie versehentlich die falsche Spritze genommen hätte, die große für das Progesteron. Irgendwie war sie in die gleiche Tüte geraten wie die Lupron-Spritzen.

»La, ich fühle mich so dumm; es ist mir so peinlich. Glaubst du, ich werde alles vermasseln?«

Sie machte sich solche Gedanken um mich; dabei hatte ich nur Angst und Sorgen um sie. »Warum tust du das überhaupt?« fragte ich. »Schmeiß doch das ganze Zeug weg und vergiß es.« Ich wollte nicht, daß sie sich zu etwas gezwungen fühlte.

»Nein, mir geht es gut, ich möchte nur nicht, daß du mich für blöd hältst. Ich hoffe, ich habe nicht den ganzen Zyklus vermurkst. Meinst du, an so einer Überdosis kann man sterben?«

Sie hatte das Zehnfache der verschriebenen Dosis genommen.

Ich rief den Notdienst vom Cornell an; der Arzt sagte, die Überdosis sei nicht schädlich. Er schlug vor, wir sollten am Morgen unseren Spezialisten anrufen, um zu erfahren, ob die weiteren Dosierungen angepaßt werden müßten.

Ich rief Jen sofort zurück.

Wieder hatte sie mich verblüfft. Sie hatte gerade eine Überdosis eines starken und möglicherweise gefährlichen Medikaments genommen und machte sich nur Gedanken um unseren Zyklus. Ich machte mir Sorgen um Jennifer. Ich hatte versprochen, sie gesund zu erhalten.

Das Gesetz schreibt vor, daß vor Beginn des Tragemutter-Zyklus alle Beteiligten einen Vertrag unterzeichnen. David hatte sich mit einer Anwältin in Chicago, Terry Fuerst, in Verbindung gesetzt, die auf Fälle spezialisiert war, bei denen es um Unfruchtbarkeit, Leihmutterschaft und Adoption ging.

Der Vertrag deckte alle Eventualitäten ab: Die Möglichkeit, daß Jen schwanger würde und das Baby nicht abgeben wollte, daß der Fötus krank wäre und abgetrieben werden müßte, daß David und ich es uns anders überlegten. Es war merkwürdig, solche Vorkehrungen für Ereignisse zu treffen, die noch nicht eingetreten waren, aber notwendig. David und ich waren mit dem Vertrag einverstanden – bis darauf, daß er uns keine ausreichende Haftung für den Fall zuwies, daß Jennifer als Folge der Schwangerschaft irgendeinen bleibenden Gesundheitsschaden davontrüge. Patricia Greene schlug vor, wir sollten eine Invaliditätsversicherung für Jennifer abschließen, und das taten wir zu unserer eigenen Beruhigung. Wir gingen mit größter Sorgfalt vor, denn das Unbekannte war immer da, im Hintergrund lauernd.

Jennifer hatte mit den Östrogen-Pflastern angefangen, und es ging ihr besser. Sie litt unter Hautausschlag und Juckreiz, aber sie lernte, die Pflaster abwechselnd auf Po und Bauch zu kleben, so daß die Hautzonen zwischendurch abheilen konnten. Am Monatsende war es Zeit für die Abschlußuntersuchungen des Probezyklus, um festzustellen, ob Jennifers Gebärmutter auf das Östrogen und Progesteron ansprach und die transferierten Embryos würde aufnehmen können.

Jennifers Ärztin in Chicago war eine schlanke, mädchenhafte Frau von Mitte Dreißig mit langem, dunklem Haar. Sie trug stets einen Arztkittel über Rock und Bluse. Sie war vertrauenerweckend und kompetent, über Jennifers spezifische IVF-Behandlungen informiert, ging emotional auf sie ein und versuchte, ihr alles so leicht wie nur möglich zu machen. Sie wußte über Jennifers Arbeitszeiten Bescheid und ließ sie nie warten. Das gesamte Personal war sehr entgegenkommend und unterstützte uns wie ein Wettkampfteam. Jennifer kam jeden Morgen um acht, bevor sie zur Arbeit ging, zu ihren Untersuchungen und bekam als erstes ein Glas frischen Orangensaft serviert. »Das gibt Energie«, sagten sie. An diesem eisigen Dezembermorgen war die Biopsie der Gebärmutterschleimhaut angesetzt, die ergeben sollte, ob sie die Embryos ernähren konnte. Jennifer hatte keine Angst. Sie vertraute Dr. Isola. Die Ärztin nahm ihre Hand.

»Jennifer. Es kann einen Moment wehtun. Ich beeile mich; danach tut es nicht mehr weh. Geht es Ihnen gut?«

»Mit mir ist alles in Ordnung«, antwortete Jen. »Stephen wird mich danach nach Hause bringen. Ich gehe heute nicht zur Arbeit.«

Es tat mir leid, daß ich nicht in Chicago war, um sie zu begleiten. Keiner von uns hatte diese Untersuchung bisher mitgemacht, und wir wußten nicht, womit sie rechnen mußte. Jennifer rief mich aus ihrem Schlafzimmer zu Hause an. Ihre Stimme war gepreßt und beherrscht. Ich wußte, daß sie Schmerzen hatte.

»Es hat furchtbar weh getan. Es war das erste Mal, daß ich mich wirklich gefragt habe, warum ich das mache. La, ich habe wirklich gebrüllt, und es war nicht angenehm. Sie haben dieses Gerät, ähnlich wie eine Lochstanze, in mich gesteckt und einen gut zwei Zentimeter langen Fleischzylinder herausgeholt, der wie ein fetter Regenwurm aussah. Ich konnte fühlen, wie sie das Gewebe aus meinem Inneren schnitten.«

Das Wissen, daß sie diesen Schmerz für mich durchmachte, war quälend für mich. Ich hatte nicht gewußt, daß die Prozedur so wehtun würde, und selbst nachdem Jennifers Schmerz nachließ, hielt meiner an. Es war kein Schuldgefühl. Darüber hatten Jen und ich gesprochen. Uns war beiden klar, daß wir unsere Entscheidungen wohlüberlegt getroffen hatten. Es war mehr als das, die Art von Hilflosigkeit, die man fühlt, wenn ein geliebter Mensch leidet. Es waren Frustration und Zorn. Ich fühlte mich unzulänglich neben Jens Tapferkeit, wünschte mir, ihr ein gleichwertiges Geschenk zurückzugeben, und fragte mich, ob das je möglich wäre. Wie soll man mit soviel Güte und Selbstaufopferung umgehen?

Ich hatte immer geglaubt, wenn ich eine Entscheidung zu treffen hätte, würde ich mich schon richtig entscheiden, sofern ich in der Lage wäre, die Alternativen ehrlich abzuwägen. In diesem Fall fiel mir das Abwägen schwer. War es egoistisch von mir, einen weiteren IVF-Zyklus mit Jennifer als Tragemutter zu absolvieren? Würde ich damit keine unvorhergesehenen Probleme für Jennifer und ihre Familie verursachen? Wie würde sie der sechsjährigen Dakota erklären, daß das Baby in ihrem Bauch Tante Lisas war und nicht ihr Bruder oder ihre Schwester sein würde? Was würde Stephen den Leuten sagen: »Meine Frau ist schwanger – nein, es ist nicht von mir«? Wie würde sich dies alles auf ihre frischgekittete Ehe auswirken? Wie kann ein Mann auf die intimen Kontakte zu seiner Partnerin verzichten und mit ansehen, wie ein Baby in ihr wächst, von dem er weiß, daß es nicht das seine ist? Stephen ist der Leidtragende bei der Sache. Diese Geburt ist für mich, David und Jen eine Mission, zu der wir ihren Mann zwangsrekrutiert haben.

Im Rückblick glaubte ich nicht, daß Jennifer und ich uns immer so nahegestanden hatten, wie es nötig gewesen wäre, um ein so extremes Projekt gemeinsam durchzuziehen. Da waren die Jahre der Trennung, während ich in Spanien war, aber unsere Liebe war auf ein starkes Fundament gebaut. Vielleicht lag es an den Rollenvorbildern unserer Mütter und dem Wert, den sie immer auf den Zusammenhalt der Familie gelegt hatten. Irgendwie war es den beiden Schwestern gemeinsam gelungen, alle Härten des Lebens zu überwinden und Freude zu finden.

Ich sprach mit Jennifer, und sie sagte, sie könne mit unserem Projekt weitermachen, solange sie sicher sei, daß sie keine weitere Endometriumbiopsie mitmachen müsse. Ich versprach ihr, daß ich das nicht zulassen würde. Jennifer konnte ihre eigene Stärke nicht einschätzen. Ich war stolz und dankbar dafür, was für ein großartiger Mensch sie war.

Ich schickte Dr. Isola ein Fax, in dem ich ihr für ihre Hilfsbereitschaft, Unterstützung und Freundlichkeit Jennifer gegenüber dankte. *Es macht die Dinge für uns alle leichter*, schrieb ich. *Ich bin stolz darauf, wie stark meine Cousine ist. Ich prahle mit ihr bei jedem, der mir zuhört. Ihre Beharrlichkeit erstaunt mich. Ich vertraue Jennifer mein Baby an, und ich vertraue auch Ihnen, Dr. Isola. Ich danke Ihnen noch einmal für ihre Freundlichkeit uns allen gegenüber.* Dr. Isola hatte mir das Vertrauen zurückgegeben, daß es im Medizinbetrieb auch Menschlichkeit gibt.

Als ich am nächsten Tag mit Scot sprach, versicherte er mir, daß vor dem Transfer keine weitere Biopsie bei Jennifer nötig werden würde: Die Untersuchung habe ergeben, daß die Schleimhaut so üppig und dick war, wie Jennifer vorausgesagt hatte. Das Progesteron hatte die Schleimhaut verdickt und sie hervorragend auf die Aufnahme der Embryos vorbereitet.

27. Kapitel

Wie schon gesagt, betrachteten Jennifer und ich uns als Pionierinnen. Unsere unterschiedliche Sichtweise unseres Abenteuers verriet sich nur darin, wie wir über die Geburt sprachen. Jennifer sagte immer: »Wenn das Baby kommt.« Ich hingegen sagte immer: »Falls das Baby kommt«; ich konnte einfach nicht anders. Vielleicht wollte ich mich mit dem Wörtchen »falls« vor der furchtbaren Enttäuschung schützen, die ein Mißerfolg mit sich bringen würde.

Ich bemühte mich laufend, Gregs Gedankentrick anzuwenden – mich auf drei Gedanken zu konzentrieren, die mich glücklich machten. Es half mir. Insgesamt war ich eher optimistisch als pessimistisch.

Das Taubenküken vor meinem Fenster war groß geworden; es hatte schon gelernt, seine Flügel auszubreiten. Als ich eines Tages die Vorhänge zurechtzog, baute sich das Küken vor mir auf, streckte die Brust heraus und spreizte sich, als wolle es sein Revier verteidigen und mich verscheuchen – so ein mutiger kleiner Bursche für jemanden, der noch vor drei Wochen im Ei gesteckt hatte. Die Taubenmutter beugte sich über ihn. Es sah aus, als ob sie ihn bisse, und ich wollte schon ans Fenster klopfen, um sie zu verscheuchen, als mir klar wurde, daß sie das Futter, das ich ihr hingelegt hatte, in den Schnabel des Kükens stopfte. Die Mutter würgte das geschluckte Roggenbrot wieder hoch, um ihr Junges zu füttern. Innerhalb weniger Tage sah ich das Küken mit den Flügeln schlagen und sich auf seinen ersten Flug vorbereiten. Ich wollte nicht, daß es fortflog.

Heiligabend führte ich meinen ersten Heim-Ovulationstest durch. Ein Tropfen Urin färbte das Testfeld rosa, was bedeutete, daß ich meinen Eisprung hatte. Am dritten Tag meiner Menstruationsperiode sollten Jen und ich mit unserem gemeinsamen Zyklus beginnen. Das würde der Neujahrstag des Jahres 1997 sein, von dem an ich Lupron bekommen würde. Jennifer stand seit ihrem Probezyklus unter Lupron. Ihr Körper befand sich in einer medikamentös hervorgerufenen Menopause; die Hormone verhinderten die Freisetzung ihrer eigenen Eizellen. Am Ende dieses Zyklus konnte Jennifer schwanger werden. Ich hoffte voller Optimismus darauf.

Außerdem bekam ich am 1. Januar die erste Enoxaparin-Spritze anstelle des Heparins. Scot und der Hämatologe hatten mir Enoxaparin verschrieben, ebenfalls ein Blutverdünner, aber verträglicher als das Heparin, das ich bei meinen früheren IVF-Versuchen bekommen hatte. David setzte mir die Spritze in den rechten Arm, und abgesehen von einem leichten Brennen fühlte ich mich den ganzen Tag gut. Wir waren seit zehn Tagen in unserem Haus auf Long Island. Es war eine seltene Phase der Erholung für uns; wir gingen zu Abendgesellschaften und verbrachten Zeit mit Freunden, und ich war wirklich in Urlaubsstimmung. Als wir nach New York zurückfuhren, lehnte ich den Kopf an die Rückenlehne, zum ersten Mal in dem glücklichen Glauben, daß David und ich in diesem neuen Jahr eine gute Chance auf ein Kind und ein neues Leben hätten.

Der Januar war voller Spritzen, oft fünf am Tag. Tägliche Krankenhausbesuche zu Blutabnahmen und Ultraschalluntersuchungen, alles eine Wiederholung meiner vorherigen IVF-Versuche, doch jetzt war der Schmerz ein doppelter, da ich für Jennifer mitlitt. Bis zum Monatsende mußten wir noch die nervöse Erwartung der Eizellentwicklung und -entnahme, Davids Eingriff und den Embryotransfer hinter uns bringen. Diese medizinischen Prozeduren waren anstrengend, doch am beeindruckendsten waren die Veränderungen, die dieses Jahr in unserem Leben bringen würde. Für immer und ewig würde ich meiner Cousine gegenüber eine wunderbare Dankesschuld haben.

Ich trank morgens keinen Kaffee mehr und würde es auch nicht mehr tun, bis das Baby zur Welt kam. Wenn Jennifer auf Kaffee verzichten konnte, so sagte ich mir, konnte ich das auch, und wenn sie so voller Optimismus sein konnte, konnte ich es auch; wir hatten beide soviel zu gewinnen.

Jen rief am späten Abend an, um mir zu mitzuteilen, daß sie mehrere Pickel im Gesicht hätte – eine Nachwirkung des Progesterons, das sie im Vormonat während des Probezyklus bekommen hatte, und daß sie »mich hasse«. Wir lachten, aber sie war unglücklich über ihre Haut. Als ob ein Pickel eine Schönheit wie ihre mindern könnte.

1. Januar 1997 – (aus Jennifers Tagebuch)

Heute morgen hat mich die Sonne früh geweckt. Es widerstrebte mir, meinen schönen Traum voll schwebender Farben zu verlassen. Ich hatte nicht gehört, wie Austin hereinkam. »Knuddel mich, Mama, es ist kalt hier«, murmelte er, als er zu mir ins Bett kletterte. Ich hob die schwere Steppdecke auf, die ich in der Nacht auf den Boden geworfen hatte, und deckte ihn zu. »Ich habe dir beim Schlafen zugeguckt«, sagte mein Sohn, als ich ihn auf den Hals küßte und seinen warmen Kinderduft einsog. »Mama, bist du wach?«

»Ich bin wach. Ist Daddy im Bad?«

»Nein, ich glaube, er ist weggegangen. Kodie macht Frühstück für uns. Ich sage ihr, daß du soweit bist.« Er hüpfte aus dem Bett und rief nach unten: »Kodie, sie ist auf!«

Ich reckte mich, voll Freude, meine Familie um mich zu haben. Ich hörte Geschirrklirren in der Küche, dann Dakotas vorsichtige Schritte, als sie die Treppe heraufkam. Ich setzte mich auf und bürstete mein Haar aus, das nach einer durch-

schwitzten Nacht an meinem Kopf klebte. Seit ich das Lupron bekomme, ist jede Nacht ein Kampf mit meiner Körpertemperatur. Ich schlafe ohne Decke in einem dünnen Nachthemd, während Stephen sich unter die Decken verkriecht. Kodie und Austin mögen normalerweise nicht ins Schlafzimmer kommen – es ist zu kalt. In dieser Stadt der Winde nachts bei weitgeöffnetem Fenster zu schlafen, heißt, morgens mit Eiszapfen am Heizkörper rechnen zu müssen. Stephen steht nachts oft auf und legt sich in dem zweiten Bett in Kodies Zimmer schlafen.

Kodie kam herein und setzte das Tablett auf meinen Schoß.

»Wo ist Daddy?« fragte ich.

»Er ist früh weggegangen. Ist er wütend? Er hat mich wütend angeguckt.«

»Er ist nicht wütend auf dich, Kodie. Daddy hat nicht gut geschlafen, das ist alles.« Ich sah das schwarze Cocktailkleid an, das ich gestern abend hatte tragen wollen und das jetzt immer noch über die Chaiselongue gebreitet lag. Es war das gleiche, das ich vor drei Jahren getragen hatte, nachdem ich Austin zur Welt gebracht hatte. Jetzt habe ich schon zehn Pfund zugenommen, nur von den Medikamenten. Silvester – ich habe es verschlafen. Ich hatte vor, mich nach meinem Nikkerchen zu erheben und für das späte Abendessen anzuziehen, zu dem uns Stephens Kollege eingeladen hatte. Stephen wollte zu dieser Gesellschaft gehen, aber er wollte mich nicht wekken. In letzter Zeit bin ich so müde. Durch die Medikamente, die noch von dem vorigen Zyklus in meinem Körper stecken, fühle ich mich schon erschöpft, bevor mein Bürotag anfängt. Am Wochenende habe ich dann keine Energie mehr und kein Interesse an irgend etwas außer Schlaf.

Da ist eine Spannung zwischen Stephen und mir, seit der Probezyklus im vorigen Monat angefangen hat. Vorige Nacht im Bett habe ich gespürt, wie er meine Brust streichelte und ganz sanft den geheimen Punkt unten an meinem Rücken massierte, der mich noch immer erregt hat. Ich fand es nur lästig. Ich war so müde, daß ich ihm den Rücken zugedreht habe und ohne weitere Umstände eingeschlafen bin. Ich weiß nicht, ob Stephen geschlafen hat, oder ob er aufgestanden ist, um Eis zu essen oder in seinen Sportzeitschriften zu blättern, wie er es oft tut, wenn er sich geärgert hat. Heute morgen muß er früh gegangen sein, um nicht mit mir reden oder Schuldgefühle haben zu müssen. Die ganze Woche bin ich gleich eingeschlafen, nachdem ich Kodie bei den Hausaufgaben geholfen und Austin ins Bett gebracht hatte, und habe meinen Mann allein gelassen. Er sagt nie ein Wort, aber ich kann in seinem Gesicht lesen und weiß, daß er sich ausgeschlossen und überflüssig vorkommt, was nicht stimmt. Ich brauche ihn mehr denn je, für den Fall, daß meine Entschlossenheit nachläßt. Seit wir nach unserer Trennung wieder zusammen sind, mustern wir uns gegenseitig auf Zeichen der Schwäche, der Rückkehr zu der Geisteshaltung, die zu unserem Zerwürfnis geführt hat: mangelnde Kommunikation und mangelndes Vertrauen in unsere Liebe. Wenn wir dies hier zum Abschluß bringen und er noch an meiner Seite ist, wird es unsere Ehe zu einer unerschütterlichen Festung machen, weil wir es zusammen geschafft haben. Das ist mir sehr wichtig, und das habe ich ihm auch gesagt – in der Hoffnung, daß er unser beiderseitiges Bedürfnis erkennt.

Stephen und ich haben immer ein aktives Sexualleben gehabt. Sex war ein wichtiger Bestandteil unserer Ehe, der uns Freude und Sicherheit gab, selbst während meiner Schwangerschaften mit Kodie und Austin. Jetzt, da er ihn am dringendsten braucht und begehrt, verweigere ich mich ihm.

Ich fühle mich nicht schuldig. Das Licht meiner Mutter an Liza weiterzureichen, hat für mich Vorrang. Aber es tut mir leid. Wir haben nur zweimal miteinander geschlafen, seit ich vor dreißig Tagen mit dem Lupron angefangen habe. Mein Kopf will, aber mein Körper reagiert nicht. Ich bin auch sonst keine gute Gesellschaft – Stephen kommt von der Arbeit nach Hause, wir essen zu Abend, ich gehe mit den Kindern nach oben, dann schlafe ich ein, nachdem er mir meine Spritze gegeben hat. Er gibt sie mir jeden Abend; wenn ich schon schlafe, weckt er mich, injiziert, und ich schlafe wieder ein, froh, daß ich Zeit mit Dakota und Austin verbracht und mich um ihre Bedürfnisse gekümmert habe. Ich vermisse sie tagsüber bei der Arbeit. Ich will keinen einzigen Tag ihrer Kindheit verpassen, nicht für meinen Mann, Liza oder das Baby; Kodie und Austin dürfen wegen dieser Sache nicht ihrer Mutter beraubt werden.

Schließlich kam Stephen nach oben und wir redeten miteinander.

Ich streckte meinem Mann die Arme entgegen. »Es tut mir so leid wegen gestern abend. Ich weiß, wie gern du zu der Party gehen wolltest.«

Er setzte sich aufs Bett und umarmte mich. Dann stand er auf, so groß, und sah auf mich im Bett hinunter. »Jen, wir haben kein eigenes Leben mehr. In keiner Hinsicht.«

»Ich weiß. David und Liza machen dasselbe durch; das mit den Medikamenten ist bald vorbei, wenn ich erst schwanger bin.«

»Liza und David gehen ihrem geregelten Leben nach, arbeiten, fahren in Urlaub, lieben sich – du weißt, was ich meine. Ich vermisse meine Frau. Wir haben noch neun weitere Monate vor uns. Ihnen steht es frei, zu tun, was immer sie wollen. Es ist nicht dasselbe.«

»Ich werde nicht mehr so müde sein, wenn ich schwanger bin und die Medikamente absetze. Weißt du nicht mehr, wie ich vor Dakotas und Austins Geburt war? Wir sind tanzen gegangen, Fahrrad gefahren – alles. Es ging mir gut während meiner Schwangerschaften.«

»Jen. Du kannst es dir immer noch anders überlegen.«

»Stephen. Bitte. Ich werde das durchziehen.«

Er ging zur Tür. Mit mir ist nicht zu reden, wenn ich mich erst einmal entschieden habe. So gut kannte er seine Frau. »Ich passe auf die Kinder auf, während du duschst«, sagte er abschließend.

»Stephen. Wir haben das wieder und wieder durchdiskutiert. Ich werde hinterher ein besserer Mensch sein; du wirst mich lieber mögen. Ich weiß, daß du mich liebst, aber du wirst mich lieber mögen. Ich verspreche es.«

»Ich bin dann unten.« Er ging in den Flur.

»Stephen.«

Er drehte sich um und kam zurück zum Bett. »Jen. Ich glaube dir, daß du denkst, daß dies funktionieren wird. Ich weiß, wie du seit Lauries Tod leidest. Ich liebe dich, und ich werde tun, was ich kann, um dir zu helfen, ein glückliches Leben mit den Kindern und mir zu führen. Ich unterstütze dich hundertprozentig. Sei dir nur ganz sicher, jetzt, bevor du ein Baby in dir hast, daß es das ist, was du willst, und daß es die richtige Lösung ist. Ich bezweifle nicht, daß du es tun kannst. Paß nur auf, daß du dir nicht noch mehr Schmerz zufügst.«

»Was meinst du damit, mehr Schmerz?«

»Ich meine, das Baby aufzugeben.«

»Es ist Lizas Baby, Stephen. Ich bin jetzt unglücklich. Wie viele Wege habe ich ausprobiert, wieder glücklich zu werden? Dies soll so sein. Ich weiß, daß es richtig ist. Und, Stephen, ich danke dir von ganzem Herzen für dein Verständnis.«

»Ich warte unten auf dich. Heute abend grillen wir. Die Mädchen helfen mir. Entspann dich. Aber noch einmal – denk gut nach.«

...

Ich werde das mit Stephen zusammen lösen. Ich glaube an seine Bereitschaft, bei diesem Projekt mein Partner zu sein. Bald wird der harte, schwierige Teil der Sache vorbei sein. Nach den Medikamenten, wenn ich erst schwanger bin, werde ich mich besser fühlen. Während meiner früheren Schwanger-

schaften habe ich mich einzigartig und aufregend weiblich gefühlt. Ich war gute Gesellschaft. Bald werde ich wieder so sein – nach den Medikamenten. Liza wird ihr Baby bekommen; nichts kann uns im Wege stehen. Ich habe die Biopsie der Gebärmutterschleimhaut überstanden; das war das Schlimmste. Scot hat gesagt, das war das einzig Schmerzhafte, und er hat versprochen, daß ich es nicht noch einmal machen muß. Eine Geburt, selbst ein Kaiserschnitt, den ich nicht brauchen werde, das weiß ich, ist ein Spaziergang im Vergleich dazu. Genau wie ich durch meinen Willen erreicht habe, daß Austin auf normalem Weg zur Welt gekommen ist, werde ich es auch bei Lizas Baby schaffen.

28. Kapitel

Jennifer sollte während des gesamten ersten Schwangerschaftsdrittels Progesteron bekommen. Dann würde die körpereigene Hormonproduktion einsetzen, und sie würde einfach ganz normal schwanger sein, wie mit Dakota und Austin.

Am Tag ihrer ersten Progesteron-Spritze rief sie mich an. »Erklär uns noch mal, wie wir die Einstichstelle finden«, sagte sie. Stephen war am Nebenapparat: »Wir haben die Anleitung wieder und wieder durchgelesen und das Video gesehen, aber dann tatsächlich diese Lanze von einer Nadel in das Fleisch deiner Liebsten zu rammen, ist schon beängstigend.«

Ich kannte die Routine. »Seid ihr soweit? Leg im Stehen die Hände auf deine Hüftknochen, so daß die Daumen nach hinten zeigen.«

»O. k.«

»Jetzt muß Stephen die Stelle gut mit Alkohol abtupfen.«

»Ja. O. k.«

»Kneif die Haut zusammen, genau da, wo dein Daumen ist: Das ist die richtige Stelle.«

»Gut, wir rufen dich an, wenn wir fertig sind.«

Ich hängte auf. Mir war übel; ich war nervös und bedrückt. Jennifer war tapfer und sagte, sie hätte keine Angst, aber ich mochte gar nicht daran denken, daß David und ich ihr solche Schmerzen verursachten. David ging vor die Tür, um eine Zigarette zu rauchen, was er nur selten tut. Ich hatte nicht gesehen, wie er rausgegangen war, und rief nach ihm, damit er mit mir am Telefon wartete. Als er zurückkam, sagte ich: »Das wird ein hartes Jahr.«

Nach ein paar Minuten, die mir wie eine Ewigkeit schienen, rief Jennifer wieder an. Ihre Stimme war unbeschwert; ich glaube, sie lächelte. »Es geht mir gut, La. Es hat gebrannt, aber nicht so sehr, wie ich dachte. Ich bin froh, daß wir dich wegen der Stelle angerufen haben. Du und David sind die Experten. Stephen ist etwas mitgenommener als ich, aber er war sehr stark, wie immer.«

»Jen, wann sagst du es Kodie und Austin?« fragte ich.

»Wenn ich wirklich schwanger bin, Liza. Dann werde ich es ihnen so erklären, daß sie von Anfang an verstehen, daß das Baby im Bauch ihrer Mutter nicht ihre Schwester oder ihr Bruder sein wird und nicht bei uns zu Hause wohnen wird. Mama wird kein Baby vom Krankenhaus mit nach Hause bringen. Das Baby geht mit Tante La und Onkel David nach Hause, und ich bin sehr glücklich, daß ich ihnen helfen kann, ihr Baby zu bekommen. Schließlich habe ich die beiden besten Kinder, die man haben kann, und das ist genug.«

»Was tust du, wenn der Schwangerschaftstest negativ ausfällt?« hörte ich Stephen fragen.

»Das wird nicht passieren. Ich liebe euch alle. Gute Nacht.«

Der nächste Tag war mein zweiter Tag auf Enoxaparin. David bot an, mir die Spritze zu geben, bevor er zur Arbeit ging, aber ich wollte es selbst tun für den Fall, daß er während des Zyklus beruflich verreisen müßte. Ich versuchte es an meinem linken Oberschenkel. Ich hatte vergessen, wie fest die Haut ist, und die Nadel ging nicht hinein. David hatte eine geübte Handgelenksdrehung, die ich nachzuahmen versuchte. Diesmal ging die Nadel durch. Es tat nicht so weh wie am Arm, aber die Stelle schwoll an, und ich konnte zusehen, wie sie sich blau und schwarz verfärbte, mit einem harten, roten Striemen. Wenn Jennifer es tun kann, kann ich es auch, sagte ich mir.

Am selben Tag ging Jennifer zu Dr. Isola zur Blutabnahme

und zum Ultraschall. Ihre Gebärmutterschleimhaut hatte sich verdickt, und die Ärztin sagte ihr, sie spräche auf die Medikamente so an wie erhofft. Schritt für Schritt ging alles seinen geregelten Gang. Jen freute sich besonders, daß ihr Teint sich wieder erholt hatte, auch wenn ihr Po von den Östrogen-Pflastern ein regelrechtes Tupfenmuster hatte.

Ich informierte mich über den aktuellen Stand der Dinge bei meinen Freundinnen, die ebenfalls In-vitro-Erfahrungen hatten:

Hanna hat die Fruchtwasseruntersuchung hinter sich und ist mit gesunden Zwillingen schwanger – einem Jungen und einem Mädchen. Sie ist im vierten Monat und wird allmählich sichtbar dicker. Sie trägt schon Umstandskleidung. Hanna hatte vier gescheiterte IVF-Zyklen hinter sich.

Allison ist die Schwiegertochter einer engen Freundin meiner Mutter, die uns miteinander bekannt gemacht hat, als sie einmal zum Abendessen im *Sambuca* waren. Damals waren wir beide in unserem ersten IVF-Zyklus und brauchten eine Verbündete gegen die durch das Lupron verursachte Depression. Wir sind Freundinnen geworden. Allison ist in meinem Alter. Nach ihrem ersten, fehlgeschlagenen IVF-Zyklus hat sie im zweiten Versuch eine Tochter bekommen. Jetzt ist sie wieder im dritten Monat; diese Schwangerschaft ist auf natürlichem Wege zustande gekommen.

Mindy: Die Ärzte haben etwas Narbengewebe gefunden und einen weiteren Eingriff empfohlen. Sie ist sehr verschlossen; daher weiß ich nicht, woher das Narbengewebe kommt oder um was für einen Eingriff es sich handelt. Ihre Umstände sind ganz anders als meine. Sie hat Probleme mit ihren Fortpflanzungsorganen, ich mit meinem Blut.

Stephanie versucht es weiter. Dies wird ihr vierter IVF-Zyklus. Sie wäre liebend gern zur gleichen Zeit schwanger wie Jennifer und ich.

Es war der 3. Januar und mein dritter Tag auf Lupron. Ich spritzte mir das Enoxaparin in den linken Arm. Dieser Blutverdünner brannte immer noch, und die Einstichstelle blutete fünfzehn Minuten nach. Ich rief den Hämatologen in Cornell an. Er sagte, daß Enoxaparin eigentlich keine Probleme hervorrufen und die normale Blutgerinnung nicht aufheben sollte. Ich hätte wahrscheinlich eine Vene getroffen. Er empfahl mir, die Nadel nicht zu weit vorzuschieben; die Spritzen, sagte er, wären für wesentlich besser gepolsterte Menschen als mich vorgesehen. Das machte mich lächerlich glücklich: Er hielt mich für dünn.

Nachdem ich sechs Nachrichten hinterlassen hatte, gelang es mir endlich, mit Dr. Marle zu sprechen. Er gehörte zu den IVF-Ärzten von Cornell, die Jen und ich anläßlich unseres ersten Termins bei Scot kennengelernt hatten. Damals hatten wir ihn gefragt, wie viele Embryos in Jennifers Gebärmutter verpflanzt würden. Er sagte, drei wäre normalerweise das Maximum, um das Risiko einer Mehrlingsgeburt zu vermindern. Weil er einen so guten Ruf hatte – die IVF-Ärzte von Cornell betrachteten ihn als den führenden Spezialisten auf diesem Gebiet –, wollte ich ihn nach der »selektiven Reduktion« fragen, einer Prozedur, die vorgenommen wird, falls sich alle drei Embryos in die Gebärmutter einnisten und weiterentwikkeln, was zur Geburt von Drillingen führen würde. Welchem Risiko wären in diesem Falle Jennifer und der beziehungsweise die verbleibenden Föten ausgesetzt? Wir hatten über die medizinischen, finanziellen und emotionalen Komplikationen diskutiert, die eine Drillingsgeburt nach sich ziehen könnte.

»Mrs. Freilicher, es ist mir nicht wohl dabei, das mit Ihnen zu diskutieren«, antwortete der Arzt. »Ich möchte nicht die Verantwortung für eine Entscheidung tragen, die Sie auf meinen Rat hin treffen.«

Sein unverhohlener Mangel an Anteilnahme machte mich betroffen. »Ich möchte Sie nicht in die Sache hineinziehen«, erklärte ich rasch. »Ich verstehe, daß die Entscheidung bei uns liegt. Ich bitte Sie lediglich um Informationen, um Auskunft auf der Grundlage Ihrer Erfahrung. Ich möchte gern, daß Sie uns helfen, die selektive Reduktion zu verstehen, damit wir wohlüberlegt handeln können, falls sich die Notwendigkeit ergibt.«

»Ihr Anwalt kann Ihnen die benötigten Informationen geben«, sagte er kurz angebunden.

»Warum sollte das von einem Anwalt kommen? Ich brauche medizinischen Rat. Das ist keine juristische Angelegenheit.«

»Ich kann Ihnen die Namen und Telefonnummern von anderen Ärzten geben. Da ist ein guter Mann am Mount-Sinai-Krankenhaus ...«

Ich unterbrach ihn. »Ich weigere mich, mit irgend jemandem dort zu sprechen.«

»Nun gut, Mrs. Freilicher, dann sprechen Sie mit Ihrem Anwalt.«

Er sagte nicht »viel Glück« oder »tut mir leid, daß ich Ihnen nicht helfen kann«. Wir alle sind schon unfreundlichen, gleichgültigen Ärzten begegnet. Ich frage mich, wann sie diese Haltung entwickeln, ob sie ein Schutzmechanismus ist, um sich vom Leiden ihrer Patienten zu distanzieren. Im Gegensatz zu David habe ich ein Problem mit solchen Ärzten.

Ich konnte nicht verstehen, warum Dr. Marle, ein Spezialist auf dem Gebiet, sich weigerte, die selektive Reduktion mit uns zu diskutieren, aber als meine anfängliche Verärgerung nachließ, ging ich davon aus, daß er sich nur schützen wollte.

Ich rief Jennifer an.

»Ich habe den Namen eines Arztes in Chicago«, sagte sie mir. »Dr. Isola hat ihn mir gegeben. Sie sagt, er kann unsere Fragen beantworten.«

»Jen, denk an unsere Vereinbarung. Grundsätzlich triffst du alle Entscheidungen, die deinen Körper angehen. Vergiß das nicht. Du entscheidest. Wenn du einen Fötus austragen und die anderen reduzieren lassen willst, ist das deine Entscheidung.«

Jennifer wollte keine Drillinge austragen, was ich ihr nicht verdenken konnte, aber die Sache war nicht so einfach. »Wie kann ich entscheiden, ein oder zwei Embryos beseitigen zu lassen, die sich an meinen Körper klammern, um zu leben? Welche?« fragte sie. Es war eine paradoxe Situation. Wir würden drei Embryos transferieren lassen, beten, daß sie sich in der Gebärmutter einnisteten und gut entwickelten, und gleichzeitig darauf hoffen, nicht die Entscheidung treffen zu müssen, ein Leben zu beenden. Letztlich würde dies Jennifers Entscheidung sein.

In letzer Zeit treibt sich das Taubenküken oft am Rand des Klimageräts herum. Ich habe die Heizung aufgedreht; der Heizkörper ist unter dem Klimagerät, und ich hoffte, er würde das Gerät etwas aufwärmen. Gestern habe ich dem Küken etwas in Milch eingeweichte Brot-Cracker-Mischung auf das Klimagerät gestellt, um zu sehen, ob es das schon selbst fressen kann. Ich habe diese Mischung auch für die Mutter hingestellt, aber ein paar andere Vögel haben das Futter entdeckt und versucht, es wegzuschleppen oder zu essen. Das Küken öffnete den Schnabel, als erwarte es, daß diese Vögel es füttern. Vielleicht dachte es, einer davon sei seine Mutter. Sie schoben es beiseite. Schließlich flogen die anderen Vögel weg; ich glaube, weil das Küken ihnen lästig war. Es ist etwa sechs Wochen alt und ziemlich groß. Während ich es beobachtete, fing es an, mit den Flügeln zu schlagen. Den Bruchteil einer Sekunde dachte ich, es würde vom Klimagerät fallen, aber dann erhob es sich in die Luft. Seine Flügel machten ein lautes Zischgeräusch, und dann flog es. Ich jubelte ihm laut zu. Es sah etwas unkoordiniert aus, aber es flog. Es flog zwei Stockwerke hinauf, und dann war seine Mutter da, flog neben ihm und berührte es mit den Flügeln, als wolle sie es geleiten. Sie landeten auf einem nahen Fensterbrett. Ich fühlte mich auserkoren, als hätte das Küken auf mich gewartet, damit ich seinen ersten Flug sehen könne. Direkt vor meinen Augen hatte mein kleines Vogelbaby, das noch nicht einmal alleine fressen konnte, seine Flügel ausgebreitet und zu fliegen begonnen.

29. Kapitel

David und ich saßen im Flugzeug nach Chigaco. Das Cornell Medical Center des New York Hospital verlangte, daß wir einen Vertrag unterzeichneten, bevor sie der Tragemutter die Embryos übertrugen.

Patricia hatte uns Terry Fuerst als unsere Anwältin in Chicago empfohlen. Das Treffen würde zwischen Terry Fuerst, die David und mich vertrat, und dem Anwalt der Scheus stattfinden. Keiner von uns würde dabei sein. Der Vertrag sollte ein klares Bild der rechtlichen und moralischen Verantwortung zeichnen, die David und ich Jennifer und Stephen gegenüber vor, während und nach der Schwangerschaft übernahmen. Dem Vertrag zufolge würde die Schwangerschaft abgebrochen, sofern irgendein Risiko für Jennifers Gesundheit oder Leben bestünde. Falls der Fötus eine Krankheit entwickeln beziehungsweise am Down-Syndrom oder einer Mißbildung leiden sollte, wären sowohl Jennifer als auch David und ich berechtigt, uns für einen Abbruch zu entscheiden. Jennifer würde als einzige befugt sein, über die selektive Reduktion zu entscheiden. Darüber hinaus übertrug uns der Vertrag die volle finanzielle Verantwortung für alle medizinischen und sonstigen Kosten, die während der Schwangerschaft entstehen würden.

Jennifers und Stephens Verpflichtungen uns gegenüber waren ebenfalls festgelegt. Jennifer war gehalten, auf ihre Gesundheit zu achten und den Fötus vor Krankheit oder Verletzungen zu schützen. Sie verpflichtete sich, keinen Alkohol zu trinken, nicht zu rauchen und auf Kaffee zu verzichten. Um sicherzustellen, daß der Fötus nicht mit Krankheiten infiziert würde, verpflichteten sich die beiden, beim Sex Kondome zu verwenden, und versprachen, keine außerehelichen Partner zu haben.

David und ich würden bei der Entbindung dabei sein. Das Neugeborene würde auf Jennifers Bauch gelegt, und David würde die Nabelschnur durchschneiden. Ich würde das Baby als erste auf dem Arm halten, dann David, dann Jennifer, die das Baby nicht stillen würde. Falls das Kind ein Junge wäre, würden David und ich als Kindeseltern unserem jüdischen Glauben entsprechend in New York eine Beschneidungszeremonie von einem Mohel vornehmen lassen.

Der Vertrag war der erste Schritt zur offiziellen Dokumentation unserer Mutter- und Vaterschaft für unser leibliches Kind. Dieser Nachweis war sehr wichtig und würde anläßlich der Adoption vom Gerichtswesen des Staates Illinois verlangt werden. Wir wußten, daß wir das Kind nach den Gesetzen von Illinois adoptieren mußten. Nach der Geburt mußten wir zunächst vor Gericht erscheinen, um die juristischen Adoptionspapiere zu unterzeichnen, bevor wir heimreisen konnten.

Wir verpflichteten uns auch, das Baby beziehungsweise die Babys vor unserer Rückkehr nach New York zu Jennifer nach Hause zu bringen, damit ihre Kinder und Stephens Töchter ihren Cousin beziehungsweise ihr Cousine sehen könnten.

Diese Frage war von besonderer Bedeutung und mit äußerstem Fingerspitzengefühl zu behandeln. Kodie und Austin hatten ein Recht darauf, das Baby zu sehen, dem sie in ihrem Leben Platz machen würden, und zu dem sie, wie Jennifer, eine zärtliche Beziehung entwickeln und das sie liebgewinnen würden. Sie mußten auch David und mich als Eltern des Neugeborenen sehen. Wir mußten jeden Gedanken daran, daß ihre Mutter auch sie fortgeben würde, ausräumen. Obwohl Stephens Töchter alt genug für Erklärungen waren, mußten wir dafür sorgen, daß auch bei ihnen keine Zweifel an ihrer familiären Sicherheit aufkamen.

Ich wußte, daß der Vertrag Jennifer und Stephen beruhigen

würde. Ich konnte mir denken, daß ihnen oft Fragen in den Sinn kamen, die sie uns nicht stellen wollten, um uns nicht zu beleidigen. Jetzt, wo alles schwarz auf weiß festgelegt war, brauchte sich Jennifer keine Sorgen um ihre Absicherung zu machen.

Ich hoffte, daß wir alle vier diese juristische Transaktion unbeschadet überstehen würden. Wir sahen kein Unwetter am Horizont aufziehen, aber wenn es um Gefühle geht, kann niemand sagen, wo oder wann der Blitz einschlagen wird.

Ich freute mich darauf, Jennifer, Stephen und die Kinder zu sehen; es war schon so lange her. Austin muß jetzt schon ein großer Junge sein, dachte ich. Ich wünschte, ich hätte nicht solche Probleme mit dem Fliegen, denn wenn Jen erst schwanger war, würden wir oft nach Chicago kommen.

Ich lernte endlich Christine kennen, Jennifers französisches Au-pair-Mädchen, das sich um Kodie und Austin kümmerte. Sie hatte langes blondes Haar wie Jennifer und betrachtete sie als Freundin und Mentorin. Sie liebte die Kinder und war zu einem wichtigen Teil von Jennifers Familie geworden. Christines Engagement erleichterte Jennifer ihre langen Arbeitstage außer Haus. Christine und ich hatten bereits eine rege Telefonbeziehung aufgebaut, und ich muß zugeben, daß ich sie oft mit Fragen über Jennifers seelische Verfassung plagte. Ich hatte Sorge, daß Jen es mir nicht sagen würde, wenn sie sich überfordert fühlte. Ich war froh, daß Christine nach der Geburt für Jen dasein würde.

Während unseres Besuchs saß Jennifer keinen Augenblick lang still. Ich dachte, sie müsse erschöpft sein von Kodies und Austins endlosen Ansprüchen und von Alexis und Devan, Stephens Töchtern, die die meisten Wochenenden bei ihnen verbrachten. Aber Jennifer schien durch die Nonstop-Hektik des Mutterdaseins erst richtig in Schwung zu kommen.

Am Samstagabend ließen wir alle vier Kinder in Christines

Obhut zu Hause und gingen zum Abendessen in Jennifers italienisches Lieblingsrestaurant *Antonio's*, ein früheres Kaffeehaus gegenüber dem alten Bahnhof von Lake Forest. Zumindest nannte man es damals diskret »Kaffeehaus« – in jenen Tagen, als Chicago vor allem für seine Untergrundorganisationen berühmt war. Das Restaurant gehörte jetzt einem Antonio der dritten Generation, der es fast wie einen Privatclub betrieb und die Reservierungen für sein Dutzend Tische nur an handverlesene Gäste vergab. Der Barkeeper, Giro, und die Kellner, Paul und Sket, kannten Stephen und Jennifer und machten viel Aufhebens um uns, als wir hereinkamen. Es wurden eine Menge Küßchen rechts und Küßchen links ausgetauscht, was mich an meine Zeit in Spanien erinnerte. Auf ebensolche Weise wurde Jennifer auch von einigen malerischen Gestalten an der Bar begrüßt, die noch auf die Zeiten Antonios I. zurückgingen. Jennifer sagte, sie könne sich nicht erinnern, daß sie jemals nicht dagewesen wären. Ich fühlte, wie sie mich von Kopf bis Fuß musterten, als wir zu unserer Nische im hinteren Teil des Restaurants durchgingen. Antonio schickte uns sofort ein Antipasto herüber. Ich lachte in mich hinein; das Restaurantgeschäft war doch überall auf der Welt das gleiche – eine Menge Show und Gastfreundlichkeit. Und der schnauzbärtige Antonio spielte die Rolle mit einem schalkhaften Augenzwinkern. Stephen warf Geld in die altertümliche Jukebox, die wahrscheinlich der gleichen Zeit entstammte wie die blechverkleidete Decke. Einen Augenblick später erdröhnte Frank Sinatras Song *My Way*. Wie passend für uns, dachte ich. Wir gingen unseren Weg.

Wir tauschten Erinnerungen aus und lachten über den Weg, den wir eingeschlagen hatten, die Leute, denen wir begegnet waren, und die Hindernisse, die uns manche in den Weg gelegt hatten, damit wir es uns anders überlegten. Ich konnte sehen, wie aufgeregt Jennifer war. Der Transfer rückte rasch näher. Sie wirkte strahlend, nicht müde, wie ich es angesichts ihres hektischen Tagesablaufs erwartet hätte. Jennifer stand immer noch an jedem Arbeitstag morgens um halb sechs auf, um sich sorgfältig zu fönen und zu schminken, bevor sie das Haus verließ. Sie war immer schön.

Wir hatten Terry Fuerst bisher noch nicht persönlich kennengelernt, sondern nur am Telefon mit ihr gesprochen. Sie machte einen einfühlsamen und kompetenten Eindruck und hatte uns anvertraut, daß sie selbst zwei IVF-Zyklen absolviert und schließlich ein kleines Mädchen adoptiert hatte. David und ich vertrauten auf Patricias Empfehlung und gingen davon aus, daß die beiden Anwälte einen Vertrag aufsetzen würden, der für uns alle akzeptabel wäre.

Wir kamen Sonntag abend um halb acht in New York an, und mir blieb genug Zeit, noch ins *Sambuca* zu gehen, um den späten Gästen gute Nacht zu sagen. Dann setzte ich mich mit David in Ruhe hin, um einen Teller Nudeln zu essen. Ich hielt mich an mein Gelöbnis, auf Wein zu verzichten. Wir fühlten uns beide beruhigt, die Sache mit dem Vertrag erledigt zu haben. Jennifer wußte, daß sie versorgt war, und wir hatten Stephen von etwaigen finanziellen Belastungen befreit, die er vielleicht befürchtet hatte.

Warum also klang Jennifers Stimme, als das Telefon am nächsten Tag klingelte, so erbost?

30. Kapitel

Jennifers Job war es, für Fernsehsender Verträge über Werbespots auszuhandeln. Die potentiellen Kunden riefen sie an und erklärten ihr, was sie brauchten. Wenn zum Beispiel ein Cornflakes-Produzent einen Werbespot vom 2. März bis zum 12. April senden wollte, wurde diese Anfrage an alle Sender, einschließlich der unabhängigen, gerichtet. Jennifers Job war es dann, die Verträge für ihren Sender hereinzuholen.

Sie war stolz auf ihren ausgeprägten Geschäftssinn und ihr gutes Gedächtnis. Bei jeder Geschäftsverhandlung ging es um eine Vielzahl kleiner Details. Leider mußte sie feststellen, daß sie seit Beginn der Lupron-Medikation im Dezember vergeßlich wurde. Sie begann, sich Sorgen um ihre Konkurrenzfähigkeit in dieser gnadenlosen Branche zu machen.

6. Januar 1997

Ich bin mir durchaus darüber im klaren, daß ich im Berufsleben nicht wegen privater Belange die egoistische Primadonna spielen kann. Die Kollegen würden es übelnehmen, und da die IVF an sich schon so eine kontroverse Sache ist, möchte ich keine Fragen herausfordern, warum ich glaube, den lieben Gott spielen zu müssen. Die IVF ist zwar weniger bekannt als die Abtreibungsproblematik, löst aber bei den gleichen Fanatikern die gleichen hysterischen Reaktionen aus. Wenn es offensichtlich wird, werde ich einfach nur sagen: »Ich bin schwanger.«

In meinem Büro kann ich im Kleinen beobachten, was sich überall auf der Welt abspielt. Menschen brechen den Stab über andere. Sie messen sich selbst an den Menschen ihrer

Umgebung und sind rasch dabei, an anderen etwas auszusetzen, sie zu kritisieren und sich destruktiv zu verhalten, wenn sie das Gefühl haben, der andere sei ihnen gegenüber irgendwie im Vorteil. Die Geschichte beweist es. Wenn ich verraten würde, daß ich ein Kind für jemand anderen austrage, würden mich die Frauen im Büro mit gelinder Ehrfurcht und großer Mißbilligung betrachten. Ich wäre eine Bedrohung für sie als Frauen. Die Männer würden sich entmannt fühlen, glaube ich. Ich wäre auch für sie eine Bedrohung. Ich bin eine Frau, die ein Kind ohne Mann bekommen kann. Frauen sollen einen Mann brauchen. Das höchste aller Dinge, ein Kind, ohne Mann bekommen zu können? Undenkbar. Und daß diese Frau dann auch noch mehr Geld verdient als viele von ihnen und die Befugnis hat, sich über ihre geschäftlichen Entscheidungen hinwegzusetzen – das würde diesen Männern und Frauen mit ihrem wackeligen Selbstbewußtsein gar nicht passen. Meine Tragemutterschaft, meine persönliche Entscheidung, ist zuviel für diese Menschen; also werde ich sie geheimhalten.

Nur meine Assistentin Ellen weiß, was ich tue. Ich habe ihr die Wahrheit anvertraut und verlasse mich darauf, daß sie mich an meine Termine erinnert. Ich kann keine Ausreden für meine Vergeßlichkeit erfinden und dabei auf Nachsicht von denen hoffen, die nur darauf warten, mir das Wasser abzugraben.

Ich lege Zettel in mein Notizbuch, die mich an meine Position am Verhandlungstisch erinnern sollen. Die Medikamente machen mich so desorientiert, daß ich in Verhandlungen oft den Überblick verliere und nicht nachhalten kann, was gesagt wird. Das könnte sich für den Sender verheerend auswirken, da es um große Geldsummen geht, und es könnte auch mich viel Geld an Provision kosten, wenn ich einen Fehler mache und mir ein Geschäft durch die Lappen geht.

Ich habe Erinnerungszettel, wann ich die einzelnen Sprit-

zen bekommen und die Östrogen-Pflaster wechseln muß, wann ich zur Blutabnahme und zu den Ultraschalluntersuchungen gehen muß. Ich schreibe Einkaufszettel für Christine und Erinnerungszettel für Kodies oder Austins Kontrolluntersuchungen beim Kinderarzt oder Zahnarzt. Ich schreibe mir auf, wann Austin oder Kodie neue Schuhe brauchen werden. Ihre Füße wachsen schnell.

Liza hat mich gewarnt, daß das Lupron trübsinnig macht. Daß es auch vergeßlich macht, wußte ich vorher nicht, aber Dr. Isola hat mir erklärt, daß Menschen auf Medikamente unterschiedlich reagieren. Ich war nicht deprimiert, bevor ich mit dem Medikament angefangen habe, aber falls ich meinen Job verliere, wäre das in der Tat eine finanzielle Katastrophe für Stephen und mich.

Als ich heute vom Mittagessen zurückkam, rief mich Kathy O'Brien an, eine der IVF-Schwestern vom Cornell, die mit Scot an dem Tragemutter-Programm arbeitet, um mir mitzuteilen, daß ich einen Zervixabstrich und spezielle Bluntuntersuchungen machen lassen müßte, um etwaige Infektionen der Gebärmutterschleimhaut auszuschließen. Sie sagte, die Untersuchungen müßten noch heute durchgeführt und die Ergebnisse an sie gefaxt werden, sobald sie vorlägen.

Im ersten Moment dachte ich, ich hätte etwas übersehen. Ich war erst am Morgen bei Dr. Isola gewesen. Wenn ein wichtiger Test anstand, hätte sie mir das doch sicher mitgeteilt und ihn vorgenommen. Ich sah in meinem Terminkalender nach – keine Erwähnung dieser Untersuchungen. Ich rief Dr. Isola an. Sie wußte nichts davon. Als ich Kathy anrief, sagte sie sehr cool, sie hätte es vergessen. Vergessen! Jetzt mußte ich eine Möglichkeit finden, von der Arbeit wegzukommen und zu Dr. Isola zu fahren, ohne allzuviel Aufmerksamkeit zu erregen. Ich war müde. Warum konnte sie nicht wenigstens heute morgen bei Dr. Isola anrufen, als ich noch dort war, wie sie wußte? Durch den Zeitunterschied zwischen Chi-

cago und New York hatte sie sogar eine zusätzliche Stunde Zeit, darüber nachzudenken. Ich habe so darauf geachtet, keine meiner Verpflichtungen zu verpassen. Sie nimmt doch kein Lupron. Was ist ihre Entschuldigung?

Jetzt, wo ich etwas Dampf abgelassen habe, indem ich das hier ins Tagebuch geschrieben habe, werde ich Liza anrufen.

Ich war in meinem Büro im Restaurant. Das Telefon klingelte dauernd. In der Woche nach den Feiertagen ist es meist ruhig bei uns, aber vielleicht wegen des unerwartet milden Wetters waren die Leute immer noch begierig darauf, abends auszugehen.

»Liza.« Es war Jennifer, und ich erkannte an ihrer atemlosen Stimme, daß etwas Unerfreuliches passiert war. Ich machte mir immer Sorgen um sie. Vielleicht hat sie einen Unfall gehabt oder ist krank, dachte ich sofort.

»Was ist los? Was ist los, Jen?«

»Diese Kathy ist nicht auf Draht.« Sie erzählte mir, was passiert war.

Ich war genauso wütend wie sie. »Wenn sie das vergessen hat, was hat sie dann noch alles vergessen?«

»Genau.«

»Wir müssen sofort Scot anrufen. Vielleicht hat sie sich geirrt. Wenn du diese Untersuchungen bräuchtest, wäre Dr. Isola bestimmt darüber informiert, denke ich. Ich rufe Scot an und mache dann eine Konferenzschaltung zu dir ins Büro. Er wird uns alles erklären.«

»Nein, ich kann nicht warten. Ich muß zu Dr. Isola, bevor sie die Praxis verläßt. Wir müssen diese Untersuchung machen lassen, selbst wenn Kathy sich geirrt hat. Ich bin jetzt weg. Ich sage dir nur, daß ich wirklich sauer bin. Verdammt. Wenn Kathy in Reichweite wäre, würde ich sie umbringen, ganz bestimmt.« Sie legte auf.

Ich rief Scots Vorzimmer an – in der Hoffnung, daß wir drei

sofort miteinander sprechen könnten. Seine Sekretärin sagte, er würde mich in einer halben Stunde zurückrufen; er hätte noch eine Patientin. Jennifer, die in ihrem Büro mit Arbeit überschwemmt war, sagte, sie könne nur noch eine halbe Stunde warten. Eine halbe Stunde später rief Scots Sekretärin zurück.

»Dr. Gorin kann Sie erst heute abend nach sechs zurückrufen.«

»Sie haben eine halbe Stunde gesagt – Jennifer und ich haben unsere Terminplanung umgeschmissen, um auf diesen Anruf zu warten. Es geht um eine sehr wichtige Untersuchung. Ich muß ihn sprechen. Können Sie nicht verstehen, wie wichtig das ist? Ich muß jetzt mit ihm sprechen!« Ich fühlte wachsende Frustration und Ärger.

»Hören Sie, Dr. Gorin muß hier seinen Job machen, und er kann Sie nicht früher zurückrufen.«

Da war sie an die Falsche geraten. »Hören Sie mir mal zu, Jennifer und ich müssen genauso unseren Job machen, und nur weil er Arzt ist, heißt das nicht, daß seine Arbeit wichtiger ist als unsere.« Ich war empört. »Diese Sache kann nicht warten.«

»Er ruft Sie nachher an«, sagte sie, von meinem Ausbruch unberührt.

»Das größte Problem ist, daß Ärzte mit dieser Art von Mißachtung durchkommen, weil sie wissen, daß wir sie brauchen.«

»Er ruft Sie zurück. Es ist ja kein Notfall. Was für Ärzte kennen Sie, die ihre Patienten innerhalb von einer halben Stunde zurückrufen?«

»Es ist ein Notfall. Unser Zyklus könnte daran scheitern.«

»Ich sage ihm, daß er Sie anruft,« sagte sie und hängte auf.

Ich knallte den Hörer auf. Es blieb nichts übrig, als zu warten. Ich rief Jennifer an. Sie sagte, sie würde sofort zu ihrer Ärztin fahren. Wir sprachen nicht weiter. Ich konnte ihre

Angst spüren, so wie sie die meine. *Ich habe es vergessen.* Sollte alles, was wir getan hatten, durch die Vergeßlichkeit einer Person zunichte gemacht werden? Jede Phase dieses Programms war zeitlich so genau geplant. Wir konnten es uns nicht leisten, über solche Schlamperei im Detail zu stolpern. Es war furchtbar, so auf andere angewiesen zu sein.

Es war lange nach sechs, als Scot schließlich anrief. Ich bestand darauf, daß er in meiner Akte nachsähe, aber er sagte, es sei niemand da, um sie zu holen, und er würde sich gleich morgen früh selbst darum kümmern.

»Scot, Kathy sagt, diese Tests hätten heute gemacht werden sollen, und niemand weiß etwas davon, weder Jennifer noch Dr. Isola. Kathy macht Fehler, die uns ruinieren könnten. Wir müssen das heute abend noch wissen. Ich kann nicht noch einen Tag verschwenden. Ich bleibe dran. Bitte, such die Akte.« Ich bemühte mich sehr um Beherrschung, aber meine Signale der Wut und Dringlichkeit kamen laut und deutlich bei ihm an.

Ich hörte ihn Schubladen öffnen und schließen, bevor er geräuschvoll den Hörer wieder aufnahm. »Liza, ich sehe hier die Ergebnisse deiner Blutproben und Kulturen vom dritten Tag nicht«, sagte er verblüfft.

»Ich habe sie schon vor zwei Monaten machen lassen!«

»Sie müssen noch mal gemacht werden.«

»Das ist das Problem,« begann ich verzweifelt. »Niemand hat einen Überblick über das Ganze.«

»Ich muß mir das näher ansehen, Liza. Ich rufe Jennifer an. Vielleicht erreiche ich sie noch in der Praxis. Sonst rufe ich sie zu Hause an.« Er legte auf.

Danach konnte ich mich nicht mehr auf meine Arbeit im Restaurant konzentrieren. Ich saß nur da und wartete. Jennifer rief mich eineinhalb Stunden später aus Dr. Isolas Praxis an. Die Ärztin hatte die Untersuchung gemacht. Scot rief an, als sie gerade gehen wollte. Er sagte, Kathy habe die Akte falsch gelesen; die Untersuchungen seien eigentlich für den nächsten Tag vorgesehen gewesen.

»Trotzdem«, sagte Jennifer, ihre Stimme erschöpft, aber ärgerlich, »hatte Dr. Isola keine Anforderung für die Kultur oder die Bluttests. Wenn wir nicht auf Kathy aufpassen würden, wäre es übersehen worden. Kathy! Ich bin froh, daß es eine Untersuchung war und kein Medikament, das wir nach ihrer Anweisung nehmen oder nicht nehmen sollten. Unsere Körper arbeiten nach einem genauen Zeitplan, das weißt du. Der Reproduktionszyklus wartet nicht auf uns, um uns eine zweite Chance zu geben. Ein Fehler kann für diesen Zyklus das Ende bedeuten.«

»Es sieht so aus, als ob niemand im Fertilitätszentrum ein Auge auf die Details unserer Terminplanung hat«, sagte ich, ohne eine schon verfahrene Situation noch schlimmer machen zu wollen. »Es war wohl falsch anzunehmen, daß Scot, weil er ein Freund ist, ein persönliches Interesse für die Sache aufbringen und uns nicht wie einen Fall unter vielen behandeln würde. Wenn unser Zyklus scheitert, wäre es jedenfalls Dr. Scot Gorins Mißerfolg – nicht Kathys. Was ist bloß los mit den Leuten?«

Jen und ich schwiegen eine Weile am Telefon. Dann sagte sie in ihrem optimistischen Ton: »Na ja, bisher ist ja noch alles in Ordnung, Lollipop. Die Untersuchung ist gemacht; darauf kommt es an. Ich wette, daß Scot mich noch mal anrufen wird. Er hat immer versucht, bei mir gut Wetter zu machen, schon auf der High-School. Die Menschen ändern sich nicht.«

Jennifer rief mich noch einmal an, als ich die Lichter im *Sambuca* ausmachte und mich anschickte, das Restaurant zu schließen. Diesmal lachte sie. »Mr. Gutwetter hat mich noch mal angerufen, wie ich's gesagt habe. Hör dir das an.

›Jen‹, sagte er mit seiner einschmeichelndsten Stimme. ›Ich gebe zu, daß ich nicht informiert war, wie weit ihr beide in euren Zyklen seid. Ich hatte mich auf Kathy verlassen. Ich wußte nicht, daß du die Biopsie der Gebärmutterschleimhaut hast machen lassen, bis ich deine Akte studiert habe. Ich hatte Kathy den Zeitplan gegeben und erwartet, daß sie alle Details synchronisiert und mich über den Fortgang auf dem laufenden hält. Ich bin froh, daß du und Liza mich hierbei erwischt habt.‹

›Scot‹, habe ich zu ihm gesagt. ›Dieses Programm ist neu; das hast du selbst gesagt. Wie konntest du Kathy diese Verantwortung überlassen? Sie hat keine Erfahrung; sie ist nicht qualifiziert. Dies ist eine beängstigende Situation.‹

Seine Antwort war: ›Ich habe dafür keine Entschuldigung. Ich kann nur sagen, ich verspreche mir selbst, dir, Liza und all meinen Patientinnen, daß es nicht wieder vorkommen wird. Ich danke Gott, daß es nur ein kleiner Schnitzer war.‹

Ich habe mit entschiedener Stimme zu ihm gesagt: ›Bitte geh unsere Akte noch mal durch, Scot. Vergewissere dich, daß nichts übersehen worden ist. Geh auf Nummer Sicher, Scot. Wir verlassen uns auf dich.‹

›Das hab ich gemacht, Jennifer‹, sagte er. ›Alles in eurer Akte ist plangemäß, und all eure Medikamente und Untersuchungen sind auf dem richtigen Stand.‹

Ich habe ihm gedankt und aufgelegt. La, wir brauchen Scot. Das dürfen wir nicht vergessen. Ohne ihn geht es nicht«, sagte Jennifer drängend.

»Ich bin sicher, er wird jetzt jedes Detail selbst genauestens kontrollieren. Vielleicht ist es ganz gut, daß das passiert ist«, sagte ich.

»Wir müssen es so sehen. Er ist alles, was wir haben, und, La, wir werden ein Baby bekommen. Du und ich werden es zustande bringen.«

»Ja, Jen, das werden wir.« Das Herz tat mir weh vor Liebe. »Wir sind ein Team – ein unschlagbares Team. Ich liebe uns, Jen.«

Am nächsten Morgen sah ich nach, ob mein Taubenküken auf das Klimagerät zurückgekehrt wäre. Es war leer. Ich legte etwas Brot aufs Fensterbrett in der Hoffnung, daß die Mutter es sich holen würde. Ich fragte mich, wo sie wohl waren. Ich versuchte zu glauben, daß die Mutter immer noch bei ihrem Küken war. Ich hatte nie verstanden, warum die beiden nicht gemeinsam schliefen. Ich fragte mich, ob Vogelväter sich jemals um die Aufzucht ihrer Jungen kümmern. Es war ein dummer Gedanke, ich weiß, aber ich konnte nicht anders, als darüber nachzudenken.

Jedenfalls vermißte ich dieses Vogelbaby und hoffte, daß es sicher und gesund und glücklich wäre und daß ich bald mein eigenes Baby haben würde, um mein Kinderzimmer mit Leben und Wundern zu erfüllen.

31. Kapitel

Es war der 11. Januar und mein elfter Tag auf Lupron. Ich hatte nicht die täglichen Kopfschmerzen wie während der vorigen Zyklen, aber ich war immer noch nervös. Kleinigkeiten auf der Arbeit, die mich normalerweise nicht weiter geärgert hätten, brachten mich jetzt zum Explodieren – zum Beispiel, wenn ein Gast einen Tisch reserviert hatte und nicht anrief, um abzusagen. Wenn ich keine vernünftige Antwort von einer Krankenschwester bekommen konnte, erboste mich das mehr, als der Sache angemessen war.

Es war schwer zu sagen, ob mich das Lupron so reizbar machte oder das Zusammentreffen des IVF-Zyklus mit Jen als Tragemutter, der Sorgen um Davids bevorstehenden Eingriff zur Spermienentnahme und der Suche nach einem neuen Küchenchef, weil der bisherige zu langsam und verschwenderisch in der Küche war. Ich fühlte mich, als würde ich jeden Moment einen Herzinfarkt bekommen.

Es war ein hektischer Montagabend im Restaurant. Im hinteren Saal wurde ein Jubiläum gefeiert; im Hauptspeisesaal eine Geschenkparty für eine Braut. Ich dachte den ganzen Abend an Jen, konnte sie aber erst anrufen, als das Restaurant zumachte. Jen sollte an diesem Abend wieder mit den Östrogen-Pflastern anfangen. Ich wußte, daß ihr das wegen ihrer Allergie gegen den Klebstoff Probleme bereiten mußte.

»Wie geht es dir?« fragte ich, als sie abhob.

»Es war nicht so einfach, auf meinem dicken Hintern eine Stelle zu finden, die nicht schon mit Striemen und Schrammen vom Probezyklus bedeckt ist. Scot hat mich heute abend angerufen, um mir zu erzählen, daß in Japan das Östrogen in

Pillenform verabreicht wird, weil dort viele Frauen so empfindliche Haut haben wie ich. Aber er sagte, die Pillen wären nicht so wirksam wie die Pflaster. Ich möchte die Sache aber so gut wie möglich machen. Ich werde mit den Pflastern weitermachen, obwohl ich mit meinem roten Po aussehe wie ein Pavian. Sehr hübsch.« Sie lachte, und ich war froh, daß sie trotz ihres Dilemmas ihren Humor noch nicht verloren hatte.

Ich erwachte am nächsten Morgen mit schrecklichen Kopfschmerzen und schmerzendem Rücken. Ich hatte nicht gut geschlafen. Mein rechter Arm fühlte sich taub an. Er kribbelte nicht, sondern war völlig gefühllos, und das erschreckte mich. Wenn mein Blut nicht richtig zirkulierte und nicht in meine Arme floß, mußte ich annehmen, daß es irgendwo anders ein Problem gab. Ich hatte Angst, einen Schlaganfall zu bekommen. Dies waren die Symptome, wie ich sie auf Gregs Boot gehabt hatte. Ich rief den Hämatologen vom Cornell an. Er sagte, es sei nichts Schlimmes. Wenn ein Arzt sagt »Das ist nichts Schlimmes«, beruhigt mich das nicht besonders. Ich denke, entweder wissen sie es nicht oder sie wollen es mir nicht sagen. Dann komme ich zu dem Schluß, daß es sie einfach nicht interessiert.

David sagte mir, ich solle mich nicht aufregen; er hatte in einem meiner Bücher über IVF gelesen, daß die Medikamente die Durchblutung der Gliedmaßen beeinträchtigen können. Trotzdem machte ich mir weiter Sorgen und konnte in der nächsten Nacht nicht schlafen. Ich wartete darauf, daß etwas passieren würde.

Am Morgen hatte ich einen Termin im Cornell-Zentrum für die von Scot angeordneten Untersuchungen: Bluttests, Urinuntersuchung, Kulturen und eine Ultraschalluntersuchung. Ich war Dr. Perin, der die Untersuchungen durchführte, noch nie begegnet. Er war erstaunlich nett und ließ mich nicht warten. Er sagte mir, ich würde wahrscheinlich ab diesem Abend

Metrodin bekommen, das meine Eierstöcke überstimulieren sollte. Er würde mich nach Prüfung der Untersuchungsergebnisse anrufen.

Vom Cornell ging ich zu meinem Hausarzt Dr. Robbins, um mit ihm über das taube Gefühl im Arm und meine Nervosität zu sprechen und vielleicht zu einer besseren Einschätzung meines Gesamtzustandes zu kommen. Alle Aufmerksamkeit war so auf die IVF gerichtet, daß ich Angst hatte, es würden dabei vielleicht andere – möglicherweise lebensbedrohliche – Beschwerden übersehen. Er sagte, auch er hielte das Enoxaparin für ein ausgezeichnetes vorbeugendes Medikament.

Er schlug vor, falls die Nervosität nach Absetzen aller Medikamente des IVF-Zyklus bestehen bliebe, könne ich es vielleicht mit Xanax versuchen, das mir helfen könne, mich zu entspannen und zu erkennen, daß meine Angstattacken nur solche seien und kein Symptom für etwas Schlimmeres.

Später erzählte ich David von Dr. Robbins Beurteilung, weil ich dachte, er würde meine Erleichterung bestimmt teilen. Statt dessen war seine Reaktion: »Er ist kein Psychiater. Sprich auf jeden Fall mit einem Fachmann, bevor du an Xanax denkst.«

Jetzt fühlte ich mich erst recht elend, weil ich dachte, David verurteile mich für den emotionalen Zustand, in dem ich mich befand.

Ich fand Trost darin, die Sache mit Jennifer zu diskutieren, weil sie meist ähnlich reagiert wie ich. Wir waren beide mit Medikamenten und Hormonen vollgepumpt, die offenbar mit unseren Gefühlen machten, was sie wollten. Jennifer wurde wütend, wenn eine Krankenschwester etwas »vergaß« oder Ärzte nicht zurückriefen, und diese Reaktion erschien mir normal.

David wischte solche Dinge beiseite und sagte: »Entspann dich; reg dich darüber nicht auf.« Er sah die Dinge einfach nicht so, wie Jen und ich es taten.

An dem Abend las ich mein Resolve-Mitteilungsblatt. In letzter Zeit wartete ich immer eifrig auf sein Eintreffen, um etwas über die neuesten Entwicklungen in der Welt der Fortpflanzungsmedizin zu erfahren. Es erwähnte, daß Metrodin mit Nadeln gespritzt werden könnte, die zwei Nummern dünner waren als jene, die man mir gegeben hatte.

Ich rief meine Nachbarin Hanna an, um nachzufragen, welche Nadeln sie benutzte.

»Ich bin in drei Minuten bei dir an der Tür«, sagte sie.

Als ich die Tür öffnete, stand Hanna mit einer großen, hellblauen Tiffany-Einkaufstüte davor. Sie griff hinein und kramte sich durch ein ganzes Sortiment von Spritzen, Nadeln, Alkoholtupfern und Ampullen mit Medikamenten.

»Ich habe diese benutzt«, sagte sie und reichte mir ein grünes Paket mit Nadeln.

»Die sehen etwas besser aus«, sagte ich. »Könntest du ein paar erübrigen?«

»Nimm alles«, sagte Hanna. »Ich bin fertig mit diesem Kram, Gott sei Dank. Ich hoffe, er bringt dir soviel Glück wie uns.«

Am Donnerstag, dem achtzehnten Tag unseres Zyklus, bekam ich die erste große Metrodin-Spritze, die meine Eierstöcke überstimulieren und zur Freisetzung mehrerer Eizellen veranlassen sollte. Ich erkundigte mich im Cornell-Zentrum bei Kathy, ob ich wohl eine Verschreibung für dünnere Nadeln bekommen könnte als die, die sie mir gegeben hatten. Sie sagte: »Sicher, warum nicht?« Ich fragte mich, warum sie sie nicht gleich von Anfang an verschrieben hatten, da sie die Spritzen wesentlich weniger schmerzhaft und beängstigend machten.

Am Abend gab mir David die Spritze nach viel Angst und langem Gerede und Hinauszögern von meiner Seite. Er setzte sie mir in die rechte Hüfte, während ich mich auf das Waschbecken im Bad stützte, um das Gewicht von meinem rechten Bein zu nehmen. Es tat weh, aber nicht so sehr, wie ich mir eingeredet hatte. Die dünnere Nadel machte einen großen Unterschied; schon ihr Anblick war weniger bedrohlich.

Am nächsten Nachmittag traf ich mich mit Hanna zum Tee. Ihr Bauch war üppig und rund geworden. Sie hatte gerade eine Waschmaschine mit Trockner in ihrer Wohnung aufstellen lassen – als Vorbereitung auf die Zwillinge. Sie in glücklicher Vorfreude auf die Geburt zu sehen, war Balsam für meinen emotionalen Zustand. Es war ein Jahr her, daß ich vor Dr. Owins Praxis auf dem Eis ausgerutscht war, als ich nach dem Fairfax-Zyklus zum Schwangerschaftstest ging. Jener Winter 1996 war hart gewesen. Dieses Jahr war alles anders, ein ganz anderes Klima.

Eine Woche vor der Eientnahme, die für denselben Tag angesetzt war wie Davids Eingriff, lud meine Mutter uns zum Abendessen ein. Ich kochte nicht gerne, wenn ich unter Medikamenten stand. Eine Mahlzeit zuzubereiten nahm mir den Appetit, und in ein Restaurant zu gehen erinnerte mich an die Arbeit. Da ich selbst in der Branche bin, achtete ich zu sehr auf die Details und konnte mich nicht entspannen.

Ich war gern mit meiner Mutter und ihrem Freund Joe zusammen. Sie hatten eine stabile Beziehung, gingen körperlich unbefangen miteinander um, und ihre Kameradschaft war offensichtlich. Ihre Beziehung hatte alles, was wichtig ist – Lachen, Verbindlichkeit und Achtung. Es machte mir Freude, die beiden zusammen zu sehen.

David und Joe hatten viele gemeinsame Freunde und Bekannte in der Werbebranche und hatten sogar einmal eine Weile zusammen in derselben Agentur gearbeitet. Nachdem David den Schock überwunden hatte, Joes »Schwiegersohn« zu werden, machten wir Witze darüber. »Wer hätte das gedacht?«, sagten wir immer. David und Joe lachten zusammen, und meine Mutter und ich vermuteten, daß sie vor Jahren vielleicht sogar mit den gleichen Frauen ausgegangen waren. Wir hatten viel Spaß, wir vier.

Bei Kaffee und Aprikosenkuchen erwähnte David meine Nervosität wegen des tauben Gefühls, das ich im Arm gehabt hatte, und meine Schlafstörungen. Er sagte geradeheraus, ich sollte einen Psychotherapeuten aufsuchen. Er hält Therapie für einen guten Weg, mit Problemen fertig zu werden. Ich argumentierte, daß für mich weniger das Problem beängstigend sei als die Unfähigkeit, darauf in der einen oder anderen Weise zu reagieren. »Wir haben immer noch das Problem mit unserer Unfruchtbarkeit, David, aber wir tun etwas dagegen. Etwas anderes als reden«, sagte ich mit deutlicher Feindseligkeit. Das Gespräch brachte die Unterschiede zwischen meiner und Davids Lebensauffassung an den Tag, was mich, wenn ich ehrlich bin, erschreckte.

Joe und meine Mutter mischten sich nicht ein, obwohl ich wußte, wie sie dachten. Meine Mutter ist jemand, der ein Problem analysiert, eine Lösung sucht, mit der er umgehen kann, und dann danach handelt. Joe war sicher einer Meinung mit David. Er hält es für einen großen Segen, einen Psychologen zu haben, dem man vertrauen kann. Ich konnte nur hoffen, daß David und ich auf unseren jeweils eigenen Wegen ans Ziel gelangen würden. Er mit Landkarte – und ich auf jedem Weg, der sich bot.

Alles schien ein heilloses Durcheinander, alles war in der Schwebe. So verständnisvoll David auch war, spürte ich doch eine Distanz zwischen uns. Vielleicht kam es von den Medikamenten. Ich konnte mich in einem Moment sicher und glücklich fühlen und im nächsten in Depression verfallen. Ich wünschte, David würde mich öfter in den Arm nehmen und drücken. Ich brauchte ein Gefühl von Stärke und Zusammenhalt. Ich wollte glauben, daß wir einig seien und nichts uns trennen könne, aber ich konnte ihm das alles nicht sagen. Ich fand es schwierig, überhaupt über meine Gefühle zu sprechen oder darüber, wie ich glaubte, wie wir irgend etwas angehen sollten; er verdrehte meine Worte dann nur und sagte, ich versuche, ihm Vorschriften zu machen, und er hätte das Gefühl, er könne sowieso nichts richtig machen.

Ich bat ihn, die Metrodin-Spritze vorzubereiten. Er machte sich daran, die Spritze auszupacken. Weil er nicht wußte, daß die Packung eine Lasche zum Öffnen hatte, fing er an, sie aufzureißen. Ich sagte nichts weiter zu ihm als: »Wenn du an der Lasche ziehst, geht sie ganz einfach auf«, aber er wurde sehr wütend, knallte die Packung auf den Tisch und ging aus dem Zimmer. Alles, was ich sagte, nahm er persönlich.

Eines Abends wollte die Enoxaparin-Spritze nicht durch die Haut gehen, weil sie von all den Spritzen schon so vernarbt und voller Blutergüsse war. Ich fühlte mich völlig überfordert und begann zu weinen. Ich fand es schrecklich, was das Ganze David und mir antat. Ich wünschte, daß es weniger schwierig wäre, daß es uns stärker verbinden könnte. Ich hatte Angst, daß die Belastung durch diese langwierige Quälerei uns auseinanderbringen würde.

Mein Bauch begann wieder, sich aufgebläht anzufühlen. Er war voller Eizellen.

32. Kapitel

Am Dienstag, dem einundzwanzigsten Tag, sagte der Radiologe, Dr. Klein, er könne drei oder vier Follikel sehen; sie seien noch klein und das sei ein gutes Zeichen, daß sich noch mehr Eier entwickeln könnten. »Bitte, bitte«, hauchte ich, »laß es mehr werden.« Beim ersten Zyklus hatte ich vierzehn bis achtzehn Follikel gehabt. Morgen, sagte er, würde er genauer wissen, an welchem Tag frühestens mit der Entnahme zu rechnen sei.

Am Mittwochmorgen gingen David und ich ins Cornell-Zentrum. Das Wartezimmer der Radiologie war ungewöhnlich voll. Wir warteten eine Stunde, bis Dr. Klein meine Ultraschalluntersuchung vornehmen konnte. Er sagte, er sehe wenig Unterschied zum Vortag – die vier Follikel seien immer noch klein. Wieder sagte er: »Morgen wissen wir es besser; vielleicht steigt der Östrogenspiegel und wir sehen mehr Eizellen.« Ich muß hier noch einmal daran erinnern, daß das Gelingen des ganzen Zyklus davon abhing, ob ich genug gesunde Eizellen zur Entnahme und Befruchtung produzierte.

Ich fühlte mich entmutigt, als ich nach Hause kam. Wir hatten erwartet, mehr Follikel als am Vortag zu sehen. Um mich von meinen wachsenden Zweifeln freizumachen – eine Wiederkehr des Pessimismus, den ich vor der Entnahme in der Fairfax-Klinik gefühlt hatte –, stimmte ich einem Spaziergang im Central Park mit Allison zu, meiner Freundin, die durch IVF ein Kind bekommen hatte und nun mit dem zweiten schwanger war. Sie munterte mich auf und erzählte mir, sie fühle sich bei dieser »natürlichen« Schwangerschaft kein bißchen anders als während ihrer vorherigen IVF-Schwangerschaft. Sie und ihr Mann waren im Begriff, aus New York weg in ein Haus in Connecticut zu ziehen, wo sie mehr Platz haben würde, ihre Kinder großzuziehen.

»Wenn Jennifer eine Mehrlingsgeburt hat, müssen David und ich auch umziehen«, sagte ich. Ich war seit so langer Zeit außerstande gewesen, an irgend etwas zu denken außer Verschreibungen, Spritzen, Eizellen und Spermien und Zellwachstum, daß es sich merkwürdig anfühlte, zu erkennen, daß noch andere Dinge in meinem Leben existierten und für andere Menschen das Leben weiterging, nachdem sie die IVF abgeschlossen und ein Kind bekommen hatten. Meine Welt war geschrumpft, und meine Gedanken drehten sich zwanghaft um Probleme der Unfruchtbarkeit. Aber zumindest dachte ich jetzt an das Baby als eine Realität, nicht mehr nur: falls ein Baby käme. Es war ein positiver Gedanke.

Während unseres Spaziergangs fühlte ich mich aufgebläht und schwerfällig und zu müde, um weiter gegen den kalten Wind anzugehen. Ich kehrte nach Hause zurück und legte mich hin. David rief aus dem Büro an. Er war nervös, mehr als bei den vorherigen Zyklen. Eine Woche vor der Entnahme waren wir beide erschöpft, versuchten aber verzweifelt, unseren Optimismus zu bewahren.

»Liza«, sagte er eindringlich, »wenn es nicht klappt, müssen wir ohne jeden Zweifel wissen, daß wir alles getan haben, was wir nur tun konnten.«

Ich sagte in beherztem Ton, den er von mir nicht gewöhnt war: »Im Augenblick klammere ich mich verzweifelt an eine optimistische Haltung. Ich habe meinen Gedankentrick praktiziert, während ich vom Park nach Hause gegangen bin. Wir haben drei Dinge, über die wir froh sein können. In mir sind auf jeden Fall drei Eizellen und vielleicht eine vierte.« Ich glaube, David fühlte sich nach meinen Worten besser. Als wir aufgelegt hatten, rief ich Jennifer an.

»La, die letzten Male hast du viel mehr Eizellen gehabt,

aber es hat nicht geklappt. Alles, was wir brauchen, ist ein gesundes, starkes, schönes Ei. Wenn du noch irgendwelche negativen Gedanken hast, boxe ich dich in den rechten Oberschenkel, wenn ich dich am Wochenende sehe.«

Ich mußte lachen, als ich an die immer noch wunde Injektionsstelle dachte.

»Denk nur dran, daß meine Mutter hier ist und dafür sorgen wird, daß es klappt«, sagte Jennifer voller Überzeugung.

Ich legte auf, von Jennifers Zuversicht verblüfft. Sie versetzte mich in bessere Stimmung. Ich riß mich zusammen und ging ins Restaurant, um meine Gäste zum Abendessen zu begrüßen.

Es tat gut, im Restaurant zu sein. Später am Abend kam David, und wir aßen gemeinsam an einem Ecktisch zu Abend. Es war viel besser, hier in der geschäftigen Welt zu sein, als müßig zu Hause zu sitzen, wo die Zweifel dicht genug waren, um sie mit dem Messer zu schneiden. Ich war ein Mensch der Tat, und das Beste, was ich tun konnte, war, meinen Geist auf einen Gedanken zu konzentrieren – wir wollten ein Baby und wir würden eins bekommen. Mit diesem Gedanken im Kopf war ich in der Lage, meinen Mann zu trösten und ihm zu versichern, daß wir das alles überstehen würden. Statt mich einem weiteren langen Tag des nervösen Wartens hinzugeben, hatte ich ihn in einen Tag des Optimismus verwandelt. In dieser Nacht schlief ich gut.

Am folgenden Tag fühlte ich mich zuversichtlich. Ich fühlte mich groß und stark. Ich ging ins Krankenhaus zu meinem täglichen Ultraschall und den Blut- und Östrogenkontrollen. Mein Östrogenspiegel war auf sechshundert gestiegen; ein hervorragender Wert. Dann ging ich zu meiner Mutter zum Frühstück. Sie war dabei, lose Fotos ins Familienalbum einzukleben. Wir sprachen über unsere Zeit in Spanien – wie sie und ich bunte Halstücher, ein Stück Amerika, in einem Strandrestaurant im Austausch gegen ein Mittagessen verkauft hatten. Ich klebte ein Foto ein, das mich mit verschiedenfarbigen Tüchern im Haar, um den Hals und ums Handgelenk zeigte. Ich erkannte wieder, daß ich keinen Fehler gemacht hatte, als ich mich entschied, Rafael zu verlassen, um eigene Kinder zu bekommen.

Greg kam dazu, und wir gingen zur Armory, um eine Ausstellung von Gemälden des achtzehnten Jahrhunderts anzusehen. Zu Mittag aßen wir auf dem kleinen Hof zwischen monumentalen Landschaften und Schäferszenen Sandwiches und tranken Orangensaft. Nach der Kunstausstellung ruhte ich mich in Mutters Wohnung aus; später trafen wir David und Joe in Gregs Restaurant, *Bistro Le Steak*, zum Abendessen. Greg setzte sich zu uns, während er die Lohnschecks ausstellte. Es war ein wunderbarer Tag, und ich war guter Stimmung. Durch meine eigene Kraft hatte ich den drohenden Abgrund der Depression vermieden.

Im Verlauf der Woche, während die Entnahme näher rückte, machte ich mir Sorgen um die Qualität meiner Eizellen und um Davids Eingriff, ob der Arzt wohl in der Lage wäre, genügend zeugungsfähige Spermien zu gewinnen. Und ich machte mir Sorgen um Jennifer und darum, ob ihre Bereitschaft zur Schwangerschaft in der Realität ebenso stark war wie ihr Traum.

Vier Tage vor der Entnahme kam ich morgens um 9.15 Uhr ins Cornell-Zentrum. Im Wartezimmer war kein einziger Stuhl frei. Ich lehnte am Fensterbrett und dachte an Jens Kommen am Sonntag und wieviel Spaß wir zusammen haben würden; ich dachte an meinen Geburtstag im nächsten Monat. Ich dachte an das Zusammensein mit David am Wochenende. Ich wußte, daß ich glücklich war. Ich war gesund, mein Restaurant lief gut. Ich mochte meinen neuen Koch. Wir nähern uns dem Ende des Zyklus, sagte ich mir. Jennifer liebt mich, Greg liebt mich, meine Mutter liebt mich. Sie lieben mich, weil ich ich selbst bin. Das waren mehr als drei Dinge.

Ich fragte mich, ob die anderen Frauen im Wartezimmer sich ebenso glücklich und geliebt fühlten wie ich. Diese Frauen, die mit ernstem Gesichtsausdruck in ihren Zeitschriften blätterten, verärgerten mich nicht mehr. Ich war nicht neidisch auf die Frauen mit schwangeren Bäuchen, und ich fühlte echte Seelenverwandtschaft mit den anderen Frauen, die wie ich verzweifelt versuchten, ein Kind zu bekommen. Ich war die glücklichste aller Frauen. Oh, wie anders war mein Leben dieses Jahr, da ich wußte, daß ich ein Baby haben würde.

Ich legte die Hand auf meinen Bauch, spürte die Wärme meines Körpers durch meine Kleidung und stellte mir die vier eigefüllten Follikel vor, die Dr. Klein beim letzten Ultraschall gesehen hatte. Hoffentlich war es ihnen nicht zu eng da drinnen, wo sie meine Nährstoffe miteinander teilen mußten. Sie wuchsen und wurden kräftiger. Ich war gut mit mir umgegangen, um sie so gut wie möglich zu unterstützen. Ich trank zwei Liter Wasser am Tag und aß jede Menge Obst und Gemüse, drei Mahlzeiten am Tag, und ich schlief nachts.

»Die Eier wachsen«, berichtete Dr. Klein etwas später lächelnd. »Es sieht gut aus.« Ich ging hinaus mit dem Gefühl, daß die Dinge positiv liefen.

Mutter wartete auf mich und hatte Salat zum Mittagessen gemacht. Sie sagte mir, ich dürfe mir eine ihrer Skulpturen aussuchen, um sie auf die Veranda zu stellen, von der man über den Garten unseres Hauses blickt. Die Entscheidung fiel mir leicht. Ich wählte einen lebensgroßen Habicht, der mit ausgebreiteten Flügeln herabstieß. Er paßte zu dem Bild, daß ich mir von meinem Vogelküken machte – jetzt ausgewachsen, wild und frei.

Sonntag morgen wachte ich schon im Morgengrauen mit dem Gedanken auf: Heute kommt Jennifer. Ich fühlte mich wie als kleines Mädchen in dem großen Haus auf Long Island. Ich konnte nicht glauben, daß sie tatsächlich hier sein und in ein paar Tagen mit unseren Embryos im Körper nach Chicago zurückfliegen würde.

Dieser Tag des Transfers würde in gewissem Sinne der Geburtstag meines Kindes sein. Es würde der Tag seiner körperlichen Empfängnis werden, aber sein eigentliches Wesen – das war schon seit zweieinhalb Jahren stark und lebendig. Oh mein Baby, dachte ich, bald wird dein Herz zu schlagen beginnen.

Stephen konnte Jennifer nicht begleiten, weil er eine Geschäftssitzung hatte, würde aber abends zu Hause bei Kodie und Austin sein. Das beunruhigte Jennifer nicht weiter. Sie sagte: »Lollipop, wir machen das zusammen. Du wirst bei mir sein.« Sie würde vom La Guardia Airport nach Queens fahren, um ihren Vater zu besuchen, und dann rechtzeitig zum Abendessen zu uns kommen.

Es kam mir vor, als ob Jen und ich diesen Zyklus seit Ewigkeiten durchliefen, aber dies war die allerletzte Phase, und die zeitliche Abstimmung war entscheidender denn je. Obwohl es Sonntag war, ging ich in die Klinik zu Dr. Klein zum Ultraschall.

Er sah sieben Follikel, einige sehr groß – siebzehn bis achtzehn Millimeter, andere zwölf bis dreizehn Millimeter –, und sagte, die Wahrscheinlichkeit, daß ich die HCG-Spritze heute abend bekommen würde, betrage mehr als 50 Prozent. Das HCG veranlaßt die Freisetzung der Eizellen aus den Follikeln und muß sechsunddreißig Stunden vor der Entnahme verabreicht werden, um den richtigen Reifegrad der Eizellen sicherzustellen. Daher würden Davids Spermienabsaugung und meine Eizellentnahme zeitgleich am Dienstag stattfinden. Die Eizellen würden umgehend per ICSI befruchtet werden; am Freitag sollten die Embryos dann in Jennifers einladende Gebärmutter verpflanzt werden.

Nach dem Besuch bei meiner Mutter begann ich, die Wohnung für Jennifers Ankunft vorzubereiten. Als erstes ging ich in den Blumenladen. Jennifer liebte Frühlingsblumen, Schwertlilien und rosa Rosen, lose in hohen Kristallglasvasen arrangiert. Ich kaufte zwei große Sträuße fürs Gästezimmer – das Zimmer, das wir bald zum Kinderzimmer umfunktionieren würden. Außerdem kaufte ich als Tischdekoration eine spektakulär gebundene Orchideenpflanze, die wie durch Zauberei aus einem Stück Rinde wuchs. Ins Badezimmer, auf das Fensterbrett hinter der Wanne, stellte ich eine rote Tulpe im Topf, so daß Jennifer sich im Schaumbad entspannen und über die Stadt blicken konnte. Ich hatte Tigerlilien für das Cocktailtischchen im Wohnzimmer besorgt.

Statt Sekt wartete eine Flasche Apfelcidre im Sektkühler. Ich hoffte, daß wir den Gaumenkitzel des echten Schampus nicht vermissen würden. Pavarottis Stimme erklang aus der Stereoanlage. Auf der Küchentheke und der Anrichte im Eßzimmer hatte ich Obstkörbe arrangiert. Ich hatte soviel Spaß. Ich plante, das Abendessen aus dem *Sambuca* kommen zu lassen; so würde Jennifer nicht in Versuchung kommen, in der Küche zu helfen, und ich war ohnehin so aufgebläht, daß es mir unbequem war, auch nur längere Zeit zu stehen, geschweige denn zu kochen.

Die Wohnung sah sehr einladend aus. Die Bettdecke war zurückgeschlagen; die flauschige Daunensteppdecke lag am Fußende bereit. Ich packte eine große Parfümflasche Opium, Jennifers Duft, aus und stellte sie vor den Spiegel auf die Kommode. Es duftet süß und würzig wie die Zusammenstellung von Blumen, Früchten und Potpourri-Säckchen, die ich überall verteilt hatte. Jennifer ist ein sehr geruchsorientierter Mensch. Gerüche bestimmen ihre Laune. Sie sind ihr Anhaltspunkt, um die Atmosphäre eines Raums zu beurteilen. Ihre überaus sensible Nase würde das ganze Bukett meiner Liebe einatmen.

Als die Standuhr in der Diele sieben schlug, wußte ich, daß Jennifer jeden Augenblick kommen würde. Mein Herz klopfte. Als ich sie an der Tür sah, hatte ich ein Gefühl, wie ich es noch nie erlebt habe. Es kam mir vor, als sei ich außerhalb meines Körpers und sähe uns beide von außen, zwei Frauen, die im Begriff waren, ein Wunder zu bewirken.

David kam nach Hause, während wir noch in der Diele standen und uns ansahen. Jen war erstaunt über meinen geschwollenen Bauch, und ich hielt ihren Mantel, während sie mir ihr rotgeflecktes Hinterteil vorführte. Wir lachten, wischten uns die Tränen ab und schnieften laut. David brachte Jens Koffer ins Gästezimmer. Sie waren beide ganz begeistert über den Zustand der Wohnung, und David sagte scherzhaft, er wünschte, ich würde für ihn auch nur halb soviel Theater veranstalten. Wir saßen im Wohnzimmer und tranken Cidre bei Kerzenlicht, bis das Abendessen geliefert wurde.

Während wir die Nudeln auf unsere Gabeln wickelten, rief Scot an. Er sagte, er habe den Befund von Dr. Klein erhalten: die Eizellen seien soweit und ich könne die HCG-Spritze an diesem Abend bekommen.

Um genau halb zehn gab mir David die Spritze, während Jennifer meine Hand hielt. Dann legten wir uns alle drei in mein Bett und sahen fern. Ich muß eingeschlafen sein. Ich hörte nicht, wie sich Jennifer in ihr Zimmer schlich.

Ich träumte von meinen wunderschönen Eizellen und von der bevorstehenden Empfängnis meines Babys.

33. Kapitel

Wir zählten die Stunden bis zur Eizellentnahme.

Jen und ich verbrachten den Morgen in der Cornell-Klinik mit Blutabnahmen und Ultraschalluntersuchungen. Bei Jennifer machten sie außerdem einen sogenannten Probetransfer – eigentlich eine Untersuchung: Sie führten den Katheter, den sie zur Embryoübertragung benutzen würden, durch den Gebärmutterhals in die Gebärmutter ein, um sicherzustellen, daß keinerlei Blockaden vorlagen. Dr. Klein sah bei mir acht Follikel, und Jennifers Gebärmutterschleimhaut war den Untersuchungen zufolge im idealen Zustand zur Aufnahme der Embryos.

Mittags waren wir bei meiner Mutter. Jennifer war so aufgeregt, daß sie praktisch ins Wohnzimmer tänzelte. Großmama Reese, die auch da war, berührte Jennifer und mich immer wieder. In ihren Augen war das, was wir taten, pure Hexerei. Wir verbrachten einen »Damennachmittag«. Jennifer wusch und frisierte Großmamas rötlichbraunes Haar zu einem flauschigen Federschnitt und verteilte beigefarbene Grundierung auf ihre Wangen. Sie ersetzte ihren verschmierten, schillernd blauen Lidschatten durch ein rauchiges Grau. Ich saß auf dem weißen Rattan-Himmelbett und beobachtete die Verwandlung.

»Tante Suzy, wann wirst du die Schlafzimmerwände neu streichen? Dieses Bonbonrosa«, platzte Jennifer an einem Punkt heraus. »Das ist ja scheußlich.«

»Ja, aber sie lassen mich hübsch aussehen, wenn ich morgens aufwache.«

»Die einzige geborene Schönheit hier bist du, Großmama. Nichts kann einen so prachtvollen Knochenbau ersetzen«, sagte ich.

Großmama saß vor dem ovalen Spiegel am Frisiertisch meiner Mutter. »Ich wünschte, ihr hättet meine Mutter gekannt«, sagte sie, während sie ihr verwandeltes Spiegelbild musterte. »Sie war hinreißend und immer so lustig. Sie ist gestorben, als ich zehn war.« Sie sah zu Jennifer auf. »Wo ist deine Mutter, Liebes? Sie hat mich heute morgen angerufen.«

Jennifer warf mir einen verwirrten Blick zu. »Das war ich, Großmama.«

»Oh ja, natürlich. Manchmal ist deine Großmutter eine dumme Gans.«

Sie blinzelte mit den Augen, während Jen braunes Mascara auf ihre Wimpern bürstete.

»Okay, ihr alle. Was haltet ihr davon?« Jen trat zurück, um die Wirkung besser beurteilen zu können. »Jetzt noch ein bißchen Rouge, und du bist fertig.«

Großmama sah zufrieden aus. »Laurie, du hast mich schön gemacht.«

Mitgefühl zeichnete sich in Jennifers Gesicht ab, als sie diesen Versprecher hörte.

»Großmama«, sagte ich, bewußt das Thema wechselnd. »Ich gehe in die Küche, möchtest du eine Tasse Tee?«

»Nein, Liebes. Sag Ruby, daß ich jetzt gehen möchte. Ich möchte den Mädels im Seniorenheim mein Gesicht zeigen.« Sie erhob sich unsicher.

»Ich habe den Fahrdienst angerufen. Sie sind in zehn Minuten hier«, sagte ich in der Hoffnung, sie würde in Ruhe sitzen bleiben, bis das Taxi kam.

Sie sah bedachtsam auf ihre Uhr. »Ich bin soweit, ich möchte jetzt gehen. Ruby, Liebes, bring mir meinen Mantel. Wir sollten sie nicht warten lassen.«

Die Gesellschafterin nahm Großmamas Arm und führte sie in die Diele.

»Ist sie immer so verwirrt?« fragte Jennifer, ihr Gesicht immer noch angespannt.

»Nein, Jen«, sagte meine Mutter, »sie ist heute etwas durcheinander. Eure Geschichte hat sie verwirrt, teils, weil sie nicht richtig zuhört, und teils, weil sie sie nicht verstehen will. Großmama hat sich nicht verändert. Sie ist eine Schauspielerin und zieht es vor, die Dramen in ihrem eigenen Kopf auszuleben.«

»Besuchst du sie oft?« fragte Jen

»Jede Woche.«

»Da bin ich froh.«

Wir fuhren im Aufzug mit Großmama und Ruby nach unten und halfen ihnen ins Auto; dann gingen wir über die Straße zur Maniküre. Jennifer ließ sich ihre dolchspitzen Nägel französisch maniküren. Mit den weißpolierten Spitzen wirkten sie noch länger. Ich ließ meine mit »Ballet Slipper« lakkieren, dem gleichen dezenten Rosa, das ich zu meiner Hochzeit getragen hatte.

Zu Hause wusch ich mir die Haare und fönte sie glatt, was mich seriöser aussehen läßt als meine üblichen ungebärdigen Locken. Jennifer sagte, sie würde morgen früher aufstehen, um ihr stets perfekt gestyltes Haar zu fönen.

Für uns beide war unsere äußere Erscheinung an dem Tag besonders wichtig. Wir wurden nach unserem Inneren beurteilt, auf das wir keinen Einfluß hatten, aber zumindest konnten wir einigen Einfluß darauf nehmen, wie die Leute uns von außen sahen. Jennifer und ich waren uns darin einig – wenn du gut aussiehst, bist du auch gut.

Wir bereiteten uns jeder auf seine Weise auf die Eizellentnahme und Davids Eingriff am nächsten Tag vor, die gleichzeitig stattfinden würden. David las die *Times* und löste das Kreuzworträtsel. Jennifer backte Plätzchen zum Abendtee. Sie brachte das Tablett ans Bett und wir saßen zusammen und sprachen darüber, was morgen als nächste Etappe unserer Reise auf uns zukam.

Jennifer stand um halb sechs auf, um die erste unter der Dusche zu sein, dann war ich an der Reihe und zuletzt David. Um acht waren wir in der Klinik, manikürt, frisch frisiert, geschrubbt und poliert von Kopf bis Fuß.

Wir gingen zur Aufnahme; der Raum war in einem sanften Pfirsichton gestrichen, der ihn weniger nüchtern und unpersönlich machte, als ich erwartet hatte. Die Empfangsdame begrüßte uns – sogar mit unseren richtigen Namen! Ich streifte den Papierkittel über, den man mir gab, und wir drei ließen uns zum Warten in den pfirsichfarbenen Lehnstühlen nieder.

»Mrs. Freilicher.« Eine Schwester kam durch die Schwingtür hinter dem Aufnahmeschalter. »Wir sind soweit, Sie können mit mir kommen, bitte.« Es war 8.45 Uhr.

Jen und David umarmten mich und sahen mir nach, wie ich den Gang hinunter zum Entnahmeraum ging. Ich marschierte mit geradem Rücken und hocherhobenen Kopf in den OP. Wenn ich je all meine Fähigkeiten zum positiven Denken benötigt hatte, dann jetzt. Diese Eizellen waren meine alleinige Schöpfung, mein wunderbarer Beitrag zur Empfängnis unseres Kindes oder unserer Kinder, die wichtigste Leistung meines Lebens. Denk an drei Dinge, sagte ich mir: Liza, David, Baby.

Die OP-Schwester stellte sich vor. »Ich bin Diane, Liza, und dies ist das Laborpersonal.« Sie nahm meine Akte. »Nehmen Sie immer noch Enoxaparin und ein Aspirin am Tag?«

»Ja«, antwortete ich. Sie bat mich, meine Unterwäsche und den Kittel auszuziehen. Ich begann zu schwitzen, als sie mir auf den Tisch half.

»Legen Sie sich bitte hin, Liza.«

Sie deckte mich mit einem Tuch zu.

Sofort nahm sich eine der Assistentinnen meinen Arm vor und legte mir eine Infusion an. Ein kurzer Piekser. Es tat nicht weh.

Diane tätschelte mir die Schulter. »Es ist alles in Ordnung. Aus ihrer Akte sehe ich, daß Sie vielversprechende Eizellen haben. Versuchen Sie, sich zu entspannen.« Sie nahm meine Hand; das ist das letzte, woran ich mich erinnere, bevor ich im Aufwachraum wieder zu mir kam. Ich hing immer noch an der Infusion und hatte leichte Bauchkrämpfe, ansonsten fühlte ich mich gut. Eine mir unbekannte Schwester entfernte die Infusion und half mir, mich aufzusetzen. Als sich der Raum nicht mehr um mich drehte, setzte ich mich in einen Rollstuhl und wurde in den Erholungsraum geschoben.

»Wie viele Eizellen hat der Doktor entnommen?« fragte ich.

»Es tut mir leid, da müssen Sie ihren Arzt fragen.«

Ich ruhte mich im Liegesessel aus, trank Ginger Ale und aß Cracker – gegen die Übelkeit. Ich hatte ein gutes Gefühl. Sie haben gute Eizellen gewonnen, sagte ich mir, bleib ruhig. Ich ging auf die Toilette; es war kein Blut zu sehen. Als ich herauskam, waren Jen und David da und lächelten mich an.

»Neun Eizellen«, verkündete David und umarmte mich. Ich lehnte den Kopf an seine Schulter.

»Das haben wir gut gemacht«, murmelte ich, während Erleichterung mich durchströmte.

Jen half mir beim Anziehen. »Neun Schönheiten. Dr. Klein hat es uns gesagt, als sie dich in den Aufwachraum geschoben haben.«

»Neun.« David hielt mich umarmt und wischte mir die Tränen ab – Freudentränen. »Neun Eizellen.«

Wir gingen zurück ins Wartezimmer und warteten, daß David zu seinem Eingriff aufgerufen würde. Er hatte keine Angst. Wir hielten uns an den Händen. Wir hatten neun Eizellen. Wir saßen da, wir drei, ohne ein Wort zu sagen, hielten uns nur an den Händen ... vereint.

Bald darauf kam ein Pfleger, um David abzuholen. Er sagte, wir könnten nur bis zum Aufzug mitgehen. Als sich die Türen schlossen, kehrten Jen und ich ins Wartezimmer zurück. Es würde ein paar Stunden dauern.

Dr. Seagal, Davids Urologe, kam herein und setzte sich, um mit uns zu sprechen. »Es ist gut gelaufen bei David. Wir haben mehrere gesunde Spermaproben – genug, um welche einzufrieren.«

Das waren gute Neuigkeiten. Wenn wir später noch einmal Eizellen befruchten lassen wollten, würde David keine weitere Operation mitmachen müssen.

»Kommen Sie. Sie können jetzt zu ihm.«

Wir folgten Dr. Seagal in den Aufwachraum, wo wir David vorfanden – wach, mit einem schwachen Lächeln und überglücklich über den Erfolg des Eingriffs. Er sagte, er sei während des größten Teils der Operation bei Bewußtsein gewesen, hätte mit Dr. Seagal gesprochen und Fragen gestellt. Er hatte nur leichte Schmerzen.

David trank etwas und aß ein paar Cracker, ließ sich die Infusion abnehmen und ging auf die Toilette. Danach konnten wir gehen.

Ich half ihm beim Anziehen, und dann waren wir draußen, im Taxi, auf dem Weg nach Hause.

Zu Hause zogen David und ich bequeme Sachen an. Jen machte das Abendessen. Sie wollte mich nicht helfen lassen. Wir aßen Thunfischsandwiches mit Pommes frites und Matze-Klößchen-Suppe, die Jennifers Vater beim Pförtner für uns abgegeben hatte. Es war eine einfache Mahlzeit, aber ich kann mich nicht erinnern, daß irgend etwas mir je so köstlich geschmeckt hätte. Wir stellten das Telefon ab, kletterten ins Bett und machten ein langes Nickerchen. David fühlte sich nach der Ruhepause kräftiger. Ich hatte immer noch Krämpfe und ein Druckgefühl im Bauch, das aber nach zwei Tylenol wegging. Wir saßen zusammen auf unserem großen Bett und telefonierten – ich mit dem Restaurant, Jennifer nach Chicago. Sie sah besorgt aus.

Kodie war vom Hund ihrer Freundin in die Wange gebissen worden, und Christine war mit ihr beim Arzt gewesen. Die Wunde war gesäubert worden und würde wahrscheinlich keine Narbe hinterlassen, aber Kodie war ziemlich verstört. Jennifer tröstete sie mit sanften Worten. Es war nur eine Kleinigkeit, aber daß Jennifer nicht bei ihrem Kind sein konnte, das sich bestimmt nach der Sicherheit der mütterlichen Umarmung sehnte, schien mir ein großes Opfer. Das Mutterdasein bestand aus mehr, als nur ein Baby zu bekommen.

Greg kam uns besuchen. Er brachte eine Schokoladenmousse-Torte von Bonte, seiner französischen Lieblingsbäkkerei, mit, die er an uns verteilte.

»Wir können alle so froh sein, daß wir einander haben«, sagte er. »Ich hoffe, Stuart und Sophia werden zu Kodie und Austin ein so enges Verhältnis entwickeln, wie wir es zueinander haben.«

»Mama und Tante Laurie hatten keine Cousins und Cousinen. Sie hatten nur einander«, sagte ich.

»Wir erschaffen eine neue Generation«, sagte Jennifer. »Ich stelle mir eine lange Reihe unserer Kinder vor, die Schulter an Schulter durchs Leben gehen.«

»Stuart fragt mich dauernd: Wann bekomme ich einen Cousin von Tante La, dem ich den Computer beibringen kann?« sagte Greg.

Wir verschlangen mehr als die Hälfte der Torte. Bevor Greg ging, brachte er das Geschirr in die Küche. Ich sah die Tagespost durch, als Jen verkündete, es sei Zeit für ihre Progesteron-Spritze.

»David, gibst du sie mir?«

Ich war stolz, daß sie meinen Mann fragte – aber nicht erstaunt. Es zeugte von der ungezwungenen Kameradschaft, die sich zwischen uns entwickelt hatte. Liza und Jennifer, David und Stephen, was einer von uns nicht konnte, konnte ein anderer für ihn tun. Es gab keine Schranken zwischen uns.

Jen sah David erröten. »Wenn du ein Hinterteil gesehen hast, hast du sie alle gesehen. Machst du es? Ich brauche die Schnelligkeit und Stärke eines Mannes. Liza sagt, du bist gut.«

Wir gingen zu dritt ins Bad, wo sie die Spritze vorbereitet hatte. Sie wendete meinen Trick an, die gefüllte Spritze in ihrer Achselhöhle anzuwärmen, damit das ölige Medikament dünnflüssiger wurde. Sie beugte sich übers Waschbecken, wie ich es getan hatte. Ihr Po war kreuz und quer von roten Striemen überzogen. David fand noch eine jungfräuliche Stelle auf ihrer Hüfte.

»Okay, Jen, bist du bereit? Ich will dir nicht weh tun.«

»Ich bin bereit. Es kann losgehen.«

Ich sah zu, wie er ihre Haut zusammendrückte und die Nadel hineinstach. »Wie kannst du überhaupt sitzen?« fragte ich, während ich die Stelle mit Alkohol abtupfte.

»Sehr vorsichtig«, antwortete sie mit einer Grimasse.

34. Kapitel

Am Mittwochmorgen waren wir früh auf den Beinen. Um neun Uhr waren wir angezogen, hatten gefrühstückt, saßen neben dem Telefon und warteten auf sein Klingeln. Cornell würde uns irgendwann im Laufe des Vormittags anrufen, um uns die Ergebnisse der Befruchtung mitzuteilen. Die Zeit verging, und als der Mittag näherrückte, zuckten wir schon beim kleinsten Geräusch zusammen.

Kathy rief einige Minuten nach zwölf von Scots Sprechzimmer an. »Wie Sie wissen, hatten Sie neun Eizellen. Eine war unreif und hat nicht überlebt. Von den neun sind fünf befruchtet. Das ist sehr gut. Meist verliert man bei der Befruchtung die Hälfte der Eizellen.« Sie sagte, weitere Informationen über die Embryos gäbe es erst am Freitag.

Ich schloß die Augen und verschickte eine stille Botschaft: »Bitte, meine kleinen Embryos, seid stark und wachst; hier wartet eine warme, gesunde Gebärmutter auf euch, in der ihr wohnen dürft, bis ihr zu euren Eltern kommt, die es kaum erwarten können, euch ihm Arm zu halten und liebzuhaben und euch ein wunderbares Leben zu bieten. Wir warten auf euch. Wir denken an euch, während ihr wachst und reift – gesund und voller Ungeduld auf euer neues Zuhause.«

Nach einem aus Bagel-Brötchen mit Räucherlachs bestehenden Mittagessen gingen Jen und ich in die Cornell-Klinik, wo Jennifer Blut abgenommen wurde, um ihre Progesteron- und Östrogenwerte zu kontrollieren. Die Schwestern gratulierten uns zu unseren Befruchtungsergebnissen. Jennifer verbrachte den Nachmittag bei ihrem Vater, und ich blieb zu Hause, um mich mit David auszuruhen. Es war ein friedvoller

Tag. Wir gingen zum Abendessen ins *Sambuca* und danach früh ins Bett.

Donnerstag, der 30. Januar 1997, war der Tag vor dem Transfer. Wir hatten keinerlei Arzttermine oder sonstige Verpflichtungen. Jen und ich gingen zur Bank, dann in die Betsy-Johnson-Boutique, um ein Geschenk für Christine zu kaufen, und weiter in den Disney-Laden, um Geschenke für Kodie, Austin und Sophia zu besorgen. Wir kauften ein Videospiel für Stuart und gingen dann noch ins Bergdorf-Goodman-Kaufhaus, wo wir aufs Geratewohl herumstöberten. Jen erstand ein Paar silberne Ohrringe in Blütenform für mich und ein Geschenk für Hilary. Wir fühlten uns, als ob wir Urlaub hätten.

Es ist erstaunlich, wie rasch banale Gedanken und Alltagspflichten zurückgeströmt kommen, um das Leben auszufüllen, sobald die schwierigsten Dinge erledigt sind.

»Jen«, sagte ich, »ich möchte, daß du dir selbst ein Geschenk aussuchst, sonst besorge ich womöglich etwas, das dir nicht gefällt. Es soll etwas Besonderes sein.«

Ich wußte nicht, was ich für sie tun sollte. Es war unmöglich, ihr Tun zu vergelten oder meine Dankbarkeit richtig zu zeigen. Ich umarmte sie und brach in Tränen aus, mitten in der Schmuckabteilung des Bergdorf-Goodman.

»Lollipop, ich weiß, was du fühlst. Du brauchst mir nichts zu kaufen.«

»Ich möchte, daß du etwas hast, das dir gefällt und dich immer daran erinnern wird, wie sehr ich dich liebe.«

Zwei Verkäuferinnen standen in der Nähe. Die eine fragte: »Kann ich Ihnen helfen? Ist etwas nicht in Ordnung?«

»Nicht in Ordnung?« lachte ich. »Doch, es ist alles ganz herrlich und wunderbar. Deshalb sind wir hier – um ein Geschenk zur Feier dieses Tages zu kaufen.«

Wir erzählten ihnen, daß Jennifer ab dem nächsten Tag meine leiblichen Embryos austragen würde. Die Verkäuferin, die uns zuerst angesprochen hatte, brach in Tränen aus; die andere zeigte uns die Gänsehaut auf ihrem Arm, die unsere Worte ausgelöst hatten, und sagte, das sei die bewegendste Geschichte, die sie in ihren fünfzehn Jahren in diesem Kaufhaus gehört hätte.

Jennifer wählte eine Halskette von Robert Lee Morris mit passenden Ohrringen. Die Halskette war eine Kreation aus drei lose verbundenen, frei gestalteten Goldteilen, die herabzurieseln schienen.

»Jen, sie sehen aus wie kleine Wellen, die gegen den Strand plätschern. Siehst du, wie sie sich bewegen?« Ich hob die Teile von ihrer Samtunterlage.

»Weißt du noch, wie wir immer mit unseren Müttern zum Strand gegangen sind, als wir noch klein waren?«

»Wir liefen und liefen und hielten uns dabei an den Händen.«

»Und Tante Suzy erzählte uns Geschichten von Meerjungfrauen, die im Ozean wohnen und für jeden reinen, weißen Kiesel, den man ihnen zurück in die Wellen wirft, einen Wunsch erfüllen.«

»Wir hatten Eimer voller Kiesel. Du mußt dir Seelengröße gewünscht haben, Jen.«

»Nein, ich wünschte mir, ich müßte nicht in die Schule gehen. Ich hatte immer Angst, Mama zu verlassen. Ich habe mir gewünscht, so mutig zu sein wie du, La.« Sie hielt die Halskette hoch, so daß das Licht auf ihren Windungen aus baumelndem Gold glänzte.

»Ich war nicht mutig. Ich haßte die Schule und die Kindercliquen. Ich war immer eine Einzelgängerin. Ich habe mir gewünscht, ich wäre so schön wie du und sähe aus wie eine Prinzessin.«

»Unsere Wünsche sind uns erfüllt worden. Liza, ich brauche keine Kette oder irgendein greifbares Andenken an diese Tage.«

Ich nahm die Kette aus Jennifers Händen und machte den Verschluß in ihrem Nacken zu. Sie paßte genau in den Ausschnitt ihres Blazers. »Ja«, flüsterte ich. »Oh, ja.«

»Sie ist wunderschön«, sagte Jen und berührte das Gold. Dann hob sie ihr Haar hoch und bewunderte sich im Spiegel. »Meinst du, diese Meerjungfrauen wußten, was wir tun würden? Ob sie es ausgeheckt haben?«

»Meerjungfrauen sind Phantasiegeschöpfe. Wir sind real.« Ich gab der Verkäuferin, die sich diskret abgewandt hatte, um unser Gespräch nicht zu stören, ein Zeichen. »Wir nehmen sie.«

»La, ich werde sie immer tragen«, sagte Jen. »Ich fange jetzt gleich damit an!« Ihre Augen leuchteten, als sie aus dem Kaufhaus stolzierte; die goldene Kette um ihren Hals glänzte bei jeder Bewegung auf.

Meine Mutter und Greg hatten für den Abend ein festliches Abendessen bei *Marchi's* geplant, einem norditalienischen Familienrestaurant in Kips Bay. Unsere Familie verkehrte dort seit vielen Jahren. Die Atmosphäre war heimelig, und da wir Stammgäste waren, hatten uns die Betreiber ein eigenes mit Blumen und Kerzen dekoriertes Speisezimmer reserviert. In der Mitte der langen Tafel standen drei Platten mit Marchis traditionellen Vorspeisen: Salat, Melone, Käse und Salami. Jennifer und ich waren früh genug da, um unser Make-up auf der Damentoilette aufzufrischen.

Meine Mutter kam mit Erica. Meine Schwester sah wunderbar aus: ihr schlanker, puppenhafter Körper wie immer im schwarzen Bodysuit und schwarzen Jeans, ihr dichtes blondes Haar so ungebunden wie ihr Geist. Es machte mich traurig, daran zu denken, daß wir schon seit Jahren immer aneinander vorbei zu leben schienen. Ich war auf der Schule oder in Europa; unsere Leben berührten einander kaum. Sie flatterte zwischen ihrer eigenen Ausbildung und verschiedenen Jobs hin und her – mit einem für mich befremdlichen Mangel an Begeisterungsfähigkeit. Vielleicht war das der Grund, warum wir nie gute Freundinnen geworden waren.

Greg und Max kamen mit Stuart, der einen grauen Anzug und eine Krawatte seines Vaters trug. Sophia sah in ihrem langen, roten Samt-und-Spitzen-Kleid wie ein viktorianisches Püppchen aus.

Stanley war ebenfalls gekommen, rücksichtsvollerweise allein. Jennifer hätte sich unbehaglich gefühlt, wenn er seine Frau mitgebracht hätte.

»Ich bin sehr froh, bei dieser Familienzusammenkunft dabeisein zu dürfen«, sagte er in seiner typischen gutgelaunten Art.

»Du gehörst zur Familie«, erwiderte Jennifer.

»Und so wird es auch immer bleiben«, fügte meine Mutter hinzu.

Beim Abendessen saß Jennifer neben Stanley. Ich beobachtete von der anderen Seite des Tischs ihre Körpersprache. Sie saß bequem zurückgelehnt; ihre Hände waren ruhig. Wäre sie erregt gewesen, hätte sie mit dem Besteck oder dem Saum ihrer Serviette herumgespielt. Ich wußte nicht, worüber sie sprachen, aber wenn ich nah genug gewesen wäre, hätte ich Stanley sagen hören: »Das ist so typisch für dich, Jennifer. Es paßt zu deinem Wesen. Deine Mutter wäre stolz auf dich.« Er stellte keine Fragen.

»Ich bin froh, daß du gekommen bist. Dies ist für mich ein Abend der spirituellen Heilung. Eine Feier. Es ist das, was Mama gewollt hätte, und ich freue mich, daß du das auch so siehst.«

Erica entschuldigte sich und verließ uns früh. Ich spürte, daß unser Jubel sie verschüchterte.

Bevor Kaffee und Kuchen serviert wurden, noch während die Kellner geschirrklappernd den Tisch abräumten, stand ich auf. Alle sahen mich an – ich hatte keine Rede vorbereitet, meine Gefühle strömten einfach aus mir hinaus, während ich Worte hervorstieß und um Fassung rang: »Ich finde keinen Ausdruck für meine Liebe und Dankbarkeit meiner phantastischen Jennifer und meinem Mann gegenüber für dieses Wunder, das geschehen wird. Jen und David, ihr habt mir die Kraft und die Zuversicht gegeben, daran zu glauben. Ihr habt mir ein Stück eures Lebens gegeben. Und Stephen, danke für deine Unterstützung. Und Mama, du und Greg und du, mein Stuart, der du Herzensdinge besser verstehst als jeder Erwachsene und weiser bist als ich, ihr habt meine Augen für die Segnungen geöffnet, von denen ich umgeben bin. Was für ein Glück wir haben, hier und heute in einer Welt zu leben, die über die Technologie verfügt, unsere Träume wahr zu machen. Aber ...« Hier schniefte und schluckte ich wie ein Trottel. »Aber das größte Wunder sind wir alle zusammen. Meine Familie.« Ich setzte mich.

David stand auf. »Jen, Liza: die beiden Frauen, die ich auf der Welt am meisten achte. Ich liebe euch. Ich bin voller Ehrfurcht. Ihr habt mir ein neues Leben gegeben, das ich bald in meinen Armen halten werde, und alle werden mich ansehen und sagen ... bring dieses verdammte Blag zum Schweigen ...«

Wir mußten alle lachen.

Als nächstes erhob sich Jennifer. Sie strahlte. Sie berührte das Gold an ihrer Kehle, während sie sprach: »Danke, Leute, daß ich an diesem Geburtstag teilhaben darf. Und danke dir, Mama, dafür, daß du mir das Licht gegeben und mich Vertrauen gelehrt hast.«

Meine Mutter hob die Hand. Sie nickte und versuchte zu sprechen, aber nach einer Pause sagte sie nur: »Seht in meine Augen und lest in meinem Herzen. Es gibt keine Worte für das, was ihr dort für jeden von euch finden werdet.«

Kurz zuvor war meiner Mutter ein Blick auf das vergönnt

gewesen, was für mich immer der denkwürdigste Augenblick jenes Abends bleiben wird: Wie David da stand, die Arme um Jennifer und mich gelegt.

29. Januar 1997

Tante Suzy muß es mir nicht sagen, ich sehe die Frage in ihren Augen. Bin ich wütend oder neidisch, weil sie hier ist, lebendig, und meine Mutter – ihre Schwester – nicht? Ich bin neidisch auf Liza, weil sie ihre Mutter noch hat. Ich wünschte, Tante Suzy könnte laufen. Ich wünschte, es gäbe keinen Schmerz und wir wären alle hier. Sie versucht, mich mit einer Art unaufdringlicher Mütterlichkeit zu behandeln, merkt aber, daß ich das ablehne. Das liegt daran, daß niemand den Platz meiner Mutter einnehmen kann und ich weder mir noch ihr weismachen kann, es wäre anders.

Morgen, wenn ich die Klinik mit den Embryos in meinem Bauch verlasse, wird all diese Zerrissenheit zu heilen beginnen, und wenn das Baby oder die Babys auf die Welt kommen, werde ich mein Innerstes geheilt und Liza wird ihre Familie haben.

35. Kapitel

Freitag, der 31. Januar 1997, war der Tag des Transfers. An diesem Tag der Tage wurden Jennifer und ich früh wach. Wir frühstückten mit David, bevor er zur Arbeit ging, und machten mit ihm aus, daß er uns um elf Uhr vormittags in der Wohnung abholen würde. Wir wollten das Auto an der Klinik parken, damit Jennifer eine bequeme und sichere Heimfahrt hätte. Ich hatte nicht viel Vertrauen in die New Yorker Taxifahrer; die Fahrt würde zumindest holprig sein, wenn nicht schlimmer.

Um 12.00 Uhr waren wir in der Cornell-Klinik. Wir warteten in einem tristen Korridor mit fünf Stühlen. Es war nicht so anheimelnd wie der Raum, in dem wir auf die Eizellentnahme gewartet hatten, aber es war vor demselben OP-Bereich, der auch das embryologische Labor beherbergte.

Die Schwester kam und gab mir und Jennifer unsere grünen Papierkittel, die wir umgehend anzogen. Bald darauf wurden wir in den OP gerufen und erfuhren hocherfreut, daß die Transfers an diesem Tag von Dr. Klein selbst vorgenommen wurden.

Die Schwester lächelte und sagte: »So, jetzt legt sich bitte nur eine von ihnen auf den Tisch.«

Ich hielt Jennifers Hand, während sie sich hinlegte und mit einem Tuch zugedeckt wurde.

Dr. Klein sagte uns: »Sie haben vier Embryos. Drei mit acht Zellen und einen mit sieben.« Er sah sehr zufrieden aus.

Jen drückte meine Hand. Das waren gute Nachrichten. Ich hatte Sorge gehabt, die Embryos würden sich vielleicht zu langsam entwickeln, wie es in Fairfax der Fall gewesen war.

Er zeigte uns ein Bild der Embryos auf einem großen Bildschirm. Ich weiß noch, daß ich fand, sie sähen wie Blumen aus. »Ich gebe Ihnen ein Foto mit, bevor Sie nach Hause gehen. Ich schlage vor, daß Sie alle vier Embryos übertragen lassen. Es ist am besten, wenn wir alle Chancen nutzen.«

Jennifer Gesichtsausdruck war plötzlich angespannt, und ich wußte, warum.

»Man hat uns gesagt, daß in der Regel drei Embryos verpflanzt werden«, sagte ich.

»Ja, aber bei Frauen über fünfunddreißig empfehle ich, alle vier zu übertragen. Die Wahrscheinlichkeit einer Mehrlingsgeburt beträgt fünfundvierzig Prozent; meist handelt es sich um Zwillinge. Oft nisten sich mehrere Embryos in die Gebärmutter ein, von denen aber nicht alle bis zum Ende der Schwangerschaft überleben.«

Ich konnte Jennifers Gesicht ansehen, daß sie Angst hatte. Wir sahen uns an. Dies war die Entscheidung, auf die wir uns hatten vorbereiten wollen.

Wir hatten die Frage schon viel früher mit Scot besprochen. Er sagte uns, er würde wahrscheinlich drei Embryos verpflanzen, wenn wir so viele hätten. Ich wollte am liebsten ein gesundes Baby. Jen gefiel die Vorstellung von Zwillingen. Drillinge hatten wir ausgeschlossen. Aber das war, bevor wir mit der Sache wirklich angefangen hatten, als alles noch Spekulation und Gerede war. Jetzt hatten wir es mit lebenden Embryos zu tun. Plötzlich galten andere Regeln.

»Können wir nicht einen Embryo einfrieren?« fragte ich.

»Liza, es besteht das Risiko, daß der Embryo das Einfrieren nicht überlebt, und es würde Ihre Chance, ein Baby zu bekommen, sicher nicht maximieren.«

Ich sah Jen an. Ohne mit der Wimper zu zucken, sagte sie: »O. k., ich nehme sie alle.«

Ich hielt ihre Hand, während die vier Embryos übertragen wurden. Nach der Probeübertragung einige Tage zuvor und der detaillierten Schilderung meiner Erfahrungen dachte sie, sie wüßte, was sie zu erwarten hatte. Doch als wir gemeinsam den Bildschirm beobachteten und zusehen konnten, wie die Embryos sanft in ihrer Gebärmutter abgesetzt wurden, erschien alles völlig neu.

Jennifers Gesicht war rosa angelaufen, ihre Augen geweitet. Sie nahm ein Geschenk entgegen. Und ich? Ich sah zu, wie meine Babys an einem sicheren Ort untergebracht wurden, wo sie versorgt und geliebt würden, bis ich sie würde im Arm halten können. Es war ein Geschenk des Himmels, diese Blumen, diese Embryos. Jeder mit seinem eigenen genetischen Code im Gepäck. Jeder von ihnen Kern und Wesen eines ganzen Menschen. Welcher von ihnen würde das Durchhaltevermögen haben, auf die Welt zu kommen?

Die Prozedur war kurz und praktisch schmerzlos.

»Ich bin sehr zufrieden mit den Embryos. Die Zellteilung läuft so, wie sie sollte. Ich wünsche Ihnen alles Glück«, sagte der Doktor abschließend.

Nach dem Transfer falteten Jennifer und ich unsere Hände über ihren Bauch. Die Schwester rollte sie zu einem Erholungsbereich und gab David das Foto mit den vier Embryos, die sich jetzt in Jennifers Gebärmutter befanden. Gemeinsam bewunderten wir diese winzigen Blüten.

Jennifer blieb eine halbe Stunde liegen, dann sagte uns eine Schwester mit reizendem Akzent, wir könnten jetzt gehen.

Jennifer und ich zogen uns wieder an. Sie schlüpfte in ihre hochhackigen Schuhe, und wir folgten David, der vorausgegangen war, um das Auto zu holen. Ich wachte über jeden Schritt, den sie tat, wünschte, sie hätte Turnschuhe an, und tadelte mich dafür, daß ich glaubte, sie bevormunden zu können. Sie würde immer hohe Absätze tragen.

Jennifer saß auf dem Rücksitz des Wagens. Ich hatte mich damals auf dem Heimweg im Auto hingelegt und dachte, daß sie das vielleicht auch tun sollte. Ich fragte mich, ob das ein

Vorgeschmack auf die nächsten neun Monate war. Würde ich Jennifer auf die Nerven fallen und zu wissen verlangen, was sie aß, wie viele Stunden sie schlief, wie lange sie auf den Beinen gewesen war oder einen wie großen Teil des Tages sie an der frischen Luft verbracht hatte? Würde ich in ihr Privatleben ebenso eindringen wie in ihren Körper? Ich wollte ihr keine Vorschriften machen. Ich versuchte bewußt, mich zu bremsen, bevor mein Kontrollbedürfnis zwanghaft wurde.

Zu Hause half ich Jennifer, ihr Nachthemd anzuziehen, und machte ein paar Sandwiches, während sie auf unserem Bett lag und fernsah. Wir aßen am Tisch im Eßzimmer. Ich hatte das schöne Kristallglas und Porzellan, das ich zur Hochzeit bekommen hatte, auf dem bestickten Tischtuch arrangiert. Um elf waren wir müde. Jennifer ging ins Gästezimmer schlafen, das bald ein Kinderzimmer sein würde. Ich deckte sie zu wie ein kleines Mädchen.

Ich wachte um sieben auf und fühlte mich immer noch müde. Es war dunkel draußen. Ich wollte Jen wecken, aber sie war schon im Bad und fönte sich die Haare; sie hatte gepackt und war bereit für die Fahrt zum Flughafen. Wir frühstückten am La Guardia Airport und warteten, bis es Zeit für sie war, ins Flugzeug zu steigen. Ich dachte, es würde ein tränenreicher Abschied, aber dem war nicht so. Jennifer wollte nach Hause.

1. Februar 1997

Ich fliege nach Hause zu meinen Babys in Chicago in einem Flugzeug, das zum Brechen gefüllt ist mit Allerweltsmenschen. Ich bin einzigartig, und ich habe ein Geheimnis. Ich wundere mich, daß noch niemand einen elektrischen Schlag bekommen hat von der Energie, die meinen Körper durchströmt. Ich bin eine Füchsin.

David und ich fuhren in unser Haus auf Long Island. Ich rief Jennifer am späten Nachmittag an in der Annahme, sie wäre zu Hause und ruhte sich von ihrer Reise aus. Christine hob ab und sagte, Jennifer sei mit Kodie beim Arzt. Als sie schließlich zurückrief, sagte sie, sie hätte einen problemlosen Heimflug gehabt, Kodies Wange heile gut, sie sei bereits einkaufen gewesen und hätte sich um die Wäsche gekümmert. Im Augenblick wäre sie in der Küche und machte das Abendessen, schon wieder mitten in ihrer Wirbelwindroutine. Ich atmete tief durch und äußerte kein einziges Wort des Protests.

36. Kapitel

Am Sonntagabend verließen David und ich unser Haus auf Long Island und fuhren westwärts in Richtung Schnellstraße und New York City. Es wurde früh dunkel, und ich sehnte mich nach den langen Tagen und der Wärme des Sommers, wenn ich wieder in meinem Garten arbeiten könnte. Am nächsten Morgen würde Jennifer wieder zur Arbeit gehen. Morgen in einer Woche würde sie ihren Schwangerschaftstest machen. Ich fühlte jetzt schon, daß sie schwanger war. David und ich betrachteten diesen Zyklus voll Optimismus. Er sagte, er hätte die Nacht zuvor nicht schlafen können; er hätte nur über den Umbau unserer Wohnung nachgedacht – einen Wandschrank zu entfernen und dafür ein weiteres Bad einzubauen, die Küche so umzuräumen, daß noch eine Waschmaschine mit Trockner hineinpaßte.

»David, hast du darüber nachgedacht, was wir machen, wenn Jennifer nicht schwanger ist – wenn wir nicht schwanger sind?« fragte ich.

»Ich denke, dann werden wir ein Kind adoptieren müssen. Du würdest das alles nicht noch einmal durchmachen wollen«, antwortete er.

»Ich würde Jennifer nicht darum bitten, und für mich ist es ein Gesundheitsrisiko, aber jetzt, wo wir dein eigenes Sperma eingefroren haben, wäre es verlockend und frustrierend, es nicht verwenden zu können«, sagte ich, obwohl ich keinen bestimmten Plan im Sinn hatte.

»Liza, so rasant, wie die Technologie sich entwickelt, wäre es in ein paar Jahren vielleicht möglich, mein eingefrorenes

Sperma mit deiner Eizelle unter anderen Rahmenbedingungen zu verwenden. Wer weiß, was ihnen als nächstes einfällt.« David war immer voller Hoffnung.

Und ich war immer voller Ungeduld. »Wir haben keine Zeit, auf neue Technologien zu warten. Ich bin schon sechsunddreißig. Ich hätte gern einen Ersatzplan für den Fall, daß wir nicht schwanger sind. Aber ich glaube nicht, daß es dazu kommt. Ich bete darum, daß dies ein Erfolg wird. Wenn es nicht klappt, werden wir alle so niedergeschmettert sein.«

In der Nacht bekam ich meine Tage. Ich nahm kein Enoxaparin mehr; Jen bekam immer noch Progesteron.

Am Sonntagabend rief uns Jen um elf Uhr in New York an. Wir waren gerade erst nach Hause gekommen, und David parkte noch das Auto. Sie sagte, ihr sei den ganzen Morgen übel gewesen und es gäbe keine Anzeichen, daß sie ihre Tage bekäme. Sie fühle sich wohl und voller Energie, berichtete sie. Sie hätte allerdings eine Veränderung in ihrem Geruchssinn bemerkt. Sie sagte, er sei noch schärfer als gewöhnlich, wie es auch während ihrer letzten Schwangerschaft der Fall gewesen sei. Ich fragte mich, ob das bloßes Wunschdenken war.

Manchmal erschien mir das, was wir taten, radikal und unerhört. Hätte mir vor ein paar Jahren jemand von der Idee einer Tragemutter erzählt, so hätte ich gedacht, es handle sich um reine Science-fiction. Jetzt sah ich es einfach nur als eine weitere Methode, ein Baby zu bekommen. Ich kannte inzwischen mehr Leute, die versuchten, durch die technisch unterstützte Reproduktionsmedizin schwanger zu werden, als auf dem Wege der sprichwörtlichen Blümchen und Bienchen, aber immer noch konnte ich kaum glauben, daß auch ich dazugehörte. Allein von meinen Freundinnen und Bekannten hätte ich zehn aufzählen können, alle in meiner Altersgruppe. Meine Generation würde eine neue Gattung von Kindern hervorbringen. Ich erinnere mich, wie beunruhigt meine Mutter war, als sie mir sagen mußte, daß sie und Vater sich scheiden lassen würden. Ich war siebzehn. Ich sagte: »Ma, warum machst du dir solche Gedanken? Alle meine Freunde haben geschiedene Eltern.« Das war meine Generation. Und jetzt kommen die Kinder, die durch die Reproduktionsmedizin das Licht der Welt erblicken – verzweifelt ersehnte Kinder.

Es war eine merkwürdige Zeit, zwangsläufig auch eine Zeit der Besinnung. Ich dachte an Carol und Randy und ihre Liebe zu ihrem Adoptivkind, Jake. Ich dachte an die Lektion, die ich mir selbst erteilt hatte – in dem Museum in Washington, wo ich das Tempo und die Leistungen des technischen Fortschritts bewundert hatte. Ich erinnerte mich an die Erkenntnisse über die Liebe, zu denen ich auf der Pferdefarm gelangt war, und erkannte, daß ich im letzten Jahr emotional gewachsen war. Ich dachte an Stuart und Greg und daran, wie sie mir geholfen hatten, mich für Veränderungen zu öffnen. Ich dachte an den großen Liebesdienst, den Jennifer uns erwiesen hatte. Und an Stephens Liebe zu ihr. Und an David und mich, zusammen. Und ich dachte an Tante Laurie und meine Mutter, und ich wußte, daß ich unser Baby lieben würde, ob es nun in Jennifer oder in einer Fremden herangewachsen wäre.

Jennifer war überzeugt, schwanger zu sein. David und ich beteten, daß sie recht hatte. In zweiundzwanzig Stunden würden wir es wissen. Wenn der Test negativ ausfiel, würde er mir die Schuld geben? fragte ich mich. Würde ich ihm die Schuld geben? Unsere Ehe war jetzt seit langer Zeit einer enormen Belastung ausgesetzt, und obwohl wir auf Belastungen unterschiedlich reagierten, neigten wir beide schnell dazu, dem anderen Vorwürfe zu machen. Trotzdem liebten wir uns. Und da ich mir dessen bewußt war, wußte ich auch, daß ich, gleich, wie die Neuigkeiten lauten würden, auf unsere Bindung vertrauen mußte.

Ich sagte Jennifer, daß David und ich unabhängig vom Ergebnis des Schwangerschaftstests wußten, daß sie wirklich die Absicht hatte, unser Baby für uns auszutragen. Es war die gütigste, großzügigste und aufopferndste Tat, die jemals für mich begangen worden war. Manchmal fragte ich mich, wer sich die Erfüllung dieses Traums am dringendsten wünschte – David oder ich oder Jennifer. Ich litt nicht länger unter jeder Spritze, die Jennifer bekommen mußte. Ich glaubte an ihre Freude an der Sache, und sie erfüllte auch mich. Ich war mit mir selbst mehr im reinen als je zuvor in meinem Leben.

37. Kapitel

Zehn Tage nach Verpflanzung unserer Embryos in ihre Gebärmutter ging Jennifer zum Schwangerschaftstest. Bei uns in New York war der Himmel klar und die Luft sehr frisch.

Ich war aufgeregt, aber nicht nervös wie vor meinen eigenen Tests. Ich stellte keine Verbindung zwischen dieser Vergangenheit und der Gegenwart her. »Ich weiß, daß dies vom Schicksal gewollt ist. Ich spüre es, ich sehe es«, sagte ich an dem Morgen zu David. Da war nichts von den Gefühlen von Düsternis und Verhängnis, die ich vorher erlebt hatte. David, Jen und ich würden schwanger sein. Wir drei.

Wir hatten verabredet, daß sie uns spätestens um halb drei, beziehungsweise sobald sie etwas hörte, anrufen würde.

»La, bleib ruhig. Wir brauchen uns keine Sorgen zu machen«, hatte sie gesagt, bevor sie zu ihrer Ärztin ging.

David sollte um zwei Uhr von seiner Sitzung nach Hause kommen und mit mir auf den Anruf warten.

Um zwölf klingelte das Telefon, aber ich wollte zuerst nicht drangehen. Jennifer hatte gesagt, sie würde frühestens um zwei anrufen. Ich beendete meine Serie von acht Liegestützen, bevor ich nach dem hartnäckig bimmelnden Telefon griff.

Jennifer und Stephen kreischten vor Freude. »Wir sind schwanger!«

»Was?« Ich konnte es nicht glauben. »Seid ihr sicher?« Ich wußte nicht, was ich sagen sollte. Ich konnte nicht schreien oder losbrüllen. Ich war fassungslos. Eine Gefühlsexplosion durchlief mich.

Jen stellte eine Konferenzschaltung zu Davids Büro her.

Als er die Nachricht hörte, begann er hemmungslos zu weinen. Ich hörte ihn kein Wort sagen.

»David. David, bist du da? Kannst du es glauben?«

Endlich hörte ich seine leise, von Schluchzen unterbrochene Stimme. »Oh, mein Gott.«

»Jen, wie hast du es so früh erfahren?« fragte ich.

»All die Arzthelferinnen und Dr. Isola haben mich so gern, daß sie sich bemüht haben, es möglichst schnell festzustellen, um mich nicht warten zu lassen.«

Ich muß wohl hundertmal gestammelt haben: »Ich kann es nicht glauben.« Jennifer und Stephen sagten, sie hätten immer gewußt, daß der Test positiv ausfallen würde.

»Ich hab es auch gewußt«, sagte ich, »aber, oh, ich kann es trotzdem nicht glauben. Ich wußte es, Jen. Oh Gott, Jen.«

Ich zog mir ein Sweatshirt über und nahm ein Taxi quer durch die Stadt zu Mamas Bildhaueratelier; ich wollte es ihr persönlich sagen. Als ich die zwei Etagen in dem umgebauten alten Backsteinhaus hinaufrannte, hörte ich den Lärm eines Luftkompressors, der das gleichmäßige Klopfen von Hammer auf Meißel fast übertönte. Meine Mutter saß vor einem großen Marmorblock in einer Wolke von weißem Steinstaub. Sie war so in ihre Arbeit vertieft, daß sie mich nicht hereinkommen sah.

»Mama.«

Sie ließ ihr Werkzeug fallen, riß sich die Schutzbrille und die Atemmaske vom Gesicht und umklammerte erwartungsvoll die Armlehnen ihres Stuhls.

»Jen ist schwanger.«

Ihr Gesicht rötete sich. Sie warf die Arme um mich und weinte. Sie konnte mich gar nicht fest genug drücken. Wir weinten beide zur rhythmischen Begleitung des Hämmerns ihrer Künstlerkollegen, die höflich genug waren, nicht innezuhalten, um zu lauschen. Wir weinten und lachten, und sie brüllte laut heraus: »Wir bekommen ein Baby!« Da hörte das Hämmern dann doch auf. Sie wiederholte ihre Ankündigung, und selbst der Kompressor wurde still. Eine Gruppe von Schweißern kam in den vorderen Raum gestampft. All ihre Freunde, die sie über unsere Fortschritte auf dem laufenden gehalten hatte, gratulierten mir, bevor sie ihre Werkzeuge wieder aufnahmen und den Lärm ihres schöpferischen Tuns fortsetzten.

»Hast du es deinem Vater gesagt? Ruf ihn an. Rufen wir ihn an.« Mama wühlte in ihrer Tasche nach ihrem Handy. »Noch ein Wunder der Technik, für das man dankbar sein muß.« Sie lachte. »Du bist voller Staub.«

»Was macht das schon? Er ist wunderschön.« Ich wirbelte im Kreis herum.

»La, ich bin so glücklich. Schau dich an. Schau dich in dem Spiegel dort drüben an. Du bist so schön. Ich habe noch nie etwas so Schönes gesehen.« Sie umarmte mich noch einmal und wischte sich die nassen Augen, wobei sie einen weißen Schmierstreifen quer im Gesicht hinterließ.

»Können wir Jen anrufen? Laß uns als erstes Jennifer anrufen.«

Ich wählte Jennifers Büronummer und reichte das Telefon an Mama zurück.

»Jen, herzlichen Glückwunsch. Oh, Jennifer, ich weiß gar nicht, was ich sagen soll. Ich muß weinen. Ich bin so glücklich für uns alle. Ich liebe dich. Wie fühlst du dich?«

»Tante Suzy«, flüsterte Jen, »mir geht es blendend, aber ich kann auf der Arbeit nicht darüber sprechen. Keiner weiß etwas davon. Ich ruf dich heute abend an.«

»Ist Stephen glücklich? Wirst du es Kodie sagen? Oh, Jen. Ich rufe dich später zu Hause an.«

Wir riefen meinen Vater in seinem Büro an. Nach zweimaliger Unterbrechung der Verbindung und dreimaligem Weiterverbinden im Restaurant konnten wir ihm die Neuigkeit endlich mitteilen. Er klang aufgeregt. Das Gespräch war kurz und angenehm, aber im Rückblick wird mir klar, daß die Reaktion meines Vaters mich enttäuschte: Ich hatte eigentlich keine Ahnung, was er wirklich fühlte, ob ihm die Ungeheuerlichkeit von Jennifers Schwangerschaft mit unserem Baby klar war, ob er verstand, was ein eigenes Baby für David und mich bedeutete, ob er dieses herrliche Wunder begreifen konnte. Er hat seine Probleme nie mit mir besprochen. Ich habe nie gewußt, was mein Vater in seinem Inneren fühlte; er ließ mich immer nur die Oberfläche sehen.

Als nächstes riefen wir Greg an. »Wow!« rief er; dann konnte ich ihn schniefen hören.

Wir erreichten Joe in seinem Büro. »Ich werde schon wieder Großpapa?« fragte er lachend.

Meine Tante Ilene wollte wissen, wie wir das Kinderzimmer einrichten würden, und Großmama Reese war verwirrt, deutete meine vor Aufregung schrille Stimme aber soweit richtig, daß sie sagte, sie sei »begeistert«.

David und ich kamen beide früh von der Arbeit nach Hause; wir wollten zusammen sein. Zu Hause hielten wir uns fest umarmt, weinend und lachend zugleich. Es lag soviel Aufregung in der Luft.

Das Telefon klingelte wieder. Diesmal war es Scot.

»Herzlichen Glückwunsch, Liza. Du bist schwanger.« Er klang triumphierend.

»Dir auch herzlichen Glückwunsch. Wir haben dir ja gesagt, daß du ein positives Ergebnis für deine Statistik bekommst.«

Er lachte leise. »Ich habe mit Jen gesprochen. Sie geht in drei Wochen, um den dritten März herum, zu Dr. Isola zur Ultraschalluntersuchung. Dann erfahrt ihr, ob es mehr als ein Baby gibt, und könnt vielleicht den Herzschlag sehen.«

Es verschlug mir fast den Atem. »Danke, Scot. Ohne dich hätten wir es nicht schaffen können.«

David und ich beschlossen, zum Essen auszugehen, obwohl keiner von uns hungrig war. Wir wollten allein sein, weit weg vom Telefon, um zu phantasieren, zu planen und uns zu freuen.

Wir gingen ins *Petrossian*, ein elegantes und sehr bekanntes russisches Restaurant. Wir wollten an einem ganz besonderen und luxuriösen Ort speisen. Wir hielten uns fest an den Händen, als wir das wunderschöne Gebäude an der Seventh Avenue in der Nähe vom Central Park betraten und um einen ungestörten Tisch baten. Wir strahlten beide beim Gedanken an die unglaublichen Neuigkeiten und unser aufregendes Geheimnis. David bestellte Perrier und Kaviar. Wir stießen auf unser Baby, auf Jennifer, auf die Liebe und auf das Leben an.

Im Laufe des Abends legte sich unser Taumel allmählich. Wir erinnerten uns wieder an den langen Weg, der noch vor uns lag, und die vielen Hürden, die es zu überwinden gab. So viele »wenns«.

Doch für diesen kurzen Augenblick waren wir frei, voll Jubel und im Glücksrausch über unser Wunderkind.

Montag, 10. Februar 1999

Ich wußte es. Wir sind schwanger. Das beweist, daß alles, was ich bei meiner Hypnosebegegnung mit Mama gesehen und verstanden habe, wahr ist. Alles. Sie ist in mir lebendig, und ich empfinde Freude.

38. Kapitel

Montag, 24. Februar

Ich fühle mich seit zwei Tagen deprimiert. Vielleicht war es das unvermeidliche Nachlassen all dieser Aufregung. Es könnte auch hormonell bedingt sein. Scot sagt, ich müßte die Östrogen-Pflaster noch bis Ende des dritten Schwangerschaftsmonats anwenden. Er schlug vor, ich solle den Ausschlag mit Benadryl-Creme behandeln. Die verdammten Dinger kleben aber nicht, wenn ich Creme auf meine Haut tue. Er sagte mir, ich könnte statt dessen Östrogen-Pillen nehmen, wenn die Pflaster nicht halten, aber die Pillen wären nicht so wirksam wie die Pflaster. Die Pflaster können aber nicht wirken, wenn sie nicht kleben! Ich mag schon gar nicht mehr duschen, weil das Wasser die Stellen nur noch mehr reizt, und ich hasse es, mich dauernd verhüllen zu müssen, damit Dakota meine entzündete Haut nicht sieht. Ich werde mit den Pflastern weitermachen und die Creme vergessen.

Heute nachmittag auf der Arbeit überliefen mich plötzlich abwechselnd Hitze- und Kälteschauer und ich bekam hämmernde Kopfschmerzen. Ich habe mich von Stephen im Büro abholen und nach Hause bringen lassen, etwas, was ich noch nie getan habe. Ich mußte mich zweimal übergeben und hatte über 39° C Fieber. Das Erbrechen machte mir Angst. Ich rief Dr. Isola an.

»Das bedeutet nicht, daß Sie eine Fehlgeburt bekommen, Jennifer. Es klingt nach einer Grippe. Trinken Sie soviel Wasser wie möglich. Ich möchte nicht, daß Sie austrocknen.«

Nach ihren beruhigenden Worten fühlte ich mich besser. Ich bin sehr müde und werde jetzt schlafen gehen. Stephen kam ins Zimmer und sagte mir, daß Liza den ganzen Nachmittag immer wieder angerufen hat, seit Ellen ihr gesagt hat, daß ich von der Arbeit nach Hause gegangen bin. Sie muß völlig in Panik sein. Ich werde sie anrufen und dann schlafen gehen.

Anfang März flogen David und ich nach Chicago, um bei Jens Ultraschalluntersuchung dabei zu sein. Sie sagte, sie habe die Grippe überstanden, die uns alle erschreckt hatte. Ich brachte für Dakota eine Packung Knetgummi mit, aus dem sie Bauernhoftiere modellieren konnte, und für Austin Legosteine, um ein Fort zu bauen. Für Jen hatte ich ein großformatiges, kunstvoll illustriertes internationales Kochbuch besorgt, obwohl sie mir gesagt hatte, sie achte auf ihr Gewicht und hätte in letzter Zeit kein Interesse am Kochen.

Als wir bei Jennifer ankamen, war sie erst vor einigen Minuten von der Arbeit nach Hause gekommen. Christine hatte das Abendessen zubereitet. Jen strahlte geradezu – ich glaube, weil wir so glücklich waren, einander zu sehen.

»Jen, fühlst du dich anders als bei Kodie oder Austin?« fragte ich sie. »Fühlst du dich, als ob es Zwillinge wären oder ...« Ich zögerte, »Drillinge« zu sagen.

»Ich fühle mich genauso. Ich denke, wenn es eine Mehrlingsschwangerschaft wäre, müßte ich dicker sein. Ich bin nicht dicker ... noch nicht.« Sie zeigte mir ihre Taille. »Und ich fühle mich großartig, nur daß ich total müde bin, wenn ich von der Arbeit nach Hause komme.«

Nach dem Essen badete ich Austin und half Kodie bei ihrer Lese-Hausaufgabe, so daß Jennifer früher ins Bett gehen konnte. Ich übte mich im Muttersein.

Am nächsten Tag sahen wir unser Baby zum ersten Mal. Jennifer, Stephen, David und ich beobachteten den Bildschirm, auf dem das Baby erschien. Wir konnten den Fötus sehen, das schlagende Herz, so winzig und so vollkommen. Dr. Isola führte den Schallkopf über Jennifers Bauch. Da war nur ein Baby – ein Fötus. Wir waren alle etwas überrascht, aber es war eine positive Überraschung. Dr. Isola suchte den Bildschirm ab, ob sie irgendwelche Überreste von anderen Embryos sehen könnte oder eine Eileiterschwangerschaft vorläge. Weder Jen noch ich hatten überhaupt etwas von dieser Möglichkeit gewußt. Niemand hatte sie erwähnt. Aber es stellte sich heraus, daß alles frei und in Ordnung war. Der Fötus hatte die richtige Größe für sein Alter; auch die Fruchtblase wies die richtigen Proportionen auf. Dr. Isola sagte, die Chancen, daß Jennifer ein gesundes Baby austragen würde, betrügen 95 Prozent.

Natürlich würden wir in fünfzehn bis sechzehn Wochen eine Fruchtwasseruntersuchung machen lassen, um etwaige angeborene Krankheiten festzustellen. David und ich hatten uns bereits aufwendigen genetischen Tests unterzogen, um eine Reihe genetisch bedingter Störungen auszuschließen. Wir waren hoffnungsvoll.

Vor Verlassen der Praxis überreichte ich Dr. Isola und ihren Helferinnen eine Schachtel Pralinen, um uns für die Freundlichkeit und das Verständnis zu bedanken, die sie Jennifer und uns gegenüber an den Tag gelegt hatten. Ich spürte, daß sie persönlich engagiert waren und sich geehrt fühlten, an einem so kühnen und von soviel Liebe getragenen Unternehmen teilzuhaben. Ihre rücksichtsvolle Anteilnahme machte viel aus; sie war das, was mir während meiner IVF-Zyklen so gefehlt hatte.

David und ich flogen von Chicago weiter nach Florida, um das Wochenende bei seinen Eltern zu verbringen. Ich lehnte mich im Flugzeugsitz zurück und fühlte mich meinem Baby nah. Es war schwer, Jennifer und »ihn« zurückzulassen. Jetzt, da ich ihn gesehen hatte, war er meine einzige Wirklichkeit. Ich hatte meine Hand auf Jennifers Bauch, über sein schlagendes Herz, gelegt und ihm Leben und unabhängige Kraft gewünscht. Wunder aller Wunder.

Im zweiten Monat ihrer Schwangerschaft begann Jennifer, sich sehr müde zu fühlen, erklärte mir aber mit äußerster Bestimmtheit, das läge nur daran, daß sie noch arbeitete, was sie während ihrer vorherigen Schwangerschaften nicht getan hatte. Am 13. März hatte sie ihrern zweiten Ultraschalltermin und berichtete: »Das Baby ist schon doppelt so groß wie beim ersten Ultraschall. Ich spreche immer von ›ihm‹, aber sein Geschlecht steht noch nicht fest. Nach der Fruchtwasseruntersuchung werden wir es genau wissen. Die Ärztin sagt, nach seiner Größe sind wir seit acht Wochen und sechs Tagen schwanger. Morgen beginnt der dritte Monat. Es geht schnell.«

Ich schickte Jennifer zwei weitere Progesteron-Ampullen – hoffentlich ihre letzten Medikamente – und einen zeitsparenden Profi-Haarfön. Ich ging in ein Umstandsmodengeschäft, *The Pea in the Pod*, und kaufte ihr etwas zum Anziehen. Es machte Spaß, dort herumzustöbern und so zu tun, als sei es für mich. Ich schickte ihr ein schwarzes Jackett, das ich mit einem Kissen darunter anprobiert hatte, und eine passende schwarze Hose. Sie rief an, um sich zu bedanken, und erzählte, ihr Vater sei zu Besuch gekommen und hätte gefunden, daß sie schon sehr schwanger aussehe. Ich schickte ihr eine Polaroid-Kamera, damit sie Fotos für David und mich machen konnte. Ich betrachtete diese Sachen nicht als Geschenke, und ich glaube auch nicht, daß Jennifer sie so auffaßte. Es war eher so, daß diese Dinge, die ihr die Schwangerschaft erleichtern sollten, meine persönliche Beteiligung daran symbolisierten – sie kam mir allmählich vor wie meine eigene.

1. April 1997

Bald wird es nicht mehr zu übersehen sein, daß ich schwanger bin. Wir sind in der elften Woche, und ich kann meine Bürosachen nicht mehr tragen. Meine Hosen gehen nicht mehr zu, und meine Blusen lassen sich über meinem inzwischen riesigen Busen nicht zuknöpfen. Aber bevor ich Umstandskleidung anziehe und bevor irgend jemand von meiner Schwangerschaft erfährt oder es errät, wollte ich Dakota davon erzählen, damit sie versteht, warum dieses Baby nicht uns gehört. Ich hatte mir Sorgen gemacht, daß sie nicht verstehen würde, wie einzigartig und besonders das Ganze ist und daß die Entscheidung für mich schwierig war, weil sie ihr Leben und Austins und Stephens genauso betrifft wie meines.

Ich habe es Kodie und Austin am Samstagmorgen erzählt, während wir in meinem Bett kuschelten und Stephen auf dem Stuhl neben dem Bett saß. Ich habe mich entschieden, es ihnen morgens zu sagen, damit sie den ganzen Tag Zeit hätten, darüber nachzudenken. Ich wollte nicht, daß sie mit unbeantworteten Fragen zu Bett gingen. Ich erklärte es in Worten, die eine Sechsjährige verstehen kann, ohne daß irgendwelche neuen Ängste aufkommen. Ich wollte, daß sie verstehen, wie wichtig Familie und Kinder sind, und daß wir als Familie, indem wir zusammenarbeiten, das, was wir haben, auch Tante La und Onkel David geben können.

Kodie hörte still zu. Sie saß gerade und strich sich das Haar aus dem Gesicht und sah mich an, während ich sprach.

»Tante Las Bauch ist nicht stark genug, um ein Baby festzuhalten, deshalb hat der Doktor ihr Baby, als es noch ganz winzig war, kleiner als eine Erbse, in meinen Bauch getan. Da wird es wachsen und euer Cousin oder eure Cousine werden.«

Austin lächelte. »Können wir deinen Bauch sehen, Mami? Ich will das Baby sehen.«

»Es ist noch zu klein; man kann es noch nicht sehen. Aber bald werdet ihr sehen, wie ich immer runder werde.« Ich zeigte ihnen meinen Bauch. Austin tätschelte ihn und sprang vom Bett, um nach unten zu gehen und es Baci (dem Hund der Familie) zu berichten.

Dakota war weise. Sie wollte wissen, wie ich ein Baby be-

kommen könnte, das kein Teil von mir war. »Austin und ich sind ein Teil von dir, nicht wahr?« fragte sie.

Ich sagte ihr: »Die Ärzte haben es möglich gemacht. Sie haben mir Medizin gegeben, und dann haben sie das Baby in mich hinein getan. Daddy gibt mir die Medizin jeden Abend mit einer Spritze.«

»Ich mag keine Spritzen. Sie tun dir weh, oder, Mama?«

»Ja, einen Augenblick lang. Das weißt du. Aber wir werden so glücklich sein, wenn Liza und David ihr Baby haben, daß es das alles wert ist.«

»So, wie ich mich fühle, wenn ich mein Zimmer aufräume und du mir einen Kuß gibst und sagst, das hast du gut gemacht.«

Ich umarmte sie. »Genau so.« Meine Tochter ist so klug – weit über ihr Alter hinaus.

Ich habe ihr vorsichtig die Grundzüge der Sexualität erklärt. Ihre Reaktion war: »Das ist ekelhaft. Wenn ich ein Baby will, gehe ich zum Doktor, um eins zu bekommen, genau wie du, Mami.«

»Dakota ... Sex oder dein Körper und die Art, wie er funktioniert, ist nie ekelhaft. Babys entstehen durch Liebe. Liebe ist etwas Schönes. Du weißt, wie sehr ich dich liebe?« Ich wollte, daß sie von Anfang an alles klar begriffe.

Sie nickte mit konzentriertem Blick.

»Ich liebe Tante La. Deshalb helfe ich ihr, ihr Baby zu bekommen, und Daddy hilft mir, und ihr tut das auch«, sagte ich zu meiner kleinen Tochter, die sich mit Angelegenheiten befassen muß, die das Begriffsvermögen ihres Alters eigentlich weit übersteigen.

Weil diese Entscheidung herkömmliche Grenzen durchbricht, wollte ich ihr erklären, was Grenzen sind: Ich erlaube anderen, meinen Körper zu benutzen. Ein Mensch darf nicht erlauben, daß sein Körper benutzt wird. Man erwartet von uns, daß wir uns in einer bestimmten Weise innerhalb der üb-

lichen Richtlinien verhalten. Dakota mußte verstehen, daß ganz bestimmte mildernde Umstände zu dieser Verletzung traditioneller Grenzen geführt hatten und daß diese Information sorgfältig gehütet werden mußte.

Als ich ein junges Mädchen war und allein mit meiner Mutter lebte, wußte ich viel zu viel über ihr Leben und begann deshalb, mich dafür verantwortlich zu fühlen. Es gab keine Grenze zwischen dem Leben meiner Mutter und meinem Leben.

Meine Mutter fragte mich um Rat, bevor sie eine Entscheidung traf. Bevor sie einer Verabredung zum Abendessen mit einem Verehrer zustimmte, fragte sie mich oft »Soll ich mit ihm essen gehen, ein großes Steak bestellen, das ich nicht aufesse und es mit nach Hause bringen, damit wir es später zusammen essen können« oder »Soll ich für Madame X ein Kleid nähen oder das Geld ablehnen, weil ihr Körpergeruch den stärksten Kanalarbeiter aus den Latschen haut?« Wir lachten über diese Witze, aber die Andeutungen darüber, was man für Geld alles tun muß und welche Opfer meine Mutter brachte, drangen durchaus in mein Bewußtsein.

Ich traf Entscheidungen für meine Mutter – über ihr gesellschaftliches Leben und ihre geschäftlichen Entscheidungen, sogar über unsere Ausgaben. Meine Mutter konnte nicht mit Geld umgehen. Ich wollte zu meinen Kindern eine andere Beziehung haben. Ich wollte sie nicht an der Erwachsenenwelt der Geldsorgen und Entscheidungen teilhaben lassen. Ich wollte nicht, daß ihr junges Leben von den Belastungen des Erwachsenendaseins überschattet würde, daß sie ihrer Kindheit beraubt würden, wie es Liza und mir passiert war.

»Ich bin gespannt auf meinen neuen Cousin«, sagte Dakota respektvoll.

»Wenn also mein Bauch immer dicker wird und deine Freunde in der Schule fragen, ob du ein Schwesterchen oder Brüderchen bekommst, sagst du ihnen ...«

»Daß ich einen kleinen Cousin bekomme.« Sie überlegte einen Moment. »Weiß Oma davon?«

»Sie weiß es, aber es würde sie besonders froh machen, wenn du es ihr selbst erzählst.« Das tat sie mit Begeisterung.

Dakota war voller Stolz und Beschützerinstinkt mir und ihrer Familie gegenüber. Sie kam von der Schule nach Hause und erzählte mir: »Meine Freundin Cindy sagt, wir wären blöd. Ich habe ihr gesagt, daß sie bloß neidisch ist.«

Austin hob den Kopf von der Bauklotz-Mauer, die er gerade baute, und warf sie mit Getöse um. »Sie ist neidisch, weil wir einen Cousin bekommen und ihre Mama nicht«, verkündete er sehr bestimmt.

39. Kapitel

12. April 1997

Ich fange an, meine Weiblichkeit zu vermissen. Ich vermisse die Beachtung auf der Straße, das harmlose Flirten und den Wein zum Abendessen. Ich kann mich durch die Schwangerschaft mit Austin vage an diese Gefühle erinnern, aber die Aufregung über sein Kommen hat alles andere überdeckt. Ich erinnere mich, daß ich mich mit Austin schön gefühlt habe. Diese Schwangerschaft fühlt sich anders an. Es ist mir stärker bewußt, was ich alles aufgegeben habe. Ich fühle mich nicht begehrenswert. Stephen macht mir dauernd Komplimente und sexuelle Annäherungsversuche, aber es ist mir peinlich. Ich fühle mich vor meinem Mann befangen, weil es nicht unser Kind ist, das meinen Körper entstellt. Ich vermisse die Freiheit des Unartigseins.

Meine Sorge um Dakota wächst. Ich weiß nicht, ob sie sich mir gegenüber sicher genug fühlt, um mit mir über etwaige Ängste oder ungute Gefühle in bezug auf die Schwangerschaft oder die Weggabe des Babys zu sprechen. Sie vermeidet es, mich nackt zu sehen. Vielleicht weil man die Schwangerschaft jetzt deutlich sieht oder weil es nicht unser Baby ist. Vielleicht ist es ihr auch peinlich. Ich vergesse, daß sie jetzt schon älter ist und sich ihrer eigenen Weiblichkeit bewußter wird. Sie badet lieber allein, während sie mich sonst gebeten hat, mich neben die Wanne zu setzen, damit sie mir von ihrem Schultag erzählen konnte. Jetzt bedeckt sie sich mit einem Waschlappen, wenn ich hereinkomme, um ihr den Rücken zu schrubben.

Seit ich keine Medikamente mehr bekommen, ist meine To-

leranzschwelle höher. Trotzdem enttäuschen mich meine eigenen Erwartungen oft und ich ärgere mich, wenn ich etwas vergesse oder mich zu sehr auf Dakota stütze. Sie bemüht sich so, mir eine Hilfe zu sein, denkt darüber nach, wie sie es mir recht machen und Störungen von mir fernhalten kann. Sie tut ihr Bestes, auf Austin aufzupassen und mit ihm zu spielen, damit er keinen Ärger macht. Er ist ein kleiner Teufel, und sie läßt sich eine Menge gefallen. Soviel, daß ich manchmal ihr Alter vergesse und sie dafür ausschimpfe, wenn sie mit ihm zankt.

Dieses Projekt ist viel anstrengender, als ich gedacht hatte. Ich habe die Tatsache außer acht gelassen, daß ich während meiner früheren Schwangerschaften keinen Vollzeitjob erledigt hatte. Außerdem habe ich die wachsenden Ansprüche meiner Kinder nicht berücksichtigt. Ich lerne, kleinere Dinge loszulassen, nicht immer die Unerschütterliche zu spielen, sondern auch mal zuzugeben, daß ich müde bin. Ich erlaube mir selbst Unvollkommenheiten. Meine Mutter hat Jack und mich dauernd daran erinnert, daß sie nicht auf einem Sockel leben könne, daß sie menschlich, also nicht fehlerfrei sei. Ich muß mich jetzt daran erinnern, meinen Kindern gegenüber nicht fehlerfrei erscheinen zu wollen, meine Schwächen einzugestehen und schon mal sagen zu können, daß es mir leid tut.

Ich habe heute viel über meine Mutter nachgedacht, viel mehr als gewöhnlich. Tatsächlich war ich den ganzen Tag den Tränen nahe. Sie hat mich hier zurückgelassen, wo ich mit all den Dingen fertig werden muß, von denen sie nichts wissen wollte: Alter, Tod, Einsamkeit. Ich bin sicher, daß meine Nervosität wegen der bevorstehenden Fruchtwasseruntersuchung und meine zunehmende Frustration über meine Ehe viel damit zu tun haben.

Vor einem Monat war ich noch in Hochstimmung. Jetzt bin ich melancholisch. Ich bin so rasch auf diese Schwangerschaft zugesteuert, daß ich die Signale der Verwirrung nicht beachtet habe, und jetzt scheint mein Leben von Grund auf verändert.

Es war nicht Stephens Fehler, daß er mich nicht so lieben und verstehen kann, wie meine Mutter es getan hat. Ich konnte ihn nicht der sein lassen, der er ist, und eine echte Beziehung zu ihm als Stephen, meinen Mann, herstellen. So sehr er sich auch bemühte, ich fand ihn immer unzulänglich, und das machte mich wütend.

Ich fühle mich wie eine Außenseiterin. Eine Außenseiterin in meiner Familie, in der Gesellschaft und sogar in der Medizin. Ich bin eine werdende Mutter, aber auch wieder nicht. Ich bin verheiratet, aber ich fühle mich allein. Ich bin eine Mutter, die keine Zeit hat, sich an ihren Kindern zu erfreuen. Aber, frage ich mich, war das nicht die Absicht dabei, dieses Kind auf die Welt zu bringen? Die Mauer der Isolation zu durchbrechen und wieder ins Leben zurückzukehren, das wiederzufinden, was ich seit dem Tod meiner Mutter so schmerzlich vermißt habe: lieben, teilen, vertrauen?

Mein derzeitiges Leben ist so, als wolle man schwimmen, ohne naß zu werden. Ich habe gelernt, daß man nicht lieben kann, ohne Schmerzen zu erleiden. Ich habe so hart daran gearbeitet, meine Gefühle zu verleugnen. Ich wollte mich nie wieder blindlings von irgendeinem Ereignis und meinen Gefühlen überrumpeln lassen. Ich habe mir selbst diese Aufgabe gestellt, die einem guten Zweck dient, aber eigentlich ziemlich egoistisch ist.

Der erste Schritt besteht darin, eine Bindung zu diesem Baby herzustellen. Ich muß aufhören, mich von diesem unglaublichen Leben, das in mir wächst, zu distanzieren. Ich habe mich auf dieses Projekt eingelassen mit der Absicht, Lizas Baby alles Positive zu geben, das ich zu bieten habe – all das Staunen und die Freude, mit der ich meine vorherigen Schwangerschaften erlebt habe. Das kann nicht ohne Liebe geschehen. In wenigen Wochen werde ich fühlen, wie sich das

Baby in mir bewegt. Ich werde sein Leben spüren, und es wird meine Aufmerksamkeit als Kind fordern, nicht als bloßer »Zustand der Schwangerschaft«. Alles oder nichts – das ist meine Persönlichkeit, und ich weigere mich, nichts zu geben.

Ich fühle mich wie eine Außerirdische, sehne mich danach, auf heimatliches Territorium zurückzukehren, und doch bereue ich das, was ich tue, keine Sekunde, und ich weiß, daß nach dem Schmerz die Belohnung winkt.

Am 10. April bekamen wir die Ergebnisse der letzten Ultraschalluntersuchung, und es sah alles gut aus. Das waren wunderbare Nachrichten. Als nächstes stand die Fruchtwasseruntersuchung an, durch die etwaige genetische Anomalien des Fötus festgestellt werden können. Dann konnten David und ich entscheiden, ob wir das Geschlecht unseres Kindes wissen wollten.

Jen schickte mir das versprochene Polaroid-Foto – vom 13. April ... sie war unübersehbar schwanger. Als ich das Foto aus dem Umschlag nahm, schrie ich ungläubig auf. Das Baby wuchs. Es war real. Es war kein Traum. Ich war wach und konnte mein Baby sehen. Ich rief Jen sofort an. Sie war nicht zu Hause. Ich versuchte es im Büro; sie war außer Haus. Ich versuchte es über ihr Handy, konnte aber keine Verbindung bekommen. David war nicht zu erreichen. Ich rief meine Mutter an und beschrieb ihr das Foto: »Es zeigt Jennifer von der Seite in ihrer Küche, und sie zeigt mit breitem Grinsen auf ihren Bauch. Sie hat ihre Hose bis unter den Bauch heruntergeschoben und ihr Hemd hochgezogen, so daß ich sehen kann, wie rund sie ist.« Wir weinten.

Ich fuhr beim Grillrestaurant vorbei, wo mein Vater in seinem Büro arbeitete. Als ich ihm das Bild von Jennifer zeigte, sagte er: »Ich liebe dich; ich habe dich noch nie so glücklich gesehen. Ich bin froh, daß du mir das Foto gezeigt hast.« Ich war gerührt über seine ungewohnte Gefühlsäußerung.

Als David nach Hause kam, eilte ich zu seiner Begrüßung an die Tür. Er war ebenfalls sehr beeindruckt. Er küßte das Foto. Nach dem Abendessen sprach ich mit Jennifer.

»Warte, bis du meinen Bauch selber siehst; wir sind seitdem schon wieder gewachsen.«

30. April 1997

Heute morgen war ich bei der genetischen Beratung zur Vorbereitung auf die Fruchtwasseruntersuchung am Montag. Was sie mir über die Statistiken erzählt haben, war beängstigend. Ab fünfunddreißig besteht ein Mißbildungsrisiko von 1:150 und ein Risiko von 1:150, daß durch die Fruchtwasseruntersuchung selbst Komplikationen auftreten. (Dabei wird eine Nadel in die Gebärmutter eingeführt, um Fruchtwasser zur Untersuchung abzusaugen.) Grob gesagt, beträgt das Gesamtrisiko, daß etwas schiefgeht, also 1:75. Erschütternd.

Liza hat mir eine Kassette mit ihrer Stimme geschickt, die ich dem Baby vorspielen soll, damit es schon in der Gebärmutter lernt, die Stimme seiner Mutter zu erkennen. Ob nun etwas daran ist oder nicht, jedenfalls hat sie ihr Lachen und fröhliches Geplapper über ihre Liebe zu ihm und zu mir aufgenommen. Zum Abschluß hat sie ihm noch Wiegenlieder aufgenommen, die ich abends spiele, wenn ich ins Bett gehe. So lullt Lizas Stimme ihr Baby, Stephen und mich jede Nacht in den Schlaf.

40. Kapitel

David und ich trafen am 3. Mai in Chicago ein. Ich konnte es nicht erwarten, Jen und mein Baby zu sehen. Jemanden so inbrünstig sehen zu wollen, gab mir ein solches Gefühl von Lebendigkeit. Mein Herz schlug schneller vor Aufregung. Der Flughafen war voller Polizisten, die den Verkehr regelten. Ich wartete am Ende der Rampe auf Jennifer. Endlich erspähte ich ihren Van. Sie und Kodie winkten wild durch das Sonnendach.

»Jennifer«, schrie ich und lief aufgeregt auf sie zu.

Ich setzte mich nach vorne in den Van zu Jen. David und Kodie saßen hinten und sahen sich das Buch an, das wir ihr mitgebracht hatten.

»Leg deine Hand auf dein Baby«, sagte Jen, während sie uns aus dem Flughafenverkehr herausmanövrierte.

Ich zögerte, sie zu berühren. »La.« Jen lachte. »Sei nicht so schüchtern. Willst du es nicht spüren? Es ist dein Baby.«

Widerstrebend legte ich meine Hand auf ihren Bauch.

»Spürst du nicht, daß es dein Baby ist?« Eine unbehagliche Pause trat ein.

»Doch«, erwiderte ich scheu. »Dich schwanger zu sehen, Jen, zu wissen, daß es dein Körper und mein Baby ist, löst bei mir merkwürdige und unerwartete Gefühle aus ... als ob es ein Teil meiner selbst wäre und doch wieder nicht.«

»Diese Schwangerschaft hat auch bei mir zwiespältige Reaktionen ausgelöst ... aber nur in bezug auf mich selbst. Ehrlich, ich weiß in meinem Herzen und meinem Kopf, daß dies dein Kind ist. Du und ich, wir haben an seiner Erschaffung zusammengewirkt, aber es ist für mich nicht dasselbe wie die

Zeugung eines eigenen Kindes mit meinem Mann. Liza, jeglicher Besitzanspruch auf dieses Baby liegt mir völlig fern. Ich freue mich so, dies für dich und für mich zu tun. Ich liebe das Baby, weil es deines ist.«

»Es macht dir nichts aus...?« fragte ich, als ich die Hand nach ihrem Bauch ausstreckte.

Jennifer nahm meine Hand und zusammen legten wir meine Handfläche auf das Baby, das in meiner Cousine heranwuchs.

»Ich bin froh, daß wir darüber sprechen konnten. Es war ein verrücktes, unerwartetes Gefühl, aber jetzt ist es weg. Es ist über mich gekommen wie eine Woge, und jetzt ist sie vorbei. Also, Jen, was glaubst du, ist das Baby ein Junge oder ein Mädchen?«

»Es ist ein Mädchen.«

»Ich frage mich, wem sie ähnlich sehen wird. Vielleicht wird sie Davids blaue Augen haben? Was, wenn sie seine stämmigen Oberschenkel hat?«

»Sie könnte ganz Wetanson sein, mit dieser Arroganz und dem energischen Kinn.«

»Oder vielleicht ist ›sie‹ auch ein ›er‹.«

»Mit deinen Locken.«

»Es ist so schön und so ein wunderbares Rätsel. Ich verbringe Stunden damit, über ihn oder sie nachzudenken.«

»Hast du schon einen Namen ausgesucht?« fragte sie.

»Wenn es ein Mädchen ist, soll sie Lilianna heißen, und wenn es ein Junge ist, entweder Liam oder Lucas. Das L soll für Laurie stehen.«

»Mir gefällt Tristan.«

»Das ist komisch – ich liebe diesen Namen. David mag ihn nicht.«

»Du könntest ihn Tristan Luc nennen.«

»Nein, Jen, ich möchte, daß sein erster Name mit einem ›L‹ anfängt.«

Das Wochenende war seltsam; trotz unseres Gesprächs im Auto schien ein Hauch von Spannung in der Luft zu liegen, und da Stephens beide Töchter da waren, hatten wir wenig Zeit für uns. Zum Abendessen grillten wir, und ich räumte hinterher auf, während Jen die Kinder ins Bett brachte. Alexis und Devan waren anderweitig verabredet und den Abend über nicht da.

Als es schließlich ruhig im Haus war, brachte Stephen das Teetablett aus der Küche. Wir setzten uns bequem, wenn auch nicht unbedingt entspannt, zu einer Gesprächsrunde, die einige der vielen noch offenen Fragen klären sollte. Die Unterhaltung verlief spontan und ungeplant.

»Laßt uns über die Geburt sprechen«, schlug Jennifer vor. »Normalerweise legt der Arzt das Baby auf den Bauch der Mutter, und der Vater schneidet die Nabelschnur durch.«

Ich beugte mich vor. »Das Baby wird auf deinen Bauch gelegt, Jen, und ich denke, David sollte die Nabelschnur durchschneiden.«

Darüber waren wir uns alle einig.

»Dann wird Liza das Baby hochnehmen, bevor es gesäubert oder untersucht wird. Sie wird ihr Baby als erste spüren und sehen« sagte Jennifer.

»Dann David«, sagte Stephen.

»Dann Jen, du wirst ihn nach David im Arm halten«, sagte ich.

»In Ordnung. Danach Stephen. Irgendwelche Probleme?«

Wir lächelten alle und sahen uns prüfend an.

»Dann sind wir uns über alles einig«, sagte ich abschließend. Obwohl die Reihenfolge in unserem offiziellen Vertrag festgelegt war, war es schön, sie noch einmal durchzugehen.

»Liza, willst du das Baby nach der Geburt hierher bringen, wenn wir das Krankenhaus verlassen?« fragte Stephen.

David und ich sahen uns an. »Jen«, sagte ich, »was meinst du? Bitte sag es mir.«

»Im Grunde meines Herzens hätte ich gern, daß ihr bei mir bleibt und wir die ersten Tage gemeinsam erleben, aber das ist nicht sehr praktikabel und völlig ungesund. Ich glaube, ihr werdet euch wohler fühlen, wenn ihr im Hotel wohnt, und euer Baby kennenlernt und lernt, es gemeinsam zu versorgen, ohne daß Stephen und ich dabei sind.«

Ich fühlte die Anspannung aus meinem Gesicht weichen. »Dann können wir den nächsten Tag hier mit euch verbringen.«

»So ist es am besten, denke ich. Wenn ich das Baby nachts weinen höre, würde ich instinktiv zu ihm gehen wollen. Meine Brüste sondern schon beim bloßen Geräusch von Babygeschrei Milch ab. Du und David werdet eine Bindung zu eurem Baby herstellen.« Sie lächelte mich an. »Diese Augenblicke gehören euch drei allein.«

Es war wichtig, diese kleinen Details festzulegen. Wir gingen alles durch, wie bei einer Theaterprobe. Für Jennifer war es besonders wichtig, die Schritte der Trennung vorauszuplanen. Sie sagte mir, es sei gut für sie, sich die Geburt und die Trennung und die Verbindung, die zwischen uns immer bestehenbleiben würde, bildlich vorzustellen.

4. Mai 1997

Sonntags-Crepes sind eine feste Einrichtung im Haushalt der Scheus; der heutige Tag bildete da keine Ausnahme. Dakota und Austin lieben die besondere Aura, die das Sonntagsfrühstück umgibt; ihre kleinen Gesichter strahlten vor Freude, unsere Tradition mit Liza und David zu teilen. Ich bin sicher, daß sie es mit dem erwarteten Baby in Verbindung bringen. Ich genieße den besonderen Status, den ich jetzt in der Familie habe. Es ist eine Wohltat, mal nicht die zu sein, die herumfuhrwerkt und sich um alle anderen kümmert. Ich lächelte strahlend, als sie darauf bestanden, daß ich sitzenblieb, während sie das Geschirr abräumten und spülten.

Heute war einer der ersten schönen Frühlingsmorgen, und ich hatte einen schlimmen Anfall von Klaustrophobie. Liza und ich haben das Auto genommen und sind zu der Umstandsmodenboutique The Pea in the Pod gefahren. Ich dachte, es würde Spaß machen, zusammen einzukaufen, aber ich fühlte mich ungewöhnlich befangen in meinem Körper und dachte, wie abgestoßen sie sich fühlen mußte, wenn sie mich ansah. Ich ließ mehrfach Andeutungen fallen im Sinne von: »Bist du nicht froh, daß ich es bin und nicht du, die so fett ist?«

Liza antwortete: »Du mußt mich jetzt hassen.«

Ich hatte nicht über die Lage nachgedacht, in der sich Liza befand. Sie, die sich so bemüht hatte, dick und schwanger zu werden. Ich tat das, was sie so gern getan hatte und nun niemals tun würde. Ganz plötzlich, zum ersten Mal, erhob das Schuldgefühl sein häßliches Haupt. Bei uns beiden. Unsere beiderseitigen Empfindlichkeiten kamen ans Licht, ganz ohne Vorwarnung. Ich entschuldigte mich und sie sich auch. Wir erkannten die Situation und gingen darüber hinweg. Ich glaube kaum, daß wir einen solchen Mangel an Feingefühl noch einmal an den Tag legen werden. Wenn ich etwas fühle, werde ich es ihr sagen. Ich hätte über meine Befangenheit sprechen sollen, und sie hätte mir sagen sollen, daß sie sich schuldig fühlt. Meine Mutter sagte, wir sind alle nicht perfekt; das ist es, was sie meinte.

Wir haben den restlichen Tag draußen verbracht, mit den Kindern gespielt und die unglaubliche Frühlingsluft genossen. Liza und ich sind uns ähnlich in unserem Bedürfnis, im Freien zu sein und keine Minute des Tags zu verschwenden.

Jennifer ging am Montag morgen nicht arbeiten. Ich machte Tee und brachte ihn ihr hoch, damit sie sich noch etwas ausruhen konnte, bevor wir zu unserem Termin bei Arlene Kessler gingen, Jennifers hochgeschätzter Psychologin, die darum gebeten hatte, mit uns allen zusammen zu sprechen. Jen nannte

Arlene ihre engste Freundin und Mentorin. Arlenes Mutter war ebenfalls an Krebs gestorben. Jennifer unterteilt die Menschheit in zwei Hälften: diejenigen, die persönliches Leid erfahren haben, und die anderen.

Was mich an Arlene besonders beeindruckte, war ihr durchtrainierter sechzigjähriger Körper. Ich hatte sie auf achtundvierzig geschätzt. Sie war eine attraktive Frau. Das sanft aus ihrem eckigen Gesicht zurückgebürstete braune Haar gab tiefliegende blaue Augen frei, die den Gesprächspartner mit ihrem direkten Blick festhielten.

Das Gespräch war fesselnder und ergiebiger, als ich erwartet hatte. Wir sprachen über Jens Bedürfnis, uns auf die Veränderungen in unserem Leben vorzubereiten, auf die Anforderungen und die Verantwortung, die die Geburt eines Kindes mit sich bringt.

So besorgt ich über Jens Entscheidung gewesen war, modebewußt auf hohen Absätzen herumzustöckeln, während sie unser Baby austrug, solche Sorgen machte sie sich darüber, daß David und ich nicht in der Lage wären, uns auf das Elterndasein einstellen zu können. Sie kannte unseren Lebensstil. Für mich bedeutete er lange Arbeitszeiten und späte Abende im Restaurant; David schätzte seine Freiheit, nach Belieben zu kommen und zu gehen – ob ins Theater oder ins Fitneßstudio.

»Siehst du, Liza, euer Leben wird anders werden«, sagte Jennifer zu mir. Ich hatte keine Ahnung, daß sie sich mit Zweifeln plagte, ob David und ich uns darauf einstellen könnten, ein Kind aufzuziehen. Ich war überrascht, daß sie dachte, wir wären uns der Verantwortung des Elterndaseins nicht bewußt.

Arlene war einfühlsam. Sie erklärte Jen: »Wenn David Tennis spielen will oder Liza in ihrem Garten arbeiten will, werden sie das schon miteinander klären. Jeder lernt auf seine eigene Art, sein Leben umzustellen.«

»Ja, aber sie sind es beide gewöhnt, sich selbst an erste Stelle zu setzen«, sagte Jennifer. »Kinder brauchen ihre Eltern zusammen zu Hause, nicht den einen in Dienstbereitschaft und den anderen außer Haus unterwegs.«

David sagte nichts. Er wartete ab, um alle Seiten dieser Diskussion zu hören, wie er es auch am Konferenztisch tat. Aber ich saß neben ihm und spürte die Anspannung seines Körpers.

Jennifer veränderte ihre Sitzhaltung, nahm eine Haarspange aus ihrer Jackentasche und faßte ihre Haare im Nacken zusammen. »Ich weiß, daß David und Liza großartige Eltern sein werden, aber ich bin nervös. Es ist schwer, mir vorzustellen, daß ich keinerlei Mitspracherecht bei der Erziehung des Babys haben werde, daß ich alle Verantwortung abgebe. Aber das ist der Grund, warum wir hier sind und warum ich lerne, mich zu lösen. Das Baby wird immer in meinem Leben sein. Ich gebe es euch. Niemand nimmt es mir weg, wie mir meine Mutter weggenommen worden ist. Ich versuche nur, meinen Einfluß geltend zu machen.«

David entspannte sich. Dann sagte er: »Liza und ich haben auch ein Problem, über das wir sprechen wollen. Wir wissen nicht, was wir tun sollen, um dir unsere Dankbarkeit und unser Verständnis für die Größe deines Opfers zu zeigen. Wie wir es dir vergelten sollen. Ich weiß, daß du davon nichts hören willst. Aber es ist frustrierend für uns.«

Die Psychologin sah David und mich an und sagte mit Bestimmtheit: »Sie müssen aufhören, sich zwanghaft zu fragen, wie Sie Ihre Dankbarkeit zeigen können. Liebe zu zeigen und Liebe miteinander zu teilen, ist genug. Siehst du das auch so, Jennifer?«

»Ja«, sagte sie und wandte sich uns zu, »ich mache mir keine Sorgen, daß ihr mich nicht liebt. Es ist wichtig, daß wir die Kommunikation nicht abreißen lassen.«

»Ein letztes Wort hierzu«, sagte ich. »Wenn du oder Stephen etwas von uns braucht, verheimlicht es nicht. Laßt es uns wissen.«

Stephen hatte ruhig neben Jennifer auf dem Sofa gesessen, als ob das Gesprächsthema, die Schwangerschaft seiner Frau, ihn nichts anginge. Aber jetzt sprach er: »Jennifer, du mußt mir jetzt zuhören, hier vor Arlene, der du vertraust. Du bist für mich die schönste, attraktivste Frau. Du willst, daß ich dir das sage, aber wenn ich es tue, schreckst du vor mir zurück. Du verweigerst meine Hilfe mit deiner automatischen Ich-mach-das-schon-Haltung.«

Jennifer sah verärgert aus und rückte von ihm ab. »Du gibst zu, daß ich dick bin. Wie kann ich attraktiv sein?« Sie stand auf.

»Ja, dicker, aber nicht weniger schön. Das ist normal, wenn eine Frau schwanger ist. Sie wird dicker, und hinterher wirst du wieder schlanker werden. Du hast dich in meinen Augen nicht verändert. Ich respektiere dich mehr als irgendeine andere Frau. Meine Liebe kennt keine Vorbehalte.«

Arlene unterbrach ihn. »Hörst du das, Jennifer?«

»Ich höre dich«, flüsterte sie. »Ich bin nur ein bißchen taub.« Sie neigte sich über ihren Mann, um ihn zu küssen.

Arlene umarmte uns, als die Sitzung vorbei war.

»Ich will alles über die Fortschritte Ihres Babys wissen, Liza und David. Ich habe Sie beide durch Jennifer ins Herz geschlossen. Ich möchte alles über die wunderbaren Zeiten hören, die Ihnen bevorstehen.«

Ich verließ ihre Praxis mit dem Gefühl, daß Arlene unsere unparteiische Freundin war und helfen würde, etwaige Spannungen zu mildern, die sich zwischen den Scheus und den Freilichers ergeben mochten.

41. Kapitel

Nach dieser gefühlsbeladenen Sitzung gingen wir ins Krankenhaus zur Fruchtwasseruntersuchung und weiteren DNA-Tests an dem Baby – Jennifer, Stephen, David und ich. Wir betraten den kleinen Untersuchungsraum zu viert; wir sind große Menschen, und es blieb nur wenig Bewegungsfreiheit für die Ärztin.

Eine Schwester kam herein, um die Ultraschalluntersuchung zu machen. »Möchten Sie das Geschlecht des Babys wissen?« fragte sie etwas verunsichert, da sie nicht wußte, an wen sie sich wenden sollte.

Wir hatten diese Frage hin und her diskutiert. Ich hätte nicht unbedingt darauf bestanden, es zu erfahren, da schon alles andere so genau geplant war, aber in letzter Zeit dachte ich, es wäre vielleicht klug, vorbereitet zu sein. Ich hatte immer ein Mädchen gewollt – vielleicht wegen der hübschen Kleider und dem langen Haar, das man zu Zöpfen flechten kann, oder wegen der Innigkeit meiner Beziehung zu meiner Mutter. Aber Stuart hatte mir bewiesen, daß auch ein Junge etwas Wunderbares ist. Ich sah ihn mit seinem Vater, ich sah Mamas Beziehung zu Greg und Stuart, und da war ebensoviel Innigkeit. David war es so oder so egal. Jennifer wollte das Geschlecht gern wissen, weil sie glaubte, dann besser mit dem Baby kommunizieren zu können.

Wir waren uns alle einig, daß die Entscheidung bei der Mutter liegen sollte. »Ja«, sagte ich, ohne zu zögern. »Wir wollen es wissen.«

In dem Augenblick wurde mir klar, daß ich, wenn ich das Geschlecht des Babys wußte, ihm oder ihr einen Namen geben und eine Beziehung zu ihm oder ihr als Person herstellen konnte.

Die Schwester brachte das Bild des Fötus auf den Bildschirm. Ich konnte alles so deutlich erkennen – den Kopf, die Beine, Füße, Arme und Hände. Sie zeigte uns Gehirn, Herz und Lungen. Alles sah vollkommen in Ordnung aus. Wir waren alle begeistert und erleichtert.

»Es sieht wie ein Junge aus«, sagte sie.

»Ein Junge.« Wir schrien es alle zugleich.

»Ein Junge. Ich kann es nicht glauben.« Plötzlich schien die Tatsache, daß wir einen Sohn bekommen würden, so real. Ich konnte ihn vor mir sehen.

Jen kreischte. »Es ist ein Junge. Wie werden wir ihn nennen? Wann gebt ihr ihm einen Namen?«

Stephen wollte seinen Penis genauer sehen.

Wir beobachteten das Ultraschallbild eine ganze Weile, sahen zu, wie unser Sohn mit den Füßen strampelte. Er sah glücklich aus, als ob er uns Hallo sagen wollte.

Die Schwester lachte, als er in Richtung Bildschirm sah. »Eindeutig ein Junge.«

Wir sahen ihn am Daumen lutschen. Er lutschte an der einen Hand und bedeckte mit der anderen seinen Mund.

»Wahrscheinlich wird er ein Daumenlutscher wie du, La«, sagte Jen. »Ich hoffe, er hört damit auf, bevor er einundzwanzig wird.«

Wir lachten, als die Ärztin hereinkam.

»Können Sie mir etwas Platz machen?« fragte sie heiter. Sie wußte über die Situation Bescheid. Wir quetschten uns zusammen, um Platz zu schaffen, während sie uns den Vorgang erklärte, bei dem eine Nadel durch die Bauchdecke in den Uterus eingeführt wird, um etwas Flüssigkeit aus der Fruchtblase zu entnehmen, in der der Fötus schwimmt. Ich sah Jennifer skeptisch an, als die Schwester vorschlug, wir sollten lieber nicht hinsehen.

Jen drückte meine Hand. »Ich hab das schon mal machen lassen; es macht keinen Spaß.«

Ich beobachtete den Ultraschallbildschirm und sah, wie die Nadel in die Fruchtblase eindrang und mehrere Ampullen Flüssigkeit absaugte. Die Ärztin achtete sorgsam darauf, den Fötus nicht mit der Nadel zu berühren, und ich hielt den Atem an, während sie arbeitete. Die ganze Prozedur erschien mir bedrohlich, aber das Baby war offenbar unbeeindruckt. Es war rasch vorbei, und Jennifer war wie immer heldenhaft, obwohl sie etwas blaß aussah. Wir würden alle Testergebnisse bis auf zwei innerhalb weniger Tage bekommen, die übrigen erst in drei Wochen. Außerdem wurde ein DNA-Test an uns allen fünf vorgenommen.

Nach Bezahlung der Rechnung gab mir die Schwester eine grüne Windeltasche voller Babymilchpräparate, Puder, Creme, Zeitschriften über Babypflege und ein Buch über die Geburt. Ich hätte nie gedacht, daß ich so etwas jemals besitzen würde. Es war mein erstes Babygeschenk.

»Okay«, sagte Jen beim Verlassen des Krankenhauses. »Du mußt diesem Kind einen Namen geben, damit ich anfangen kann, es mit seinem Namen anzusprechen.«

»Laßt uns die Neuigkeit verbreiten«, sagte ich. Wir riefen meine Mutter und Greg an, dann Davids Eltern. Sie waren vollkommen selig.

Mein Vater sagte: »Jetzt haben wir noch einen Restaurantbetreiber.«

»Kommt nicht in Frage«, beharrte ich. »Wir lassen ihn selbst entscheiden.«

Ich verbrachte den Heimflug mit dem Versuch, mich zwischen »Lucas« und »Liam« zu entscheiden. Bis zur Landung hatte ich meine Meinung ein dutzendmal geändert.

Das Warten auf die Ergebnisse der Fruchtwasseruntersuchung war zermürbend, vor allem, nachdem wir unseren gesunden kleinen Jungen gesehen hatten. Am Mittwoch zuckte ich bei jedem Klingeln des Telefons zusammen, weil ich erwartete, es wäre Jennifer mit den Testergebnissen. Ich war den ganzen Tag außer Atem. Sie rief mich um drei Uhr nachmittags im *Sambuca* an. »Warte, ich habe David auf der anderen Leitung. Es ist alles in Ordnung.«

Ich spürte, wie ein Schmerz aus meinem Körper wich und durch eine Woge der Zufriedenheit ersetzt wurde. Ich hoffte, daß Jennifer diese Befreiung von ihrem Schmerz erleben würde, wenn das Baby erst geboren wäre.

Nach den Gesetzen des Staates Illinois kann die Mutterschaft durch die gleichen Tests belegt werden, die auch zur Feststellung der Vaterschaft vorgenommen werden. Mit anderen Worten, der DNA-Test, der an uns allen, einschließlich des Fötus, vorgenommen worden war, konnte als Nachweis dienen, daß die Frau, die das Kind zur Welt brachte, nicht die leibliche und damit juristische Mutter war, sondern daß dieses Kind tatsächlich genetisch das unsere war.

Aufgrund dieses Gesetzes hatte Stephens Vater Ralph, der in Chicago als Anwalt praktizierte, einen Antrag vorbereitet, in dem wir vier gemeinsam das Gericht aufforderten, David und mich zu den juristischen und leiblichen Eltern des Babys zu erklären; Stephen und Jennifer würden dann nicht als leibliche Eltern gelten. Dies war das erste Mal, daß in Illinois ein Antrag auf eine solche Verfügung gestellt wurde. Wie wir gehofft hatten, ging er ohne weitere Anhörung durch. Wir schickten dem Northwestern Memorial Hospital vor Jennifers Aufnahme zur Geburt beglaubigte Kopien der Gerichtsbescheide zu. Wir dachten, wir hätten uns gegen alles abgesichert.

42. Kapitel

Der 10. Mai 1997 war mein erster Muttertag. Ich bekam Karten und Telefonanrufe. Mama und Jen schickten mir einen Fliederstrauch für meinen Garten.

Das schönste Muttertagsgeschenk für mich und meine Mutter war Jens Anruf, um uns mitzuteilen, daß auch das letzte Ergebnis des Fruchtwassertests negativ war.

»Alles ist in schönster Ordnung, La, genau wie wir es gesehen haben. Alles Liebe zum Muttertag, La La ... sag mir seinen Namen.«

»Jetzt, wo wir wissen, daß alles in Ordnung ist, jetzt, denke ich, können wir uns auf seinen Namen konzentrieren.«

In der Abenddämmerung, als die ganze Betriebsamkeit vorbei war und keine Telefonanrufe und Geschenke mehr kamen, ging ich nach draußen auf die Veranda. Ich setzte mich neben die Skulptur meines ausgewachsenen Vogelbabys und ließ meine Augen über das freie Feld vor mir schweifen. Die Erde war umgepflügt und neu eingesät, aber die Triebe der grünen Bohnen waren noch nicht zu sehen. Die Luft war warm und duftete süß. Bald würde ich mein Baby haben. Ich war wirklich eine Mutter an diesem Tag, ein Mitglied dieser geehrtesten Gruppe der Welt. Die Mitgliedschaft ist lebenslang.

David kam nach draußen und setzte sich neben mich auf die Bank. Wir waren still. Es fühlte sich so friedvoll an, Hand in Hand mit meinem Mann zu sitzen, ohne daß es irgendwelcher Worte bedurfte.

Ich lehnte meinen Kopf an seine Schulter. »Luc, nur Luc.«

»Luc«, sagte er und sah auf die Rauchfahne des in der Ferne vorbeifahrenden Zugs, der von hier aus wie ein Spielzeug aussah.

»Luc. Unser Sohn. Das ist sein Name. Ja?«

»Luc Freilicher.«

Ich dachte an mein Vogelküken und sein Durchhaltevermögen. Das letzte Mal, daß ich es sah, war es so groß wie eine ausgewachsene Taube und hatte einen flaumig-gelben Kopf. Was für ein Wunder, daß dieses kleine Ding da draußen auf meinem Klimagerät überlebt hatte. Es war so selbständig, tapfer und stark.

10. Juni 1997

Der Volkstrauertag ist vorbei. Die drei Tage zu Hause mit meiner Familie haben mir eine Ahnung davon gegeben, wie wunderbar verrückt unser gemeinsames Leben ist. Wir hatten keine gesellschaftlichen Verpflichtungen und haben unsere Tage damit zugebracht, Besorgungen zu erledigen und die Gegenwart der anderen zu genießen. Austin steckt mitten in der für Dreijährige typischen Trotzphase und bekräftigt sein Motto »weil ich es will« anläßlich jeder Krise. Sein letztes Projekt bestand darin, Wände und Türen mit Buntstiftkritzeleien zu dekorieren. Es ist schwer, ihn in die richtigen Bahnen zu lenken, ohne seinen Willen zu brechen; er ist so ein energisches und wißbegieriges Kind.

Luc tritt mich jetzt häufiger, eine sanfte Erinnerung daran, daß wir zusammen in dieser Sache stecken: ich, Luc, Liza und Mama.

Am 30. Mai war Mamas siebter Todestag. Erstaunlicherweise war ich den größten Teil des Tages in guter Stimmung und fühlte mich ihrem lebendigen Geist wirklich näher – anstatt mich mit den Einzelheiten ihres Todes zu befassen. Luc in mir zu tragen, fühlt sich an, als sei sie hier bei mir. An die Stelle der tiefen Traurigkeit ist die Freude getreten, Luc wachsen zu spüren.

Stanley hat an den Todestag gedacht und mich angerufen. Jeder in der Familie hat angerufen außer Jack. Ich habe eine Nachricht auf seinem Anrufbeantworter hinterlassen, aber keine Antwort erhalten.

Ich war verletzt. Ich hätte mich besser gefühlt, wenn ich die Intimität unserer Erinnerungen mit meinem Bruder hätte teilen können. Ich dachte daran, wie glücklich wir alle waren, wenn wir über Land fuhren, wie unverletzlich wir uns fühlten, während wir zusammen lachten und sangen. Aber Jack war zornig. Er wollte die Realität von Mamas Krankheit nicht wahrhaben; er will ihren Tod nicht einmal zur Kenntnis nehmen, um mich zu trösten.

Die Hälfte der Schwangerschaft liegt hinter mir. Die letzte Ultraschalluntersuchung war am 30. Mai. Lucs Herz ist jetzt schon völlig ausgebildet, und wir haben keinen Grund, uns um seine Gesundheit zu sorgen. Er ist ganz eindeutig Davids Kind. Egal, wie sehr die Ärztin ihn stupst, damit er seine Haltung wechselt: Er lehnt sich immer entspannt zurück. Liza und ich hätten heftig zurückgetreten; ich hoffe, er hat auch etwas von unserem Temperament.

Diese Woche mußte sich Liza mit dem Problem herumschlagen, für den Familienzuwachs eine Waschmaschine mit Trockner zu installieren, während ich mich mit neuen Büstenhaltern für meinen wachsenden Busen herumschlug.

Dakota kam von einem Wochenende bei Hilary in Michigan zurück und äußerte die Bitte, das nächste Wochenende wieder bei Hilary und ihrem Freund Michael [Hilarys Sohn] verbringen zu dürfen. Stephen und Hilary waren gleichermaßen schockiert, als ich es erlaubte.

»Kommst du denn so lange ohne sie zurecht?« fragte Stephen.

»So zerbrechlich bin ich nicht. Natürlich kann sie gehen.« Ich kann meine ungesunde Bindung an meine Mutter nicht

durch eine ungesunde Bindung an meine Tochter ersetzen. Ich möchte, daß sie frei ist.

Meine Tage werden schwieriger. Das Gewicht von Lucs heranreifendem Körper läßt mich nicht mehr richtig schlafen. Die Tage sind lang und ermüdend. Ich habe meinen ersten Migräneanfall gehabt. Mein Körper lagert Wasser ein, und meine Fußknöchel schwellen an. Noch etwas, was ich in meinen früheren Schwangerschaften nicht gehabt habe. Dr. Isola sagt, es läge daran, daß ich jetzt älter bin.

Nächstes Wochenende ist Vatertag. Die Zeit vergeht rasch. Mein Verhältnis zu Stephen ist seit der lehrreichen Sitzung bei Arlene wieder positiver. Er verhält sich mir gegenüber trotz unserer sexuell distanzierten Beziehung liebevoll und zärtlich. Ich bewundere ihn wirklich für seine wertfreie Haltung und fühle mich geliebt und umsorgt. Ich arbeite daran, Stephen nicht mehr die Schuld für mein Unglücklichsein zu geben und auf seine Stärke zu vertrauen. Ich dachte, ich bräuchte niemanden außer meiner Mutter, aber das war falsch. Ich brauche meinen Mann und die Liebe und Unterstützung, die ein Mann einer Frau gibt. Diese Gefühle waren lange verschwunden, und ich liebe, liebe ihn.

Ich habe mich letzte Nacht mit heftigem, herzzerreißendem Schluchzen in den Schlaf geweint, wie schon seit Jahren nicht mehr. Ich hatte mich den ganzen Tag nicht gut gefühlt. Stephen hat mich früh vom Büro abgeholt; wir haben Baci für die Kontrolluntersuchung und seine Impfungen beim Tierarzt abgegeben und sind eine Kleinigkeit essen gegangen, damit ich nicht kochen mußte. Auf dem Heimweg haben wir Baci abgeholt und einen Film in der Videothek ausgeliehen. Ich habe mir Die Brücken am Fluß *ausgesucht.*

Wir sind früh ins Bett gegangen. Austin kam noch eine Weile kuscheln, bis Stephen ihn in sein eigenes Bett trug. Kodie hat ihre Hausaufgaben fertiggemacht, kam auf einen Kuß herein und ging dann ins Bett.

Stephen und ich haben es uns gemütlich gemacht, um den Film zu sehen. Ich sah überall in dem Film meine Mutter. Nicht wegen irgendwelcher Ähnlichkeiten der Lebensweise, sondern eher wegen Francescas Tod und dem, was ihre Kinder über ihr Leben herausfinden. Der Film handelt von Liebe und Verlust. Und obwohl ich um die Personen des Films geweint habe, wurden dadurch verborgene Tränen der Trauer, Einsamkeit und des Schmerzes über den Tod meiner Mutter ausgelöst. Mehr noch macht mir der Gedanke angst, ich könnte mich wieder so fühlen, wenn Luc auf der Welt ist.

43. Kapitel

19. Juni 1997

Liza und David waren hier, um ein Wochenende ohne Belastung durch medizinische oder juristische Verpflichtungen mit uns zu verbringen. Wir haben einander vermißt, und Liza hat Luc vermißt. Außerdem war heute Davids vierundvierzigster Geburtstag. Solche Schnapszahlen bringen Glück, und er könnte nicht dankbarer oder glücklicher sein über das, was dieses Jahr ihm bringen wird. Ich fühlte mich David besonders verbunden; seine Anwesenheit wirkt beruhigend auf mich. Vielleicht ist es seine berufliche Erfahrung darin, Menschen zu vernünftigen Entscheidungen anzuleiten. Wir waren nach dem Frühstück im Wohnzimmer und lasen die Zeitung, als ich meinem Instinkt nachgab. »David, würdest du dein Baby gern treten fühlen oder es sogar hören? Dies ist dein Baby. Ich möchte, daß du sein Wachstum mit mir teilst.« David ist sehr kopfbetont und zurückhaltend, wenn es um Gefühle geht. »Komm schon, leg deinen Kopf auf meinen Bauch.«

Er legte die Zeitung hin und sah Stephen fragend an, der die Geste als normal zu akzeptieren schien. Wir vier sind so unbefangen miteinander, daß dies keine Verletzung ehelicher Intimität darstellt.

»Dein Sohn tritt ständig um sich, um dir zum Geburtstag zu gratulieren. Setz dich hier vor mich auf den Boden und leg deinen Kopf auf dieses dicke Kissen.« Ich klopfte auf meinen Bauch. »Freu dich an ihm.«

»Wirklich?«, fragte er, fast scheu und äußerst liebenswert.

»Wirklich«, antwortete ich und mußte lächeln. Er sah wie ein unschuldiger Teenager aus, nicht wie ein Firmenmanager.

Ich saß auf dem Sofa. David setzte sich auf den Boden und lehnte seinen Kopf an meinen Bauch. Ich ließ meine Hände an meinen Seiten liegen, um ihn nicht zu berühren und dadurch befangen zu machen. Dies war eine Begegnung zwischen Vater und Sohn.

Ein Lächeln breitete sich auf seinem Gesicht aus. »Oh, er hat mich gegen die Backe getreten. Liza, komm her, du mußt das mit mir fühlen.«

Die Eltern des Babys in mir erlebten die Wunder seiner Bewegungen gemeinsam, wie normale Eltern es tun. In dem Augenblick waren sie völlig in ihrem Wirklichkeit gewordenen Traum versunken und sich Stephens und meiner Anwesenheit gar nicht mehr bewußt.

Am nächsten Tag gestalteten Stephen und Liza meinen Garten um, während David Unkraut jätete und ich auf die Kinder aufpaßte. Lizas Begeisterung für die Gartenarbeit erinnert mich so an meine Mutter. Sie ist so eine ganz andere Liza als im vorigen Jahr – so offen und liebevoll. Ich bin stolz auf sie, und ich weiß in gewisser Weise, daß ich zu dieser Verwandlung beigetragen habe. Wir sind uns in unserer Entschlossenheit und unserem Temperament sehr ähnlich.

»Mama, hast du Baci gesehen?« fragte Kodie, als sie um die Hausecke kam. »Er ist nicht im Haus und auch nicht hinten im Garten.« Sie hatte Stephen und Liza geholfen, Sträucher auszugraben; ihr Sweatshirt und ihre Jeans waren voller Erde.

»Ich habe ihn nicht gesehen. Baci ... Baci ...«, rief ich die Straße hinunter. »Dieser Hund ist dauernd hinter den Eichhörnchen her.«

»Oh, nein, da kommt die gräßliche Mrs. Cooper«, sagte Kodie und warf ihre langen Zöpfe nach hinten, auf eine Konfrontation vorbereitet.

»Mrs. Cooper ist eine pensionierte Lehrerin, die ihre Zeit damit zubringt, die Nachbarn zu bespitzeln, nach Ärger Aus-

schau zu halten und sich Feinde zu machen. Sie wohnt hinten in der Sackgasse«, erklärte ich Liza.

Kodie fing an, zu kichern und ein Liedchen zu singen: »Cooper, Schnuper, Hundepuper.«

»Schscht, das ist nicht witzig«, schimpfte ich, mußte aber mitkichern.

»Suchen Sie Ihren Hund?« fragte die bieder gekleidete Frau: karierter Faltenrock, Halbschuhe und beigefarbenes Twinset. Ihre Stimme hatte einen drohenden Unterton. »Er gräbt schon wieder in meinem Garten. Ich warne Sie ...«

Stephen ließ den Spaten fallen und kam herbei, um vermittelnd einzugreifen. »Kodie, lauf und hol Baci.«

Sie nahm die rote Hundeleine vom Türknauf und lief den Block hinunter, »Baci...Baci« rufend.

»Möchte vielleicht jemand etwas Eistee?« fragte ich als freundliche Geste, um den Frieden zu wahren.

»Nein, meine Liebe«, sagte Mrs. Cooper, die meinen Umfang bemerkt hatte und zu Stephen auflächelte. »Wann kommt Ihr Baby denn, Mr. Scheu?«

Stephen grinste. »Oh, es ist nicht mein Baby. Es ist seins.« Er zeigte auf David, der von seiner Jäterei aufsah, um bestätigend zu nicken, während Liza zu ihm hinüberging und ihn mit demonstrativer Zuneigung umarmte.

Kodie kam mit Baci zurück.

Mrs. Cooper zog ihren Pulli enger um sich.

Stephen erklärte ihr, daß ich als Tragemutter für Liza und David agierte.

Sie errötete; ich bin sicher, sie glaubte, daß es sich um irgendeine inzestuöse Affäre handelte. »Wie können Sie Ihre Frau so etwas tun lassen? Wieso glauben Sie, den lieben Gott spielen zu können?«

Ihr Hals war vor Empörung rot gefleckt.

Stephen liebte es, die Leute damit aufzuziehen, es war sein Lieblingswitz, aber die spitzen Bemerkungen, die er damit provozierte, reizten mich. Ich war wütend. »Und wer sind Sie, daß Sie glauben, er könnte über mich bestimmen?«

Mrs. Cooper hüstelte und trat den Rückzug an. »Halten Sie Ihren Hund bei sich«, rief sie über ihre Schulter.

Wir konnten sie vor lauter Lachen kaum verstehen.

Spät nachts wachte Dakota auf und kam ganz schlaftrunken in unser Schlafzimmer. Sie kroch zu Stephen und mir ins Bett und kuschelte sich an mich, mit dem süßesten Lächeln auf den Lippen. »Mami, kommt dir dein Leben je wie ein Traum vor, der immer weiter geht und jeden Tag besser wird?«

Ich lag da, in ihren Kleinmädchen-Duft versunken. Ich liebe sie so absolut und gefährlich, daß ich mich ständig hüten muß, nicht all ihre Zeit egoistisch in Anspruch zu nehmen. Sie murmelte mit leiser Stimme weiter, schon halb im Schlaf. »Ich bin die glücklichste von all meinen Freundinnen, Mami, sie sind alle neidisch auf mich.«

»Warum sind sie neidisch, Kodie?«

»Weil du meine beste Freundin bist.«

»Kodie?«

Sie war eingeschlafen.

»Wie glücklich ich bin, dich zu haben«, flüsterte ich meinem schlafenden Kind zu.

Sonntag nachmittag fuhr Stephen Liza und David zum Flughafen. Es fiel ihnen schwer, uns zu verlassen. Ich blieb zu Hause, und während ich zusah, wie Kodie einen Salat zubereitete und Hamburger machte, die Stephen später grillen würde, dachte ich über unsere kurze Zeit miteinander nach. Es war eine Zeit der Verbundenheit. Ich glaube, wir haben uns alle noch stärker einander angenähert und einander als Individuen akzeptiert.

Ich habe mich seit Ewigkeiten nicht mehr so schmerzlos gefühlt. Immer mehr wundervolle Dinge scheinen aus diesem ei-

nen Akt der Liebe zu erwachsen. Ich fühle mich frei von Angst: Angst vor Verlust, Angst vor dem Alleinsein und Angst, nach der Geburt des Babys nicht mehr wichtig zu sein. Ich habe mich seit meiner Kindheit nicht mehr so sicher und geliebt gefühlt. Es ist hart, sich der Realität des Loslassens zu stellen. Ich hoffe, ich kann an dieser Erkenntnis festhalten, um die ich so bewußt ringe und die ich meinen Kindern vermitteln will: Nicht ängstlich davor zurückzuschrecken, sich auf eine liebevolle Bindung einzulassen.

Ich war heute morgen bei Dr. Isola. Ich glaube, sie nimmt an diesem Baby besonderen Anteil. Nach der Untersuchung nimmt sie sich viel Zeit, mich nach meinen Erwartungen zu fragen, und sie fühlt persönlichen Stolz auf Lucs Wachstum. Ich habe einen Brief von ihr bekommen, in dem sie mir rät, meine Arbeitszeit auf sechs Stunden am Tag zu reduzieren. All meine Erschöpfung und der Druck auf meine Blase sind einfach eine Tatsache des Lebens – ich bin nicht mehr so jung wie früher.

44. Kapitel

25. Juli 1997

»Was würdest du davon halten, wenn ich mich sterilisieren lasse?« fragte mich Stephen auf dem Weg zur Arbeit. Ich war erstaunt, daß er es erwähnte, und hatte gezögert, es selbst vorzuschlagen, weil ich fürchtete, er würde sich dadurch vielleicht entmännlicht fühlen. Ich weiß, daß es die richtige Entscheidung für uns ist. Ich habe über Lizas und Davids Glück und meine Heilung hinaus keinen Wunsch nach einem weiteren Kind. Ich bin damit zufrieden, dies als Abschluß meines fruchtbaren Lebens anzusehen. Stephen hat seinen vier Kindern gegenüber genug finanzielle Verpflichtungen. Wir haben den Sturm abgewettert, der die Grundfesten unserer Ehe erschüttert hat, und jetzt freue ich mich auf die Rückkehr zu einer engen intimen Beziehung mit meinem Mann. Ich stimmte der Vasektomie zu.

Ich bin nun offiziell in das ungemütliche Stadium der Schwangerschaft eingetreten: über die Hitze und Schwüle hinaus ist da vor allem die ständige Belastung durch das Gewicht des Babys und sein endloses Treten.

Die Arbeitsbelastung im Büro wächst. Obwohl es eine Erleichterung ist, schon um drei Uhr nachmittags zu gehen, kann ich so nicht alle Probleme bearbeiten, die sich tägsüber ergeben. Gestern abend hat Stephen allein in der Stadt zu Abend gegessen, während er darauf wartete, bis ich um neun Uhr endlich fertig war mit meinen Bemühungen, die Dinge in den Griff zu kriegen. Ich wünschte, ich könnte die Haltung einnehmen, daß es mir angesichts der Umstände egal ist, ob ich in Rückstand gerate, aber mein Stolz läßt das nicht zu. Ich würde das nicht anders sehen, wenn das Kind, das ich trage, mein eigenes wäre. Mir ist oft schwindelig, und heute nachmittag bin ich im Büro umgefallen und mußte mich hinlegen. Mein Chef hat eingesehen, daß ich für die Firma zur Belastung werden könnte, und beschlossen, mich sofort als krank zu beurlauben. Ich bekam Schuldgefühle, als er mir das mitteilte. Außerdem fühlte ich mich entbehrlich. Ich weiß, daß ich mir diese Zeit zu Hause verdient habe, aber ich möchte mich nicht vor meiner Verantwortung drücken.

Ich habe Ellen, meiner Assistentin, versprochen, von zu Hause auszuhelfen, bis sie ohne mich zurechtkommen. Ich habe jeden noch anhängigen Geschäftsvorgang sowie meine persönlichen Sachen eingepackt und bin gegangen; ich war traurig und wußte, daß ich Ellen und die übrigen Kollegen vermissen würde.

Stephen und meine Kinder sind begeistert über meine frühzeitige Freistellung von der Arbeit. Ich habe schon länger nicht mehr die Hausfrau und Mutter gespielt und frage mich, ob ich in der Rolle gut sein werde.

Kodie und Austin haben sich daran gewöhnt, daß ich nicht tue, was ich sonst getan habe. Ich schone mich fast schon übertrieben, vermeide jede Anstrengung oder Toberei. Zum Glück hat Christine genug Kondition für Austins Verfolgungsjagden. Ein schwieriger Faktor bleibt Stephen, der sich zu Recht darüber beschwert, seine Bettpartnerin verloren zu haben. Ich habe ihm nicht im Zorn, aber in entschiedenem Ton gesagt, daß ich diese Schwangerschaft in keiner Weise gefährden werde. Ich habe ihm nicht gesagt, daß ich auch absolut keine Lust habe.

»Ich werde auf Sex verzichten, bis das Baby auf der Welt ist; leider muß ich die gleiche Beschränkung auch dir auferlegen. Der Sex kann warten ... und es sind keine außerehelichen Aktivitäten erlaubt. Denk daran, daß wir einen offiziellen Vertrag mit Liza und David haben. Wir würden dich verklagen«,

neckte ich ihn im Versuch, die Sache ins Komische zu ziehen, der jedoch kläglich scheiterte. Tatsächlich werde ich immer nervöser, je näher Lucs Geburt rückt.

Ich bin das ganze Szenario im Kopf immer wieder durchgegangen. Aber was ist mit meinem Herzen? Kann ich das mächtigste aller Gefühle beherrschen? Ich liebe Luc. Ich habe ihn genährt, ihn in den Schlaf gesungen, sein Leben in mir gefühlt. Kann ich mein Herz bezähmen? Ich glaube, daß ich es kann. Ich denke daran, wie mir Mama entrissen wurde. Mit Luc wird es anders sein. Er wird immer in meinem Leben bleiben. Ich frage mich, wie mein Körper reagieren wird, ob die Hormone in dieser Sache stärker sind als mein Wille. Ich wünschte, es wäre vorbei. Ich frage mich, wie robust ich wirklich bin. Die Geschwindigkeit, mit der die Geburt des Babys näherrückt, ist beängstigend.

Ich hatte mir alle Arten von Kinderbettchen angesehen und mich zuerst für Holz, dann für Schmiedeeisen, dann doch wieder für Holz entschieden. Das schmiedeeiserne Bett war wunderschön, aber schwierig zu öffnen. Ich bestellte schließlich ein klassisch weißes, hölzernes Himmelbettchen mit Kommode für das Kinderzimmer in New York. Für das Kinderzimmer auf Long Island gab mir Max das Kinderbett, in dem Stuart und Sophia geschlafen haben. Es war ebenfalls weiß und völlig unbeschädigt. So hatte ich jetzt schon zwei Kinderbettchen. Meine Mutter und ich durchstöberten sämtliche Kaufhäuser, Babyläden und Kataloge und sahen uns eine endlose Auswahl an Bettzeug an. Für die Stadt wählte ich gesteppten Baumwollpikee mit blauen, hellgelben und naturfarbenen Karos für Vorhänge, Polster und Bettvolant, für das Kinderzimmer auf Long Island ein sonniges Karomuster in Gelb und Apfelgrün. Es machte Spaß, das alles auszusuchen und mit Jen und meiner Mutter zu diskutieren. Ich ergatterte bei einer Haushaltsauflösung eine kleine Kommode, die ich für unser Haus abschmirgelte und weiß strich, mit zum Karostoff passenden Zierkanten. Mama und Joe malten uns originelle Bilder für die Wände. Die beiden Kinderzimmer warteten nur noch auf Luc.

Ich begann mit den Planungen für Jennifers Besuch im August. Sie würde mit Kodie und Austin und Stephen und seinen Töchtern für zwei Wochen kommen. Das Haus würde voll sein. Mama und Greg wollten am 16. August eine Baby-Geschenkeparty für mich und Jen veranstalten. Sie sollte in unserem Haus stattfinden; Greg würde für das Essen sorgen. Mama und ich stellten die Gästeliste zusammen und verschickten die Einladungen: *Bitte kommt zu Liza Freilichers Babyparty zu Ehren von Jennifer Scheu*. Dies würde mir die lang ersehnte Möglichkeit geben, Jennifer in Gegenwart von Menschen, die uns schätzten und uns wohlwollten, meine Liebe und Achtung zu bezeigen. Oh, wenn ich sie nur mit Lorbeerkränzen hätte schmücken können wie einen siegreichen Krieger.

Ich war froh, daß Jennifer zu Hause war und sich entspannen konnte. Ihre Arbeitsbelastung hätte jeden erschöpft, und diese Hetze in schwangerem Zustand mitzuhalten, war wirklich heroisch.

Ich dachte daran zurück, wie Jen und ich uns im Laufe unserer Kindheit entwickelt hatten, welche Wendungen unser Leben genommen hatte und wie sie uns verändert hatten. Mit der Zeit und durch unsere Trennungen hindurch hatten wir einander im tiefsten Sinne des Wortes kennengelernt. Dafür danke ich unseren Müttern. Jennifer, früher schüchtern, war heute so kühn. Und ich?

Mein Selbstbewußtsein hing vielleicht mit meinem Beruf zusammen und der Notwendigkeit, auf viele Menschen einzugehen. Vielleicht sind sich darin alle Menschen gleich, haben alle eine Achillesferse und finden ihren eigenen Weg, mutig zu werden.

David und ich bereiteten uns auf Jennifers Ankunft vor. Wir schliffen den abblätternden Lack von unseren ertrödelten Möbelstücken, strichen sie neu und überzogen sie mit Polyurethanlack, damit die Kinder sich nicht an stilvollen Lacksplittern verletzen konnten. Um Platz im Haus zu schaffen, räumte ich die geräumigen, aber nur spärlich gefüllten Wandschränke um. Ich legte Schrankböden und Schubladen mit Papier aus und reparierte alles, was kaputt war. Alle Schubladen waren wieder leichtgängig, und das Gartentor schwang jetzt frei, so daß man es nicht mehr anheben mußte, um es zu schließen.

Ich überlegte mir ein scherzhaftes Babygeschenk für Jen: eine neue Sporttasche mit Trainingskleidung, Sweatshirts, Schuhen, Socken, Deodorant, Fußspray, Mineralwasser, Handtuch und einem Geschenkgutschein für die einjährige Mitgliedschaft in einem Fitneßclub ihrer Wahl. Sie war sehr darauf bedacht, wieder in Form zu kommen, sobald das Baby auf der Welt war. Zumindest würde sie etwas Lustiges auszupacken haben, während ich meine Babygeschenke aufmachte.

45. Kapitel

8. *August 1997*

Heute ist der erste Tag unseres Urlaubs. Ich freue mich darauf, einen Tag mit meinem Vater zu verbringen. Ich fahre mit Lizas Jeep, den sie für mich dagelassen hat, zu Mutters Haus hinauf. Stanley wird nicht dasein. Ich werde mit meiner Mama allein sein. Ich war lange voll Schmerz und Trauer in diesem Haus, wo die glücklichen Erinnerungen ihre Abwesenheit noch deutlicher machten. Das Haus ist immer noch von ihrem Duft erfüllt. Ich ertappte mich dabei, daß ich nach ihr suchte, erwartete, sie zu sehen, sie nach mir rufen zu hören. In ihrem Haus bin ich von ihrem Wesen umgeben. Diesmal plagen mich keine Ängste und kein Zögern. Meine Mutter ist in mir; ich muß nicht nach ihr suchen. Ich male mir oft aus, was für eine Beziehung meine Mutter zu Dakota und Austin hätte haben können – wir alle als ihre Kinder. Das ist ein großer Verlust, und ich beneide Liza um das, was sie mit ihrer Mutter und Luc haben wird.

Donnerstag vormittag warteten David und ich auf der Veranda unseres Hauses auf Jennifer und Stephen und die Kinder. David machte Fotos von mir, die mich mit sonnigem Lächeln unter einem Strohschlapphut zeigen, mein jetzt fast taillenlanges Haar zum Pferdeschwanz gebunden. Mein Alltagskostüm bestand aus abgeschnittenen Jeans und Trägerhemdchen, so daß ich die Sonnenwärme auf Armen und Beinen fühlen konnte.

Sie trafen gegen Mittag ein und drängten aus dem Jeep. Stephen beeindruckt mich immer wieder mit seiner Größe.

Jennifer war im siebten Monat, unübersehbar schwanger und sehr schön in ihrem schwarzen Minikleid. Alexis und Devan waren wie ihr Vater auffallend groß. Austin und Kodie kletterten als letzte aus dem Wagen. Kodie war ein zierliches, geschmeidiges kleines Mädchen, das schon erste Anzeichen der Frau zeigte, die sie einmal werden würde. Sie nahm Austin bei der Hand und führte ihn ins Haus.

Wir verteilten unsere Gäste im Haus. Devan und Alexis bekamen das Schlafzimmer unten, Jen und Stephen das Gästezimmer im oberen Stockwerk und Kodie und Austin würden im Kinderzimmer in zwei Betten schlafen, die ich von meiner Nachbarin geliehen hatte. Nachdem sie sich eingerichtet hatten, schlug ich vor, daß wir uns draußen an den Pool setzen sollten. Es waren fast 33° C.

»Jen, draußen sind Liegestühle. Leg dich hin und entspann dich. Ich hab das Mittagessen schon fertig.«

»Ich helfe dir. Ich muß Austin sein Käsesandwich machen.«

»Laß mich das machen. Leg dich hin, du hast eine lange Fahrt hinter dir. War viel Verkehr auf der Strecke?«

»Nicht so schlimm. Kodie bekommt Truthahn. Ich habe den ganzen Aufschnitt mitgebracht. Wo wollen wir zu Mittag essen, draußen oder auf der Veranda?«

»Auf der Veranda ist es kühler. Ich habe für uns Salat gemacht und für die Kinder Brathähnchen.«

»Austin ißt das nicht. Stephen, paß bitte auf sie auf, während ich Liza helfe.«

Das Mittagessen verlief hektisch; jeder bekam etwas anderes zu essen. Die Mädchen waren voll Ungeduld, schwimmen zu gehen. Austin lief dauernd rein und raus, knallte die Fliegentür, und Jennifer rief ihm nach, nicht im Garten zu buddeln und das Tor nicht aufzumachen.

»Hier ist alles kindersicher. Er kann nicht an den Pool kommen oder das Tor öffnen. Ich habe einen Zaun um den ganzen hinteren Garten gezogen«, sagte ich, während ich einen Salat aus frischem Mozzarella, selbstgezogenen Tomaten und Basilikum auf den Tisch stellte.

»Kann ich schon aufstehen?« fragte Devan, die einen Bissen von ihrem Mittagessen genommen und die zerstocherten Reste auf dem Teller liegengelassen hatte.

Alexis stand mit ihr auf, um raus zum Pool zu gehen.

»Jen, setz dich doch, du hast ja noch gar nichts gegessen.«

»Warte, bis du Kinder hast; dann mußt du deine kontinentalen Sitten auch ändern. Sie essen früh und schnell. Ich muß noch einen Haufen Wäsche machen«, sagte Jennifer und tauschte dabei Blicke mit ihrem Mann aus, als wollte sie sagen »Was versteht sie schon von Familie und Kindern?«

»Die Waschmaschine meiner Mutter funktionierte nicht, deshalb habe ich jetzt einen Wäscheberg von drei Tagen. Deine Waschmaschine ist oben, nicht wahr?«

»Ich mach es für dich. Laß uns doch einfach zusammensitzen und fertig essen. War es schwer für dich, im Haus deiner Mutter zu sein? Ist Stanley gekommen?«

Die Tür knallte, Jennifer zuckte zusammen, und Kodie kam im nassen Badeanzug herein, der auf den Boden tropfte. »Wo ist mein Knetgummi, Mami? Ich möchte eine Skulptur für Omi machen.«

»Ich hole sie.« Jen stützte sich schwer aus dem Stuhl hoch. »Geh nicht mit dem nassen Badeanzug ins Haus, Kodie.«

»Jen, bitte sag mir, wo die Knete ist. Klettere nicht extra die Treppe hoch«, sagte ich.

»Nein, ich muß sowieso die Wäsche in die Maschine tun.« Sie war schon aus dem Zimmer.

Trotz all meiner Planung konnte ich Jennifer nicht dazu bringen, mich irgend etwas für sie tun zu lassen. Hatte sie sich auf ihre Unabhängigkeit versteift, hielt sie mich für unfähig? Je mehr ich zu helfen versuchte, desto unnachgiebiger schob sie mich beiseite. Ich hatte dies als eine Zeit familiären Beisammenseins geplant. Sie versorgte mein Kind, ich wollte von ganzem Herzen für sie und ihre Familie sorgen. Es hätte eine Zeit voller Spaß sein sollen; dies war ja eigentlich Jens Urlaub.

Ich setzte Kodie mit der Knete an den gläsernen Eßtisch, mit einem Handtuch auf dem Stuhl, damit das Polster nicht naß würde. Austin kam herein, der ebenfalls tropfnaß war.

»Ich will das auch machen«, sagte er und zog sich einen Stuhl neben Kodie.

»Warte, Austin, ich gebe dir ein Handtuch.« Ich hob ein Handtuch vom Boden auf, das eines der Kinder dort hatte fallenlassen.

Er setzte sich, bevor ich es unter ihn legen konnte. Ich mußte ihn hochheben und ihn und das Polster abtrocknen. Kodie gab ihm ein Stück Knete.

»Ich will deins«, sagte er und grabschte nach Kodies angefangenem Pferd.

Wo ich auf Harmonie gehofft hatte, war nur Dissonanz.

Austin begann zu weinen, als Jennifer auf die Veranda herauskam. Schweißperlen standen auf ihrer Stirn, und ihr Gesicht war gerötet.

»Mami, ich hab versucht, ihn ruhig zu halten. Er hört nicht auf mich«, verkündete Kodie, während sie versuchte, ihr Pferd zu reparieren.

»Ich nehme ihn. Danke, Kodie-Schatz. Liza, er ist ein kleiner Teufel. Das ist ein schwieriges Alter«, sagte Jennifer, während ihr Sohn ihre Knie umklammerte.

Wäre ich ein Dirigent, hätte ich sanft mit meinem Stab aufgeklopft und eine Sinfonie angestimmt, um Jennifer ein Ständchen zu bringen, während sie am Pool unter dem Sonnenschirm döste oder auf der Veranda faulenzte. Ich wollte sie wie eine Königin behandeln.

Der Urlaub hatte gerade erst begonnen, aber er lief nicht so, wie ich es mir vorgestellt hatte. Die Situation war unbehaglich; es gab eine Menge Spannungen, die keiner von uns verbalisierte. Für mich war es frustrierend und ärgerlich, daß Jennifer sich von mir nicht so behandeln ließ, wie ich es mir vorgenommen hatte. Sie zu verwöhnen, hätte mir endlich die Möglichkeit gegeben, meine Dankbarkeit und Liebe auszudrücken. Es wäre meine Gelegenheit gewesen, ihr meine Gefühle auch ohne Worte zu zeigen.

Jennifer, stellte ich mir vor, betrachtete mich als einen Menschen von unverbesserlicher Naivität, ohne Vorstellung davon, was das Leben mit Kindern wirklich bedeutete. Sie würde mir das jedoch nicht sagen, nicht nach unserer Sitzung mit Arlene. Sie wußte, daß sie David und mich auf unsere eigene Weise Eltern sein lassen sollte, aber ich war sicher, daß sie mit ihrem Mann über ihre kritische Einschätzung sprach.

Am nächsten Morgen wachte ich früh auf. Das Haus war ruhig. Ich schlich auf Zehenspitzen nach unten in dem Glauben, daß noch alle schliefen. Zu meinem Erstaunen stand Jennifer am Herd, Kodie und Austin saßen am Tisch und warteten auf ihre nächste Portion Pfannkuchen, und Devan und Alexis schwammen Bahnen im Pool. »Hi«, sagte Jen. »Ich hab Kaffee für dich gemacht.«

»Danke«, erwiderte ich matt. Ich hatte das Frühstück für sie machen wollen. Es war frustrierend; sie wollte mir nicht erlauben, als Gastgeberin zu agieren.

»Du hättest keinen Kaffee machen müssen.«

»Stephen trinkt ihn; David doch auch, oder? Ihr müßt nicht alle mit mir leiden. Ich habe kein Problem mit Tee. Liza, was meinst du, wenn wir das Babybadezimmer anstreichen würden. Ich weiß, du bist abergläubisch, aber dieses Kind wird bald hier sein, und du mußt vorbereitet sein.«

»Jen, du kannst mit schwangerem Bauch nicht streichen«, sagte ich.

»Okay, aber laß mich helfen; weißt du noch, wie wir das *Sambuca* zusammen gestrichen haben?«

»Es wird wunderschön, aber du wirst nur die Aufsicht führen. Wir haben es in zwei Stunden fertig.«

»Und ich kann die Farbe anrühren.«

Stephen kam herunter und goß sich eine Tasse Kaffee ein. Er hörte unser Gespräch und sagte: »Ich fahre die Farbe kaufen.«

Wir erledigten die Sache in drei Stunden, wobei alle vier Kinder zusahen. Ich stand auf der Trittleiter und malte mit geraden Strichen von der Decke abwärts. Jen tauchte die Malerpinsel in die von ihr nach eigenem Rezept angemischte Antiklasur und reichte sie mir an. Wir hatten einem guten Arbeitsrhythmus gefunden, als das Telefon klingelte.

»Kann jemand ... Alexis ... kannst du drangehen?« rief ich.

»Hallo«, hörte ich sie sagen. »Einen Augenblick, sie ist beim Streichen. Liza, es ist Bonni, sie sagt, es sei wichtig.«

»Kann ich sie nicht zurückrufen?«

»Nein, sie muß mit ihrem Sohn zum Arzt.«

»Worum geht es? Ich kann nicht von der Leiter; wir sind hier eingekeilt.«

»Sie sagt, sie kann nicht zur Babyparty kommen, weil Ryan Fieber und Ohrenschmerzen hat.«

»Das tut mir leid. Sag ihr, wir werden sie vermissen und gute Besserung für ihn. Das ist am wichtigsten. Ich rufe sie morgen an.«

»Bonni sagt, es täte ihr leid und läßt euch beide schön grüßen.«

»Danke, Alexis. Jen ... ich muß die Decke noch fertig machen, dann haben wir es.«

Jennifer reichte mir einen frischen Pinsel. »Das ist nicht

richtig von Bonni, nicht zu kommen. Warum kann ihr Mann nicht bei Ryan zu Hause bleiben?«

»Ich bin sicher, daß sie es arrangiert hätte, wenn es ginge. Mach dir nichts draus. Es kommen jede Menge Leute.«

»Sie ist deine beste Freundin.«

Ich ignorierte, was mir wie ein Ausdruck von Kränkung und Ärger erschien. Das Badezimmer zu streichen, hatte mir und Jen die Gelegenheit gegeben, etwas zusammen zu machen, etwas, das uns an frühere, unbeschwerte Zeiten in unserem Leben erinnerte.

Bis zum Mittagessen war die Farbe trocken, die Handtücher hingen auf den Haltern und die Aquarelle meiner Mutter an den Wänden.

Nachdem alle ihr Mittagessen bekommen hatten, fuhr ich mit Jen zu *Hildreth*, dem örtlichen Kaufhaus, um ein Regal anzusehen, das ich für Lucs Zimmer kaufen wollte. Keine von uns hatte den Mut, ein Gespräch über das Unbehagen, das wir fühlten, zu beginnen. Als wir nach Hause kamen, setzte ich mich hin und schrieb ihr einen langen Brief, in dem ich meine aufgestauten Gefühle darlegte: daß mir unser beiderseitiges Kontrollbedürfnis bewußt wäre und daß wir nicht miteinander in Wettbewerb stünden. Nachdem ich ihn durchgelesen hatte, zerriß ich ihn, weil ich Angst hatte, sie mit meinem Mißfallen zu beleidigen.

Am Samstag der Party stieg die Temperatur schon vormittags auf 34° C. Die Klimaanlage hielt das Haus kühl, aber ich hatte vorgehabt, meine Gäste draußen auf der Veranda zu bewirten. Ich öffnete die Türen und setzte den Deckenventilator in Betrieb, um die kühlere Luft nach draußen zu treiben.

Jennifer arrangierte die blau-weißen Papierteller für das Büfett auf dem großen Glastisch. Ich fegte die Veranda und pflückte Blumen für alle Zimmer. Greg sagte, er würde spätestens um halb vier mit den Sandwichplatten und den Salaten da sein. Die Gäste sollten ab vier Uhr kommen, wenn alle vom Strand zurück wären. Ich ging nach oben, um rasch zu duschen. Jennifer ging in ihr Zimmer, um sich vor dem Duschen etwas hinzulegen.

Um drei rief meine Freundin Mindy an, um mir zu sagen, daß sie nicht zu der Babyparty kommen würde. Ich konnte sie verstehen. Mindy hatte ein Baby im fünften Monat verloren und unterzog sich zur Zeit einer Fertilitätsbehandlung; es wäre für sie sicher gefühlsmäßig belastend gewesen, an der Babyparty teilzunehmen. Sie sagte, ihr Mann Glen würde vorbeischauen, um die Geschenke abzugeben, die sie für Jen und mich besorgt hatte. Es war noch nicht so lange her, daß ich mich so gefühlt hatte, wie Mindy sich jetzt fühlen mußte, wenn ich im Park Frauen mit Kinderwagen sah – als ob dieses Glück für mich außer Reichweite läge. Wie sehr unser Leben von Gefühlen beherrscht wird, und wie rasch das Pendel zwischen Glück und Trauer hin und her schwingt. Auch Jennifer und ich wurden auf dieser Pilgerreise von Gefühlen geleitet – sie von dem Wunsch, ihrem Leid zu entkommen, und ich von dem Streben nach einer Freude, die ich nie gekannt hatte.

Joe und meine Mutter kamen früh. Joe fuhr mit dem Jeep in den Ort, um die hundert blauen Gasballons abzuholen, die er bestellt hatte, um sie an den Zaun zu binden und die Decke der Veranda damit zu schmücken. Der Deckenventilator blies sie dekorativ umher. Mama ging in die Küche, um mit der Minze, die ich in meinem Garten gepflückt hatte, Kannen mit frischer Limonade zuzubereiten. Um halb vier begann ich, nach Greg Ausschau zu halten. Die vier Kindern kamen herunter, alle sehr aufgeregt. Jen trug ihr üppiges blondes Haar hochgesteckt; nur ein paar lose Strähnen hingen heraus und gaben ihr eine ätherische Note. Sie trug hochhackige weiße Sandalen und ein hauchdünnes weißes Empire-Sommerkleid, das weich bis unters Knie fiel. Für mich sah sie aus wie eine mythische Fruchtbarkeitsgöttin.

Ich trug ein T-Shirt und einen kurzen, geblümten Rock. Seit ich keine Medikamente mehr nehmen mußte, hatte ich Diät gehalten und sieben Kilo abgenommen.

Als erste Gäste kamen Rachel und ihre Mutter Marie. Rachel und Jen waren in New York zusammen zur High-School gegangen. Rachel war die Gefährtin ihrer Discozeit gewesen, als sie auf den Lautsprechern zu tanzen pflegte. Rachels Körper wirkte immer noch straff und sportlich durchtrainiert. Ihre Mutter, Marie, die in Frankreich geboren ist, sprach französisch mit Jen, und Jen antwortete auf Französisch; die drei setzten sich zusammen. Weitere Gäste aus New York und von Long Island trafen ein. Immer noch kein Greg. Ich wurde allmählich nervös. Mein Vater rief an und sagte, er könne nicht kommen. Er nähme heute an einem wichtigen Autorennen teil und wäre auf der Limerock-Rennstrecke in Connecticut. Erica und Jack hatten ebenfalls Gründe gefunden, nicht zu kommen.

Endlich fuhr Greg vor. Auf der Schnellstraße hatten die Autos Stoßstange an Stoßstange gestanden. Er und Max brachten Berge von Cocktailsandwiches herein, alle wunderbar garniert, die Krusten sauber abgeschnitten. Ich sah zu Jen hinüber. Sie unterhielt sich immer noch mit Rachel und Marie. Sophia tat sich mit Austin zusammen; sie begannen, zusammen mit seinem Spielzeuglastwagen zu spielen. Stuart weigerte sich, ihm sein Matchbox-Auto zu überlassen, so daß wir in die drohende Auseinandersetzung schlichtend eingreifen mußten. Jen und Stephen warfen einander wissende Blicke zu, aus denen ihre Mißbilligung der Erziehungskünste von Greg und Max sprach.

Stanley kam mit seiner Frau Vivian, groß, rothaarig und sehr lebhaft. Er wirkte gedämpft. Vivian erging sich in überschwenglichen Begrüßungen. Sie saßen zusammen auf der

Couch, als wären wir entfernte Bekannte, keine Familienangehörigen. Stanley und Jennifer plauderten gesellig, bis Vivian ihn bat, ihr ein Glas Wein zu holen. Das war das letzte, was ich von Jen und Stanley zusammen sah. Sie saß allein auf einem Sessel neben Kodie und hielt ihre Hand. Tränen glänzten in ihren Augen.

»Jen. Was ist denn los?« fragte ich sie.

»Ich wünschte nur, Mama wäre hier. Plötzlich fühle ich mich wie eine Fremde.«

»Diese Party ist für dich. Jeder, der hier ist, ist vor allem dir zu Ehren gekommen. Denk daran, was du gesagt hast. Denk an deine Vision, Jen. Deine Mutter ist bei uns.« Sie wischte sich die Augen und nickte.

Alle aßen und gratulierten uns und forderten mich dann auf, meine Geschenke zu öffnen: Babykleidung für einen kleine Jungen, Decken für den Kinderwagen, alles für mein neues Baby. Max schenkte mir einen Korb voller Babyausstattung, von der ich nicht einmal gewußt hatte, daß ich sie brauchte.

Mit dieser Party wurde unser Baby, unsere einzigartige Verbundenheit, unser außergewöhnliches Unternehmen, zu einer öffentlichen Angelegenheit. Unsere Freunde fühlten sich geehrt, daran teilzuhaben. Die Geschenke waren Ausdruck der Bewunderung und Freude für uns beide. Meine Freunde, die Jen bisher nicht so gut gekannt hatten, liebten sie jetzt auch.

Jen bekam einen Geschenkgutschein für Elizabeth Arden. Als ich ihr die Sporttasche gab, johlte sie vor Vergnügen, und meine Mutter schenkte ihr ein von ihr gemaltes Ölbild, das einen kleinen Jungen mit einer Vase voller Blumen zeigte.

»Ich werde es in der Diele aufhängen«, sagte Jen und wischte sich die Tränen aus den Augen.

Mein Freund Steven Donzinger war da, der die American University besucht hatte, als auch Jen und ich dort waren. Steven hat einen unglaublich regen Geist, ist politischer Schriftsteller, Anwalt und Gelegenheitsabenteurer, der alle revolutionären Brennpunkte der Welt bereist. Außerdem ist er groß und attraktiv. Er und Jennifer setzten sich in eine Ecke und unterhielten sich. Sie sah nicht mehr verloren aus.

Als die Party sich auflöste, blieben Greg und Max noch da. Alexis ging mit den jüngeren Kindern zum Spielen nach oben.

Wir Erwachsenen saßen auf der Veranda zwischen Babysachen und Spielzeug und Bergen von Kartons. Max hatte ihre Sandalen ausgezogen und ihre langen, braunen Beine auf dem Sofa über Gregs Knie gelegt. Er sah träumerisch drein, von Gefühlen erfüllt. Er sah Jen und mich einfach nur an, sog das Bild in sich auf. Jennifer ließ ihr Haar herunter und legte sich auf das gegenüberstehende Sofa. Ich brachte ihr ein kaltes, nasses Tuch, um sich den Schweiß vom Gesicht zu wischen. Es war sieben Uhr und immer noch so heiß und schwül. Stephen und David zogen die schweren, schmiedeeisernen Stühle vom Tisch herüber, um sich zu uns zu setzen. Ich war natürlich damit beschäftigt, die Reste des Geschenkpapiers aufzuheben, die dem Papierkorb entgangen waren.

»Also, laßt uns tratschen«, sagte Max.

Wir lachten. »Das ist immer das Beste an jeder Party«, sagte Jen mit geschlossenen Augen.

Wir redeten über alle und jeden, was sie so machten, wie sie ihr Haar trugen, was sie anhatten, wer älter aussah. Jen hatte meine Freundin Amy seit der High-School nicht mehr gesehen. Sie hatte drei Kinder. Jen konnte gar nicht glauben, wie hinreißend sie aussah.

Jen erwähnte, daß es nicht mehr lange dauern würde, bis das Baby da war, und Greg stand auf, um Lucs Tritte zu spüren. Max, für die das Mutterdasein eine ernste Angelegenheit voller lebenswichtiger Entscheidungen ist, hatte gerade die

Impfungen der dreijährigen Sophia hinter sich gebracht. Sie fragte mich, wogegen ich Luc impfen lassen würde. Die Unterhaltung wurde ernsthaft. Max riet mir, mich gut über die Impfungen zu informieren. »Es gibt einiges, was du darüber wissen solltest«, erklärte sie und begann, mir die Sache detailliert auseinanderzusetzen.

Während sie sprach, blieb Jennifer still, dann zog sie sich plötzlich aus dem Sofa hoch und ging schroff aus dem Zimmer, wobei sie Max einen bösen Blick zuwarf.

Max spürte Jens Zorn. »Ich habe doch nur gesagt ...«, begann sie zu beteuern, und ihre Augen füllten sich mit Tränen. Ich konnte sehen, wie verstört sie durch Jennifers plötzlichen Abgang war. Es ärgerte sie, daß sie sich nicht verteidigen konnte.

Es blieb keine Zeit, vermittelnd einzugreifen. Stephen ging seiner Frau nach. Das Ganze war so schnell passiert, daß ich kaum verstehen konnte, was sich genau abgespielt hatte. David sah verwirrt drein. Er ging zu Max hinüber, aber sie schüttelte ihn ab.

Greg sagte mit leiser Stimme: »Sie wollte nur etwas beitragen. Luc ist für uns auch wichtig.«

Max ging auf die Toilette. Ich hörte das Wasser laufen, aber es konnte ihr Schluchzen nicht übertönen. Als sie wieder herauskam, sammelten sie und Greg ihre Kinder ein und gingen ohne weiteren Kommentar. Maxines Augen waren rot, und sie war in Eile. Ich hatte sie noch nie so außer Fassung gesehen.

Der Vorfall war niemandes Schuld, aber ich hatte Angst, daß er eine Kluft zwischen mir und Jen und Greg und Max aufreißen würde. Ich wußte nicht, wer sich bei wem entschuldigen müßte. Niemand hatte es böse gemeint. Ganz und gar nicht. »Es tut mir leid«, sagte ich, als sie gingen.

Jennifer weinte, als ich an ihre Schlafzimmertür klopfte. »Komm rein«, schluchzte sie.

»Jen, was ist passiert?«

»Max hat kein Recht, uns zu erzählen, welche Impfungen Luc bekommen sollte.«

»Sie hat es nicht böse gemeint. Sie macht sich Gedanken. Sie hat sich genau informiert, als es darum ging, Sophia impfen zu lassen. Sie wollte uns nicht vorschreiben, was wir tun sollen.«

»Wie kommt sie dazu, solche Ratschläge zu verteilen, als ob sie alles darüber wüßte?«

»Jen. Sie wollte nur helfen.«

»Ich bin müde. Guck, wie dick meine Füße sind. Stephen wird die Kinder ins Bett bringen«, sagte sie abweisend.

Ich fühlte mich hilflos, als wir uns gute Nacht sagten, und ich wußte, daß Greg und Max sich schrecklich fühlten. Es tat mir leid. Jen hatte Maxines Absicht mißverstanden. Ich vermutete, daß es an den schon bestehenden Spannungen lag, die im Laufe der letzten Woche immer stärker geworden waren.

Ich hörte Jennifer am nächsten Morgen nicht aufstehen. Als ich um acht herunterkam, hatten die vier Kinder schon gefrühstückt und sie machte gerade Pfannkuchen für Stephen. Von da an stand zwei endlose Tage lang eine Wand zwischen uns. Ich hatte das Gefühl, daß Jennifer es bewußt vermied, mit mir allein zu sein. Sie war ständig mit den Kindern beschäftigt und ergriff sogar jede Gelegenheit, das Einkaufen zu übernehmen. Außerdem verbrachte sie Stunden an ihrem Computer.

»Ich schreibe an meinem Tagebuch«, erklärte sie.

»Möchtest du darüber reden?« fragte ich.

»Nein, jetzt nicht. Ich möchte das fertigmachen.«

Ich hätte gern über ihre Schulter gelugt. Ich fühlte mich wie eine Figur in dem japanischen Film *Rashomon – Das Lustwäldchen*, in dem drei Personen Zeugen eines dramatischen

Geschehens werden, aber völlig verschiedene Versionen davon haben, was nun genau passiert ist. Ich fragte mich, wie Jennifers Version der Babyparty aussah.

Der Morgen, an dem die Scheus zum Flughafen aufbrachen, verlief hektisch.

»Wir müssen das Flugzeug kriegen«, verkündete Jennifer und eilte geschäftig umher.

Stephen brachte ihre Taschen herunter, und David half ihm, den Van zu bepacken.

Ich versuchte, einen Augenblick zu finden, um mit Jennifer allein zu sprechen und sie zu bewegen, mir zu erzählen, was ihrer Meinung nach geschehen war. Ich wollte sie gern festhalten, sie schien so distanziert. Ich hatte Angst. Ich fühlte einen Schmerz in meinem Herzen, den nur die Angst mit sich bringt. Es war Ende August. Ich würde Jen erst bei Lucs Geburt wiedersehen. Ich konnte nicht zulassen, daß sie mich verließ, während diese sinnlose Barriere zwischen uns stand.

»Auf geht's«, rief Stephen und scheuchte Jennifer ins Auto. Ganz plötzlich, so schien es, küßten David und ich sie alle zum Abschied. Die übliche Traurigkeit über ihr Wegfahren fehlte diesmal. Nichts war so gewesen, wie Jen und ich es uns vorher ausgemalt hatten. Ich wußte nicht, was passiert war oder warum. Als der Wagen aus unserer Einfahrt bog, begann ich zu weinen.

Ich fühlte mich verlassen. Jennifer wurde mit meinem Baby davongefahren, und ich blieb zurück – ungebraucht, ungeliebt und unfähig, sie zu erreichen. Was dachte sie? Was fühlte sie, während sie Lucs Bürde trug?

Ich sah den ganzen Tag auf die Uhr, jede Minute, bis die Sonne unterging und ich wußte, daß sie zurück in Chicago war. Als ich sie am Telefon hatte, konnte ich ihre Stimme im Lärm ihrer Rückkehr kaum hören. Baci bellte, die Kinder waren müde und heulten, und Stephen erteilte Kommandos.

»Wir hatten eine gute Reise. Alle. Luc hat geschlafen. Es ist in Ordnung, La. Mach dir keine Sorgen. Ich bin müde und froh, zu Hause zu sein. Ich habe im Flugzeug darüber nachgedacht. Wir waren beide so bemüht, einander zu helfen, daß wir uns gegenseitig überfahren haben. Ich gehe jetzt schlafen. Wir reden morgen miteinander.« Sie legte auf. Ihre Stimme war müde, vermittelte aber wieder die Wärme, die vor diesem unschönen Zwischenspiel aus ihr geklungen hatte.

Ich fühlte mich besser, aber wir mußten immer noch miteinander reden. Ich fragte mich, wie Jennifer diese gemeinsame Zeit erlebt hatte.

46. Kapitel

12. und 23. August 1997

Die Woche bei Liza lief anders ab, als ich gedacht hatte. Ich bin sicher, sie war bis an ihre Grenzen belastet mit vier Kindern im Haus, vor allem mit den Ansprüchen eines frühreifen Dreijährigen wie Austin. Ich habe versucht, mich zu entspannen und zu der Nähe zurückzufinden, die uns über die Ferne verbunden hatte, aber die Verbindung schien bestenfalls dürftig. Ich würde hier gern ein paar Gespräche, den einen oder anderen Gefühlsaustausch zwischen uns wiedergeben können, aber es hat nichts dergleichen stattgefunden. Wir waren beide zu beschäftigt damit, der anderen unser jeweiliges Leben vom Leibe zu halten. Ich hatte gedacht, Liza und David würden meinen Bauch öfter berühren wollen, sich die Belastung für meinen Körper bewußter machen. Ich glaube, das Schwangersein gehört zu den Dingen, die man nicht wirklich verstehen kann, wenn man sie nicht erlebt hat. Sie versucht allerdings, mir Zeit zum Entspannen zu verschaffen, was völlig unrealistisch ist.

»Jen, mußt du jetzt das Abendessen machen?« fragte Liza.

»Die Kinder haben seit zwölf nichts gegessen; jetzt ist es halb acht.« Sie verstand die Anforderungen des Mutterdaseins nicht.

Nachdem wir alle mitgebrachten Videos gesehen hatten, stritten sich Kodie und Austin um ihr Spielzeug. Alexis und Devan sind schon große Mädchen und langweilten sich; die jüngeren Kinder gingen ihnen auch auf die Nerven. Stephen war mein Retter. Er übernahm weitgehend die Aufgabe, sie zu beschäftigen, bis auf die sechs Stunden, die er sich freinahm, um mit Davids Freund Golf zu spielen. Ich bin sicher, daß er diese Zeit nicht als Urlaub bezeichnen würde. Wir hatten tagsüber absolut keine Zeit für uns, und Austin bestand darauf, auf einer Matratze auf dem Boden neben uns zu schlafen, was uns in Kombination mit meinem ständigen körperlichen Unbehagen unter ziemlichen Druck setzte.

Als wir vor Ankunft der Gäste zum Duschen nach oben gingen, fragte ich Liza: »Fühlst du auch, daß diese Feier für dein Kind ist? Du wirst Mutter.«

»Es ist wie ein Traum. Im Moment tue ich nur so, als ob. Ich weiß, daß es mein Baby ist, aber es scheint nicht real. Ich sehe das bereitstehende Kinderzimmer, und ich sehe deine Schwangerschaft, und ich fühle mich als Zuschauerin«, gestand sie mir ein.

»La, dies ist eine Lektion darin, keine Erwartungen zu haben. Die Realität wird dir aufgehen, wenn es soweit ist, in einer Weise, die du nie vorhersehen könntest. Sei offen und laß dich durch meinen dicken Bauch nicht von der Bedeutung dieser Party ablenken. Dies ist deine Party, für dich und dein Baby. Genießen wir sie.« Ich sagte das, um ihr deutlich zu machen, daß mir die außergewöhnliche Lage, in der wir beide uns befinden, durchaus bewußt ist.

Bald war die Party in vollem Gange. Das Wetter war klar und sehr heiß. Es waren mindestens vierzig Frauen da, manche mit ihren Männern; die meisten waren Freunde von Liza und David. Natürlich war Tante Suzy da mit Joe, Greg und Max kamen mit Stuart und Sophia und meine Freundin Rachel aus der High-School in New York mit ihrer Mutter, was mir ein Gefühl von Dazugehörigkeit gab. Mein Vater konnte nicht kommen. Stanley kam mit seiner Frau Vivian, die ziemlich fehl am Platz wirkte; sie hielten sich abseits, was Salz in meine Wunde war. Ich fühlte mich einsam. Ich sehnte mich verzweifelt danach, zu jemandem zu gehören, und dabei gehörte ich doch zu meinem Mann und meinen Kindern. Tante

Suzy bemühte sich, mir ein Gefühl des Geliebtseins zu geben. Ich vermißte die körperliche Anwesenheit meiner Mutter, um dies mit ihr teilen zu können.

Trotz all der lieben Geschenke bin ich nicht sicher, ob Liza und David sich auf die Realität der baldigen Ankunft des Babys konzentrieren konnten. Es kam mir vor, als ob sie sich in meiner Gegenwart nicht richtig lauthals freuen konnten.

Es war mir nie in den Sinn gekommen, daß Liza eine Rede halten würde. Ich nehme an, ich hatte keine öffentliche Anerkennung erwartet. Aber unmittelbar vor dem Öffnen der Geschenke stand sie auf, um ihren Gefühlen Ausdruck zu verleihen. Ich wurde sofort verlegen und hatte das Gefühl, reagieren zu müssen. Statt dessen fixierte ich mich auf Liza und ihren recht öffentlichen Gefühlsausbruch, der mich schockierte. Je mehr sie sich in Tränen auflöste und bebte, desto mehr fühlte ich mich genötigt, sie zu trösten. Auf Liza einzugehen, lenkte mich von meinem eigenen Gefühlssturm ab. Ich entdeckte, daß Liza großartige Freundinnen hat – Frauen mit Tiefgang und Aufrichtigkeit, die sie wirklich mögen und bemüht sind, ihr in dieser Zeit der Veränderungen zur Seite zu stehen. Einige von ihnen nahmen sich die Zeit, auf mich einzugehen, versuchten, meine Motive zu verstehen und wie ich mich dabei fühle. Ich war neidisch auf Lizas Beziehungen. Bis auf Hilary und Liza habe ich mir nicht die Zeit genommen, mir einen Kreis von Menschen aufzubauen, mit denen ich liebe- und respektvolle Beziehungen pflegen kann.

Lizas Freundin Bonni kam nicht zu der Party. Sie rief an, um uns zu sagen, ihr Sohn hätte Ohrenschmerzen und ihr Mann müsse arbeiten und könne nicht bei ihm bleiben. Ich habe ihr das nicht geglaubt. Bonni und ich haben auf dem College um Lizas Freundschaft konkurriert, als sie ein Zimmer teilten und ich die Außenseiterin war. Ich glaube, sie empfindet diese Feindseligkeit immer noch und ist aus diesem Grund weggeblieben.

Dafür war ein Ex-Freund von Liza aus Collegezeiten da, zu dem sie immer noch eine enge Beziehung hat, die jetzt auch David einschließt. Stephen Donzinger ist sechsunddreißig, Anwalt, dunkelhaarig, jungenhaft attraktiv, und ich fand ihn sehr sexy. Er hat durch Liza all die Höhen und Tiefen dieser Reise mitbekommen. Obwohl wir kurze Zeit zusammen auf der American University waren, hatte ich keinerlei Erinnerung an ihn oder er an mich. Er hat mich die ganze Party über sehr aufmerksam beobachtet und gleichzeitig jeden becirct, der in seine Nähe kam. Als er zu mir kam, um sich mit mir zu unterhalten, fühlte ich mich plötzlich angeregt, zum Flirten aufgelegt und meiner Weiblichkeit äußerst bewußt, alles Dinge, die ich seit Beginn dieses Projekts nicht mehr gefühlt habe. Gefühle, die die Medikamente und die Schwangerschaft mir genommen haben. Steven war sehr interessiert und erzählte mir, am Anfang hätte er unsere Gründe für das, was wir tun, nicht verstanden, aber nachdem er sich Lizas Schilderung angehört und mich kennengelernt habe, hätte er jetzt völliges Verständnis und ihm sei klar, wie Liza und ich durch diesen Prozeß spirituell gewachsen seien. Es fühlte sich wunderbar an, jemanden attraktiv zu finden und mit der Vorstellung zu spielen, daß er mich trotz meines gewaltigen, schwangeren Körpers attraktiv fände.

Ich habe einige von Herzen kommende Geschenke erhalten. Ein Ölgemälde von Tante Suzy, das einen kleinen Jungen mit einer Vase voller Blumen zeigt, werde ich in die Diele unseres Hauses hängen. Liza hat mir eine voll ausgestattete Sporttasche und die Mitgliedschaft in einem Fitneßclub geschenkt. Ich nehme an, sie war von meinem Umfang beeindruckt.

Nachdem alle gegangen waren, blieben nur Greg, Max, Rachel, Stephen und ich, David und Liza zurück, um den Tag zu diskutieren und uns zu entspannen. Meine Füße waren so geschwollen, daß die Haut zwischen den Zehen aufplatzte; auch meine Beine waren dick. Ich habe mir die Schuhe ausgezogen und mich auf der Veranda aufs Sofa gelegt. Stephen eilte mir wie immer rasch zu Hilfe – mit einer großen Tüte Eis –, und Liza brachte mir einen nassen Waschlappen. Ich litt Qualen, aber es war trotzdem nett, zu plaudern und unsere Eindrücke von der Party auszutauschen.

Wir sprachen darüber, wie sehr wir Jack vermißten, der nicht kommen konnte, weil er einen Job für einen Musikclub in Montauk zu erledigen hatte, und Erica, die unter einem ähnlich unglaubwürdigen Vorwand nicht gekommen war. Dies leitete zu dem Thema des Tages über, das mich am meisten bedrückt hat. Wir fingen an, über das Baby zu sprechen.

Greg und Max freuten sich offensichtlich für Liza und David, waren aber dank ihrer achtjährigen Erfahrung als Eltern, wie ich finde, recht rasch bei der Hand, unverlangte Ratschläge auszuteilen. Das Gespräch kam auf Ärzte und Impfungen. Max gebärdete sich als Expertin hinsichtlich der Risiken, die mit den empfohlenen Impfungen verbunden sind. Mir anzuhören, wie Maxine Liza mit größter Bestimmtheit erklärte, welche Impfungen das Baby bekommen sollte und welche nicht, war mehr, als ich ertragen konnte. Meine Reaktion war recht heftig. Ich verließ den Raum, weil ich nicht in der Lage war, noch länger dabeizusitzen und mir anzuhören, was Maxine fand, daß mit dem Kind geschehen sollte, das in meinem Körper heranwuchs, das ich genährt und geliebt habe und für das ich die Verantwortung würde abtreten müssen. Ich war geistig darauf vorbereitet, Liza und David die Entscheidungen treffen zu lassen, die sein Leben bestimmen werden, aber nicht Max, die nichts dazu getan hatte, dieses Baby auf die Welt zu bringen.

Mein Besitzanspruch auf das Baby überwältigte mich ohne Vorwarnung, und das hat mir große Angst gemacht. Ich ging nach oben und weinte, weil mir klar war, daß ich bald nicht mehr die sein werde, die für die Versorgung dieses Kindes zu-

ständig ist; dieses Bewußtsein war bis dahin nicht so klar umrissen, wie ich gedacht hatte. Ich hoffe, es wird sich nicht zu einem dauernden inneren Kampf entwickeln.

Der Tag war insgesamt sehr belastend. Ich wollte, daß es Lizas Tag und eine Feier unserer Liebe würde. Er hat jedoch eine viel tiefere Bedeutung angenommen.

Die folgenden Tage schienen endlos; wir hatten uns beide in einen undurchdringlichen Schutzpanzer zurückgezogen, zwei verbitterte, verfeindete Lager. Unser Aufbruch vollzog sich als eine Farce trauriger Abschiedsworte.

Bald nachdem ich wieder zu Hause in Chicago war, sprachen Liza und ich über all unsere unausgedrückten Gefühle. Wir hatten uns selbst und einander verletzt.

Ich entschuldigte mich bei Liza für meine Reaktion Maxine gegenüber und schrieb Max einen kurzen Entschuldigungsbrief. Liza und ich schilderten uns gegenseitig, wie es uns ergangen war. »Liza, ich habe mich so unbehaglich gefühlt. Es war so heiß, und ich war so dick und fühlte mich so fehl am Platz. Meine Mutter war nicht da, und alle anderen waren so dünn und schön. Ich tat mir selber leid. Nicht wegen der Schwangerschaft, bloß ... nun, ich bin rückfällig geworden, und dann war es mir vor dir peinlich, so daß ich nicht darüber reden konnte.«

»Ich hätte dich beiseite nehmen und allein mit dir reden müssen. Wir hätten es ausbügeln können. Ich war auch durcheinander. Wir waren nicht ehrlich miteinander.«

»Ehrlichkeit ist so schwer, erst sich selbst gegenüber und es dann auch noch zuzugeben. Liza, ich fühlte mich Luc gegenüber besitzergreifend: das ist die reine Wahrheit. Ich hatte das Gefühl, wenn er schon nicht mein ist und ich ihn nicht aufziehen werde, sollen andere schon gar nicht über ihn zu bestimmen haben.«

»Ich hatte wieder Schuldgefühle«, sagte Liza. »Es war das

erste Mal seit langem. Ich hatte diese Schuldgefühle, aber du warst so unglücklich und wolltest nicht zulassen, daß ich dir helfe.«

»Und ich habe dir deine Party wirklich versaut, La. Die Party war für dich, und ich habe mich so unmöglich aufgeführt. Ich wollte, daß diese Babyparty für dich voller Glück und Begeisterung wäre.«

»Wir haben uns gegenseitig vor den Kopf gestoßen, ich mit meinen Schuldgefühlen –«

»Und ich mit meiner Eifersucht. Ich fühle mich jetzt besser, wo wir uns ausgesprochen haben. Du auch?«

»Ja ... ja. Das tue ich, Jen. Ich könnte das zwischen uns nicht ertragen. Ich wußte die ganze Zeit, daß ich dich bis zur Geburt nicht mehr sehe. Das wird der Augenblick der größten Nähe, wenn wir sehen, wie das Baby, das wir geschaffen haben, auf die Welt kommt. Ich will, daß nur Liebe zwischen uns ist und nichts Störendes, komme was wolle. Unsere Liebe soll frei von schlechten Gefühlen sein. Und so wird es sein. Mein Gott. Ich fühle mich so glücklich.«

Ich habe dieses Gespräch in meinem Tagebuch festgehalten, um mich an die Aufrichtigkeit und Offenheit unserer Worte zu erinnern.

2. September 1997

Jeden Morgen wache ich auf und habe Angst vor dem, was auf mich zukommt. Ich habe Alpträume, daß ich wegen einer Erkältung oder anderer Komplikationen nicht in der Lage bin, das Baby zur Welt zu bringen. Ich möchte die Schwangerschaft hinter mir haben, die mich völlig in Anspruch genommen hat, und in den Schoß meines eigenen Lebens und meiner Familie zurückkehren.

Während ich mich dem Ende dieses Wegs nähere, konzentriere ich mich auf sein Ziel, mich zu heilen und mir beizubringen, die Kontrolle abzugeben, aber ich fürchte, ich schlit-

tere rückwärts, und hoffe nur, daß ich die Kraft haben werde, Luc loszulassen.

Nach dem Tod meiner Mutter betete ich darum, daß der Schmerz, dieser tiefe Riß in meinem Herzen, weggehen möge. Jetzt ist es anders. Ich bete, daß ich so stark sein werde, wie ich mir selbst versichere, daß ich bin. Da ist soviel, das auf mich wartet. Ich habe meinen Mann, meine Kinder, meinen Vater und Hilary. Menschen, deren Stimme ich nach dem Tod meiner Mutter nicht hören konnte.

Ich weiß, daß ich es durchstehen werde. Ich konzentriere mich immer wieder auf meine Prioritäten und lasse das Gesamtbild einsickern. Ich hatte mich blindlings darauf fixiert, meine Mutter am Leben zu erhalten, ohne Augen für irgend etwas anderes zu haben. Jetzt werde ich das Leben direkt angehen und es seinen eigenen Lauf nehmen lassen.

Sechs Wochen. Ich muß aufhören, die Tage zu zählen oder zu versuchen, die Geburt zeitlich exakt zu planen. Liza ist ebenfalls nervös. Nach dem Mißerfolg unseres Traumurlaubs ist uns beiden bewußt, was alles auf dem Spiel steht, nicht nur bei der Geburt, sondern für den Rest unseres Lebens. Wir haben uns versprochen, miteinander zu kommunizieren, um nach Lucs Geburt gesund, unabhängig und voller Liebe aus all dem hervorzugehen. Ich bedauere nichts. Die Leute fragen mich, ob ich glaube, daß mehr Frauen diesen Weg wählen sollten. Dies ist viel schwerer, als Worte es sagen können, und ich weiß, daß jeder Mensch seine eigenen Gründe hätte: Es ist eine Frage, die ich nicht für andere beantworten kann.

15. September 1997

An diesem Wochenende bin ich in Ohnmacht gefallen. Zum Glück wurde nur mein Stolz verletzt, nicht das Baby. Wir waren das ganze Wochenende unterwegs, zuerst am Freitag zu einem geschäftlichen Abendessen von Stephen. Samstag wa-

ren wir mit den Kindern im Vergnügungspark, und Sonntag abend kam Ralph [Stephens Vater] zu uns nach Hause zum traditionellen Familienessen und um seine Enkel zu sehen. Das viele Stehen hat mir den Rest gegeben, und mir ist klargeworden, daß es an der Zeit ist, tagsüber ein Nickerchen einzulegen.

Liza hat drei Stunden mit Arlene verbracht, als Arlene am Donnerstag in New York war. Ich bin so dankbar für die Anteilnahme und das Interesse, das sie uns allen in dieser ganzen Zeit erwiesen hat. Vor allem habe ich noch nie gehört, daß Liza so offen mit einer Therapeutin war, geschweige denn freiwillig soviel Zeit mit ihr verbracht hätte. Liza sagte, Arlene hätte ihr geholfen, mit den Rätseln und Schwierigkeiten umzugehen, die für sie mit der eigentlichen Geburt verbunden sind.

Sie hatte Schuldgefühle, weil sie Freude empfinden würde, während ich Schmerzen litte. Arlene hat ihr geraten, sich nicht so sehr auf meine körperlichen Schmerzen zu konzentrieren, sondern mich zu ermutigen und zu unterstützen, und gesagt, daß wir beide auf das Auftauchen unerwarteter Gefühle vorbereitet sein sollten. Wir müssen uns auf dieses unglaubliche Band konzentrieren, das zwischen uns ist. Ich hoffe sehr, daß Arlenes Unterstützung Liza und mir helfen wird, besser miteinander zu kommunizieren.

5. Oktober 1997

Ich erwarte Lizas und Davids Ankunft. Jeden Abend um acht Uhr werde ich von Panik erfaßt. Dann geht der letzte Linienflug von New York – bis um sechs Uhr am nächsten Morgen. Wenn ich jetzt Wehen bekäme, könnte ich Liza nicht erreichen.

47. Kapitel

Jennifers Muttermund war 2 cm weit geöffnet. Der Zervix-Schleimpfropf wurde am Freitag ausgestoßen. Am 5. Oktober blieben David und ich in der Nähe des Telefons und waren darauf vorbereitet, jederzeit zum La Guardia Airport zu brausen. Wir wußten nicht so recht, wann wir fliegen sollten. Dr. Isola sagte, es könne unter Umständen noch bis zu zwei Wochen dauern, bis das Baby käme. Wir wollten nicht riskieren, bei der Geburt nicht dabei zu sein, aber wir wollten auch nicht zwei Wochen vor Ort herumlungern und nervös auf die Geburt warten. Wenn David sich jetzt freinahm, würde er sich später nicht mehr freinehmen können. Außerdem machten wir uns Sorgen, Jennifer zu Hause im Weg zu sein. Unsere Warterei würde sie nur nervös machen und ihr zusätzliche Arbeit verursachen.

Unsere Taschen waren gepackt. Lucs Kinderzimmer war bereit. Jennifer würde uns Bescheid sagen, wenn wir kommen sollten.

Jennifer klang ruhig, aber ich wußte, daß sie ihre Nervosität nur kaschierte. Sie war sehr aktiv, da sie hoffte, so die Wehen in Gang zu bringen. Dr. Isola sagte, wenn bis zum sechzehnten nichts passiert sei, werde sie die Geburt einleiten. Also würde Luc nun doch nicht an Jennifers Geburtstag – dem neunzehnten – zur Welt kommen. Ich war froh darüber. Sie verdienten beide ihren eigenen besonderen Tag.

Wir hatten eine endgültige Entscheidung über Lucs vollen Namen getroffen: Luc Alexander Freilicher; Alexander nach Davids Großmutter mütterlicherseits. Es ist ein langer Name; die Initialen lauten L. A. F. Das gefiel mir.

Es war für mich unvorstellbar, daß der Countdown lief. Die Zeit war rasch vergangen, aber wenn ich mich an die Jahre herzzerreißender Enttäuschungen erinnerte, kam es mir vor, als ob ich ein Leben lang auf Luc gewartet hätte. Täglich konnte es nun soweit sein, daß mein Leben sich für immer verändern würde. Was für ein Glück für uns, daß jemand dies Unglaubliche für uns tat – mir und David ein neues Leben gab, uns zu einer Familie machte.

Am Donnerstag, dem 9. Oktober, saß ich im Flugzeug nach Chicago. David mußte in New York bleiben, um eine Kundenpräsentation fertigzustellen. Er wollte mir spätestens Samstag nachfliegen oder früher, falls es etwas Neues gäbe.

Stephen und Jen holten mich vom Flughafen ab. Ich hatte mich gefragt, ob ein Rest der Spannungen aus unserem »Urlaub« trotz der Telefongespräche und Aussprachen über unsere Gefühle bestehen bleiben würde. Ihr strahlendes Gesicht und ihre herzliche Umarmung zerstreuten all meine Sorgen.

Sie war so schön, wie sie Luc lächelnd und voller Stolz in sich trug, und wir umarmten und küßten uns, bevor ich mich nach hinten setzte und wir zu Dr. Isolas Praxis zur letzten Untersuchung vor der Geburt fuhren.

Sie hatte während der Schwangerschaft rund zwanzig Kilo zugenommen. Das war ein Opfer. Ich wußte, daß sie ihre Form zurückerlangen würde, aber es würde eine Herausforderung werden. Doch sie hatte die nötige Motivation, und ich zweifelte nicht daran, daß sie die innere Stärke hätte.

Chicago war der Ort, an dem mein Baby neun Monate lang gelebt hatte. Bald würde es soweit sein, ihn nach New York zu bringen, und er würde mein sein. Ich konnte es nicht erwarten, Luc in den Armen zu halten.

Samstag, 11. Oktober 1999

In diesen letzten zwei Tagen des Wartens haben Liza und ich energische Spaziergänge durch die Nachbarschaft unter-

nommen, um Luc dazu zu bringen, das Licht der Welt zu begrüßen. Kodie hatte Spaß daran, uns zu begleiten und über das Baby zu reden. Austin blieb unter Christines wachsamem Auge zu Hause. Abends habe ich etwas Zeit mit Kodie allein verbracht und ihr bei den Hausaufgaben geholfen, während Liza mit Austin gespielt hat. Es ist gut, daß Liza bei uns ist, damit die Kinder sichtbar begreifen können, daß sie Lucs Mutter und zu seiner Geburt hier ist – und daß es für uns beide in Ordnung ist. Sie sind sehr gespannt darauf, ihren Cousin kennenzulernen. Diesmal gehen Liza und ich ganz entspannt miteinander um. Liza ist für mich auf den Markt gegangen und hat die Lebensmittel eingeräumt, während ich vom Küchentisch aus zusah und ihr gesagt habe, wo alles hingehört. Anschließend hat sie uns mit Vergnügen das Mittagessen gemacht. Ich habe es genossen. Warum haben wir uns die Zeit in ihrem Haus ruiniert, die genauso erfreulich hätte sein können? Ich denke, es war eine Lehrzeit, und jetzt haben wir all diesen Ballast unbewältigter Kindheitsprobleme abgeworfen. Was es auch war, es liegt hinter uns, und in unsere Herzen ist Friede eingekehrt.

Jetzt, wo sie hier ist, fühle ich keine Anspannung mehr in bezug auf das Bevorstehende. Es war schwer für mich, auf ein Baby zu warten, das nicht meines ist. Wenn die Hormone nicht aufbegehren und meinen Emotionen ein Schnippchen schlagen, sollte alles gutgehen. Ich kann es nicht erwarten, Lizas Gesicht bei der Geburt zu sehen und diese Begeisterung mit ihr zu teilen – alles, wovon wir geträumt und wofür wir geplant haben.

Ich hoffe immer noch, daß Luc vor der Einleitung am Donnerstag kommt. Ich erinnere mich an die Aufregung, mit der ich ins Krankenhaus gerast bin, und die Nervosität der Wehen. Ich möchte, daß Liza diesen Teil der Schwangerschaft miterlebt.

David ist gestern abend gekommen, und wir sind den gan-

zen Vormittag herumgeschwirrt, um meine Sachen, Lizas Sachen und Lucs Sachen für die Klinik zusammenzupacken.

13. Oktober 1997

Heute ist Columbus-Tag, drei Tage vor der für den sechzehnten angesetzten Geburtseinleitung. Die Familie versammelt sich allmählich. Mein Vater ist hier, ebenso Alexis und Devan, die unten im Spielzimmer schlafen. Jedes Bett und jede Couch im Haus sind besetzt. Hilary ist in Alarmbereitschaft.

Mir ist klar, daß Liza und David am Freitag vom Krankenhaus nicht hierher zurückkommen werden. Ich weiß, daß es so am besten ist. Wir brauchen alle Raum und Distanz, um uns umzustellen, aber für mich zeichnet sich allmählich Einsamkeit ab. Ich vermisse meine Mutter, und obwohl ich ein Heer von Menschen als Auffangnetz um mich geschart habe, fürchte ich mich. Ich vergieße Tränen, die ich lange zurückgehalten habe. Der Moment, an den ich gedacht und den ich idealisiert habe, ist fast gekommen – Liza das Baby zu geben und das Glück auf ihrem Gesicht zu sehen. Doch im Augenblick kann ich es nicht fühlen. Im Augenblick habe ich panische Angst.

14. Oktober 1997

Heute fühle ich mich nicht so durcheinander wie gestern. Gestern abend bekam ich vor lauter Trennungsangst kaum noch Luft. Ich war in meinem Zimmer, nur um etwas Ruhe zu haben und den aufmerksamen Augen der anderen zu entkommen. Ich rief Stephen zu mir nach oben.

»Halt mich fest. Halt mich fest. Ich glaube nicht, daß ich es schaffen kann«, weinte ich und klammerte mich an ihn. Das Ausmaß meiner Zweifel läßt sich daran ermessen, daß ich mich nicht schämte, meine Schwäche zu zeigen. Er hielt mich fest.

»Jen, du schaffst es, und wenn es vorbei ist, wird alles so sein, wie du es geplant hast. Wir werden zusammen sein. Kann Liza zu dir hochkommen? Sie hat mich gefragt, ob das in Ordnung wäre.«

Ich nickte und lächelte. Ich fühlte mich getröstet. Es war sogar noch besser für mich, mit Liza zusammen zu sein, nur wir beide, gemeinsam. Wir tauschten Erinnerungen an lang Vergangenes aus, stellten die alte Solidarität früherer Zeiten wieder her.

»Jen ...« sagte Liza sehr ernsthaft, schlug die Augen nieder und fummelte am Saum des Kissenbezugs. »Ich habe dir ein Geständnis zu machen.«

Ich wußte nicht, auf was ich mich gefaßt machen mußte. »Ein Geständnis?«

Sie nickte. »Ich habe den Schokoladenpudding gegessen.«

»Aha!« schrie ich. »Ich wußte es. Nach all diesen Jahren. Du warst es. Du Schwindlerin!«

»Weißt du noch, du hast bei mir übernachtet ...«

»Und deine Mutter hat Schokoladenpudding gemacht, den sie zum Abkühlen über Nacht auf den Küchentisch gestellt hat.«

»Na ja ... ich bin früh wach geworden. Du hast noch geschlafen, also bin ich runtergegangen, um die Comic-Hefte zu holen, die wir in der Küche gelassen hatten. Da hab ich den Pudding gesehen. Ich war hungrig. Also habe ich ihn gegessen und die Schüssel in die Spüle gestellt.«

»Als sie gefragt hat: ›Wie war der Schokopudding? Wer hat ihn gegessen?‹ ... warum hast du es da nicht zugegeben?«

»Ich weiß es nicht.«

»Sie wußte die ganze Zeit, daß es eine von uns war.«

»Oder es hätte mein Vater sein können. Er liebt Schokolade.«

»Ich wünschte, das wäre mir eingefallen. Es wäre eine gute Gelegenheit gewesen, es ihm heimzuzahlen für die vielen

Male, die er mich dafür angebrüllt hat, daß ich die Glasur vom Kuchen gekratzt habe.«

»Daran habe ich auch gedacht.«

Wir mußten so lachen, daß wir beinahe sabberten.

»Es war ein spaßiges Kriminalrätsel«, erklärte Liza.

»Wer aß den Schokopudding?« deklamierten wir gemeinsam.

»Weiß es deine Mutter?«

»Nein. Ich habe immer ganz unbeteiligt getan«, sagte sie triumphierend. »Ich hatte alles unter Kontrolle. Zu jedem Geburtstag hat meine Mutter gefragt, wer den Pudding gegessen hatte, und ich habe nie auch nur gezuckt. Ich werde es ihr sagen, wenn sie das nächste Mal fragt. Hast du irgendwelche Geständnisse zu machen?«

Ich dachte eine Weile nach. »Nun ... wo du schon fragst ... ich habe mir deinen roten Pulli ausgeborgt.«

»Ausgeborgt? Ich habe ihn nie zurückbekommen.«

»Erst hab ich es vergessen. Dann hatte ich Angst.« Ich sah sie kleinlaut an.

Die Tür ging auf, und Stephen steckte den Kopf herein und fragte mißtrauisch: »Was hat denn dieser Radau zu bedeuten?«

»Nichts«, erwiderten wir mit Unschuldsmiene und brachen wieder in Gelächter aus, sobald er die Tür hinter sich zumachte.

Ich sagte Liza immer noch nicht, welche Angst ich vor der Geburt hatte. Es würde sie tief verletzen. Sie fürchtete sich, daß ich leiden müßte, und war so rasch bereit, die Schuld auf sich zu nehmen. Ich fürchtete mich, weil dies der Gipfelpunkt all unserer Erkundungen, unseres Tuns und unseres Schöpfungswerks war. Ich hatte Angst – so wie eine Schauspielerin, bevor der Vorhang hochgeht, selbst wenn sie ihre Rolle noch so gut einstudiert hat. Bis zu Lucs Auftritt habe ich die Hauptrolle. Selbstzweifel ist eine menschliche Schwäche, denke ich.

Ich wußte, wie es mir psychisch gesehen ging, und auch emotional hatte ich für mich alles geklärt. Ich betete, daß ich meine Rolle gut spielen würde.

Hilary rief mich gleich morgens früh an, um zu hören, wie es mir ging und wie meine Nacht gewesen sei. Alles schaut auf mich. Ich fühle mich, als müßte ich sie alle unterhalten.

Noch zwei Tage bis zur Geburt. Ich hoffe immer noch, daß Luc vorher kommt. Leider fühle ich mich ausgezeichnet; keine Anzeichen von Wehen. Ich warte darauf, daß Liza die Aufregung des »Schnell, schnell das Baby kommt!« miterlebt. In zwei Tagen werde ich mich leer fühlen. Ich bete, daß Lizas und Davids Freude meine Angst und Leere überwinden wird.

Es war der Tag, bevor Dr. Isola die Wehen auslösen würde, wenn sie nicht von selbst einsetzten. Wir hielten uns beschäftigt. Jennifer bat David, einen Sack Kartoffeln und ein Säuglingsmilchpräparat zu besorgen. Da die örtliche Apotheke das Säuglingsmilchpräparat nicht vorrätig hatte, fuhr er ein paar Kilometer weiter, um es zu bekommen, und kam dementsprechend später mit dem Milchpräparat und den Kartoffeln zurück. Ich hatte mir schon Sorgen gemacht. Wie immer hatte ich gedacht, es sei etwas Schreckliches passiert, genau wie ich mich immer um Jennifer oder meine Mutter oder Greg, Stuart, Sophia und Max sorge, wenn sie sich nicht melden oder nicht da sind, wo ich es erwarte. Dies war meine schwache Stelle. Ich nehme an, es hat mit dem Unfall meiner Mutter zu tun, der Katastrophe, die so plötzlich hereinbrach, während ich mich beschützt und sicher fühlte, von einer glücklichen, lebhaften Familie umgeben. Diese Tragödie hat mein Leben von einem Moment auf den anderen umgekrempelt. Die Angst, daß ein solcher Vorfall sich wiederholen könnte, nagte stets an meinem Herzen, vor allem in Zeiten der Fröhlichkeit.

Es herrschte nervöse Gespanntheit. Nach dem Abendessen

ließen wir uns im Wohnzimmer der Scheus nieder. Keiner von uns hatte viel gegessen. Keiner beachtete den plärrenden Fernseher. Jeder war in seine eigenen Gedanken versunken. Jeder machte sich Sorgen um die anderen.

Ich betrachtete den leeren Tragekorb neben mir und wußte, daß mein kleiner Sohn bald darin liegen würde. »Bitte laß ihn heil, gesund und glücklich sein«, war mein ständiges Gebet. »Bitte laß Jen die Geburt und die Zeit danach gut überstehen. Laß sie sich durch diese unglaubliche Tat selbst verwirklichen, sich von Schmerz und Leid befreien.« Ich wußte, daß dies Zeit brauchen würde, aber ich betete, daß es möglichst rasch gehen würde und daß ihr wunderbares Geschenk ihr das Glück geben würde, nach dem sie in ihrem eigenen Leben strebte. Der morgige Tag würde Lucs Geburtstag sein. »Bitte laß dies ein Datum sein, das wir immer zusammen feiern werden – als Geburtstag unseres Babys und Tag der Erneuerung für Jennifers Leben. Laß dies einen Tag sein, an dem wir Tante Laurie ganz besonders danken werden. Sie ist heute abend bei uns allen. Sie wacht über uns, wie auch meine Mutter es tut. Dieser Bund vier beharrlicher Frauen, von Liebe und Entschlossenheit angetrieben, ist stark und dauerhaft. Laß morgen einen Tag der Tränen sein, aber der Tränen des Glücks und des Staunens, der Freude und der Aufregung und der Vorfreude auf ein glückliches, langes, gemeinsames Leben – ein Leben als Familie: Liza, David und Luc. Bis morgen, mein Baby.«

Spät am Abend rief Ralph, Stephens Vater, an. Das plötzliche Klingeln erschreckte uns. Wie ich gefürchtet hatte, wurde unser Friede gestört. Wie Ralph sagte, hatte jemand vom Krankenhaus beim Gesundheitsamt von Illinois angerufen, um sich nach dem vom Gericht an das Krankenhaus geschickten Bescheid zu erkundigen, der bestätigte, daß David und Liza Freilicher die juristischen und leiblichen Eltern des Kindes seien, von dem Jennifer Scheu entbunden werden würde. Einen solchen Bescheid hatte das Krankenhaus noch nie erhalten. Und natürlich hatte irgendein namenloser Sachbearbeiter ohne juristisches Hintergrundwissen ihnen gesagt, daß dieses ungewöhnliche Arrangement ungeachtet aller gerichtlichen Verfügungen unzulässig sei. Und das am Abend, bevor das Baby zur Welt kommen würde! Ich geriet in Panik. Würde ich doch noch ein Adoptionsverfahren für mein Baby anstrengen müssen? War die gerichtliche Verfügung wertlos? Ralph würde es uns so bald wie möglich mitteilen. »Ich arbeite daran«, sagte er.

»Mein Vater ist nicht zu stoppen«, sagte Stephen voller Zuversicht. »Er macht das für uns.«

Und damit gingen wir alle zu Bett und versuchten, uns auf die Geburt und das Baby vorzubereiten. Weder David noch ich konnten schlafen, und ich bin sicher, daß auch Jennifer und Stephen keinen Schlaf fanden. Eine Adoption, wenn es dazu kommen sollte, wäre eine umständliche Prozedur, für die wir alle bei Gericht erscheinen müßten, Jennifer noch geschwächt von der Entbindung und ich mit einem Neugeborenen.

Ich lag im Bett und starrte an die Decke. Ich muß Stunden so zugebracht haben. Ich dachte an die langvergangenen Zeiten, als Jennifer und ich in einem plätschernden Bach von Stein zu Stein hüpften. Jennifers größte Angst war es gewesen, von ihrer Mutter getrennt zu werden. Morgen, so hoffte sie, würde dieser Schmerz von ihr weichen. Meine größte Angst war das unerwartete Hereinbrechen einer Katastrophe. Hier und heute, so viele Jahre und Erfahrungen später, schickten wir uns an, unseren Ängsten entgegenzutreten.

48. Kapitel

David und ich standen um fünf Uhr morgens auf. Es war noch dunkel draußen. Wir zogen uns rasch an. Ich trug eine schwarze Hose, ein weißes T-Shirt, eine braune Strickjacke und einen schwarzen Blazer. Mein Haar war sauber und glatt, da ich mir Jens Fön geliehen hatte.

Wir frühstückten in der Küche und fotografierten uns gegenseitig, umgeben von all dem Gepäck, das wir mit in die Klinik nehmen würden. Trotz unserer Müdigkeit lächelten wir.

Jen nahm meine Hand, als wir nach draußen gingen, und legte ihre andere Hand auf ihren Bauch. Sie lächelte. »Das ist das letzte Mal, daß ich ihn so halte. Ich weiß, daß er ein wunderbares Baby ist, Liza. Ich liebe ihn. Ich habe ihn gut für dich behütet. Ich weiß, daß du eine wundervolle Mutter sein wirst. Er kennt dich. Er kennt deine Stimme und weiß, wie falsch du singst.« Sie lachte, und dann legte sie die Arme um mich und weinte leise. Ich weinte auch – über die Schönheit des Ganzen und die Gefühle, für die es keine Worte gibt.

Es war Vollmond. David und ich nahmen Stephens Auto. Die anderen kletterten in Jens Toyota-Van.

Es war 6.30 Uhr, als wir uns in der Klinik anmeldeten. Ralph hatte uns eine Nachricht hinterlassen, daß er für den späteren Vormittag einen persönlichen Termin mit einem der Rechtsberater der Klinik hatte und dafür sorgen würde, daß wir sofort über das Ergebnis des Treffens informiert würden, selbst wenn wir uns im Kreißsaal befänden. Aber über das juristische Problem konnten wir uns jetzt nicht den Kopf zerbrechen.

Wir gingen alle zusammen – man stelle sich das Gedränge vor – in den Kreißsaal. Er war hell und groß und hatte erstaunlicherweise keinerlei Ähnlichkeit mit einem OP. Er hatte ein eigenes Badezimmer, mit Zahnpasta und Riechsalz ausgestattet, das ich nicht brauchen würde, da war ich mir sicher.

Wir lernten Leanne, die für uns zuständige Schwester, kennen. Ihr Lächeln war lieb, und ich merkte sofort, daß sie einen beruhigenden Einfluß auf Jen hatte, die ins Badezimmer ging, um den Kittel anzuziehen, den man ihr gegeben hatte.

Hilary, Jens Vater Martin, David, Stephen und ich saßen still da und bereiteten unsere Kameras vor, bis Jen aus dem Badezimmer zurückkam. Leanne half ihr ins Bett. »Spüren Sie irgendwelche Wehen?« fragte sie.

Jennifer schüttelte den Kopf und ließ sich zurücksinken.

Leanne kurbelte das Bett hoch, so daß Jens Beine gebeugt waren und ihr Kopf hoch genug lag, um ihr Publikum zu überblicken. Dann legte Leanne eine Infusion an, die die Wehen in Gang bringen sollte. Während sie die Nadel in Jennifers Vene stach, erzählte sie, sie könne es selbst nicht ertragen, sich Blut abnehmen zu lassen, betrachte sich aber als Expertin im Anlegen von Infusionen. Sie und Jen scherzten miteinander und bemühten sich um eine lockere Stimmung.

Leanne erklärte die Funktion des Wehenschreibers und des Geräts zur Überwachung des embryonalen Herzschlags. Sie schloß Jen mit einem um ihren Bauch gelegten Gurt an diese Geräte an.

In dem Moment klopfte es an die Tür. »Ist das hier Scheu/Freilicher?« fragte ein junger Mann in weißer Krankenhausjacke. Auf seinem Namensschild stand »VERWALTUNG«.

»Ja«, sagte ich mit klopfendem Herzen. Er reichte mir einen Umschlag. Ich wußte, daß es das Ergebnis von Ralphs Besprechung war. Ich schloß die Tür und gab den Umschlag an David weiter. Meine Hände waren schweißnaß. Ich hatte Angst, den Umschlag zu öffnen.

David öffnete den Umschlag und warf einen raschen Blick auf das untere Ende des Blatts. Ein breites Lächeln erschien auf seinem Gesicht. »Ralph hat's geschafft«, verkündete er so laut, daß Leanne »Schhhht« sagte.

David und ich umarmten uns. Er wischte mir eine Träne ab. »Es ist alles geregelt. Luc wird als Freilicher geboren.« Er gab mir ein Papiertuch zum Naseputzen, und Jennifer und ich tauschten eine triumphierenden Handschlag aus.

»Hättest du dir nicht einen schöneren Nachnamen aussuchen können?« fragte ich David scherzhaft.

Er boxte mich spielerisch gegen den Arm.

Jennifer sah zu mir auf und lächelte. »Ich hoffe, daß die Wehen bald anfangen, so daß ich dir Luc übergeben und mein eigenes Leben zurückhaben kann. Ich habe einen Mann, der auf mich wartet.« Sie nahm Stephens Hand.

Ich strich ihr das Haar aus der Stirn. Mit ihrem hochgesteckten Haar sah sie so glamourös aus, als ginge sie zu einer Party.

Sie zuckte zusammen, und ich sah auf dem Bildschirm, daß die erste Wehe eingesetzt hatte.

»La, es geht los. Ich habe Erfahrung mit dem Kinderkriegen. Ich möchte nicht, daß du dich abgestoßen fühlst oder es dir peinlich ist, daß David mit hier ist, um zu sehen, wie ich ein Kind bekomme. Ich möchte nicht, daß du das Gefühl hast, ich hätte deinen Platz eingenommen.« Sie sprach so, daß uns niemand sonst hören konnte. Als ob sonst niemand mit im Raum wäre.

Ich küßte sie auf den Kopf. »Mach dir keine Sorgen um mich. Zu sehen, wie du unseren Sohn zur Welt bringst, wird die denkwürdigste, schönste Erfahrung unseres Lebens sein.«

Nach einer Stunde, als die Wehen stärker wurden und schneller aufeinander folgten, kam Dr. Isola herein und sagte mir, ich solle mich an Jennifers Fußende stellen, um bei der Geburt zuzusehen. Ich zögerte, von Jennifers Seite zu weichen. Hilary nahm meinen Platz ein und tätschelte Jens Kopf, erinnerte sie daran, richtig zu atmen, und half ihr, durch die Wehen zu kommen.

Um 9.15 Uhr bat Jennifer um eine Rückenmarksspritze gegen die Schmerzen. Ihr Muttermund war 4 cm weit geöffnet.

Wir verließen den Raum, während der Anästhesist die Spritze aufzog.

Ich fühlte mich schrecklich, während wir draußen warteten – in dem Wissen, daß Jennifer diese Spritze ins Rückgrat bekam. Ich hatte das in einem Geburtsvorbereitungsvideo gesehen, und es hatte mir Angst gemacht. Wieder war ich beeindruckt von Jennifers Tapferkeit.

Als wir in den Kreißsaal zurückgerufen wurden, bat man Jens Vater, draußen zu warten. Jennifer sagte, es ginge ihr gut, aber es standen Schweißperlen auf ihrer Stirn, und sie biß sich auf die Lippe.

Ich hatte erwartet, die Ärzte, Jens Schmerzen und die Verletzung ihrer Intimsphäre würden mich bedrücken, aber ich fühlte mich nicht bedrückt, nur aufgeregt.

Wir warteten. Jennifer fühlte sich unwohl, obwohl die Spritze jetzt zu wirken begann. Ihr wurde übel von den Medikamenten, und sie mußte sich mehrfach übergeben.

Um 11.45 Uhr untersuchte eine Schwester Jennifer und sagte, der Muttermund sei jetzt 7 cm weit geöffnet und es dürfte nicht mehr lange dauern. Sie ging hinaus, um Dr. Isola zu holen.

Ich hielt Davids Hand.

Jen sagte, sie spüre das Bedürfnis zu pressen. Leanne sagte, sie sollte versuchen, es noch zu unterdrücken und auf die Ärztin zu warten.

Endlich kam Dr. Isola. Ich sah die Erleichterung auf Jennifers Gesicht.

Wir nahmen die uns angewiesenen Positionen ein. Jen legte ihre Beine in die Halterungen. Hilary stand an ihrem Kopfende. David stand neben ihrem rechten Knie und hielt ihr Bein; Leanne hielt ihr linkes Knie. Dr. Isola stand zwischen ihren Beinen. Ich stand neben der Ärztin, zu meiner Linken David, der unverhohlen weinte – wegen der sich lösenden Anspannung, der Aufregung über diesen lang erwarteten Moment, die Geburt seines Sohns, die Erhörung seiner Gebete. Stephen filmte auf Jennifers Wunsch alles mit seiner Videokamera.

»Wollen Sie helfen, Ihren Sohn auf die Welt zu bringen?« fragte mich Dr. Isola.

»Ja«. Ich zog einen Kittel, OP-Schuhe und enge Gummihandschuhe über. Ich war nervös.

Jennifer hatte sich zurücksinken lassen; sie fühlte sich schwindelig. Die Medikamente ließen ihre Augen hin- und herrollen. Auf Dr. Isolas Anweisung hin begann sie zu pressen. Hilary stand neben ihr, streichelte ihren Kopf und sagte ihr, wann sie atmen müsse. Ich sah zu, wie ihr Körper anschwoll und sich langsam dehnte.

Gegen zwölf sah ich den Kopf des Babys durch den Geburtskanal austreten. Er sah winzig aus. Zu winzig. Die Ärztin berührte Jennifer, dehnte die Öffnung. Jennifer schrie auf. Ihre Schreie schnitten mir ins Herz.

Mehrere Minuten lang sahen wir Lucs Kopf auftauchen und wieder verschwinden. Ich konnte mir nicht vorstellen, wie ein Baby diesen Druck aushalten konnte.

Dr. Isola machte einen kleinen Einschnitt am unteren Rand des Geburtskanals, damit Lucs Kopf und Schultern austreten könnten, ohne das zarte Gewebe dort zu zerreißen.

»Sie machen das gut, Jennifer«, sagte sie ermutigend.

Stückchen für Stückchen schob sich der Kopf meines Babys hervor. Ich sah in völliger Faszination zu, wie mein Baby auf die Welt kam.

Die Ärztin sagte mir, ich solle mich rechts von Jen aufstellen, damit ich helfen könne. Lucs Kopf war draußen. »Legen

Sie die Hand auf seinen Nacken und ziehen Sie sanft nach oben.«

Dr. Isola hielt Luc mit einer Hand, ich mit beiden Händen. Um 12.16 Uhr glitt er mühelos heraus und fing sofort an zu schreien. Allgemeiner Jubel brach aus. Jen beobachtete gespannt mein Gesicht.

Ganz plötzlich war er da. »Oh, mein Gott ... Gott sei Dank«, hauchte ich.

Er war mit einem käsigen, weißen Film bedeckt. Ich konnte nur seinen Rücken sehen, nicht sein Gesicht.

Die Ärztin legte ihn Jen auf die Brust. Sie legte die Hände auf ihn. Ich war frustriert; alle konnten ihn sehen, nur ich nicht. Als die Ärztin mich dazurief, lief ich an Jens Seite, so daß ich sein Gesicht sehen konnte.

Oh, er war kräftig, er hatte ein verknautschtes kleines Gesicht und lange dunkle Haare. Er brüllte. Er war vollkommen.

Ich konnte die Augen nicht von ihm wenden. Heute war der Tag, an dem er mein wurde. Ich ließ meine Augen über ihn wandern. Er war kein Traum mehr.

David schnitt die Nabelschnur durch. Es passierte so schnell; ich sah nicht einmal, wie er es tat. Ich war noch dabei, Zehen und Finger zu zählen, dieses Wunder der Schöpfung zu bestaunen. Dr. Isola legte ihn auf den Untersuchungstisch unter einen Heizstrahler. Er brüllte kräftig, und seine Haut begann, rosig anzulaufen. Ich schnitt die Nabelschnur nach Anweisung der Ärztin kürzer; sie setzte eine Klemme darauf. Luc bekam ein Namensarmband: Luc Alexander Freilicher, ein langer Name für so ein winziges Handgelenk. Und ich bekam ein Armband, das mich als Luc Freilichers Mutter auswies.

Der Kinderarzt der Klinik untersuchte Luc und erklärte, wir hätten einen vollkommen gesunden Jungen, 3680 Gramm, gesund und kräftig. Sie nahmen Fußabdrücke von ihm. Und Leanne sagte, sie würde jedem von uns ein T-Shirt mit seinen

Fußabdrücken geben, bevor wir das Krankenhaus verließen. Luc wurde gesäubert, in eine blaue Decke gewickelt, bekam ein blaues Mützchen aufgesetzt und wurde seiner Mutter übergeben: mir.

Den einen Moment war er noch nicht hier, und im nächsten war er schon eine Person in dieser Welt, durch seine Fußabdrücke dokumentiert. »Er ist hier. Luc ist hier. Er ist mein Baby. Jetzt gehört er ganz David und mir. Ich kann es nicht glauben ... Ich kann es nicht glauben. Jen, schau, was wir vollbracht haben!«

Jennifers Gesicht leuchtete durch ihre Freudentränen. »Es ist geschehen. Wir haben's geschafft.« Ihre Stimme war kräftig – bestimmt und sicher, wie sie es von Anfang an gewesen war.

Ich wollte ihn immerzu nur ansehen und überall berühren, um mich daran zu gewöhnen, wie er sich anfühlte, mich vergewissern, daß es ihm gutging, ihn im Auge behalten. Ich konnte meine Augen nicht von meinem Baby, meinem Sohn abwenden. Sofort wurde ich zu seiner Hüterin, seiner Beschützerin. Ich war seine Mama.

Als Dr. Isola ihn in meine Arme legte, fühlte sich das so natürlich an, so ganz anders, als wenn ich jemand anderes Kind hielt. Er war mein.

David nahm ihn als nächster. Er war so überwältigt, daß er gar nicht wußte, was er mit sich anfangen sollte. Er weinte einfach bloß, was er nur tut, wenn er sich nicht ausdrücken kann.

Mir war bewußt, daß es Jennifer nicht besonders gut ging. Sie mußte genäht werden, und ihr war immer noch übel von dem Medikament. Sie hielt das Baby voll Liebe im Arm. Sie sah mich an, und wir umarmten uns und weinten wortlos, während wir Luc gemeinsam festhielten. Ich wußte nicht, wohin mit meiner immensen Dankbarkeit.

Ich hob ihn hoch und setzte mich in einen Stuhl. Der Rest

des Raums verschwamm um mich. Ich hatte nur Augen für meinen Sohn.

»Ich muß Tante Suzy anrufen. La, ich rufe deine Mutter an«, sagte Jennifer, während Hilary ihr half, sich aufzusetzen und ihr einen Lippenstift brachte. Sie überstrahlte uns alle. Sie war so stolz auf sich. Ich hörte Jennifer mit meiner Mutter reden.

»Du solltest deine Tochter sehen, Tante Suzy. Sie hält ihren Sohn im Arm und strahlt. Wir haben es geschafft, wir alle zusammen. Mama hatte recht. Oh, mein Gott, du müßtest sie sehen.«

Ich konnte meine Mutter nicht hören. Aber Jennifer sagte: »Ich fühle mich großartig. Ich kann es kaum erwarten, ins Fitneßstudio zu kommen.« Sie machte eine Pause. »Wein doch nicht, wir lachen alle. Ich sende dir die Kassette, so daß du dir alles ansehen kannst, seine ganze Geburt ... ja, wir haben alles aufgenommen. Ich liebe dich auch. Herzlichen Glückwunsch, Großmama.«

Sie reichte das Telefon an mich weiter. »Ma, er ist hier, er ist so süß, ich kann es nicht glauben. Jen hat das so unglaublich toll gemacht; ich kann nicht glauben, daß ich mein Baby halte. Es fühlt sich so großartig an, so richtig.« Ich sagte ihr, ich würde sie bald zurückrufen, wenn wir uns alle beruhigt hätten, und gab das Telefon an David weiter.

Ich hatte meine Mutter gebeten, mit uns nach Chicago zu kommen, aber sie fürchtete, für mich eine zu große Belastung zu sein, und wollte uns nicht ablenken. »Ich werde zusammen mit meiner Schwester im Geiste dabeisein«, hatte sie zu mir gesagt.

David hielt Luc auf dem Arm und rief seine Eltern an. Stephen und Hilary kümmerten sich um Jen und machten weitere Fotos. Wir zogen aus dem Kreißsaal ins Krankenzimmer um. Jen hielt Luc im Arm, während sie sie den Gang hinunterrollten – Krankenhausvorschrift. »La, es tut mir leid. Ich hoffe, es macht dir nichts aus. Daran hatten wir nicht gedacht.«

»Nein.« Ich lachte. »Es macht mir nichts.« Und das war wirklich wahr.

Jennifer war erschöpft, fühlte sich aber besser. Ralph kam und brachte Kodie und Austin mit. Wir dankten ihm, erklärten ihm, daß er jetzt Stiefgroßvater sei, und die Kinder setzten sich hin und durften nacheinander Luc halten. Ich war selbst überrascht, wie ruhig ich war. Sie betrachteten ihren neuen Cousin voll Ehrfurcht, und Luc gab niedliche Babylaute von sich. Gegen Abend gingen die Besucher nach und nach, zuerst Hilary, dann fuhr Stephen mit Kodie und Austin nach Hause. Dann waren da nur noch Jen, David, ich und Luc, die wir uns immer noch ungläubig anstarrten. Die ganze Zukunft lag vor uns.

Wir bestellten etwas zum Abendessen, was eine Ewigkeit dauerte. Luc schlief die meiste Zeit. Jen fühlte sich besser. Die Anspannung löste sich.

Später, nachdem David ins Hotel zurückgekehrt war, machte ich mir das schmale Bett zurecht, das die Klinik für mich bereitgestellt hatte. Jen war müde und schlief bald ein. Ich war froh, daß sie sich endlich ausruhen konnte. Ich wollte meine Augen nicht von Luc abwenden. Ich stellte den Tragekorb neben meine Liege und starrte ihn einfach nur an. Nach ein paar Stunden merkte ich, daß ich einzudösen begann. Da ich mein Baby nicht unbeaufsichtigt lassen wollte, brachte ich ihn zum Kinderzimmer der Station. Die eine Schwester fand ich beunruhigend – mit ihren langen Rasta-Locken und gefährlich aussehenden Fingernägeln, einen Ring an jedem Finger. Sie wirkte nicht sehr »schwesterlich« auf mich, und es war mir unwohl bei den Gedanken, mein Baby bei ihr zu lassen. Aber dann erschien eine weitere Schwester, die ruhig, adrett und liebenswürdig wirkte. Ich blieb eine Stunde lang im Kinderzimmer. Ich bin sicher, daß sie damit nicht einverstanden waren.

Die Schwester mit den Rasta-Locken sah mich prüfend an

und fragte sich offenbar, wie ich wohl die Mutter sein könne. Die andere Schwester sagte zu mir: »Warum versuchen Sie nicht, etwas Schlaf zu bekommen?«

Offenbar waren alle anderen Mütter zu erschöpft, um nachts um drei im Kinderzimmer herumzusitzen.

Schließlich ging ich widerstrebend ins Krankenzimmer zurück und schlief eine Weile. Ich konnte nicht glauben, daß ich mein eigenes süßes Baby hatte.

Um fünf wachte ich wieder auf und ging zum Kinderzimmer, um nach Luc zu sehen. Er schlief. So ein braves Baby. Ich brachte ihn mit einer Flasche Säuglingsmilch zurück in unser Zimmer und bemühte mich, Jen nicht zu wecken. Ich starrte sie nur beide voll Bewunderung an.

49. Kapitel

Als Jennifer die Augen aufschlug, sah sie mich, wie ich Luc die Flasche gab. Sie reckte sich, zuckte zusammen, als sie ihren wunden Körper spürte, dann ging ein breites Lächeln über ihr Gesicht. Ihre Augen leuchteten.

»Ich liebe diese kleinen Schnurrlaute, die er macht. Luc ist ein glückliches Baby. Sieh nur, wie er an seiner Flasche nukkelt.«

Ich brachte ihn zu ihr und legte ihn aufs Bett in Jens Arme.

»Er ist eine starke Persönlichkeit, all die Widrigkeiten, die er überwunden hat, um hier zu sein. Er sieht nicht einmal wie ein Neugeborenes aus. La, er ist zart und rosig, sein Gesicht ist glatt. Was für ein wunderschönes, wundersames Baby«, rief sie aus.

»Du hast ihn dazu gemacht«, sagte ich. »Er ist ein glückliches Baby. Er hat letzte Nacht überhaupt kein Theater gemacht.« Ich sah zu, wie Luc in Jens Armen an der Flasche nuckelte, und fragte mich, ob sie den Drang verspürte, das Baby, das sie geboren hatte, zu stillen. Jetzt, da sie sehen konnte, daß mein Ziel erreicht war, fragte ich mich, wie nah sie daran war, ihres zu erreichen, aber ich wußte, daß das vorerst nur müßige Spekulation war. Es würde Zeit brauchen.

Sie richtete sich im Bett auf und legte Luc über ihre Schulter, damit er ein Bäuerchen machen könnte. »Liza, ich kann es nicht glauben, daß ich unser wunderbares Gemeinschaftswerk ansehe. Körperlich fühle ich mich noch nicht so toll, aber ich bin so glücklich, daß er hier ist.«

Dr. Isola betrat den Raum, als Jen Luc gerade an mich zurückreichte. Sie blickte ihn prüfend an. Sein Babymäulchen war gespitzt, suchte nach etwas zum Nuckeln. Er öffnete die Augen und sah seine Mama an. Er war warm, und ich fand, daß sein Babyhaar nach frischem Gras duftete, als ich ihn auf den Scheitel küßte.

Dr. Isola unterzeichnete Jens Entlassungsschein, so daß uns nichts mehr im Wege stand, das Krankenhaus zu verlassen. »An dieses Baby werde ich mich immer erinnern«, sagte die Ärztin lächelnd. »Es heißt, daß alle Menschen von Geburt aus gleich sind, aber für Luc gilt das nicht. Er hat härter gekämpft, um hierher zu kommen, und er ist tapfer in eine Welt so voller Liebe gekommen.« Sie küßte Jen auf die Stirn.

David und Stephen kamen, kurz nachdem Jennifer sich angezogen hatte. Sie saß fertig geschminkt bereit – voller Ungeduld, nach Hause zu Kodie und Austin zu kommen. Sie trug keine Umstandskleidung mehr. Natürlich hatte sie die Hose aufgeknöpft gelassen und das lange Jackett hing offen über ihre Hüften, aber niemand, der Jen so sah, wäre auf die Idee gekommen, daß sie gerade ein Kind zur Welt gebracht hatte. Es dauerte ein Weilchen, Luc für seinen ersten Ausflug bereit zu machen, aber schließlich waren wir auf dem Weg nach draußen.

Eine Schwester begleitete uns alle nach unten; Jen mußte im Rollstuhl sitzen – Krankenhausvorschrift. Als wir die Eingangshalle erreichten, gingen die Männer die Autos holen. Jen erhob sich langsam. In ihren hochhackigen Schuhen war sie sehr groß. Für mich überragte sie alle Menschen auf der Welt.

Hilary traf uns in der Eingangshalle an, und ich konnte sehen, wie sehr Jen sich freute, sie zu sehen.

David hatte Probleme, den Kindersitz richtig anzuschnallen. »Ich mach das«, sagte ich.

»Liza, schau, es ist schon erledigt.«

»Wir überlassen es euch, damit klarzukommen«, verkündete Jennifer. »Bis morgen bei uns dann. Ich werde euch nicht anrufen.«

Diesmal verließ uns Jennifer ohne Luc. Ich dachte an all die Male während der Monate, als er in ihrem Körper wuchs und lebte, die ich zurück nach New York geflogen war und sie mit meinem Baby ihn Chicago zurückgelassen hatte. Es war schmerzlich gewesen. Jetzt endlich war ich es, die mit Luc davonfuhr. Ich hoffte, daß sie unter dieser Trennung nicht leiden würde. Ich hoffte, daß sie ans Ziel ihrer Wünsche kommen würde.

Ich saß auf dem Rücksitz neben Luc. David fuhr vorsichtig zum Hotel zurück. Von jetzt an waren wir für den Rest unseres Lebens auf uns gestellt.

17. Oktober 1997

Als wir von der Klinik wegfuhren und Liza und David mit Luc zurückließen, unsere erste Trennung, fehlte er mir wirklich. Ich fühlte mich leer. Wir schwiegen auf der Fahrt. Hilary und Stephen ließen mich in Ruhe meinen Gedanken nachhängen. Den letzten Monat über hatte ich Angst gehabt, ich würde es nicht überstehen, das Baby, das ich in mir trug, dem ich mich verbunden fühle und das ich liebe, aufzugeben. Nicht, weil ich das Gefühl hätte, er wäre mein, sondern wegen unserer gegenseitigen Beziehung und unseres aufeinander Angewiesenseins – er auf mich, um zu leben, und ich auf ihn, um die Leere meiner Einsamkeit zu füllen. Ich erforschte meine Seele, als ich da neben meinem Mann saß, ihn schweigend ansah und aus dem Fenster auf das Leben um mich herum blickte. Ja, ich war glücklich, und ich war froh. Ich war mir der Liebe bewußt geworden, die meine Mutter mir gegeben hatte. Ich wünschte mir, daß Stephen schneller führe, um nach Hause zu meinen Kindern zu kommen. Ich öffnete das Fenster und schloß die Augen, ließ die Brise über mein Gesicht streichen. Die Luft, die meine Lungen füllte, duftete angenehm. Ich atmete tief ein. Dieser Duft? Der vertraute Duft, das Zeichen, auf das ich gewartet hatte. Die Übereinkunft mit meiner Mut-

ter, unser Pakt. Ich sog die tröstende Wärme meiner Mutter tief ein. Es gab keinen Zweifel. Ich öffnete die Augen und sah Stephen an. Er schien nichts bemerkt zu haben. Ich schloß meine Augen wieder – voller Frieden, geborgen in dem Wissen, daß ich ohne meine Mutter und ohne das Baby überleben würde. Ich war ganz, ohne daß sie bei mir waren, um mich zu etwas Besonderem zu machen. Heute bin ich Jennifer Scheu, nicht nur Lauries Tochter. Ich bin stark genug, um gut zu überleben.

David und ich verbrachten den Rest des Tages und die Nacht im Hotelzimmer mit unserem Sohn, fern von der Welt. Niemand rief an, und niemand kam uns besuchen. Das Muttersein erschien mir so selbstverständlich – all die Jahre, in denen ich an mir gezweifelt hatte, mich von Kindern gestört gefühlt hatte, all die Jahre, in denen ich Rafaels Liebe und Hinwendung zu seinen Söhnen nicht verstanden hatte ... sie fielen von mir ab. Ich war begeistert, Mutter zu sein. Ich war bereit, mütterliche Liebe zu geben. Ich war nicht nervös, wenn ich Luc die Flasche gab oder die Windeln wechselte. Auch David ging mit ihm um, als sei er schon immer Vater gewesen.

Wir trafen um zehn bei Jennifer zum Frühstück ein. Sie war schon auf den Beinen und gönnte sich eine lang ersehnte Tasse Kaffee. Jen war begierig zu hören, wie Luc die Nacht verbracht hatte. Martin, Hilary und die Kinder hielten ihn abwechselnd auf dem Arm. Luc ließ sich ohne jeden Protest herumreichen. Jen gab ihm die Flasche und wechselte seine Windel, bestaunte ihn und freute sich so an ihm. Als ich sie fragte, wie es ihr ginge, sagte sie: »Gut. Falls mich die Hormone nicht noch durcheinanderbringen, geht es mir gut, La. Die Sache hat sich gelohnt. Die Medizin war oft schwer zu schlucken, aber der Heilerfolg war es wert.«

Als es auf ein Uhr zuging, mußten wir uns darauf vorbereiten, zum Flughafen zu fahren. Ich hatte einen Kloß im Hals.

Wir waren gefühlsselig und nervös. David begann, den Wagen zu beladen, und ich hüllte Luc in seine Decke.

Jen stand auf, um mit uns nach draußen zu gehen.

Wir umarmten uns. Nach ein paar Augenblicken kam auch Kodie dazu; sie berührte Lucs Hand. Wir lächelten unter Tränen. Es gab keine Worte für diesen Abschied.

19. Oktober 1997

Heute ist mein Geburtstag. Ich bin froh, daß ich die Geburt hinter mir habe und dieser Tag mir allein gehört, den ich auf die bestmögliche Art verbringen werde – zu Hause mit meinem Mann und meinen Kindern. Stephen hat Steaks gegrillt; er und Kodie haben die Küche saubergemacht, während Austin und ich zusammen in unserem großen Bett lagen und darauf warteten, daß sie heraufkämen, um mit uns zum dritten Mal Arielle, die kleine Meerjungfrau anzugucken.

Liza rief an, um mir zum Geburtstag zu gratulieren, und Luc hat süße Geräusche von sich gegeben. Es war ein äußerst glücklicher Geburtstag. Und ich habe die heitere Gegenwart meiner Mutter gespürt.

50. Kapitel

Mit zweiundzwanzig Tagen schien Luc dem Säuglingsalter bereits zu entwachsen. Wir hielten seine Beschneidungsfeier in unserer Wohnung ab; es war nicht angenehm, aber wir haben sie überstanden. Jennifer blieb lieber in Chicago. Sie wollte, daß dies ein Anlaß nur für Luc und seine Eltern wäre, ohne uns die Schau zu stehlen, indem sie irgendwelche Fragen beantworten mußte. Ich war noch nicht wieder arbeiten gewesen. Ich verbrachte fast jede freie Minute mit Luc, um ihn besser kennenzulernen.

Ich fühlte seine Gegenwart in meinem Leben und meinem Herzen. Ich kannte jeden Zentimeter seines Wesens, jedes Bedürfnis und jeden Wunsch, jedes Wimmern. Ich schaute in seine Augen und er in meine, und er kannte mich so gut, als sei er in meinem Leib gewachsen. Er reagierte auf meine Stimme. Ich war voller Ehrfurcht darüber, wie ein Muttertier – denn genau das war ich – ihr Junges erkennt, wie ihr Herz für es schlägt und ihre Sinne auf es ausgerichtet sind. Luc kennenzulernen, bedeutete, mich endlich selbst richtig kennenzulernen. Und ich wußte, warum Eltern diese Art von Liebe nur ihren Kindern entgegenbringen, warum Jennifer fühlte, daß Luc nicht ihr Kind war, und warum sie in der Lage war, sich von ihm zu trennen.

In New York war das Wetter aufgrund des *El Niño* genannten Wetterphänomens jahreszeituntypisch warm, so daß Luc und ich viel draußen sein konnten.

Wir gingen oft im Park spazieren. Ich war glücklich, nun zu den Frauen mit Kinderwagen zu zählen. Luc und ich verbrachten auch viel Zeit mit meiner Mutter. Sie kam mit ihrem

Motorroller, und wir unternahmen Schaufensterbummel auf der Madison Avenue. Ich weiß nicht, wo die Stunden der Tage blieben. Ich weiß nur, daß ich jede Sekunde mit Luc verbringen wollte. Ich starrte ihn einfach nur an, während er nachts in seinem Kinderbettchen schlief, und hielt ihn den ganzen Tag im Arm.

Ich verstand jetzt, warum Jennifer ihre Kinder so umsorgte und wie kostbar ihr ihre Zeit zu Hause mit ihnen war. Ich konnte auch nachfühlen, daß Rafael seinen Jungen eine Vorrangstellung in seinem Leben eingeräumt hatte. Ich schuldete all den Müttern und Vätern eine Entschuldigung, die ich für seicht und schwach gehalten hatte, weil sie so völlig darin aufgingen, ihre Kinder zu verwöhnen. Ich fühlte schmerzlich mit meiner Mutter, die Ericas Krankheit und Qualen hatte durchleiden müssen. Wie meine Großmutter den Tod ihrer Tochter hatte überleben können, überstieg alles, was ich mir vorstellen wollte. Ich entschuldigte mich für meine Verständnislosigkeit, aber ich war blind gewesen. Sicher, ich hatte Rollenvorbilder, die ich liebte und respektierte: meine Mutter und Tante Laurie, für die ihre Kinder die wichtigsten Menschen in ihrem Leben waren. Jennifer hatte es mir gesagt, Bonni hatte es mir gesagt, Frauen von unterschiedlichem Temperament, aber mit der gleichen instinktiven Mütterlichkeit. Ich hatte es nicht verstanden. Vielleicht, weil ich dachte, solche Gefühle seien nicht Teil meines Wesens – ich, die ich als Kind nicht einmal mit Puppen gespielt hatte. Im Rückblick sah ich bei mir nichts von den mütterlichen Instinkten, die ich bei Dakota so klar erkenne – in der zärtlichen Weise, wie sie Lucs Hand berührte, und der Art, wie sie sich um ihren kleinen Bruder Austin kümmert.

Ich telefonierte jeden Morgen und jeden Abend mit Jennifer. Meine Mutter sprach ebenfalls täglich mit ihr, und wir tauschten unsere Eindrücke aus, um sicherzugehen, daß es ihr gut ging. Sie trainierte im Fitneßclub und hatte erstaunlicherweise bereits den größten Teil des in der Schwangerschaft zugelegten Gewichts wieder abgenommen. Eines Tages verkündete sie mir triumphierend: »Ich habe meine Taille wieder!« Ich erzählte ihr von Luc und unseren gemeinsamen ruhigen Tagen. Sie fühlte solche Freude, wenn ich ihr von seinen kleinsten Veränderungen und Fortschritten erzählte – was er aß, wie lange er schlief, wie er mich ansah.

Ich war überzeugt, daß Jennifer nichts bereute. Sie hatte die Trennung souverän vollzogen, und ihre Heldenhaftigkeit stand ihr gut.

Das Telefon klingelte; es war meine Nachbarin Hanna.

»Bist du beschäftigt?« fragte sie geheimnisvoll.

»Nein, warum?«

»Ich bin in drei Minuten bei dir an der Tür«, sagte sie.

Drei Minuten später öffnete ich die Tür und sah mich Hanna mit ihrer vertrauten hellblauen Tiffany-Tüte gegenüber, jener Tüte, die voller Nadeln und Spritzen gewesen war. Die Erinnerung ließ mich innerlich erschauern.

»Die sind für dich«, sagte sie.

Ich öffnete die Tüte und fand darin winzige blaue, gelbe und weiße Baby-Strampler.

Ich umarmte Hanna. Wir hatten beide Tränen in den Augen.

Als Luc zwei Monate alt war, kam Jennifer zu einer Stippvisite nach New York, um ihn zu sehen. Da sie nicht bei Luc im Kinderzimmer schlafen wollte, übernachtete sie bei ihrem Vater und kam früh am Morgen zu uns, so daß wir den ganzen Tag Zeit füreinander hatten.

Wir verbrachten den Vormittag im Kinderzimmer. Jen sah zu, wie ich Luc badete, dann gab sie ihm die Flasche, während ich ein paar geschäftliche Anrufe erledigte. Es war so natürlich und entspannt, wie wir drei miteinander umgingen. »Gehst du irgendwann wieder arbeiten?« fragte sie.

»Ich gehe tagsüber ins Restaurant und nehme Luc mit. Ich weiß, daß ich mir bald einen Babysitter suchen muß, um Teilzeit zu arbeiten, aber ich schiebe es immer wieder auf, und wenn ich ehrlich bin, widerstrebt mir die Idee enorm«, erzählte ich Jen.

Am Nachmittag machten wir einen kurzen Spaziergang mit Luc im Kinderwagen. Als es kalt wurde, kehrten wir nach Hause zurück, und ich zeigte Jen all die Geschenke, die Luc bekommen hatte, und mein Fotoalbum, das schon voller Bilder war.

Es gab auch Bilder von Greg, der Luc bei der Beschneidungsfeier auf dem Arm hielt.

»La, ich hoffe, du verstehst, warum ich nicht gekommen bin. Ich wollte, daß es dein Tag wäre, und ich habe meinen Besuch aufgeschoben, damit wir Zeit zusammen verbringen könnten, wie wir es jetzt tun, anstatt mit einer Menschenmenge und lauter Ablenkungen.«

»Was für ein chaotischer Tag das war. Ich bin froh, daß du nicht da warst.«

Ich legte Luc zum Nickerchen in sein Bettchen. Als ich ins Wohnzimmer zurückkam, schrieb Jen in ihrem Tagebuch.

19. Dezember 1997

Dies ist mein letzter Eintrag in diesem Tagebuch. Ich habe mit der Trauer in meinem Leben abgeschlossen. Vielleicht fange ich irgendwann ein anderes Tagebuch an, aber im Augenblick bin ich glücklich mit meinem Mann und meinen Kindern und versuche nicht mehr, irgendwelche Rätsel zu lösen. Meine Mutter wird immer ein Teil meines täglichen Lebens sein. Ich habe gelernt, mit dem Schmerz ihrer Abwesenheit zu leben. Ich will nicht, daß dieser Schmerz jemals von mir weicht, aber ich blicke nun über diesen Schmerz hinaus und sehe mich selbst als Erwachsene, aus meinem Innersten beflügelt durch die Liebe meiner Mutter.

Bis Luc aus seinem Nickerchen erwacht war und wir uns umgezogen und ihm die Flasche gegeben hatten, war es Zeit, zu Gregs Restaurant *Bistro Le Steak* auf der anderen Seite der Stadt zu fahren. Jen und ich waren uns so nah wie eh und je. Ich fühlte keinerlei Zurückhaltung von meiner oder ihrer Seite.

Als Jennifer das Restaurant betrat, drehten sich alle Köpfe nach ihr um. Ihre Größe, ihre Haltung und ihr langes blondes Haar machten es unmöglich, sie nicht zur Kenntnis zu nehmen. Meine Mutter umarmte sie. Jen zog ihr schwarzes Jakkett aus und stellte ihre langbeinige Gestalt in schwarzer Hose und tief ausgeschnittenem schwarzem Pulli zur Schau.

Wir saßen in der hintersten Nische, und ich stellte Luc in seinem Kindersitz neben mich. »Entschuldigen Sie«, bat ich die beiden Frauen am Nebentisch. Sie sahen wie Mutter und Tochter aus. »Ich hoffe, er stört sie nicht.«

»Aber gar nicht.« Die ältere Frau rutschte etwas beiseite.

»Was für ein entzückendes Baby. Wie alt ist er?« fragte die Jüngere.

»Zwei Monate«, erwiderte ich stolz. Der Kellner nahm unsere Getränkebestellung auf. Jennifer bestellte Weißwein; ich auch.

»Wie wär's mit Champagner?« fragte Mutter.

»Champagner«, stimmten David und Joe zu und setzten die Unterhaltung fort, die sie auf der anderen Seite des Tischs führten.

Der Kellner ließ den Korken der eisgekühlten Flasche Dom Pérignon knallen, die Greg uns von der Bar rübergeschickt hatte.

»Ich liebe dieses Geräusch«, sagte Jen.

Wir stießen auf alle an, die um den Tisch versammelt waren.

»Auf Jennifer«, sagte Mama.

»Auf Liza.«

»Auf Luc.« David erhob sich.

»Auf uns alle«, sagte Joe abschließend.

Ich reichte Luc zu Jen hinüber und sagte zu den Frauen neben uns: »Es tut mir leid, Sie noch einmal stören zu müssen.«

Sie hatten aufgegessen und bezahlten gerade die Rechnung. »Herzlichen Glückwunsch Ihnen allen. Sind Sie die Mutter?« fragte die Jüngere.

»Ja. Ich bin die Mutter; ich bin Liza. Dies ist meine Cousine Jennifer; sie hat das Baby für uns ausgetragen. Sie hat Luc auf die Welt gebracht«, sagte ich, froh, mit Jen angeben zu können.

»Ich bin Becky Platt. Meine Mutter ... Naomi. Ich habe diesen Monat mit der IVF angefangen. Sie sind ein solcher Ansporn für mich. Wir haben Glück; heute gibt es so viele Möglichkeiten, eine Familie zu gründen.«

Jen und ich sahen einander an und dann Becky Platt. Becky hatte noch einen langen Weg vor sich. Wir kannten sie nicht, aber wir spürten sofort eine Verbindung. Ich konnte an Jennifers Augen und ihrer Haltung sehen, wie stolz sie auf uns beide war. Becky sah Luc an wie einen wahr gewordenen Traum. »Mein eigenes Baby rückt in den Bereich des Möglichen, wenn ich sehe, wie glücklich und erfolgreich Sie sind. Danke. Auf Wiedersehen ... Jennifer ... Liza. Vielen, vielen Dank.«

Sie schickte sich zum Gehen an, drehte sich dann wieder um und umarmte uns beide, bevor sie davoneilte. Jennifer und ich waren untypisch still, während wir an alles dachten, was wir durchgemacht hatten. Luc schlief. David, Joe und meine Mutter unterhielten sich. Und Jen und ich waren allein mit der Ungeheuerlichkeit unserer Tat.

»Liza, ich habe etwas für dich«, sagte Jennifer leise.

»Ich denke, du hast mir schon genug gegeben, Jen.«

»Mach die Augen zu.«

Ich setzte Luc in den Kindersitz und tat wie geheißen. Ich fühlte, wie Jennifer mir etwas um den Hals legte. Ich berührte es und wußte sofort, was es war. Ich öffnete die Augen und sah das Medaillon an, das meine Mutter Tante Laurie zu Jennifers Geburt geschenkt hatte. Das Medaillon, das Laurie Jennifer zu Kodies Geburt geschenkt hatte. Jennifer hatte es zu unserem ersten Gespräch mit Scot in der Klinik getragen – mit Fotos von Kodie und Austin darin.

Ich öffnete das Medaillon. Im Inneren war ein Bild von Luc.

Danksagungen

Zuallererst danke ich meiner wunderbaren Cousine Jennifer. Sie ist einfach der unglaublichste Mensch, der mir je begegnet ist. Ihre Liebe, Güte, Stärke, Selbstlosigkeit und Tapferkeit haben uns das wundervollste Geschenk des Lebens beschert; ohne sie hätten weder Luc noch dieses Buch je das Licht der Welt erblickt. Sie ist ein Mensch, den die Welt und ich für alles, was sie ist, und für ihre großartigen Taten immer bewundern werden.

Meine liebevolle Mutter und beste Freundin, Suzanne, ist ein unglaublich starker, kreativer, talentierter und beeindrukkender Mensch. Sie lebt ihr Leben voll und ganz und läßt sich darin von nichts beirren. Die Entschlossenheit, mit der sie dieses Projekt in Angriff genommen hat, und die Zeit, Kreativität, Intuition und Sensibilität, die sie in es investiert hat, haben eine schwierige und gefühlsbeladene Erfahrung zu etwas Wahrem und Erhebendem gemacht.

Laurie, unerhört und dynamisch, kraftvoll und mutig, wir lieben und vermissen dich. Ich hoffe, daß Luc ihren unbeugsamen Geist geerbt hat.

Mein Bruder Greg hat mir nicht nur die eindringlichste Standpauke meines Lebens gehalten, sondern mir auch sonst unermeßlich viel Liebe und Unterstützung gegeben. Meinem Vater Herb verdanke ich die Eigenschaften unermüdlicher Beharrlichkeit und Entschlossenheit. Beide haben bewiesen, daß man durch ein Leben voller Leidenschaft das erreichen kann, wonach man strebt.

Ein besonderes Dankeschön an Stephen Scheu. Seine Großmut und Unterstützung waren von entscheidender Bedeutung.

Er, Dakota und Austin, die in ihrer Liebe und ihrem Optimismus niemals nachgelassen haben, waren eine unerschöpfliche Quelle positiver Energie.

Larry Weinstein, mein Geschäftspartner und wahrer Freund, hat zusammen mit meiner Restaurantfamilie meinen Betrieb am Laufen gehalten. Und ich möchte auch Davids Freunden bei Grey dafür danken, daß sie für uns da waren.

Ralph Scheus Pionierleistung hat nicht nur unser Leben verändert, sondern zugleich einen Präzedenzfall für andere Elternpaare geschaffen, die ihr leibliches Kind im Staat Illinois nun nicht mehr adoptieren müssen.

Ich möchte unserem Unterstützungsteam danken, dessen Mitglieder alle eine unschätzbare Hilfe waren: Patricia Mendell, Arlene Coustan, Nina Singer, Terry Horwich, Merry Alexander, Hilary Steele, Rosalie und Stephen Luber und Dr. Leeber Cohen.

Von ganzem Herzen möchte ich dem gesamten medizinischen Team danken, das bei Lucs Zeugung und Geburt mitgewirkt hat, und all den Pionieren der Wissenschaft, die die Entwicklung der In-vitro-Fertilisation vorangebracht haben.

Suzanne, Jennifer und ich möchten auch den Mitarbeitern vom Verlag William Morrow danken: Paul Fedorko für seinen Weitblick und Doris Cooper, unserer Lektorin, die uns geholfen hat, diesem Buch seine endgültige Gestalt zu geben.

Ich bin glücklich, Laura Dail, meine Agentin und Freundin, kennengelernt zu haben. Ihr unbeirrbarer Glaube an unsere Geschichte und ihre Führung durch den schwierigen Prozeß ihrer Entstehung hindurch waren ihr Werk der Liebe.

Mein unglaublicher Mann David war von jeher überzeugt, daß wir zum Elternsein bestimmt wären. Durch seine nie nachlassende Konzentration und Entschlossenheit hat er dazu beigetragen, daß sein Traum Wirklichkeit wurde, und wir haben ihn gemeinsam zu unserer Wirklichkeit gemacht. Ich danke ihm für seine Tapferkeit, Unterstützung und Liebe.

Dank gebührt unserer ganzen Familie für ihre unendliche Liebe und unseren lieben Freunden, die uns ihre Anteilnahme bewiesen und doch zugleich unsere Privatsphäre respektiert haben.

Schließlich danke ich dir, Luc, dafür, daß du mir den wahren Sinn des Lebens, des Glücks und der Liebe gezeigt hast. Du bist ein unglaubliches Baby, ein strahlender Stern, ein ganz besonderer Mensch. Du bist fröhlich, liebevoll, bezaubernd, reizend und lustig. Mögest du immer so glücklich bleiben. Du wirst sehr geliebt; du bist ein Wunder und ein Segen.

Liza Wetanson Freilicher

Meine Dankbarkeit all jenen gegenüber, die an diesem Kapitel meines Lebens mitgewirkt haben, ist unermeßlich. Alle, die ich zu erwähnen vergesse, bitte wißt, daß ihr in meinem Herzen seid und ich euch für eure Unterstützung danke.

Ich möchte meiner Mutter dafür danken, daß sie jedem Tag den Geist des Lebens eingehaucht hat, daß sie mir Leidenschaft, Mut und innere Stärke gegeben hat.

Meinen Kindern Dakota und Austin danke ich für ihre Geduld, ihr Verständnis und ihre Bereitschaft zum Anders-Sein. Dank meiner besten Freundin und wahren Seelenverwandten, Hilary Steele. Einen besonderen Dank an die beste Freundin meiner Mutter, Merry Alexander, eine wunderbar spirituelle und begabte Heilerin, die ihre gemeinsamen Geschichten stets so bereitwillig mit mir geteilt hat.

Dank meiner Familie, Rosalie, Stephen, Jack und Gabe Luber, deren vorbehaltlose Liebe mein Auffangnetz war.

Dank meinem Stiefvater Stanley Picheny dafür, daß er mein Wegbegleiter in der qualvollen Zeit des Sterbens meiner Mutter war und sein Leben mit uns geteilt hat.

Besonderer Dank gebührt Arlene Coustan, die eine Rettungsleine in den Abgrund von Schmerz und Verzweiflung warf, in den mich der Tod meiner Mutter gestürzt hatte, und mir Einblick in meine eigene Stärke verschaffte.

Herzlichen Dank an meinen Schwiegervater Ralph Scheu, der nicht nur meine Entscheidung unterstützt, sondern auch die Gesetze des Staates Illinois verändert hat, so daß Liza und David ohne Adoptionsverfahren zu Lucs Eltern erklärt werden konnten.

Dank meinen wunderbaren Haushüterinnen Christine Couvalaere und Beaula Togara, die sich um meine Kinder gekümmert und meine Welt am Laufen gehalten haben.

Dank an Dr. Leeber Cohen und die wunderbaren Schwestern der Northwestern Medical Faculty Foundation, die mir mit ihrer Ermutigung und ihren sanften Nadeln so geholfen haben.

Dank an unsere Agentin Laura Dail, die unsere Entschlossenheit und unser Temperament teilt, und unsere Lektorin Doris Cooper für ihre Anleitung.

Dank an Evalyn Lee, die in den letzten, anstrengenden Monaten unsere privatesten Augenblicke einfühlsam mit der Kamera begleitet und uns ihr anteilnehmendes Ohr geliehen hat.

Dank meinen Freunden bei HRP, Barb, Joan und Gary, die all meine Klagen, hormonell bedingten Launen und exzessive Mittagspausen über sich haben ergehen lassen und nach Lucs Geburt mit mir zusammen daran gearbeitet haben, mich wieder in Form zu bringen.

Dank unserer Verfasserin, meiner Tante, Suzanne Wetanson, deren intelligenter und kreativer Geist diese Geschichte zu Papier gebracht und dabei schmerzliche Erinnerungen und lange Nächte durchlebt hat. Wir teilen die furchtbare Leere, die der Fortgang meiner Mutter hinterlassen hat.

Dank an David, der die Hormone, Ängste und Launen zweier Frauen ertragen hat, um sein leibliches Kind auf diese Welt zu bringen. Er hat die besondere Gabe, seine Gefühle mit anderen zu teilen, und ich danke ihm dafür, daß er während dieser unglaublichen Erfahrung alle Auswege offen gehalten hat.

Dank an meine Cousine Liza, meine lebenslange Spielgefährtin; wir waren dazu bestimmt, uns umeinander zu kümmern. Sie hat von jeher meine aufgeschlagenen Knie und meinen verletzten Stolz versorgt. Ich danke ihr dafür, daß sie mein Herz geheilt und ihren Geist mit meinem vereint hat, um Luc auf diese Welt zu bringen. Ich habe stets daran geglaubt, daß wir die Kraft haben, Dinge geschehen zu machen. Ich danke unseren Müttern dafür, daß sie uns die Gabe der Entschlossenheit gegeben haben und die vorbehaltlose Liebe, die uns verbindet.

Und Dank an meinen Mann Stephen für seine unerschütterliche Liebe, Unterstützung und sein Engagement. Er ist der wahre Held dieser Geschichte. Er hat meiner Entscheidung vertraut und meine Motive niemals in Frage gestellt. Lucs Geburt hat mein Herz geöffnet und Stephen und mich zu neuen Tiefen unserer Beziehung geführt.

Jennifer Scheu

Zunächst möchte ich Luc danken – für sein tapferes Herz und sein fröhliches Lächeln. Ihn in den Armen seiner Mutter zu sehen, während ich an diesem Buch schrieb, hat mich mit einer Ehrfurcht erfüllt, für die ich keine Worte finde.

Ich möchte auch meinem Freund Ed Spielman für seine Anleitung und Unterstützung danken.

Und meinen ganz besonderen Dank an Joe Chierchio für seine Liebe und Geduld.

Suzanne Wetanson

Erfahrungen

Marina Picasso

DIE VERGESSENEN KINDER

In Vietnam lernt Marina Picasso, die Enkelin Pablo Picassos, das unfaßbare Elend der Kriegswaisen kennen und beschließt sofort, ihnen zu helfen. Ungeachtet der Kosten läßt sie Kinderdörfer für diese von der Welt Vergessenen bauen. Doch als sie auch noch drei der Waisen adoptiert, ändert sich ihr Leben von Grund auf ...

BASTEI LÜBBE

Marina, die Enkelin von Pablo Picasso, hat in ihrer Kindheit schrecklich unter ihrem tyrannischen Großvater gelitten. Als sich ihr Bruder Pablito das Leben nimmt, erleidet Marina einen Schock, von dem sie sich nie ganz erholen kann.
Als sie Jahre später ein Kind adoptieren möchte, reist sie nach Asien. Angewidert vom Kinderhandel in Thailand und entsetzt über das Elend der Kriegswaisen in Vietnam, brechen ihre eigenen traurigen Kindheitserinnerungen wieder auf. Und Marina spürt, daß sie den von der Welt vergessenen Kindern helfen muß ...
Ein Buch, das Pablo Picasso von einer nahezu unbekannten Seite zeigt und zugleich ein Dokument der Menschlichkeit ist.

ISBN 3-404-61403-8

BASTEI LÜBBE

Als ihre Tochter Meghan sechs Jahre alt ist, beschließen Maggie und Casey Conroy, ein zweites Kind zu adoptieren, möglichst aus dem Ausland. Es beginnt eine nervenaufreibende Suche nach einem geeigneten Kind, bis die zähen Verhandlungen mit Behörden und Adoptionsorganisationen endlich Erfolg haben: Die Conroys fliegen nach Rußland und holen die kleine Nadja.
Nach ihrer Rückkehr sehen sie sich erneut Problemen gegenüber: Neben den Sprachschwierigkeiten müssen erst einmal alle lernen, sich aufeinander einzustellen. Mitten in diese Situation hinein platzt die Nachricht, daß eine andere Organisation ein zweites kleines Mädchen für die Conroys gefunden hat: Ana Maria aus Kolumbien. Als sie dann auch noch von der zweijährigen Alesia aus Sibirien hören, stellen sie zum drittenmal in einem Jahr einen Adoptionsantrag.
Aber das Zusammenleben mit vier Töchtern aus vier verschiedenen Ländern ist alles andere als einfach ...

ISBN 3-404-61442-9

BASTEI LÜBBE